本书列入"十三五"国家重点图书出版规划

北大高等教育文库
· 大学之道丛书 ·

HARVARD RULES
THE STRUGGLE FOR THE SOUL OF THE
WORLD'S MOST POWERFUL UNIVERSITY

哈佛，谁说了算

［美］理查德·布瑞德利（Richard Bradley）著
梁志坚 译

北京大学出版社
PEKING UNIVERSITY PRESS

著作权合同登记号 图字：01-2007-0413

图书在版编目(CIP)数据

哈佛，谁说了算/(美)布瑞德利(Bradley, R.)著；梁志坚译. —北京：北京大学出版社，2014.12

(北大高等教育文库·大学之道丛书)

ISBN 978-7-301-25044-0

Ⅰ. ①哈⋯ Ⅱ. ①布⋯ ②梁⋯ Ⅲ. ①哈佛大学－校长－学校管理－研究 Ⅳ. ①G649.712.8

中国版本图书馆 CIP 数据核字(2014)第 246770 号

HARVARD RULES by Richard Bradley
Copyright © 2005 by Richard Bradley
Simplified Chinese Translation copyright © 2014
by Peking University Press
Published by arrangement with HarperCollins Publishers，USA
ALL RIGHTS RESERVED

书　　　名：	哈佛，谁说了算
著作责任者：	[美]理查德·布瑞德利　著　梁志坚　译
丛 书 策 划：	周雁翎
丛 书 主 持：	周志刚
责 任 编 辑：	周志刚
标 准 书 号：	ISBN 978-7-301-25044-0
出 版 发 行：	北京大学出版社
地　　　址：	北京市海淀区成府路 205 号　100871
网　　　址：	http://www.pup.cn　新浪官方微博:@北京大学出版社
电 子 信 箱：	zyl@pup.cr.
电　　　话：	邮购部 62752015　发行部 62750672　编辑部 62767346
	出版部 62754962
印　　刷　者：	大厂回族自治县彩虹印刷有限公司
经　　销　者：	新华书店
	650 毫米×980 毫米　16 开本　26 印张　360 千字
	2014 年 12 月第 1 版　2020 年 11 月第 2 次印刷
定　　　价：	59.00 元

未经许可，不得以任何方式复制或抄袭本书之部分或全部内容。
版权所有，侵权必究
举报电话：010－62752024　电子信箱：fd@pup.pku.edu.cn

目 录

序：皇帝的新装 …………………………………………………（1）

第一章 备受注目与争议——拉里·萨默斯的职业生涯 …………（1）

第二章 尼尔·陆登庭时代的漫长十年 …………………………（42）

第三章 新校长的遴选 ……………………………………………（63）

第四章 校长与教授的对抗 ………………………………………（88）

第五章 查尔斯河畔的华盛顿 ……………………………………（130）

第六章 拉里·萨默斯与他的天字第一号讲坛 …………………（176）

第七章 哈里·刘易斯的突遭撤职 ………………………………（216）

第八章 战争 ………………………………………………………（252）

第九章 这里的校园静悄悄 ………………………………………（291）

结语：校长宝座上的萨默斯 ……………………………………（347）

致谢 ………………………………………………………………（354）

资料来源注释 ……………………………………………………（357）

主要引用文献 ……………………………………………………（368）

索引 ………………………………………………………………（372）

译后记 ……………………………………………………………（390）

序：皇帝的新装

2001年10月12日,一个星期五的下午,哈佛大学迎来了其第27任校长宣誓就任的日子。这是深秋季节里的一个风和日丽的日子,就秋天而言,这样的天气实在是太暖和了。往年这一时节,哈佛的所在地,也就是马萨诸塞州的剑桥*,通常是空气清新凉爽,柔弱的阳光若有若无地照射着,带着点冬天逼近的气息。《哈佛杂志》的一位记者后来愉悦地写道:"一阵阵微风吹过,金黄的洋槐树叶如雨而下,飘落在在座的每一个人身上。"[1]

五千多名观众兴高采烈地聚集在哈佛园里,这里是哈佛校园的历史中心,也是哈佛人寄托他们情感的地方。女人们穿着太阳裙或宽松的休闲裤,男人们脱下了他们的运动外套和蓝色的运动夹克,卷起了袖子,学生们穿着他们平时的着装:牛仔裤、短裤、T恤。学生、家长、校友、教授、记者、政治家齐聚一堂,亲眼目睹这一难得一见的权力交接的时刻。这种典礼在哈佛可不是经常能看到的,20世纪这整整一个世纪也就只举行过五次,而且大家都满怀着兴奋、好奇和热切的期望在喊喊喳喳地谈论这位新任校长。

这是21世纪哈佛的第一任校长,世界变化得实在太快太大了,20世纪90年代那些逍遥自在、天下太平的日子已经一去不复返了。平

---

* 哈佛大学校区所在的Cambridge,也有人将之音译为"坎布里奇",以示区别于英国的剑桥。但实际上,哈佛校区的所在地"新镇"(New Town)之所以于1638年更名为Cambridge,就是因为当时创校的清教徒中有不少人出身于英国剑桥大学。他们将哈佛所在的这个地方更名为Cambridge,是为了强调哈佛与剑桥大学在文化上的传承关系。因此,译者仍将这里的Cambridge译为"剑桥",以保留这一名称所蕴含的文化信息。——译者注

时任何人都可以从哈佛的任何一个铁艺大门大摇大摆地进出哈佛园。但是，今天这些地方都设了检查点，到访者的钱包、公文包和背包无一放过。一个巡警牵着一只可以嗅出炸弹的警犬，而警察则是三步一岗五步一哨，密切地注视着过往的人群。

"9·11"恐怖袭击事件只过去了一个月，像哈佛校长加冕这种重大的庆祝活动，时刻都很有可能成为恐怖活动袭击的目标。在美国的其他任何地方，只要是宣扬美国价值观的典礼比往常都显得更加仓促，更加令人担忧。今天在风光旖旎的查尔斯河畔，举行哈佛校长的就职仪式的确算得上是对西方文明中最受重视的价值观的一种庆祝，因为查尔斯河位于美国革命的发源地波士顿，而哈佛又是一个百花齐放的学术中心。哈佛校长的就职典礼的象征意义可谓重大。它不仅象征着在美国这样一个大熔炉国家，政府一贯坚持和谐一致的原则，还象征着美国在这一动荡的世界里坚持和平交接权力的决心以及对智慧的渴求。这就是为什么这里有那么多警察的原因。如果伊斯兰教恐怖组织正在准备另外一场袭击，他们没有理由不把哈佛这样的一天弄得一片混乱，废墟一片。就冲着这场典礼的象征意义，他们都可以做出更糟糕的事情来。

即便如此，对于新校长来说，这一天也是一个重大的胜利时刻。拉里·萨默斯——大家都叫他拉里，当然当着他的面不一定都是这么叫的——从这天开始接手掌管这所大学，据他自己说，他高中毕业时曾申请就读这所学校，但遭到了拒绝。这委实令人惊奇：萨默斯可是正宗的声名显赫的知识分子家庭出身。他的父母都是经济学家，他的一个伯父，还有他的一个舅舅都在哈佛任教并从事研究工作，还获得了诺贝尔经济学奖。萨默斯没有上哈佛大学，而是上了麻省理工学院。该校位于哈佛东面，沿着马萨诸塞大街往东走，离哈佛只有几英里远。萨默斯在麻省理工学院完成学业以后也的确去过哈佛大学，在那里攻读经济学的博士学位。从那时起，萨默斯就成了哈佛的一颗冉冉升起的新星。哈佛没有两次犯同样的错误。在获得博士学位之后不久，萨默斯就接受了哈佛大学经济系所提供的教授职位，并成为哈佛有史以来最年轻的获得终身教职的教授。年仅28岁，拉里·萨默斯就得到了世界上最富盛誉的大学里的终身教职。

十年之后，萨默斯放弃了学术生涯，投身于政治与世俗事务。和其他哈佛经济学系的同事一样，他离开学术界而跻身华盛顿政界。但是和他们不同的是,萨默斯并没有很快就回来。他先是在世界银行担任首席经济学家,然后辗转就职于财政部,成为财政部部长罗伯特·鲁宾的左膀右臂。一般情况下,哈佛的教授可以有两年停薪留职的期限。1993年,两年的期限过去了,萨默斯毅然辞职。他放弃了在学术界的这份安稳又受人尊敬的职业,积极投身政界,沉迷于对权力与政见的争夺。随着年月的增长,他对这两者玩得越发地得心应手。他和鲁宾以及格林斯潘联手,打造了美国历史上最长的经济增长期。1998年鲁宾辞职,萨默斯顺利地接替了他的位置,担任克林顿政府的美国财政部部长直到克林顿政府任期届满。

现在,萨默斯已经46岁了,他重返哈佛,在其备受注目的职业生涯上又增添了辉煌的一笔。他的这一举动让周围的很多人费解。"我从没想到拉里会这么做,"[2]他的舅舅,获得过诺贝尔经济学奖的肯尼斯·阿罗说,"我本来认为他是一个学者。"然而,他在财政部的那些同事却一点也不惊奇。他们曾亲眼看到萨默斯是多么迫切地想要接替鲁宾的职位,为了这个目标他是多么地努力。他们对拉里·萨默斯有一个一致的说法,那就是:他是一个野心勃勃的人。

差不多三点半的时候,一支队伍蜿蜒穿过哈佛园。萨默斯身着黑色的礼服,肩披着一条鲜红色的饰带。他站在队伍的前面,紧跟其后的全都是学校的官员以及教授。表示祝贺的掌声在人群中不断响起,他笑意盈盈,偶尔还像个政治家一样,和人群中的熟人握手或是挥手向欢呼的人群致意。但是,他的这些姿势略显僵硬,仿佛预先排练过一样。萨默斯身高差不多5英尺10英寸,但是体态却并不优雅。他的体重显然是超重了,哪怕他身穿礼服也掩盖不住这个事实。他脸上和下巴的赘肉模糊了脖子和头的界限,他那双敏锐的眼睛也显得小了很多。就像大多数的智者一样,萨默斯的头很大,前额很宽。他脸上时时挂着的微笑显得有些紧张与尴尬,好像他在微笑之前还要考虑一番。他笑的时候脸颊露出两道深深的皱纹,这两道皱纹刚好和双眼分别成90度直角。拉里·萨默斯是太紧张了,他脸上的微笑甚至都不曾自然过。

哈佛园的纪念教堂庄严宏伟,白色的塔尖是殖民地时期的建筑风格。就在这座教堂的前面特地搭建了一个巨大的主席台。在萨默斯走向主席台的那一刻,我们可以说他变得更像一个学者了,或者说他更不像一个学者了。成了校长,他就不会再一心一意去追求那些经济学真理了,虽然那些曾经是他孜孜不倦的追求目标。在他年轻的时候——应该说更为年轻的时候,因为萨默斯依然还很年轻,他的精力还很旺盛,丝毫不亚于那些年龄只有他一半的人——人们期望他成为他这一代人里面最伟大的经济学家。但是他将永远无法达成人们的这一期望,因为哈佛的校长是没有多少时间孤灯清影地从事寂寞的学术研究工作的;此外,哈佛校长的任期一般大约20年,20年以后他考虑的事情大概更多的是退休而不是重返学术界。

　　哈佛的第26任校长尼尔·陆登庭,也就是拉里·萨默斯的前任,是一位从事文学和诗歌方面研究的学者。在这一即将开始的典礼过程中,他也将坐在主席台上,坐在离萨默斯不是很远的位置上。如果现在要评价他给哈佛留下了什么的确是太早了,但是每一个人都知道要给他扣上一顶政客的帽子很难。无论是从外表还是品性上他都难以被说成是一个"政客",即使有人这么说过他,但他留给人们印象中的言行举止也可以证明他绝不是这一类人物。对于他的支持者来说,陆登庭绝对是一个传统意义上的校长,他竭尽所能,为哈佛鞠躬尽瘁。但是对于其他的人来说,这其中也包括了台上和他坐在一起的一些人,陆登庭则是个大麻烦,而拉里·萨默斯就是来解决这个麻烦的。

　　就在孤独的风笛手吹奏的乐曲声中,萨默斯和他身后的那一群人来到了台前,上了几级台阶,然后各自就座。这里坐的全都是哈佛的大人物——各学院的院长、主要的行政管理人员、资深教授、哈佛的两大管理机构(监事会和董事会)的成员。坐在观众席前几排的观众是哈佛最大的捐资者以及哈佛最有影响力的校友们。而学生和其他的旁观者都安排在非常后面的位置上就座。萨默斯的三个孩子也都在场,一对双胞胎女儿和一个儿子,但是他的妻子维多利亚·佩里·萨默斯没有到场。这位新上任的校长经历了一次痛苦万分的离婚,这次离婚闹得非常不愉快。

　　主席台的正对面大约150码的地方若隐若现地矗立着壮丽雄伟的哈里·埃尔金·怀德纳纪念图书馆,大家都称它为怀德纳图书馆。如果说纪念教堂执著地主张哈佛的精神生活的永久,那么怀德纳图书馆则在向她提出世俗的挑战。怀德纳图书馆是一座气势恢宏,由十二根高大的大理石圆柱并排撑起的圆柱型殿堂,前面是一段绵长壮观的台阶,它的建设在无意中折射出了人类的桀骜不驯。怀德纳图书馆建于1914年,是由埃莉诺·爱丽斯·怀德纳捐资修建的。埃莉诺的儿子哈里是一位书籍爱好者,但是不幸在泰坦尼克号事故中溺水身亡。纪念教堂实际上只有三本书——《圣经》、《公祷书》和《圣经祈祷赞歌集》,而怀德纳图书馆的藏书却达到了 400 万册。这座图书馆建成之后,其中的一个建筑师约翰·麦康奈尔这样说道,"哈佛想寻找一个帝国好去模仿,罗马帝国似乎就是一个最佳的理念"。

主席台的右边是哈佛大学堂[3],哈佛最强大的教育管理部门总部就设在这栋灰色的石头建筑里。它是由哈佛 1781 年的毕业生查尔斯·布尔芬奇设计的,于 1814 年建成。这座名字平淡无奇的建筑与多数取名平淡无奇的建筑物一样,掩盖了它所暗藏着的巨大权力。哈佛大学堂是哈佛行政官员,文理学院的院长、副院长,以及掌管着教师工资、学院的教育和学术优先事项的那些人的工作场所。第二层则是神圣庄严的学院会议室。学生在校上课期间,这里每个月都召开一次教师会议,校长坐在大家的前面听取大家的抱怨和大家关心的事项,通常大家的谈话都像十四行诗一样地抑扬顿挫、声情并茂,像匕首一样地尖锐。但是近些年来,参加这种会议的人渐渐少了许多,这是教师们终生忠于这所大学的意识在衰减的恶果。

最后,在纪念教堂的左边是塞弗尔大厅,是建于 1880 年的一座砖石结构的建筑,由建筑师 H. H. 理查森设计。塞弗尔大厅主要是供人文、文学和语言学科的本科生使用。在这四座建筑里面塞弗尔大厅是维护得最差的一座——教室里灰尘厚积,供暖条件差,似乎从建成的那一刻到现在都没有多大的改变——而且可能也最不受注意。周围其他的建筑结构气势磅礴,而且内设教堂、行政机构或学术机构,而塞弗尔大厅只不过是一个教学场所,自然容易被人忽视。

由这一标志性广场围住的这一片绿色的草地被称为三百周年纪念剧院,它之所以叫这个名字就是因为 1936 年哈佛的三百年校庆是在这里举行的。三百周年这一词并不是可以那么轻易流利地就从嘴里吐出来的,有一部分原因是因为它没怎么使用——美国很少有机构会有三百年左右的历史。在 20 世纪,三百周年纪念剧院见证了本世纪几位最重要的人物发表的出色的演讲,他们中的很多人都提及了哈佛在世界的地位。富兰克林·罗斯福是哈佛 1904 年毕业的学生。1936 年 9 月他在这里发表了讲话,他以十分严肃而且带着尊严与自信的声音说道:"在这个真理被扼杀的年代……是哈佛和美国在解放人类的思想,高举真理的火炬。"这不是人们第一次把哈佛的使命与美国的使命相提并论，也不可能是最后一次。

1943年9月，温斯顿·丘吉尔在纪念教堂的前面缓步走到一个扩音装置前宣告："英国人和美国人应该把他们的语言传播到世界的每一个角落，借此增进人们之间的理解和世界和平。明天的帝国是思想的帝国。"丘吉尔和往常一样乐观，即使他自己的国家这时正在进行一场战争，无论结果如何，这场战争都将不可避免地意味着不列颠这一区域性帝国的终结。他还提到，在废墟中一个崭新的盎格鲁—美利坚帝国将崛起。作为一所具有英国血统、培养美利坚合众国领导人的大学，哈佛是个必然的起点。

1947年，在这一场大战结束之后，乔治·马歇尔在哈佛的毕业典礼上发表了演讲，并且提出了扩大美国的海外影响力的另一途径，即为欧洲提供援助的政策。这就是后来广为人知的马歇尔计划。"美利坚合众国应该尽其所能地为世界经济的健康恢复提供帮助。没有世界经济的健康恢复，政治稳定也就无从谈起，世界和平也将难以保证。"马歇尔坚定地说。

在这9年之后的1956年，马萨诸塞州的参议员约翰·F.肯尼迪——1940年毕业于哈佛——又在这里继续了这一主题。"在促成我们国家的伟大方面，那些创造权力的人无疑是做出了不可磨灭的贡献，"肯尼迪说，"但是那些对权力持怀疑态度的人同样也做出了不可磨灭的贡献，因为他们决定了是我们利用权力还是权力利用我们。"不久，肯尼迪就为自己的政府延揽了一些享受权力而不是怀疑权力的人——这是哈佛最美好、最辉煌的一段时光。

但是在三百年纪念剧院做演讲的这些人做出永垂史册的事业之前很长一段时间里，哈佛的毕业生就是美国的历史——至少是从上到下。长期以来，哈佛的校友掌控着美国人生活里面所值得掌控的各个领域。[4]他们之中包含了7位美国总统：约翰·亚当斯、约翰·昆西·亚当斯、卢瑟福·彼尔查德·海斯、西奥多·罗斯福、富兰克林·德拉诺·罗斯福、约翰·菲茨杰拉德·肯尼迪以及现任总统乔治·沃克·布什，他毕业于哈佛商学院。除了这些总统之外还有数不清的最高法院法官、国会议员、银行家、商人、律师、牧师、学者以及作家。殖民地时期的萨姆·亚当斯、约翰·汉考克、约翰·亚当斯以及约翰·昆西·亚当斯均毕业于哈佛。随着美国踏入了19世纪，亨利·大卫·梭罗和拉尔夫·瓦尔多·爱默生均求学于哈佛，同时还有伟大的历史学家弗朗西斯·帕克曼和亨利·亚当斯,后者是约翰·昆西的孙子,也是美国最有才华的历史学家。内战时声名显赫的北方第一支黑人部队的司令罗伯特·古尔德·萧也是一个哈佛人,哈佛的毕业生中还有哲学家威廉·詹姆斯、哈佛的第一位非裔美国人博士W. E. B.杜波依斯,以及塞缪尔·埃利奥特·莫里森、约翰·多斯·帕索斯、尤里乌斯·罗伯特·奥本海默、詹姆斯·艾吉、约翰·厄普代克、阿尔·戈尔和马友友。这些名字就像美国的政治史和文化史一样源远流长。而近些年来,知名度更高的则有汤米·李·琼斯,艾尔·弗兰肯,柯南·奥布莱恩,马特·达蒙以及比尔·盖茨(虽然后面两位中途辍了学)。而且自从1963年以来,拉德克里夫女子学院的毕业生开始拿哈佛的毕业文凭以来,哈佛毕业生中著名校友的名单又开始增添了一些非常著名的女性校友,比如说米拉·索维诺、邦妮·芮特和娜塔莉·波特曼。

现在,哈佛正在迎接新一任校长,他将监管正在进行中的美国领导人的塑造与培养,对如何教这些美国的领导人以及这些美国领导人要学些什么做出决策。

当纪念教堂的钟声敲响之后,一个名为理查德·亨特的人起身走到一个装饰有哈佛纹章——深红背景上的一个拉丁语单词veritas,意思是"真理"——的讲台后面。亨特仪态落落大方,举止得体,戴着一副玳瑁眼镜,头上则戴着举行毕业典礼仪式所戴的方顶礼帽,礼帽下的头发已渐白。他是学校的典礼官,是哈佛传统的传承人和仪式的策划人。很少有人知道为什么哈佛把这一仪式称做"就任"(installation)而不是"就职"(inauguration),但是亨特知道"就职"指的是美国总统,哈佛校长的历史比美国总统的历史要悠久,所以哈佛应该使用一个早期的术语。* 这次典礼是亨特负责组织的,他还负责哈佛历年的毕业典礼以及欢迎外国贵宾的仪式。不过,没过多久他就会从这所他服务了42年的大学退休,而且没有任何的退休仪式,其实亨特是因为不久之后与此时此刻自己正在张罗着帮他宣誓就任的那个人发生冲突而被撵走的。但没有人可以看得这么远,今天是个喜气洋洋的日子,人们怎么会预见到这么一个如此不祥的前景呢?

"我宣布就任仪式现在开始。"亨特说。

接下来的程序有:开场的祷告,一位表情庄重的学生领袖简短的

➤ installation一词比inauguration使用的时间更早。——译者注

赞词，一位深孚众望的校友发表表示支持的演讲，耶鲁校长理查德·莱文发表贺词。耶鲁自从1701年建校以来就是哈佛的主要竞争对手。"哈佛得天独厚，广聚深藏了世界上的智力人才和教育资源，整个世界都唯哈佛马首是瞻，"莱文表示，"我说的这些完全都是事实。请相信我，一个耶鲁大学的校长是不会随便说这些话的。"

接着哈佛监事会的监事长理查德·奥尔登堡接过麦克风。监事会是哈佛两个监管机构中较大的一个，而且一度曾是较强势的一个。现在它的主要职责都只是些形式上的东西，它的多数权力也只是象征性的。"在这个始终不安宁的世界里面，我们期待着寻找像我们哈佛大学这样的一些伟大的大学来坚持与维护道德价值观。"奥尔登堡说道。他转向萨默斯，又接着补充说新任校长的工作就是要维持这一传统。"现在，校长先生……按照古老的传统，我宣布劳伦斯·亨利·萨默斯接任哈佛第27任校长的职务，并且享有这一职务赋予你的权力与特权，现在由我来授予你代表着校长职权的象征品。"

就在奥尔登堡说话的时候，一个警察就站在他身后，机警地注视着下面的人群。恐怖袭击并不是唯一的安全隐患，在哈佛园的外面就站着一小群学生，他们被公事公办的哈佛警察拦在了安全距离之外，离此几百码的地方。这群学生是一个名为"哈佛维生薪资运动"组织的成员，这个组织的宗旨就是给哈佛的行政管理部门施加压力，以提高学校付给哈佛的工人的工资。他们正喊着口号："什么玩意儿令人忍无可忍？哈佛的工资！""什么玩意儿最令人恶心？工会的破坏者！"[5] 因为离得太远，这边根本听不到。当然了，这并不是什么偶发事件。当萨默斯在财政部和世界银行工作的时候，他也经常看到许多示威者，他并不欣赏他们这样做。对于萨默斯来说，这帮激进活动分子并不了解这些正在改变世界的力量——这种力量正是在他的推动下才开始运转的。他是不会让这帮人毁了这一天的。

萨默斯站起来走向讲台，奥尔登堡转向他，伸出双手，并宣布道："两把银钥匙。"这两把钥匙象征着开启知识之门和信仰之门。这两把钥匙是在1846年为了庆贺哈佛校长爱德华·埃弗里特的就任而赠予哈佛的。爱德华·埃弗里特以在亚伯拉罕·林肯的葛底斯堡宣言之前发表了一个长达两小时的演讲而闻名。萨默斯向人群展示了一下这两把银钥匙，但他显得有些为难，好像不知道该拿这两把钥匙怎么办似的。不过台下的观众也似乎和他有着同感，他们轻声低笑着表示理解。

"两枚大学的印章。"奥尔登堡继续宣布道。萨默斯同样把这两枚印章举起来向观众展示了一下,同时稍微耸了耸肩,好像是说:"我知道这很愚蠢,你们也知道这很愚蠢,但是我不得不这么做。"观众中又传来了笑声。

"最后,学校最早的记录簿。"萨默斯接过这本红色的大本子,向观众打开了它。就在这时,一个当书签用的丝带掉了下来,奥尔登堡赶紧弯腰捡了起来。

另一个上了年纪的人走上讲台,是罗伯特·G.斯通。他是哈佛1945届毕业生,哈佛大学董事会的负责人。他是一个千万富翁,经营航运业和国际贸易。他是选择萨默斯担任校长的人之一,虽然萨默斯原先并不是他的首选。他穿着灰色西装,戴着有框眼镜,精心打理的头发光滑地往后梳着,似乎回到了20世纪的50年代。这是约翰·肯尼迪担任美国总统之前的时代,而这之后不久,许多哈佛人像麦克乔治·邦迪和罗伯特·麦克纳马拉一样,纷纷投奔华盛顿,效力于约翰·肯尼迪。斯通全身散发着金钱与权力的味道,他看起来好像从来都不曾怀疑自己在这个世界上的地位。

"校长先生,"他用沙哑的声音说道,"现在我来行使我的特权,授予你最后一件权力的象征品——1650年签署的那份哈佛特许状的复制品。"

萨默斯和斯通一起举起了这本用皮革镶边的特许状,这份特许状确认哈佛是西半球西方法律所认可的最古老的机构。带着这份特许状,萨默斯移步坐上了哈佛校长的坐椅。校长坐椅是把木制椅,看起来显得很笨拙,方形靠背,三角形的椅面,对萨默斯来说显得略微小了些。这把椅子是时任哈佛校长的爱德华·霍利约克在1737至1769年间购置的,不过有可能差不多是在1550年造的。从有了这把椅子之后,哈佛校长的官方照片都是坐在这把椅子上拍的。萨默斯微笑着,但是他显得有些不耐烦,他的右腿在不停地来回摆动,好像迫不及待想要离开一样。

就在自己就任的这一天,拉里·萨默斯站在主席台上俯视着台下热情的人群,俯视着自己将要接管的这一所美国教育界最卓越的大学。无论是在地位、声望、广度、金钱、权力还是在影响力方面,没有任何一所大学可以与哈佛匹敌——无论是在美国还是在全世界。

究其原因,一部分要归功于它悠久的历史。哈佛建于1636年,是美国最古老的大学,其历史要比仅次其后的第二古老的大学——维吉尼亚州的威廉和玛利学院,建于1693年——要早许多年。哈佛的历史甚至比美国的历史还要悠久,所以你能在哈佛闻到这个国家最古老的气息。也因此,哈佛有足够的时间去尝试,拓展,成熟。

但并不只是悠久的历史造就了卓越的哈佛,造就哈佛的另外一个因素便是其优越的地理位置。哈佛距离波士顿只有几英里,直到19世纪中期,波士顿都一直是美国最重要的城市之一。哈佛安逸地栖身于剑桥,依傍着风景如画的查尔斯河,占据了波士顿得天独厚的地理位置,远离尘嚣,不会受城市扩张与腐化的影响。三个世纪以来,哈佛的扩建从来没有受过任何空间限制,而这正是那些位于市区的大学,比如像位于纽约市区的哥伦比亚大学所面临的令人困扰的问题。

然而,悠久的历史和优越的地理位置却并不是哈佛成为世界上最重要的大学的唯一原因,更不是首要原因。哈佛最大的财富在于它成功地挑选了历届的校长。在它历史上的重要时刻,哈佛总能设法挑选到一位义无反顾地带领哈佛继续创新、走向辉煌的领袖。可以说,历任的哈佛校长胜过任何一个美国成功人士。

基于上述理由及其他原因,哈佛已经成为美国人心目中的图腾,再也没有一所大学的名字比"哈佛"这两个字更响亮。也难怪美国的高中生数载寒窗苦读,刻苦训练,拼了命就想挤进哈佛这座象牙塔。申请进入哈佛就读的人既有各中学里的班长、各类体育明星,还有音乐神童以及崭露头角的科学天才等。他们心里也都很清楚,每年大约两万名申请人当中有90%的人都会遭到拒绝。但是要知道,一旦你踏入了哈佛的大门,嗨,在美国生活中,哪还有比封面上印有"哈佛"两个字的毕业证更行之有效的通向成功的门票呢?

哈佛的强大与著名并不仅仅是因为它的本科学院,而且还要归因于它的专业学院。每年,这些专业学院都培养了许多白领职业精英,从建筑业到教育界到学术界。哈佛最强大的还是它的商学院、法学院以及医学院。如果在同行之中他们不能排第一的话,它们也总是名列前茅,而且它们为自己的学生所提供的环境,带给这些学生的身份地位,它们的毕业生头上笼罩的那层成功的光环就像精心剪裁缝制的衣服一样高贵,这些方面都是其他大学难以望其项背的。

这一切正是拜其名字——哈佛——所赐。"高等教育领域里最有价值的品牌。"周围其他学校会这样告诉你。这些话讲的确是事实,没有丝毫的讽刺(或者说谦卑)意味。哈佛的学生们描述说,当他们告诉哈佛以外的人自己上的是哈佛大学时就像是"投了颗 H 弹"*。人们听到哈佛这一个名字马上就会产生反应——有时候是奉承,有时候是敬畏,有时候是愤懑,但总是会有这样或那样的反应。上了哈佛,你也就不是过去的你,你会变得比以前的你更高更大更强。很少有学生能改变哈佛,但是哈佛几乎能深深地改变任何一个学生。

离剑桥越远,哈佛这个名字的震撼力就越大。在纽约市,哈佛受到了人们的敬重。而如果是一个来自蒙塔娜州的比林斯市的男孩或一个来自田纳西州的约翰逊城的女孩上了哈佛,那可是会上当地报纸的。在美国之外,这个名字的分量甚至更重。哈佛的学生和教授都会感到惊讶,他们的名声可以传到世界上的每一个角落——中国,阿根廷,罗马尼亚——只要他们说他们来自哈佛,换来的会是人们的点头赞赏、尊重,甚至是敬畏。如果你提及耶鲁、普林斯顿、伯克利或斯坦福大学,牛津或巴黎大学,事情就不会是这样了。哈佛是一本"金护照",一本全球通行证,持有它的人可以自由地在全球各地通行无阻。

然后是金钱。在这座校园里,你可以感受到在每一块红砖之间都散发出金钱的气味。就在拉里·萨默斯成为哈佛校长的这一天,哈佛所获得的资产达到了 190 亿美元——一个令人吃惊的数字。这是美国其他任何一所大学都可望而不可即的——美国的大学是全球最富有的大学。耶鲁位居第二,100 亿美元,相比之下是那么的微不足道。而且哈佛的这个数字还没有包括那几百亩的不动产——其价值达数十亿美元;此外还有一栋由一位对母校怀有感恩之情的哈佛校友所遗赠的佛罗伦萨别墅;十二座博物馆里所珍藏的数千件珍宝;即将在新西兰购买的 40 万亩成材林。据报道,哈佛是世界上第二富有的非营利性机构。只有天主教教会的钱比哈佛多[6]——但哈佛的收入还在源源不断地增加。

不过,就在拉里·萨默斯接管哈佛之际,并不是一切都很好。世纪之交,哈佛对自己的未来并不是信心十足、恬静从容,而是充满了焦虑与困惑。所有的这些钱带给人们的是紧张不安、冲突与怀疑。这些

---

* H 弹也就是氢弹,这里带有双关表达的意味,H 也是哈佛一词的首字母。——译者注

钱正在改变哈佛作为一所大学的本质与身份。哈佛是如此的富有,怎么还能教导学生精神生活要比对金钱的无止境的追求更重要?当你的资产以每年 10 亿美元的速度在增长——这还只是个保守的估计——你和一个大企业又有什么区别?当一所大学在银行里的存款比许多国家存在银行的钱还要多时,这种财富是不是改变了这所机构所应有的责任?一所大学在如此之富有的同时其灵魂怎能没有堕落腐化的危险呢?

所有这些金钱的气息在空气之中盘旋弥漫着,就像一辆装甲车撞毁后的情景一样⋯⋯

也许这就解释了为什么 90 年代哈佛的贪污腐化问题逐年增长,一连串尴尬的事件牵涉到哈佛的师生。诚然,这种事情在美国其他的地方也有发生,但是人们对哈佛的期望和对美国其他地方的期望是不一样的。哈佛的第 24 任校长纳森·马什·普西是怎么说的?他说,哈佛"是属于社会的,但同时又是和社会脱离的,是高于社会的,她不是社会腐败的产物"[7]。看看 90 年代的哈佛,你就明白普西所说的这句话了。所有的这些钱啊,**190 亿美元**!

哈佛还面临着另外一个问题,这个问题单用金钱是无法解决的。那就是,它的本科教育缺乏连贯性,在理念上有瑕疵,因此有时候不是太好。哈佛学院有一个老化的课程体系,有一半的学生无法说清楚这一课程体系是怎么一回事,喜欢它的学生就更少了。在这一课程体系下,哈佛的教授都不想上课,更有甚者,也没有人要求他们去上课,因此他们都把时间用于做演讲、出书、当顾问等等。和给本科生们上课这种平凡的工作任务比起来,这些活动能给他们带来更多的名和利。哈佛的每一个学生每年支付近 4 万美元的学费,然而,和他们进行学术交流的却主要是助教。这些担任助教的研究生虽然可能都十分尽心尽责,非常敬业,可是你在申请就读哈佛时你所想要的难道就是得到这样的教育吗?这是否就是哈佛的学生分数为什么那么高的原因呢?竟然会有高达约 90% 的本科生以优等成绩从哈佛毕业。无怪乎人们私底下的议论已成了一种普遍认同的看法:要进哈佛非常难,条件非常苛刻,苛刻得近乎残忍,但是只要你进入了哈佛⋯⋯嘿!只要你进来了,如果你自己不想努力,你就大可不必努力了。

在大家的心目中,哈佛无疑是一大批锐意进取的大学中最顶尖的一所,其他的大学都在努力追赶它。耶鲁一直都是哈佛的竞争对手,甚至哈佛自己的人都承认耶鲁的本科教育要比哈佛好。谢天谢地的是,耶鲁大学所在的纽黑文市臭名远播,人们说这座城市萧条不堪、环境沉闷,这可把来这里的人们吓跑了。

除了耶鲁,还有一些新兴的大学是不容忽视的。有人说,普林斯顿的本科教育是全美最好的。斯坦福、伯克利和纽约大学也正在迎头赶上。虽然它们的名气目前还不如哈佛大,但是它们有活力,有动力,而且这几所学校的校长都很有远见。如果哈佛失去了自己一贯的优势,那么它所有的那些钱真的又能做些什么呢?

这就是为什么哈佛董事会选择拉里·萨默斯当哈佛校长的原因:要他去管理哈佛,去纠正那些令人尴尬的错误,去改变哈佛的现状,缩小哈佛的现状与哈佛公众形象之间的差距,重新塑造哈佛校长作为一名引领这个国家的引导者的形象——哈佛的校长不应一开口就是为了要钱,也不能只是就高等教育问题说出自己的想法,作为哈佛校长,他还应就重大问题向全美乃至全世界发表自己的看法。若干年前,哈佛校长就重大问题向全美乃至全世界发表自己的看法都还只是一件习以为常的事情而已,然而最近,却越来越不是这么一回事了。在哈佛管理机构的成员看来,这是不可接受的。如果哈佛的校长不能引领这个国家的话,那么哈佛又怎能引领这个国家呢?相反地,如果哈佛不能引领这个国家,那么美国又怎能强大呢?

因此,拉里·萨默斯在他就任的这一天显得有些紧张不安,对那些有着数百年历史的象征符号和仪式感到不太自在或许也就可以理解了。人们对他寄予厚望。期望越高,压力也就越大。何况萨默斯本能地对礼仪举止尤为不自在。

话说回来,此时此刻觉得紧张的不止这位新校长一个人。哈佛大部分的教授和学生对拉里·萨默斯近乎一无所知,他们知道的其实也就只有那份干巴巴的个人履历。他离开校园已经有十年了,这十年来他甚至没有涉足过学术界。人们对他的了解只能止于报纸上的报道和一些传言,这些报道和传言有些给人以信心和希望,有些却令人不安与烦恼。拉里·萨默斯除了因其聪明才智而出名以外,他的傲慢与急躁的脾气也是人尽皆知的。过去,他所做的事情更多的是命令别人,而不是说服别人或是以身作则。而历届的哈佛校长却一贯是依赖各种技巧去引领这个以独立与自信而闻名的社群。在哈佛,拉里·萨默斯不能只是依靠命令就可以要别人做自己要他们做的事,他会适应这样一个角色吗？

该是这位新校长发言的时候了，萨默斯小心翼翼地从那把古老的校长坐椅上站起来，大步走到讲台前面。"我乐意担当此任。"他说。他的话听起来有些勉强，但是听众还是发出衷心的喝彩。

从接下来的数月乃至数年里所发生的事件来看，我们可以客观地说，不管是拉里·萨默斯还是哈佛都不知道他们的未来会怎样。

第一章 备受注目与争议
——拉里·萨默斯的职业生涯

从《爱情故事》到《律政俏佳人》，哈佛从来就不乏美国流行文化的青睐。究其原因所在，一方面是因为从哈佛走出了许多极具创意、胸怀大志的毕业生。当然，偶尔也会有些毕业生患有机能失调症。这些人在这古老的剑桥校园的经历自然而然便为人们的写作提供了题材。另一方面则是因为哈佛校园风景如画，古老的红色砖墙是那么的亘古辉煌，还有一座座雍容典雅的钟楼，外表光滑闪亮的皮划艇掠过波光粼粼的查尔斯河河面。这些都是电影素材。以哈佛为背景的故事无一不在向人们传递着历史、权力与传统的气息，而哈佛背景同时也加大了故事成功的筹码。无怪乎惊险小说作家丹·布朗，也就是《达·芬奇密码》的作者，将其笔下的主人公——符号学家罗伯特·兰登冠以一位哈佛教授的身份。这一身份标志无疑马上提高了故事主人公的可信度。

然而，以哈佛为题材的文学和电影创作大多是以一种批判的眼光来看待哈佛的。或许我们可以想想那部最负盛名的哈佛剧吧。在埃里奇·西格尔1970年的小说《爱情故事》（同名影片每年秋季都要放映给哈佛的新生观看）里，这所大学给人印象深刻的便是其冷漠、缺乏热情。就审美观而言这的确很有感染力，但校方却对两位主人公，哈佛法学院的学生奥列佛·巴雷特和哈佛拉德克里夫女子学院的学生珍妮·卡维列里的爱情持反对态度。他们在哈佛相恋，却显然并非因为哈佛才相爱。爱情让他们不能专心于学业。

在1973年的影片《力争上游》中，一名哈佛法学院的学生爱上了自己导师的女儿，而他的导师却是个威严的教授。然而力争上游的观念植根于哈佛，却并非因为哈佛人的竞争意识强烈，而是因为这里的人们傲慢自大，人与人之间的关系冷若冰霜。在1997年的影片《骄阳似我》中，一个工薪阶层的数学天才爱上了一个哈佛的学生。在这部影片中，典型的哈佛学生被刻画为一个华而不实、自鸣颓废的形象，而并非其本人自以为的那么聪明。此外，还有其他的一些知名度较低的电影更是以玩世不恭的眼光来描写哈佛。在1986年的电影《灵魂男人》中，一个年轻人因付不起到哈佛求学所需的高昂学费，只好装成黑人以获得奖学金。而在2002年的喜剧电影《偷钱上哈佛》中，一位善良的舅舅企图偷3万美元以为自己的外甥女支付哈佛的学费。

在非虚构文学作品中，有许多诸如《我在哈佛的一年》这样的书，作者回忆了自己在哈佛法学院、医学院或神学院一年的学习、生活或工作的经历等等。在主题和结构上，像斯科特·图罗的《一个法学院残存者的自述》这么一种编年史式的书往往这样描述道：在哈佛法学院学习一年能通过考试并继续学业的几率，与一架飞机撞上秘鲁安第斯山，机上人员却幸存了下来，或是一个人受困于一个荒芜的小岛，而依靠身边仅有的一个充气气球而生还的几率是一样的。在多数以哈佛为题材的文艺作品中，对人物个性进行深入刻画的并不多，人的自发性行为往往招致非难。爱情则是一种危险的情感。

哈佛的行政管理部门花费了大量的时间、金钱和精力以求在媒体上获得更多正面的报道。哈佛的新闻秘书人数似乎比美国国会的新闻秘书人数还要多，他们消除那些负面报道所花的时间和让人撰写正面报道花的时间一样多。他们的工作多数是让报纸和杂志报道哈佛教员在各自的学术上所取得的成就。在这一点上，在新闻界中广为分布的哈佛毕业生，无疑帮了他们的大忙。几年前，一个作者在写一本关于哈佛的书时，要求一群研究人员统计一下在连续的几个月中《纽约时报》提及哈佛大学的次数。他们原先就预期这将会是个不小的数字，但令他们大为吃惊的是，他们发现《纽约时报》提及哈佛的次数比提及其他所有大学总计起来的次数还要多。[1]

当然，哈佛并不是仅仅依靠外部的媒体来宣传自己的。他们自己也发布大量的报道、公告，出版大量的刊物来颂扬哈佛人的业绩。这样做并没有什么不妥，因为其他所有的大学也都是这么做的，只是哈佛做得更大更好而已。在诸多的出版物中有《哈佛大学报》，这是一份在学校上课期间出版的周报，报道哈佛的教员，刊登每星期校内所举办的难以计数的各种讲座、展览和表演；《哈佛杂志》则是一本华而不实的专门性期刊，每年六期，派送给哈佛校友。哈佛的网页则是一项最新的创举，一天 24 小时都在向世人展示着哈佛那完美的形象。

如果在 2001 年的夏季和秋季，你已经在哈佛的出版物以及哈佛的网站上读过那些关于这位新任校长拉里·萨默斯的文章，那么你肯定对他的某些方面有了一定的了解，因为媒体已经有选择性地对他的某些方面再三地报道过了。你应该已经知道，拉里·萨默斯精力充沛而且"才华横溢"，由于人们反复地用"才华横溢"这个词来形容他，以至于这个词几乎成了他的另一个称谓了。你也应该早已知道，萨默斯是一位鼓舞人心的老师，经常会有人说他有可能获得诺贝尔经济学奖。萨默斯在华盛顿的十年可以说是功成名就，这之中更以其担任过为期 18 个月的财政部部长而使其达到登峰造极的地位。所有这些关于他的报道也许会给你一个这样的印象：萨默斯酷似电视《白宫群英》里面由马丁·施恩所饰演的那位巴特雷特总统，如果有什么差别的话，那就是萨默斯比巴特雷特总统更聪明。

所有的这些宣传都很成功，取得了预期的效果。萨默斯在哈佛以外的所有媒体上都得到了热烈的追捧，这些媒体都称颂他是继前任校长陆登庭校长之位的最佳人选。一位《波士顿环球报》的专栏作家这样写道，拉里·萨默斯"有潜力成为继查尔斯·威廉·埃利奥特以来最伟大的哈佛校长"[2]。查尔斯·威廉·埃利奥特是公认的 19 世纪哈佛最伟大的校长。

确实，偶尔也会有人提及萨默斯在网球场上是一位球风犀利的对手。不过除了他的经济学王国外，人们并不清楚他其余的爱好或兴趣。同样，人们对他的私生活更是一无所知。当然，更没有人知道他曾为一场痛苦的离婚而悲痛万分。也没有人议论他在二十来岁的时候成功战胜了癌症这一病魔以及这场大病影响了他对工作和生活的态度。而且他还是哈佛历史上第一位犹太裔校长！这可谓是文化史上的一座里程碑啊，可这件事竟然被人们忽略了。这也实在太令人费解了。

事实上，尽管哈佛的媒体对他如此大肆褒扬，但劳伦斯·亨利·萨默斯的职业生涯和生平还是与哈佛所提供的信息更具冲突性，更为复杂,同时更为重要的是,也更具有人性的一面。劳伦斯·萨默斯不仅是一个天生的才智之士(当然,树立起这样一种形象让他本人觉得十分惬意),同时他的成功也代表了一个移民家庭的后代历经磨炼终成正果的经历,他的这一经历带有典型的美国色彩:在自我意识和个人抱负的驱动下,永不歇息地追求,达到美国人眼里功成名就的顶峰并且不断地超越。

哈佛对其新任校长的精心包装,塑造了这一形象。这一切折射出大学里的竞争准则。当哈佛的学者们在努力追求知识的增长时,其行政管理者则是在努力维护和拓展"哈佛"这一品牌。然而,所有这些关于拉里·萨默斯的奉承性宣传报道的结果却似乎适得其反。如果哈佛对他的宣传能适可而止的话,或许人们对这位新校长履任的第一年可能会持一种更为宽容的态度。这样,哈佛也就可以不必有这许多的震惊与不悦了,至少可以不必那么震惊了。

劳伦斯·亨利·萨默斯于1954年10月30日出生在康涅狄格州的纽黑文,是这个家庭的长子。父亲罗勃特·萨默斯和母亲安尼塔·萨默斯都是经济学家,其时任职于耶鲁大学。他的祖父弗兰克·塞缪尔森,曾是印第安纳州盖瑞市的一家廉价药店的药剂师。他的外祖父哈里·阿罗是纽约市的一名业务经理,在20世纪30年代美国经济大萧条时期为了工作而四处奔波。

罗勃特·萨默斯夫妇都是治学严谨且颇有才华的经济学家,可惜两人都不是这一学术领域的最顶尖的学者。因此,耶鲁没有授予他们终身教职。1959年他们受聘前往宾夕法尼亚大学执教,并在那里一直干到退休。他们住在一个名叫劳威梅利恩的地方,抚养着拉里和拉里的两个弟弟——理查德和约翰。劳威梅利恩是费城市郊梅因莱恩的一个美丽而繁荣的郊区,也就是电影《费城故事》中汤姆·汉克斯饰演的那位名门律师的故乡,这一地方随着影片《费城故事》的走红而为世人所熟悉。

在拉里·萨默斯的父母中间,母亲安尼塔对他的影响更大些。她十分宠爱萨默斯这个长子,对他百般呵护,在为他感到自豪的同时又对他严格要求。拉里在掌握数字和领会信息方面有着超乎寻常的本领,简直令人觉得不可思议。当拉里·萨默斯还只是一个两岁大的孩子时,坐在父母的车里,他就能分辨出沿路那些加油站的名字。七岁时,他就能背出约翰·肯尼迪内阁成员的名字。肯尼迪遇刺的时候,九岁的他竟然整个周末都坐在电视机前观看相关的新闻报道。他爱好各种游戏活动,尤其是那些和数字统计有关的游戏以及各种智力游戏。"我只是个好奇心特别强的小孩而已,但并不是特别外向。"[3]萨默斯后来回忆道。他就是这么一个孩子——表现出强烈的求知欲和少年老成。十岁时,他参加了当地一家体育电台所举办的智力问答秀,出乎举办方的意料,他们费尽心思、精心准备的题目,萨默斯却一口气,一道接着一道全答对了,以至于电台措手不及,一时间竟然找不出题目接着往下问。次年,小萨默斯又想出了一种用对数的方法,根据某一支棒球队在7月4日美国独立纪念日那天的排名位次,来预测该球队在这个赛季最后的可能名次。

罗勃特和安尼塔为自己一家人营造了一种独特的家庭氛围,让学习和解决问题成为这个家庭日常生活中不可或缺的部分。他们甚至还制定了这样一条规则,根据这个规则家庭成员要通过投票来决定看哪一个电视节目,而得票的多少由一个人对自己的选择所坚持的强烈程度而定。拉里则往往可以很好地利用这一规则让他自己和两个弟弟赢得选择电视节目的权利。"他的父母在家里常常有意无意地教给孩子们经济学方面的知识。"哈佛的历史学家菲利斯·凯勒如是说。她认识萨默斯一家子。"如果萨默斯一家人开车出行,罗勃特和安尼塔就会抛出一些智力问题,诸如:'如果这条道路又增加一条车道的话,那么交通堵塞问题是不是可以得以缓解呢,或者只是导致这条道路上车流量的增加而已?'"[4]一个儿时的伙伴后来回忆道:"他们一家子每一天都在尝试着解决各种各样的问题,因此我当时也就很喜欢上他们家去凑凑热闹,不过我同时也总是迫不及待地想离开那里。"[5]

拉里的两个弟弟理查德和约翰也均非泛泛之辈,他们成年后一个成了精神病学专家,一个当了律师。而拉里则注定要成为万众瞩目的人物。高中时代,拉里就读于哈里顿高中。此时的他醉心于数学,似乎他与这门课之间存在着一种天生的难以割舍的情感。课余时间他则喜欢打网球,而且十分争强好胜。"参加网球比赛时他总要想方设法寻找最佳的搭档,尽管这样做便意味着要抛弃旧有的合作伙伴。"莫顿·凯勒曾经回忆道。——他是哈佛的历史学家菲利斯·凯勒的丈夫,本身也是位历史学家。安尼塔·萨默斯喜欢讲起她的这个长子12岁那年去参加网球比赛时的旧事。"玩得开心!"她朝着儿子喊道。可是拉里回答他母亲的话却是:"这可不是件什么玩得开不开心的事,而是件关乎输赢的事。"[6]

不过,对萨默斯的学术生涯产生影响的不仅是他的父母。或许,我们甚至可以这么说,他的父母亲并不是对其学术生涯影响最大的人。萨默斯出生于一个声名显赫的知识分子世家。其父辈至亲中有两人——他的一个伯父,还有一个舅舅——被誉为20世纪最杰出的经济学家。

伯父保罗·萨缪尔森毕业于芝加哥大学并于1941年获得了哈佛大学的博士学位。他是罗伯特·萨默斯的兄长。萨缪尔森在学术上涉猎广泛,不过他在经济学领域所做出的最大贡献莫过于其强调以数学作为经济学这一学科的基础这一观点。现今学习经济学的学生可能认为这是件理所当然的事情,可是在萨缪尔森提出这个理论之前,经济学只是一门类似于历史学或哲学的学科,靠的是一流的理论及其雄辩的著述。萨缪尔森所倡导的是另一种表达符号。他认为,要是没有高等数学作为经济学的基础,经济学家们就是在反复操练着一种"十分陈腐的智力训练"[7]。1948年,萨缪尔森33岁的时候,他出版了其专著《经济学》(*Economics*:*An Introductory Analysis*)。这本书概述了萨缪尔森的观点,之后一直畅销不衰,成为历来最畅销的经济学教科书。

萨缪尔森帮助经济科学各个领域的学者用一种前所未有的方式相互交流。他极力倡导经济学与数学的结合,改变了经济学作为一门相对"模糊"的科学的属性,有助于经济学进一步发展成为一门具有权威性的分析科学,并为经济学的研究开拓了无穷无尽的研究新领域,提出了新的研究问题以及解决这些问题的新方式。1970年,萨缪尔森获得了诺贝尔经济学奖。对其获奖,诺贝尔奖评奖委员会是这样评价的:"萨缪尔森在提高经济学分析水平方面的贡献是其他任何一位当代经济学家都无可比拟的。"[8]

尽管萨缪尔森醉心于数学语言在经济科学的研究与应用,但他同时也是个非常愿意与普通民众进行交流与沟通的经济学家。作为一个相对年轻的经济学家,他有远大的抱负,也乐于成为公众人物。曾长期为美国《新闻周刊》经济学栏目撰稿,为财政部提供咨询服务,曾担任美国总统约翰·F.肯尼迪以及肯尼迪之后的林登·约翰逊总统的经济顾问。除了忙于研究外,他还非常喜欢打网球。

和萨默斯的伯父萨缪尔森相比,其舅舅肯·阿罗(Ken Arrow)则完全是另一种人,他们之间的差别并不只是因为肯·阿罗喜欢打的是羽毛球。肯·阿罗是萨默斯的母亲安尼塔·萨默斯的兄长,是个性格文静、言行举止和蔼、温文儒雅、性格较为内向的人,他的研究比起萨缪尔森的研究显得更抽象、更理论化。阿罗生于1921年,在纽约成长,后来进入纽约城市大学学习。在反犹主义喧嚣一时,许多大学都拒绝接受犹太裔学子之际,纽约城市大学是犹太裔学子的庇护所。之后,阿罗获得了哥伦比亚大学的博士学位。1951年,经历了"二战"期间4年的从军生涯之后,年仅30岁的他出版了其最重要的代表作《社会选择和个人价值》一书。在这本书中,阿罗提出了他的观点,也就是著名的"不可能性定理"。这一法则难以用寥寥数语来概括表述,外行人其实也不可能真正读得懂。简单说来,阿罗是在主张,社会无法基于每一个个人选择的集合来就总体的福利做出大家觉得合理的决策。阿罗的这一论断听起来或许十分抽象,但是"不可能性定理"对公共政策的制定蕴含着深刻的意义,它的提出促进了一门崭新的经济学分支领域,即公共选择经济学的创立。阿罗一生中先后在斯坦福大学和哈佛大学任过教授,1972年获得了诺贝尔奖。

虽然拉里·萨默斯和他这两位获得诺贝尔奖的伯父和舅舅并不是特别的亲近,然而他们以及他们的成就所形成的那种氛围却无时无刻不笼罩着他,就如每一个活着的人都需要呼吸氧气那样离不了。同时,由于他们的长寿——阿罗和萨缪尔森的岁数都超过了80岁,因此他们的成就并不属于遥远的过去。萨缪尔森获得诺贝尔奖那年,拉里·萨默斯正是个高中生,而阿罗则是在拉里·萨默斯上大一的那一年获得诺贝尔奖的。在拉里·萨默斯的学生时代,任何一个认识他的人都知道他有这么一个伯父和这么一个舅舅。由于他们的成就和声望,以及拉里在少年时代所表现出的天资聪颖,因此人们无不相信拉里将来必定要成就一番大事业。这显然是个极高的要求,即便是对于那些像萨默斯一样聪明、极具竞争意识的人来说也是个非常高的标准。想要在经济学领域,取得不亚于萨缪尔森和阿罗的成就,这无疑是个艰巨的挑战,更不用说超越他们了。或许正是十几岁时少年的这种叛逆心理使得中学时代的拉里·萨默斯仅修过一门经济学课程。

然而,拉里并不是家庭成员中唯一受这两位声名显赫的长辈影响的人。他们对拉里父亲的影响也是萨默斯的故事的重要组成部分。

拉里的父亲罗伯特·萨默斯原名叫罗伯特·萨缪尔森,不过就在他刚成年时,便将自己的姓改成了萨默斯。了解他们一家的经济学家们——经济学界这个圈子给人的感觉就像是一个很小的圈子,圈子中不论是有关哪个人的流言飞语都会传进其他所有的人耳朵里——普遍认为,罗伯特·萨缪尔森之所以将自己的姓萨缪尔森改为萨默斯就是为了避免人们老把自己与那位成就更为显赫的兄长联系在一起,不愿意沾他的"光"。

不过,关于罗伯特·萨默斯更改姓名一事的原因还有另一种说法,那就是出于规避反犹主义的歧视以及对种族同化的渴望。萨默斯的双亲均为犹太裔。肯·阿罗、保罗·萨缪尔森、罗伯特和安尼塔·萨默斯夫妇的成就以及他们在美国社会中的地位的崛起与显赫,正是千千万万个美国移民家庭经过奋斗获得成功并实现他们的美国梦的典范。然而,尤其是对保罗·萨缪尔森来说,反犹主义始终是他的心路历程中抹不掉的一段最为阴暗的经历。

20世纪30年代,作为哈佛的一名研究生,萨缪尔森便表现出过人的才华。也正是因为他才华过人,哈佛大学研究员协会(Harvard's Society of Fellow)邀其入会。哈佛大学研究员协会是由哈佛前校长艾博特·劳伦斯·洛厄尔* 1932年建立的,其学术地位的重要性犹如美国三军部队中的海军特种部队——海豹突击队或是篮球的梦之队,其成员都可以说是精英中的精英。协会会员的入选只需符合一个条件,这个条件也是唯一的条件,那就是他们必须聪颖过人。他们一年可以获得约5万美元的定期生活津贴,却无须有任何的研究成果。(正如哈佛大学网站上所称,他们不受任何形式上的约束。)他们基本上可以说是无所事事,闲坐着拿钱,构思他们的那些奇思妙想。

尽管任何人都不能无视萨缪尔森的才华,然而他虽多方努力却无法获得理想的教职。正如历史学家莫顿·凯勒和菲利斯·凯勒在他们的著作《使哈佛现代化》一书中所写的那样,他和其他犹太裔研究生们一道只能转向通常被视为"犹太人课程"的统计学或者会计学。[9]

1940年,萨缪尔森获得了麻省理工学院所提供的教授职位。7

---

* 艾博特·劳伦斯·洛厄尔(Abbott Lawrence Lowell,1856—1943),美国教育家,担任过哈佛大学校长(1909—1933年),他写过《政府论》(1889年)和《原则的冲突》(1932年)。——译者注

年后,也就是他的那本著名的成名代表作付梓之际,哈佛大学开放了终身教职的申请。此时的萨缪尔森本应很有希望获选,然而令人不可思议的是,他竟然落选了。这其中的原因大概便是反犹主义吧。尽管已时隔60年之久,哈佛大学的人们迄今仍在争议着萨缪尔森的这次被拒是否是因为对犹太人的偏见。而在这场旷日持久的争议中,那些认为萨缪尔森的这次被拒是因为反犹主义的人似乎占了上风。对此观点凯勒夫妇深信不疑,他们在自己的著作中写道:"哈佛大学拒绝了萨缪尔森的教职申请无疑是哈佛反犹主义所造成的最具毁灭性后果的典型案例。"[10]而且这一意外事件也的的确确给拉里·萨默斯留下了难以抹去的印象。2004年,在纽约的哈佛俱乐部的一次午餐会时,他告诉人们:"我的伯父之所以失去了机会,没有成为哈佛大学的教授,原因就在于他是一个犹太人。"正因如此,萨缪尔森便一直待在麻省理工学院任教。具有讽刺意味的是,这也正是麻省理工学院在经济学方面数十年来长期雄踞哈佛大学之上的重要原因之一。

身为保罗·萨缪尔森的弟弟,罗伯特·萨缪尔森因此十分了解自己的兄长所做的努力。又有谁能怪罪他会有如此的想法呢?以兄长的才华和努力,反犹主义都可以改变其一生的事业,而自己的聪明才智尚不及兄长,那么自己怎么可能有本钱去碰这样的运气呢?因此,"罗伯特·萨缪尔森以及保罗的另一个弟弟哈罗德·萨缪尔森由于恐惧反犹主义,害怕带有犹太血统印记的姓氏萨缪尔森会妨碍自己的一生,因此不得不将自己的姓改为萨默斯。"[11]保罗的孙子库珀·萨缪尔森在微软旗下的网络杂志《石板书》上撰文如是说。

虽然犹太教是拉里年轻时生活的一部分,但对于萨默斯这样的家庭而言,学术生活自始至终远重于宗教和文化遗产。拉里·萨默斯并不以自己是犹太裔为耻或不安,相反,他成长在一个安全的上流社会中,远离他祖父的药店,尽管这中间只有一代之隔。他的童年生活十分的舒适与富裕,无须经受之前他伯父保罗所需面对的反犹主义的歧视。"在我成长的地方,乡村俱乐部里几乎没有什么犹太人,而我所认识的人中都没有加入这些俱乐部。"萨默斯说,"在我就读大学与研究生,成为一名大学教师,或是担任政府公职时,几乎从未涉及过我的宗教问题。"[12]

1971年，萨默斯还是个十一年级*的学生时，他提前一年向哈佛大学提出入学申请。出乎人们意料的是，哈佛拒绝了他的申请。萨默斯从未在自己的文章中承认过这个令人难堪的事实，而哈佛招生办公室也一向不愿意证实此事。但后来，在他担任哈佛大学校长之后，这件事却引起了诸多的猜测。在2002年春季的一场为学生募捐者所举办的宴会上，在场的一位四年级的女生从自己的座位上站了起来，问萨默斯为什么没在哈佛就读本科。"因为我没有被哈佛录取。"萨默斯的回答让在场的人们感到震惊。一位在场者说："这件事实在令人难以置信。"

萨默斯因此就去了麻省理工学院求学。麻省理工学院的地理位置与哈佛相距甚近，但在文化上却有着天壤之别。它主要是一所数理院校。选择到麻省理工学院的学生心里通常已经倾向于进研究生院攻读博士学位。这是一所十分严格的高校，在这里就读的学生个个都在为自己未来的事业而发奋学习，整个校园里弥漫着一种令人窒息的高压气氛。一个人绝不会为研究人文学科、社会生活或是因为仰慕麻省理工学院校队在运动场上出类拔萃的表现而到麻省理工求学。麻省理工的学生长期以来给人们的形象不是喜欢恶搞便是书呆子一个，而且在某种程度上他们也非常乐意人们这样看待自己。麻省理工学院有一个传统：在一年一度的哈佛—耶鲁橄榄球赛期间玩一些高科技的恶作剧，例如，将一个巨大的帆布气球充满气，埋在球场的底下（它看起来就像一条背部缺了个口的鲸鱼）。就在最近，一群学生制作了一架机翼长达45英尺的飞机模型，让它停落在麻省理工学院那座高达150英尺的地标性建筑"大圆顶"的顶部。他们之所以这么干只不过是想要庆祝一下莱特兄弟首次成功飞行一百周年。对此，麻省理工学院的新闻办公室只是简要地报道说："这个模型已经……被学院的安全评估与技术小组拆除。"

拉里·萨默斯这棵苗子在麻省理工学院里茁壮成长。他蓄起了浓密的胡须，全然一副埋首于数学研究的学者模样，而不是个叛逆的嬉皮士。他参加了辩论小组，并成为全国辩论赛冠军。萨默斯回忆说："我走遍了全美各地，参加了一场又一场的辩论赛，辩论的主题五花八门，从对枪械的控制到国民医疗保健以及能源价格的控制。"[13] 据

---

* 美国的十一年级相当于中国的高中二年级。——译者注

他家的一位朋友说,萨默斯不仅想要游遍全美各地,而且还希望能到国外求学。然而,他的母亲却对此大泼冷水,极力劝他说麻省理工学院是一个非常好的学校,哪怕只是辍学一个学期也太可惜了。萨默斯与人辩论的次数无数,几乎从未败过阵,这次他却辩不过自己的母亲。由于是在这种家庭才智比拼中长大的,他无论是在何种背景下,从不害怕说出自己的想法,更不怕去质疑对方。"拉里无时无刻不处在辩论的状态中。"一位与他共事多年的同事说,"如果你对拉里说声'你好',拉里便会反问道'为什么要好呢?'对很多朋友来说,这样的回答让人觉得莫明其妙。但要是你接着往下问'干吗不好呢?'他会立刻反驳你,并准备要和你大战三百回合。"

在麻省理工学院,萨默斯后来又改弦更张,从研修数学转为研修经济学。对此,他后来解释说,他意识到自己竞争不过同在麻省理工学院学数学的那些才华横溢的同学。如果他不能在一件事上做得最好,那他宁愿放弃。

当萨默斯还是麻省理工学院二年级学生时,他便担任了经济学家马丁·费尔德斯坦的助教。马丁·费尔德斯坦后来在34岁时成了哈佛大学的教授。除了在政治上属于保守派之外,马丁·费尔德斯坦完完全全称得上是一个典型的哈佛大学经济系教授。他是一个精力充沛、令人难忘的学者,醉心于全球性问题的研究,但对大学本科生的教学却不那么感兴趣。在此后的数年里,马丁又先后在里根总统执政时期的政府部门中任职,担任几家公司的董事会成员,还定期为《华尔街日报》撰写社评文章。虽然人们普遍认为他的授课总是让听的人昏昏欲睡,但是他的经济学入门课程,也就是众所周知,在哈佛课程中代码为"EC10"的这门课,却成为哈佛大学里修课人数最多的课程之一。每一年都有几百名学生注册研修这门课程。这么多的学生选修他的这门课程并非景仰他超凡的人格魅力或是妙趣横生的演讲,而是因为他们心里十分清楚,要得到一份高薪的职业常常需要有经济学方面的知识。然而,不论是在哪方面,费尔德斯坦一生的经历和机遇与萨默斯的父母、伯父和舅舅截然不同,而且他在政治观点上也与他们有着天壤之别。费尔德斯坦成了麻省理工学院本科生的学术导师。

1974年,萨默斯再次向哈佛递交了入学申请。这次他申请攻读的是经济学的博士,而哈佛这一次终于接受了他。即使此时的萨默斯不认识马丁·费尔德斯坦,校方这次也很难拒绝他的申请。原因之一便是萨默斯的舅舅肯·阿罗当时就在哈佛的经济系执教。更重要的是,萨默斯已成为一个值得哈佛方面考虑的学子了,他具备了成为一名具有潜力的学者必备的因素:能够吸取大量信息,不断地提出质疑,大胆地从不同的角度探讨问题,等等。

萨默斯在哈佛研究生院博士班的同学中有一位名为乔治·齐姆斯的德国经济学家,他记得当年与萨默斯在哈佛求学时的一段小插曲。萨默斯向他的舅舅发起了挑战。阿罗正在黑板前讲解一个问题,萨默斯打断了他的话,说道:"肯,我认为你弄错了。"紧接着把自己的理由说了出来。萨默斯的同学都津津有味地观看着这难得的一幕。阿罗就在此不久的几年前刚获得过诺贝尔奖。因此不论有哪个学生向他提出挑战都将十分引人注目,更何况这个发起挑战者竟然是他自己的外甥。这一幕平添了一种同室操戈的色彩,也就更具有吸引力了。而阿罗还来不及将这个问题解析清楚,这堂课就结束了。不过第二次课刚开始,阿罗便承认说:"拉里是对的。"

萨默斯是"迄今为止他们这一届在学术上最有才气的研究生"。齐姆斯说,"我就是一天工作25小时也没他聪明"。但与此同时,萨默斯身上也有一些东西让乔治觉得不快。诚如乔治·齐姆斯所言,"他实在是太过于固执、盛气凌人,因此难以与人相处。他十分傲慢自大、野心勃勃。我想他自以为自己完全可以成为第一个犹太裔的最高行政长官(president)"——成为美利坚合众国的总统,而不是哈佛大学的校长。

尽管他非常有才华,却也非常不注意基本的社交细节。当经济系的研究生们一起外出到比萨店就餐时,萨默斯的举止很不得体,同伴们看了觉得很不自在。他在餐桌前的吃相极差——他会狼吞虎咽地将大块的比萨饼一口塞到嘴里,把两个腮帮子弄得鼓鼓的,未及咽入喉咙,又抓起饮料咕噜咕噜地往嘴里灌。同去的同学们都开玩笑说萨默斯吃起饭来就跟在家里吃饭一样。

在完成了研究生课程的学习之后,萨默斯前往麻省理工学院执教。1981年,他又前往华盛顿,担任他以前的老板马丁·费尔德斯坦的助手。这是他的职业生涯中首次从事学术之外的工作,而此时的马丁·费尔德斯坦担任了里根总统的经济顾问委员会主席。萨默斯并不是里根供应学派经济学的拥护者。一位当时就认识他的经济学家说,这段任职经历为他日后的工作提供了一定的工作经验。

1982年,在他就读研究生7年之后,萨默斯完成了他的博士学位论文(如果不是因为到麻省理工学院执教以及前往华盛顿任职,他本该早就完成他的学位论文了)。他的学位论文《以资产价格的方式对资本收益税进行分析》获得了哈佛的威尔斯奖(David A. Wells Prize),该奖项授予当年度最优秀的经济学论文获得者。同年,哈佛大学经济系的一员,哈佛文理学院院长亨利·罗索夫斯基力促当时的校长德里克·博克授予萨默斯终身教职。博克接受了这个建议,而萨默斯也接受了这一职位,在28岁那年就成为哈佛大学历史上最年轻的终身教授之一。

1982年对萨默斯而言可谓是春风得意的一年,在这一年中他不仅在学术上硕果累累,而且事业和爱情双丰收。他爱上了哈佛法学院一位名叫维多利亚·佩里的女学生。佩里是一位漂亮的白人女性,有着一头褐色的秀发。尽管这位聪慧又有抱负的女子在某些方面与萨默斯大不相同,但她也同样爱上了才华横溢的萨默斯。据一位认识她的女士说,她出生于缅因州的一个名叫班戈的城镇,长得就跟总部设在她的故乡缅因州的 L. L. Bean 公司*的产品目录上的模特儿一般俏丽。虽然佩里的家在缅因州,但她自小几乎都生活在佛罗里达州,在佛罗里达州长大成人。她的父亲是佛罗里达州的一家证券公司的业务经理,她的母亲是一个数学教授。她本人天资聪颖,并以最优异的学业成绩从耶鲁大学毕业——不过她的意向是成为一名律师而无意于从事学术研究工作。

拉里的才华与睿智深深地打动了佩里的芳心,而她的聪颖和才思丝毫不逊色于萨默斯,这同样让萨默斯心仪不已。萨默斯的母亲是一个坚强的女性,因此萨默斯希望自己的女朋友也能够像自己的母亲一样。"在本文写作的最后阶段,维多利亚·佩里一直是我的好朋友。"萨默斯在其博士学位论文的致谢语中写道,"因为有了她的相伴,我在撰写本文的最后几个月里度过了一段十分美好的时光。"佩里毕业后,供职于波士顿的一家极有声望的律师事务所——和而德律师事务所(Hale & Dorr)。1984年9月,她和萨默斯结婚了,他们的婚礼在波

---

* L. L. Bean 公司是总部设于缅因州的一家企业,由利昂·利昂伍德·比恩(Leon Lecnwood Bean)创立于1912年。一百多年来,公司以其优质耐用的服装和户外设备及专业的知识而备受大众青睐,现已是一家全球性的企业。——译者注

士顿的哈佛俱乐部举行,由一名犹太传教士和一位公理会的牧师共同主持。这一年,萨默斯29岁,佩里27岁。

他们举办婚礼之际其实也正是萨默斯经受生死考验之时:萨默斯病倒了!八个月之前,也就是这一年的一月份,他被确诊为罹患何杰金氏病,也就是淋巴腺肿瘤。这种病多发于15岁至34岁之间的男性身上。紧接着便是一整年的化疗。这对他而言是个难以忍受的痛苦,那些了解萨默斯的人都说他的命差一点就没了。然而他将自己的全部精力倾注于工作,终于熬了下来。"我一生中那些最有价值的研究,有好些是在我被确诊后的那一年内做的。"[14]他说。他的主治医师大卫·斯卡登是哈佛附属医院的一个血管肿瘤方面的专家。正是以这么一种别具风格的形式,萨默斯把这次的苦难经历变成一个很好的求知机会。当他清楚自己已经摆脱了癌症的魔爪时,他问自己的主治医师斯卡登,这种用于治疗血管肿瘤、拯救了其生命的治疗方法发明多长时间了?斯卡登医师告诉他说大概有15年。这句话给他留下了深刻的印象,15年对于一个正在接受治疗的患者而言并不是一段很长的时间。

在接下来的岁月里,萨默斯很少提及自己曾经罹患过癌症这件事。他和斯卡登也将近20年没有联系过。许多对萨默斯只是略有耳闻的人或是跟他不是很熟的人甚至根本不知道他曾经患有癌症。不过在他被选为哈佛大学的校长后,萨默斯接受《哈佛杂志》的采访时说过,罹患癌症使得他更加珍惜自己的家庭,更加理解那些比他更不幸的人。根据那些在他患癌症时就已经认识他的人透露,罹患癌症一事带给萨默斯的感悟其实远不止这些,它带给萨默斯更大的影响就是使萨默斯对人生之短暂的理解有了更深层次的认识。他们觉得萨默斯在患了癌症后,总是抱着一种急切的心情在工作,因为他不敢肯定自己究竟还会活多久——与其说多久还不如说有多短。除了他自己所从事的专业外,他最感兴趣的课题便是把他从死神那里拉回来的科学与医学。在他成为哈佛大学的校长后,他总是用他自己的偏好去回报斯卡登当年的救治之恩。

在接下去的几年里,萨默斯就税收、失业和市场等方面的问题撰写了多篇很有分量的论文。"拉里是社会活动的中心人物。"[15]有一位哈佛大学经济学教授是这么说的,这位教授的名字叫做拉里·卡茨,是萨默斯的朋友。他说:"最令人不可思议的是他的社会活动的涉猎之广,他可以和20个不同的人讨论20个不同的问题。"在政治上,萨默斯持中间偏左的观点,他认为不应存在一个不受限制的市场,联邦政府应制定出一套有助于实现这一进步的政策目标的赋税制度。在学术上,他有一种天赋,可以把真实世界的数据带到经济学家先前只停留于理论研究的问题上。1986年,萨默斯撰写了一篇关于亨利·福特的论文,这篇论文颇具争议。[16]例如,萨默斯和该论文的另一位作者丹尼尔·M.G.拉夫一起对福特在1914年所做的决定,也就是把员工工资提高一倍,从每天2.5美元提高到每天5.0美元一事进行调查研究——每天工资2.5美元是当时的行业工资标准。为什么福特给自己公司的员工增资的幅度如此之大呢?难道是出于利他主义?还是希望提高他的知名度?作者认为两者都有可能。但更大的动因则是:给员工支付超过他们所应得的报酬,可以激发员工们的士气,降低劳动力的替换比从而增加利润。这篇文章的言下之意其实已十分明了:如果福特支付比市场最低工资标准要高的劳动报酬,也就给福特带来了更具积极性的成效,那么,当今又有几家公司能够这么做,或是打算这么做呢?

同时,萨默斯也是一个精力充沛的教授,一个严格要求的教授,一个富有挑战精神的教授。有时候哈佛大学的研究生们觉得他给他们的压力太大了,不过他们也承认他经常很有耐心地哄他们,激发他们完成了他们原来自以为根本不可能做到的事情。在这一方面,最典型的莫过于1992年哈佛大学本科生教育委员会(CUE)手册对萨默斯所做的评议了。这一评议每年进行一次,由哈佛的本科生填写,对各门课程的教学进行测评(由校方公布,但教授们可以要求不公布对他们所做的测评结果),而对萨默斯进行测评的结果反馈表上是这么写的:"参与评估的测评者们一致向劳伦斯·萨默斯教授表示祝贺,因为由他授课的课程获得了优秀的总评。""不过,有1/4的参与测评者对他授课时有时说话速度太快有意见。"而且,"有许多参与测评者认为该门课程的工作量太大,学生负担太重。"萨默斯教授的评议得分为4.2分(满分为5分),高于全校教师的平均得分,但在哈佛的教授中萨默斯并不是得分最高者。

然而,萨默斯也是个精力充沛的不安分者,他不愿意把自己的一生都拘守于学术圈中。1988年他签约受聘于马萨诸塞州的州长迈克尔·杜卡基斯的总统竞选阵营,与另一位经济学家罗伯特·赖克一道担任了杜卡基斯的经济政策方面的顾问。罗伯特·赖克后来担任克林顿政府的劳工部长。作为美国总统候选人,迈克尔·杜卡基斯在经济政策方面极力主张政府应扮演主动的角色,采取阶段性的税收减免政策和政府的财政补贴,鼓励那些从事高科技产业的企业以及那些在高失业率地区投资的企业。杜卡基斯认为(这个观点与萨默斯的看法相一致),政府无须增加赋税,而只需通过征收那些该缴未缴的税款便可以缓解政府的财政赤字问题。然而,萨默斯当时一直都不是杜卡基斯的小圈子里的一员,而杜卡斯基现在也不太记得萨默斯在这场总统大选中有哪些作为。"我们见过很多次面,但在这个问题上我不想夸大其词。"杜卡基斯说。虽然如此,萨默斯还是力求和这位前州长保持良好的关系。"每当他得到一个重要的职务时,拉里都会给我写一封短信:'要没有你,我就不会有今天的这一切。'"杜卡斯基说,"他的这些信都是亲笔写的。"

在这场竞选中,杜卡基斯落败于乔治·H·W·布什。当然,萨默斯也就失去了重返华盛顿的机会。尽管如此,对于萨默斯来说这场大选仍是他人生的一个转折点。一方面,他懂得了自己对政治感兴趣,他不愿意自己仅仅是权力和政策的学习者,而认为自己还应该是个制订者和操纵者。另一方面,在这场竞选活动中他结识了两位对他将来的擢升具有重要意义的人:一位是富有的捐款人,来自高盛投资银行的罗伯特·鲁宾,另一位是一颗正在冉冉升起的政坛明星,来自阿肯色州的州长比尔·克林顿。

在表面上,萨默斯已经实现了人们对他的每一项期许。1987年他获得了国家自然科学基金委员会颁发的沃特曼奖(Alan·T·Waterman Award),奖金金额50万美元。该奖项由美国国会颁发,通常奖给美国国内杰出的青年科学家或工程师,而萨默斯则成为获此殊荣的第一位社会科学家。1993年,萨默斯又获得了约翰·贝茨·克拉克奖章(John Bates Clark Medal),这一奖章由美国经济协会颁发,授予美国国内年龄在40岁以下的最有才华的经济学家。获得克拉克奖章通常被视为获得诺贝尔经济学奖的前兆,保罗·萨缪尔森在1947年获得该奖章,肯·阿罗于1957年获得该奖。

如果有什么人吹毛求疵,想在萨默斯身上找碴儿的话,或许他身上还真有那么个毛病是可让人们挑剔的,那就是萨默斯头脑里的想法太多了。萨默斯的思维实在是太过于活跃,因此难以把精力放在某个主题上，因此不能取得突破。这也就是一个杰出的经济学家与一个真正的经济学大家的差别所在。世上本不存在所谓的灵光一现，如果不经过长期的苦心研究，阿基米得也就不可能有"我找到了"的喜悦。保罗·萨缪尔森和肯·阿罗在他们40岁之前就有了睿智的洞察，但同是在这一年龄，大多数的经济学家都还在进行着一些最具原创性的重要研究。而随着拉里·萨默斯的年龄临近这一关键点，他已累积了不少研究成果，发表了多篇很有价值的、具有重要见解的论文，充分展现出其思维的敏捷与学识的渊博，让同行们汗颜。然而，他所写的这些研究却不具有革命性的突破。

"在拉里成长的领域里，他并不是个一流的学者。"一位著名的经济学家说，"他对经济学研究还没做出什么重大的贡献。不过你们必须清楚，他的伯父和舅舅不仅仅是诺贝尔奖获得者，而且还是本世纪最杰出人物中的两个。在学术界，每个人都知道，有的学者在学术研究领域里不断地突破，有的学者则曾经有过突破，还有一些学者则在经济学研究方面做得不错。拉里的伯父和拉里的舅舅都在经济学研究领域里不断地突破，而拉里则是在经济学研究方面做得不错。他所取得的成就比起他的伯父和舅舅差了两个层次。"

"我相信，"这位经济学家说，"拉里对此心里也有数。"但愿他最终也将相信自己不会做出什么足以获得诺贝尔奖的研究成果来。

果真如此，事态的发展也就到了一个实在可怕的地步了。公众对拉里的期望如此之高，要是他没拿到诺贝尔奖——尽管这样的一个标准委实太高了，甚至高得简直太荒谬了——他们一定会对他很失望的。也许等到他步入中年，他将觉察到自己获得诺贝尔奖的可能性已经悄悄地溜走了。特别是因为他已经意识到人生原来竟是如此短暂。

平心而论，经济学研究，特别是在其最高层面的研究上，竞争尤为残酷，几乎全为男性们所垄断，他们中多数人身上的每一根毛孔里都浸淫着贪婪的利己主义和割喉嗜血的本能。他们在攻读研究生学位阶段就受到怂恿去攻击异己，你想要生存你就得对你同行的观点发起进攻，免得对方先把你砍得七零八落。无疑，对萨默斯的这些怀疑有些确实源自经济学界的这种文化或是某些人对他的反感。不过在这一领域，萨默斯也自有其拥护者。

"对他吹毛求疵的人会告诉你说，萨默斯未必有什么才华，他连一篇独辟蹊径的论文也没有写出来。"身为耶鲁大学校长的经济学家理查德·莱文这样说,而且他对自己说过的话也毫不讳言。"但你不能说萨默斯一篇论文也没写过,或是说他连一个不错的观点也没有,或者说他只是在人云亦云罢了。"不过,莱文指出,诺贝尔经济学奖的授予有时只是因为你在从事某项研究本身。"要是拉里继续在学术界待下去,那他肯定会再写出许许多多学术论文来。要是拉里再写十来年的论文,只要质量不比原先写的差,我想他应该会获得诺贝尔奖的。"

然而,萨默斯不愿把人生的又一个十年浪费在经济学论文上。取而代之的是,在36岁那一年,他再次前往华盛顿,而且这次他将要在那里待上十年。作为一位经济学家和教授,想要改变一下自己的人生与职业并不是一件太难的事。他又要出仕入世了。用不了几年,他就会成为一个举足轻重,具有世界性影响的人物了。拉里·萨默斯——一个毫不起眼的小药店的药剂师的孙子,一个为活计四处奔波的业务经理的外孙,一个学者的孩子,一个象牙塔中的经济学学者——多少个国家的命运又将掌握在他的手里。

1991年1月,萨默斯首先担任了世界银行的发展经济学的总裁和首席经济学家。他向哈佛大学告了假,带着妻子维多利亚一起来到世界银行总部所在地华盛顿特区。

世界银行是1944年7月在美国新罕布什尔州召开的布雷顿森林会议上成立的。* 来自世界45个国家的政府代表出席了这次会议,会上提议创立世界银行,资金由成员国捐款筹措,旨在为战后欧洲的重建提供资金援助。其次,可以不用经过十分繁琐的审议便可动用财政援助的手段在全球范围内扶持民主的发展。世界银行也为公共工程,比如修公路、筑水坝和建医院等提供资金援助,以推动经济的增长并促进政治的稳定。

世界银行自成立60年以来一直都未被那些受其决议影响最大的人们真正理解——这些人通常是这个世界上最穷困、受教育程度最低者。世界范围内有许多致力于全球开发和发展的工作人员以及国际政策的制定者们都把它视为一个充满善意的机构,一个竭尽全力为消除全球贫困而努力的机构。但也有人却对其千篇一律的、官僚政治的

---

* 原文如此,可能是作者笔误。实际上,世界银行是1945年12月27日成立的,同时成立的还有国际货币基金组织。——译者注

文化深感疑虑,认为它是美帝国主义在商业和意识形态领域中的化身。而大多数的美国人,由于他们生活的方方面面都未受其影响,甚至根本就不知道它的存在。然而,无论如何,世界银行都是一个具有极大影响力的机构,而萨默斯加入之时又恰值这个机构的影响力有进一步扩大之势。

他在世界银行的工作主要是为那些需要援助的国家制定经济政策。这是一项极其繁重的工作。他要协助做出决策,决定这些国家究竟可以从世界银行筹借到多少资金,应该具备什么样的前提条件。对他而言这虽然是个崭新的角色,但他从未怀疑过自己的能力,而且他对发展中国家的国民经济之所以会出问题有着十分精确的看法。"一个国家的经济发展出了问题只能是这个国家政策不当的结果。"他认为,"不能将之归咎于国际环境的恶劣,或是由于物质基础薄弱而难以发展。"当他意识到与他和迈克尔·杜卡基斯短暂的共事期间相比,政府通过产业政策影响社会变革的能力更加不容乐观之后,萨默斯把自己对自由市场主义的狂热追求表达得一览无遗。"如果一个政府不支持市场经济,而是彻底地摒弃了市场经济,那它便会阻挠经济的发展,这个国家的政策也就出了问题。"萨默斯如是说。另外他还使用了一个极具煽动性的形象化描述来进一步补充说明自己的观点,他的这句话可谓一鸣惊人:如果一个国家没有一个强有力的中央政府和充满活力的私人工商企业,那么这个国家就像是"一个跛子……完全没有了腿脚,只能坐在一辆用粗陋的木板和轮子拼装起来的轮椅上,推着到处走,只能靠乞讨为生,向那些有可能给予施舍的人博取同情"。[17]

然而正是一份根本不是萨默斯所写的东西令他在世界银行难以继续任职,而且在未来的岁月中一直困扰着他。1991年12月,他签发了一份由一位名叫兰特·普里切特的年轻助手所写的政策备忘录。然而这位名叫普里切特的年轻人却没在这份文件上署上自己的名字。这份备忘录认为,欠发达国家可以从接受发达国家所产生的污染中受益。"这仅仅是我们之间的探讨,"备忘录上是这么写的,"难道世界银行不该鼓励更多肮脏的工业转移到那些欠发达国家吗?"落后国家可以从污染的交易中赚取所需的收入而不会因此带来更多的疾病而损失太多,因为这些国家通常人均寿命较短。"我们更应关注的是某个可以把前列腺癌变的可能性降低百万分之一的因素,而非某个国家人们可能因此将患上前列腺癌……"备忘录的最后结论是:"从经济学的逻辑来看,把大量的有毒废弃物倒在全球工资最低的国家是无可厚非的。"

世界银行内部有人将这份备忘录透露给《经济学家》杂志。于是《经济学家》杂志便于1992年2月刊登了一篇题为"让他们吃掉那些污染物"的文章。虽然刊于《经济学家》杂志的这篇文章最后结尾写道:"从经济学角度出发,(萨默斯先生的)这些观点让人难以反击他。"但是这份备忘录还是招致了人们的极端反感。在这之后的几年中,原先一直对世界银行持有怀疑态度的那些人权主义者和反全球化的激进主义者在萨默斯的备忘录中找到证据,证明世界银行对全球的贫困问题根本就是持冷漠的态度,带有霸权主义的意图,而拉里·萨默斯则跳出来了,他是世界银行的化身,他表达了他们对20世纪90年代经济的变化发展所持的怀疑态度、恐惧感以及敌意。

萨默斯竭尽全力对那份备忘录进行解释,宣称这份材料只是他所提倡的,在同事之间进行的一种无拘无束的学术讨论罢了;他还说,这份备忘录其实是具有"讽刺"意味的一种说法。而且还一再强调自己在签发这份玩意儿之前并没有看完这一整份的文件。最后,他不再一味地解释,只是引用纽约市长菲奥雷洛·拉瓜迪亚的一句话作为道歉。他说:"当我犯错误时,这本身就是一个弥天大谎。"[18]不过,这么多年来萨默斯一直都没否认过那份备忘录是自己写的,这就意味着他一直在为自己从未写过的某个东西而受到严厉谴责。不过,既然这份备忘录读起来就像是萨默斯的口吻——言简意赅、叛逆性十足、很有思想性,却缺乏道德感、是非不分,因此,不论他怎样否认,也没有人会相信他所说的。

这件事留给萨默斯一个惨痛的教训,那就是,政治与学术有很大的差别,讨论的范围是有限度的。在经济学领域,这种带有争议性的观点属于完全可接受的范围。这些令人深感不安的讨论对现状提出了挑战,并且提倡新的思维方式。然而在华盛顿,把这一份备忘录说成仅仅是一份学术能力练习的说法根本就不能为人所接受。至于散播一些你自己本身都并不真正相信的看法,则实在是讲不通。因为某些特殊利益群体为了他们自身的利益不可避免地要从你的话语中去抓把柄。有些争论可能将激起剧烈的争议,因此你根本不要去争论什么,特别是不要在公众面前争论什么。如果要是某人坚持主张要做这种讨论的话,最好别把它们写下来。确实,在接下来的几年中,萨默斯显然再也不曾在书面上留下片言只语了。

此外,萨默斯还从中懂得了语气与措辞将影响到公众对某个经济学观点的反应。诚如《经济学家》杂志所言,那份备忘录所用的语言十分"粗鲁",但其内容实际上并不像乍读之时那么让人觉得不快。要是你也认为贫穷国家需要资金来引领经济增长与提高生活水平,那么,接收其他国家的污染物也就具有积极的一面。这句话听起来让人觉得有点矛盾。(毕竟,相对富裕的美国照例把垃圾和废弃物运往那些贫穷落后的国家。一些环境保护论者坚信"污染物排放额度"交易市场将带给我们一个更清洁的环境。)这份备忘录的观点或许存有瑕疵,甚或可以说是错误的。但它绝不是像批评者所抨击的那样,"本质上是无道德的"。它只不过是以一种极度客观的语言来阐述一个合乎逻辑的道理而已,只是叫人听起来觉得很不道德罢了。

六年之后,也就是1998年,其中一期的《纽约客》杂志刊载了一篇评论萨默斯的文章。在这篇文章中,兰特·普里切特首度公开承认那份备忘录是他写的。[19]同时他还赞许了萨默斯无私地为他承受了所有的责备。然而真相好像变得更为复杂起来了。离开华盛顿之后,普里切特前往哈佛大学肯尼迪政府管理学院任教。2002年冬天,他邀请萨默斯到他的班级里去。在萨默斯应邀前往的前一个星期,普里切特要求他的学生别向萨默斯发问关于那份备忘录的问题,并说那是一个非常敏感的话题。普里切特说他其实一直都想要告诉大家,那份备忘录是他写的,而萨默斯只不过是同意他的这一观点而已。然而,世界银行的同事都建议萨默斯说,如果他说出这份备忘录是普里切特写的,那就显得萨默斯好像是想让自己的下属去为自己承担过失,而这一点会使他变得更为孤立。如果他自己承受了那些责备,他虽会遭受外界批评者的抨击,但在内部他会是一条顶天立地的汉子,人们都将记得他宁愿牺牲自我来保护助手的义举。(最近,当普里切特被问及那份备忘录时,他总是有些萎靡不振,说那是很久很久以前的事了,他很烦,懒得再说它了。"我觉得自己就像比尔·巴克纳。"他说道。他把自己比做波士顿红袜队的第一守垒员,由于他的一个丢人现眼的低级失误,竟然让球从他两腿之间溜了过去,葬送红袜队在1986年世界职业棒球大赛上夺冠的希望,这次失败是红袜队历史上最悲惨的一次。)

萨默斯尽其所能想把这件痛苦的往事转变成一桩诙谐的自我调侃

的趣闻轶事。正如他在2000年1月的一次演讲中所提到的:"有时,有朋友问我,学者与政府官员在生活方式上有哪些不一样的地方。……作为一名学者,在不是自己所写的东西上署名是有违道德的,是件叫人难以饶恕的错误,但作为一名政府官员,在不是自己写的东西上签名通常是作数的。"[20]

然而,就眼下而言,由于备忘录一事的牵扯,萨默斯的事业受到了损害。1992年11月比尔·克林顿当选美国总统之后,萨默斯本来有望被委任为白宫经济顾问委员会的主席,这是一个由三人组成的委员会,在经济政策方面给总统提供建议。(他的导师马丁·费尔德斯坦在罗纳德·里根担任总统期间就曾任过此职。)然而,萨默斯却一直没有得到这项任命。据报道,一向关注环境问题的副总统阿尔·戈尔对世界银行的那份备忘录十分不快,因此他阻止了这次委任。"看来这事戈尔真的很恼火。"[21]萨默斯后来在哈佛的研讨班上对学生如是说。

不过,当时的财政部部长劳埃德·本特森(Lloyd Bentsen)则有意延揽萨默斯到财政部担任主管国际事务的副部长。萨默斯接受了这一职位。就某种意义上说,萨默斯到财政部任职这一步完全合乎情理。因为财政部这一部门的职责就是协助制定美国政府的经济政策,而且其国际事务这一部门又需要与派驻世界银行和国际货币基金组织的美国代表相配合。然而,从另一方面看,萨默斯做出到财政部担任该职务的决定似乎过于激进了。哈佛大学只允许拥有终身教职的教授们休假两年,否则必须辞去其教授职务。因此,38岁的萨默斯既是哈佛大学有史以来最年轻的教授之一,同时也成为哈佛大学有史以来最年轻的辞掉终身教职的教授之一。

在学术界,萨默斯的决定让大家十分惊讶。大多数高级的经济学家在其职业生涯中,都曾从事过公共服务,特别是在华盛顿任职。在哈佛大学经济系,很难找到一位不在波士顿和首都华盛顿之间频繁地往返一年左右的经济学家。然而这种阶段性地从事公共服务通常只是被视为暂时淡出学术界。而学术生涯才是一种真正令人感兴趣的工作,一项真正艰苦的工作。另外,无论是在哪一学科,不论是谁,只要离开片刻,其科研水平便很快会落后于他人。那些成为系主任、院长、大学校长或是到华盛顿成为政府官员的教授们往往会觉得难以重返他们的学术生涯。按一位治学严谨的知识分子的话说,要是萨默斯脱离了自己的学科若干年,那他就要永远离开经济学研究领域了。

因此，对于萨默斯将继续待在华盛顿的这个决定，人们众说纷纭。对他怀有恶意者认为他之所以打算离开学术界，与他从研究数学转向研究经济学一样，是因为他自忖在经济学研究的最高层次，在经济学大师们沉思和相互搏杀的稀薄高空，自己竞争不过别人。而那些替他辩护的人则认为萨默斯是个十分自负的人，他们不相信他会对自己的能力缺乏信心。当然了，他们认为保罗·萨缪尔森的侄子对成为公众人物十分感兴趣。不管怎么说，要是说有个什么人在离开了学术界多年之后重返学术界，又可以迎头赶上，那么这个人必定是萨默斯无疑。

其实，无论出自何因，事实说明萨默斯当初选择到财政部任职的抉择是十分正确的。在财政部的8年期间，萨默斯的精神境界达到了一个新的高度，获得了新的技能，受到了另一种教育，而且诚如某位观察家所言，他成为一位新型的地缘政治学家，一位"既担心着外国经济的稳定，也同样地担心着他们的军火库"[22]的政策制定者。甚至在他被任命为财政部部长之前，就有人说他是全球不经选举而产生的官员中权力最大的。这一说法绝不过分。

财政部紧邻着白宫，巍峨临空，气势雄伟，它或许说得上是联邦内阁中最精锐的部分。它的权力极大，下辖美国税务总署、美国烟酒和火器局、财政部特勤处、海关总署、制版印刷局。财政部甚至还协助对金融业进行管理，并制定国际国内的经济政策。财政部总计有员工16万人，而其中那些处于最高层者则是政府机构中最引人注目者，他们为人精明、自信、有抱负，而且在私营机构里也干得很成功。不像那些农业部或者劳工部等部门的行政官员，财政部的那些助理们都心里有底，只要他们自己愿意，他们随时都可以辞职不干，直奔华尔街去发笔小财。正因如此，这一部门也就养成了一种狂妄自大的风气。曾在里根总统执政时期担任过财政部部长的唐·里根，曾一度主动提起这事，直言他们这些人"真他娘的太有钱了"。要是他们没钱，他们自己懂得该如何去捞。

在某些方面，萨默斯十分适应财政部的工作，他无疑有足够的智慧和自信，而且他对政策的精通也是不容置疑的。不过，他确实也是个不怎么好共事的人。并且，有时他似乎忘了一点：主持没完没了的讨论会并不是政府部门工作的要点。"在会上，"他先前的一位同事回忆道，"有好几次，每次拉里有个什么想法，便在会上展开高效的辩驳，说服与会的同事。然后在下次会议上他又会同样高效地从另一方面来辩驳说服别人。他的工作就是在每一次会议上赢得争论,而不是达成一个一致的决定。"

在1994年底,劳埃德·本特森辞去了他的财政部部长之职,该空缺由罗伯特·鲁宾(Robert Rubin)接任。鲁宾在纽约的金融界中摸爬滚打多年,是个经验丰富、极有见识的财界老手。他先后就读于哈佛大学的哈佛学院和耶鲁大学的法学院,毕业后成为高盛投资银行的任事股东。他的脸上总是充满着自信,给人一种镇定自若的感觉,几乎有一种与生俱来的从容。他曾经说过,如果有一天他对这种身居高位的生活觉得腻烦,"那我就会说一声拜拜,穿上那套已经磨损了的卡其布衣服,住进一家位于圣日耳曼·德普雷区的小旅馆"[23]。极少有哪位大权在握者可以做到说出这样的主张而不招来冷嘲热讽。而且鲍勃·鲁宾*还进一步表达了自己的这一感慨,表明尽管自己现在风头正健,但还是非常乐意辞掉这个职位。

恰恰就在鲁宾即将接手执掌财政部时,一场金融风暴正步步逼近墨西哥。货币贬值和巨额的债务负担困扰着墨西哥政府,300亿美元的外债无法偿付。正当绝大多数美国人对墨西哥政府将如何处理这一大笔债务毫不关心时,鲁宾和萨默斯心里都十分清楚,这次墨西哥政府如果无法偿付这笔外债的话,那么将会带来一场毁灭性的后果——其他的外国投资者会迅速将资金抽逃出墨西哥,墨西哥比索的价值将会狂跌,整个国家将陷入一场严重的经济不景气之中。由于墨西哥是美国的第三大贸易伙伴,这将对美国的出口产生重大的影响,而且由此造成的失业人数的增加将导致非法移民的上升。它的影响还不仅仅局限在墨西哥和美国:墨西哥的这一场经济危机将波及世界上的其他发展中国家,给这些国家的经济带来毁灭性的后果,然后又反过来进一步损害到美国的出口。你或许对这种说法感到生疏,但事实表明,墨西哥的这场危机就像是多米诺骨牌,会让整个世界经济陷入萧条。

1月10日晚,克林顿总统亲自主持了就职宣誓仪式,候任部长鲁宾宣誓就职。宣誓仪式结束后,鲁宾和萨默斯在椭圆形的办公室里踱来踱去,想要提醒克林顿总统即将临近的这场风暴。鲁宾三言两语,把情况扼要地向克林顿做了汇报,又转过身来对着萨默斯说:"拉里,

---

* 鲍勃,男子名,罗伯特的昵称。——译者注

这事你看该怎么应对?"[24]萨默斯随即用了10分钟时间谈了谈他和鲁宾以及联邦储备局主席艾伦·格林斯潘所商议的应对策略。

克林顿立即意识到局势的紧迫性。第二天,行政部门提出动议,拨款400亿美元的援助贷款帮助墨西哥政府解决这场危机。这笔巨额的一揽子援助将发挥十分关键的心理作用。美国财政部期望借此向金融市场保证美国无意于让墨西哥的经济破产。从理论的角度说,债权人的情绪将因此而冷静下来,不再一味地向墨西哥政府追讨一时偿还不了的债务。然而,公众以及由共和党所把控的参众两院的很多议员不能理解为什么美国的纳税人要借400亿美元给一个他们通常不屑一顾的国家。在此之后,鲁宾说:"在1995年,许多人都没有意识到,一个贫穷国家的宏观经济的误算会影响到这个世界上最大的经济体。"[25]

"我们觉得提供一大笔贷款给墨西哥,并在贷款的同时一定要附加上一系列的条件,这是个绝好的时机,可以避免一场将给几百万人带来后果非常严重的金融灾难。"[26]萨默斯这样说道。这项政策虽然是个理性的决策,但从政治的角度看却是个近乎疯狂的行为。"80%的美国人反对这笔贷款,剩下的人中则有一半尚未做出决定。国会领袖则有他们自己的打算,如果这笔贷款取得预期的成效,他们同样可以分享到荣誉;万一不如愿,则把一切都归咎于行政部门。"

当鲁宾意识到国会中民主党的对立面,也就是共和党的议员们可能会阻止这项一揽子贷款议案的通过时,于是他绕过国会直接从财政部的准备金账户提取这笔款项。这个妙招便是萨默斯费尽脑筋想出来的,他乘坐空军的飞机秘密飞往墨西哥,与当时的墨西哥总统,曾就读耶鲁大学的经济学家埃内斯托·塞迪略面商机宜。尽管当时的局势十分紧张,但萨默斯显然非常愿意接受这一挑战。这是场赌注极高的赌博,鲁宾十分信赖他,派他去执行这项事关几百亿美元的秘密使命。在这之前,萨默斯一直以教学和研究为乐趣,但这一次,这一使命才是他真正的本行。

事实上,墨西哥的这场金融危机将会成为萨默斯的职业生涯中随之而来的一段美丽的乐章。在这之后的几年里,他总是津津乐道自己的这段戏剧性的经历——因为这事,他在华盛顿饱受人们的背后中伤,那些人何其的两面三刀、奸诈虚伪和堕落。这项协议"意味着我每天有18个小时要遭受种种的恶毒攻击,我竭尽全力想要真正弄懂它们却怎么也弄不懂,我真怀疑自己的智商是不是就像墨西哥的比索一样迅速贬值"[27],萨默斯语带讥讽地说道。2002年的4月,萨默斯应肯尼迪政府管理学院之邀做了一场演讲,在这场演讲的最后,主持人格雷厄姆·阿利森问他能否用几分钟时间谈谈这次对墨西哥的紧急救助,而他却花了大约20分钟才回答完这一问题。

然而,有个细节萨默斯自始至终都没有提及。虽然他们成功地从财政部贷出了这笔一揽子贷款的款项,但在接下来的几个月中这笔款项始终让他忐忑不安、怕出差池。就在这段时间内,不只一次有征兆表明美国的这项积极举动并不能阻止墨西哥的经济滑坡。2月底,就在这项协议签署后几天,墨西哥方面事态的严重性让萨默斯在半夜里闯进鲁宾的办公室并主动提出请辞。"他把自己的责任看得太重了。"[28]鲁宾后来说道。他拒绝了萨默斯的辞职要求。这件事一方面表明萨默斯把事态看得太严重了,另一方面也说明他过高估计了自己在这件事情中所扮演角色的重要性。

在拯救墨西哥经济的过程中,萨默斯得到了一个经验,那就是有些事情太重要了,因此难以采用民主的方式作决策。他会说:"马歇尔计划的实施还不就是明里一套,暗里一套,说的一套,做的一套。"[29]他已经见识过共和党领袖原先在私底下支持这项与墨西哥之间的协议,之后却撒手不管,甚至在公共场合还对此严词抨击,煽风点火。议会就是缺少胆识去通过这样一个不受欢迎的议案,但它又为什么不受欢迎呢?这其实只是因为大部分的美国人对国际经济了解不够,缺乏明达的见识。如果让像他、鲁宾或格林斯潘这样的聪明人静静地待在一个房间里不受外界的干扰,那么他们就能想出许多法子来,并将拯救这些国家。

要让萨默斯掩饰住自己对政策和立法程序的缺陷的不耐烦可是件难事。他依旧动辄使用一些在课堂上行之有效,但在政府机关或华盛顿官僚体系中通常显得具有挑衅性的语言。而且他依然保留着他那种不合时宜的习惯,依然直言不讳地说出自己的好恶。在1997年的那场关于削减联邦遗产税的争论中,萨默斯便口无遮拦地评论道:"一谈到遗产税,你们便什么都不考虑,只想到你们的一己之私。"但这与国会中共和党议员们意见相左,共和党议员们认为遗产税损害了那些想把农场和小企业交给下一代的家庭的利益。"拉里的头脑犹如一台配置有美国莲花(Lotus)公司生产的发动机的坦克,每当它碾过挡

第一章 备受注目与争议——拉里·萨默斯的职业生涯

在它前进的道路上的所有东西后,便呜—呜—呜,兴高采烈地发出一阵阵低沉的颤动声。"[30]行政部门的同僚斯特罗布·塔尔博特回忆道。

尽管在处理墨西哥的金融危机一事上萨默斯曾到过国会,向议员赔小心,但于事无补,因为共和党议员们早就打心里看他不顺眼,并不会因此事而改善对他的态度。在此之后没多久,有些共和党议员就施压让他辞职,不过他们没有得逞。8月,鲁宾提名萨默斯担任财政部副部长一职。这一职位需要经过参议院的审议通过才行。竟然有21名议员投了他的反对票,在这类本是例行公事的投票中,这一数字确实太高了。

"我认为我自己是在设法发现事物的本质所在,在以一种可靠的方式来分析各种各样的局势,以求寻找出一种适当的解决方法。"[31]萨默斯解释道。"我很抱歉他的这种思维方式总是冒犯别人。"他的母亲跟记者这么说,"他天生就是那种不适合上政治舞台的人,那些在政治舞台上游走自如的人都时刻注意自己的言行,知道什么话该说,什么话不该说。我想许多人看到的是他理性探索的一面,但在这种理性探索的下面他还有着一颗非常善良的心。"然而无论他怎么努力地去阐述一个正确的看法,却总让人觉得他一定是在打心底里在怀疑国会的审议程序,甚至还让人隐隐约约觉得他是在藐视国会。

他也可以称得上是一个很难相处的上司。"如果你出席一个会议,不管你说什么,他都能搞得你觉得自己像个傻瓜。"有一位曾为萨默斯和鲁宾这两任部长效过力的部长助理如是说。萨默斯自以为他的作风会促使人们对所需解决的问题展开讨论,可结果往往导致人们对其行事风格展开议论。"人们和他一起开过几次会后便学会了在萨默斯与会的时候个个嘴巴紧闭,一声不吭。这一情景太有意思了。"另一位财政部的官员回忆道,"他老是以某种方式和与会者较量或是贬低他们,最终人们便只能默不作声了。"

曾经有一次,上文中提及的那位部长助理正为鲁宾起草一份并不是十分紧要的演讲稿。"部长对这份讲稿都觉得满意了,"这位助理回忆道,"但就在这时萨默斯走了进来。他说:'我刚看了那个稿子,我们不能这样讲,这会让政府内阁觉得尴尬!'那份讲稿被删掉了一段,并改了三个词,他让我觉得我在为秘鲁的反政府游击队'光明之路'写宣言。"

对于那些与他官阶相当或官阶比他高的人,萨默斯却是恭敬有加的,他意识到自己在政界中是一个怪人。"当拉里刚到华盛顿之时,他以为自己比这里的每个人都聪明,之后不久他的想法又有所改变,认为自己比那些只会做些没用的事的人聪明。"克林顿总统的一个顾问说道。这个顾问曾经常与萨默斯在一起为克林顿总统效力。"克林顿政府时期,在白宫中我们有许多自以为有大学问的人,他们中有很多人哪怕脑袋瓜一次又一次地撞墙也不肯放弃。拉里把这视为一个学习的过程,他也一直在一而再再而三地以头撞墙,直到最后才明白这只是场游戏而已。他就像电影《星际旅行》中那位极度理性、讨厌人类情感的科学家斯波克。尽管他一直和身边的人不能很好地相处,但他能收集到足够的信息从而最后相处得很好。他给人的第一印象通常并不太好,但是随着我们对他了解得越深入,他就越能感到我们的友好和热情,也就和我们相处得更好。"

这个同事认为萨默斯长期以来一直是在众人殷殷期望的强大压力下挣扎着。"副总统阿尔·戈尔也深受同样的问题困扰,"这位同事说,"(戈尔所面临的问题是,)要是你不能成为美国总统,你父母将会非常失望。拉里的问题则是,他似乎觉得自己如果不能获得诺贝尔奖,就会有负众望。"

但有个人却从不因为萨默斯这种好战的性格而觉得伤脑筋。这位身居财政部部长之位者十分自信,对于萨默斯的过度的自负并不在意,而且他心里有个小九九,那就是萨默斯的智慧对他来说是一笔宝贵的财富。"拥有一个十分聪明、业务娴熟的副部长必将极大地提高财政部的工作效率,"鲁宾说,"我还认为这会让我脸上有光。"[32]

"在经济学领域,萨默斯显然比鲁宾来得精明,也更有见地,但鲁宾从来不觉得自己因此受到了威胁。"有位同事是这么评论他们俩的。无论如何,他们的学识相近,鲁宾每次在下决心之前,都喜欢听听每个人不同的看法,他往往会一次次地召集大家来开会,一开就是好几个小时,并在黄色的便笺簿上做记录。萨默斯解释说,他与鲁宾在考虑问题时经常是英雄所见略同,想法有很多相似之处。有些人往往把数据当成结论,而他们俩则是把这些数据视为解决问题的切入点。而且萨默斯和鲁宾共同探讨的内容并不仅仅局限于财政上那些枯燥无味的数目,而且还一起探讨人生中的进与退。

在其他方面,他们两人则是互补的。鲁宾的身材修长,穿着考究。他是个深具哈佛血统的有钱人,毕业于哈佛大学的哈佛学院,举止温文尔雅、彬彬有礼，是个干练通达、颇有魅力之人，身价足有上亿美元，而且这还只是个保守的估算。萨默斯则先后在麻省理工学院的辩论队和哈佛大学经济学研究所的辩论队中得到锤炼，这两个地方所激发的是他那好辩的天性而不是社交场合所需的翩翩风度。他从没有真正赚过钱，而且他的言行举止十分粗鲁。嗓门又大，人长得胖，脾气又很急躁，上班老是迟到而且衣冠不整——在衣着方面，他给人的感觉就是，领带打得歪歪斜斜的，衬衫常常一半塞进裤子里一半搁在外头。《纽约客》杂志*刊登过一幅挖苦萨默斯的漫画：一个身材短而粗的男人，顶着一个不成比例的大脑袋，下巴就像小猎犬的下颌骨那样大得出奇，整个模样就像是一只叼着钱袋的鹈。[33]

不过，在鲁宾的调教下，萨默斯的形象开始逐渐有了变化。他知道如果自己想要谋得比财政部副部长更高的职位，就必须与华盛顿的处事风格保持一致，因此他不断地努力去磨平自己的棱角。"拉里对被说成是一头闯进瓷器店的蛮牛很不开心。"[34]他的一个同事回忆道。就其社会地位而言，他已跃身于社交的高层。他和妻子维多利亚在马里兰州贝赛斯达市买了房子，贝赛斯达市是个毗邻华盛顿的繁华郊区，他们所买的房子面积达3300平方英尺，是向一位院外活动集团成员**购买的。这对夫妇准备参加由克林顿之友参加的"文艺复兴周末"聚会。萨默斯还和艾伦·格林斯潘以及《华盛顿邮报》的主编大卫·伊格内修斯一起去豪华的圣奥尔本网球俱乐部打网球。萨默斯在打网球时连最基本的脚步调整到位都难以做到，根本就不具备这方面的天赋。但他有他的策略，就是利用自己身体力量的优势，击球的角度和力量的多变，以及自己在球场站位的变化。"你瞧，我的球技是不是比你预想的要棒得多了？"[35]他问道。

有时，萨默斯还将这一技巧作为自己的政治权术而加以应用。在

---

* 《纽约客》(The New Yorker)，或作《纽约人》，是一份美国知识、文艺类综合杂志，内容覆盖新闻报道、文艺评论、散文、漫画、诗歌、小说，以及纽约文化生活动向等。《纽约客》原为周刊，后改为每年42期周刊加5个双周刊，现由康得纳斯出版公司出版。《纽约客》不是完全的新闻杂志，然而对美国和国际政治、社会重大事件的深度报道是其特色之一。杂志保持多年的栏目"城中话题"(The Talk of the Town)专门发表描绘纽约日常生活事件的短文章，文笔简练幽默。每期杂志都会点缀有《纽约客》独特风格的漫画，让人忍俊不禁。尽管《纽约客》上不少的内容是关于纽约当地文化生活的评论和报道，但由于其高质量的写作队伍和严谨的编辑作风，《纽约客》在纽约以外也拥有众多的读者。——译者注

** a Washington lobbyist，指在议会外游说议员的人。——译者注

克林顿执政时期担任白宫发言人的迪克·莫里斯回忆说,有一次萨默斯在某项政策上固执地坚持自己的看法,但他不是自己出面,而是躲在背后,让鲁宾出面来促成它。"1996年初,我在财政部见到鲁宾和萨默斯,他们两人正在讨论克林顿总统所提出的减税方案,总统之所以提出这套他长期孜孜以求的方案是想借此来对付共和党。"莫里斯说:"我们谈论了很久,主要都是鲁宾在说。不过在这中间,鲁宾出去了一次,他是去接电话的,这样办公室里就只剩下我和萨默斯了。鲁宾走出办公室,随手把门关上,萨默斯随即趴在桌子上,神神秘秘地低声告诉我,说鲁宾反对我所提出的削减资本收益税的方案,其实这个方案如果只是适用于那些想要出售自己房子的家庭的话应该是可行的。……拉里叫我千万别把这事告诉鲁宾,他会把资料发给我。就在这时鲁宾回到了办公室,拉里马上就不做声了。"

第二天,据莫里斯所言,萨默斯的确将资料发给他了,根据这些资料,莫里斯为克林顿总统制订了一套减税的方案。"这就是我们今天对每个人出售住房的所得征收资本收益税时,可以有25万美元的售房收入得以免征资本收益税的缘由。"

萨默斯永远都不可能变得低调,不过他却有可能最低限度地做出一副低调行事的样子来。于是他学鲁宾的样子,在表达自己的观点之前说几句语气婉转的开场白,譬如:"我不是这方面的专家,不过……",或"这只是我一个人的看法,但……",或"对我来说似乎……"或许是因为萨默斯还记得在哈佛大学本科生教育委员会(CUE)牵头下对其所做的评议,因此他讲话的语速开始慢了下来,经常都是两三个词一顿,有时甚至嘴里只是冒出一个词就停了下来,似乎是在回想他自己刚才究竟想的是什么来着。但一切依然如故,所有这一切都掩盖不了他在内心深处想要驾驭他人观点的欲望。他这种言语上的吞吞吐吐和他内心世界的不耐烦有着极大的反差,这种反差是不可能完全掩盖得了的。萨默斯所做的这些努力改变的只是"他不会在会议的中间打断你的话,而是等到会议快要结束时才让你明白他认为你的想法太蠢了"[36],华盛顿的政治评论员玛拉·利尔森说道。

尽管萨默斯在不断地调整适应自身角色的转化,但他的职业生涯的确愈发让他觉得费心劳神。事实表明,墨西哥金融危机并非国际金融危机的尾声而是国际金融危机的开端,1997年始于泰国,紧接着一连串的金融恐慌席卷亚洲各国,而解决这场危机的重任则责无旁贷地落到了拉里·萨默斯的身上。在哈佛,除了经济系、政府管理系、商学院以及肯尼迪政府管理学院外,极少有人关注着萨默斯所做的工作,但无论如何,我们这位财政部副部长即将成为一位具有国际声望同时也备受争议的人物。在这个世界的一些地区,他被奉为亚洲金融危机中力挽狂澜、拯救世界经济的英雄,而在别的一些地方他则被斥责为一个极其残忍的人。事实上,此时的萨默斯在东京、圣保罗和莫斯科远比在剑桥镇来得声名显赫。

也许哈佛大学并不特别关注,但萨默斯在国际经济和经济全球化问题上的阅历让他在对待哈佛大学的问题上形成了他自己的种种看法。他的这些看法哈佛的管理层可能已经完全了解,却从没有讨论过,至少是没有公开讨论过。

在他离开财政部之后,拉里·萨默斯所喜欢讲到的一次经历便是全球化对他意味着什么。这次经历反映了他在对待全球化问题上所持的乐观态度以及他所持的全球化政策成功的标准,即我们将拥有一个崭新的、更具有竞争力的世界。

"1997年,我为减免非洲国家债务之事前往非洲。"他回忆道,"我们参观了距离科特迪瓦首都阿比让有三小时路程的一个村落,这个村落在我们到达那里的前不久才刚刚打了全村的第一口水井。我们是乘坐一艘小皮艇到那个村落的,回程乘坐的则是大皮艇。我们离开了这个才拥有第一口水井的村子,就在返回的途中,有人把一部手机递到我的面前说:'鲍伯·鲁宾有问题要问你'……

"刹那间,我所能想到的便是我们身处非洲大陆的内陆,四周荒无人烟。你说不出这里是什么鬼地方,离首都有3个小时的路程,但就在这里,我们竟然还有一部手机可用。仅仅是9年之前,我在芝加哥,坐在车里,手里拿着个手机。在当时,那是件多么新奇的玩意儿啊。我给家人,给我的朋友们打电话,告诉他们说:'瞧!我在车上给你们打电话呢!'9年过去了,发生在非洲大陆内陆的眼前这一幕传递给我们的是什么呢?我认为这一幕所揭示的便是新经济的特点。全球化——世界正日趋成为一个密不可分的整体。技术——手机正是技术的象征。此外还有市场的力量,因为正是市场的力量,而不是国有的电信公司把移动通讯业务拓展到那里。

"在我看来,"最后,萨默斯断言道,"在下一个世纪,无论是国家、企业或者个人,其能否获得成功便取决于他们能否牢牢地把握住三股力量,那就是全球化、技术和市场力。"[37]

鉴于国与国之间经济依赖性的日益增强和各国文化的紧密融合,全球化可能成为20世纪90年代最具深远影响、最受争议的一个现象。萨默斯坚信,全球化在总体上是一件大好事,国与国之间的联系由此将更加紧密,这必将促进全球经济的进一步发展,从而使人类生活更加美好。他说:"在我看来,发展中国家之所以有那么多穷人,并不是因为全球化的缘故,而是由于全球化的进程过于缓慢的结果。"[38]

萨默斯的这个理念并没有得到普遍的认同。对全球化持怀疑态度者认为,全球化是由美国所主导的经济帝国主义与文化帝国主义的另一个名称而已。他们主张,全球化将导致对大自然的巧取豪夺,导致本土文化的消亡,导致麦当劳的无处不在,导致美国式的资本主义——美国的金融寡头与政客们携手,手里牵着绳子一端,而绳子的另一端则拴着世界各国,全球只能任其摆布。他们指出,如果你是一个无所不有的人,那么全球化将让你受益多多,那些受过良好教育和培训的人将从全球经济的转变中获益,而那些一无所有者却发现他们自己的传统生活方式被彻底改变了,却见不到任何好处。

无论是全球化的支持者或是全球化的反对者均将20世纪90年代末的这场亚洲金融危机作为他们的论据。这次被视为"亚洲瘟疫"的危机在1997年的夏天爆发,始于泰国,迅速席卷韩国、日本、印度尼西亚、马来西亚,甚至跨洋过海蔓延至俄罗斯以及巴西这样的非亚洲国家,其症状如出一辙。在某种意义上说,这次危机是全球化的结果。由于通信技术和电脑技术的进步,同时也由于各国法律的修改,诸多因素使得大量的国际资本流入这些国家,由此导致了这些国家的投资过热,造成当地经济泡沫化,尤其是房地产市场,其泡沫化程度十分严重。随着这些泡沫膨胀到最终爆裂,这些国际热钱的贷方,通常主要是美国的对冲基金和投资银行,就迅速抽回资金,从这些国家和地区撤出,以免资金流失。这些国际游资的逃逸势必掏空这些国家和地区的政府及银行的外汇储备(这些外汇储备究竟为官方所有或银行所有有时难以分辨),致使当地银行倒闭,而且危及政府的偿付能力。正如墨西哥一样,只要有一个国家无法履行其还贷义务,便会造成一系列的后果,殃及其所在地区的其他国家,甚至使其邻国乃至全球经济陷入萧条。其后果将是失业率攀升,贫困加剧,疾病不断。尤其是发展中国家,受害尤甚。总而言之,它将带给人类更大的灾难。

　　国际货币基金组织是个国际性的金融机构,虽然其设立的宗旨是为了监督与保障国际经济的稳定发展,但它却对这一连串的经济崩溃没有做好应对准备。与世界银行一样,国际货币基金组织也是布雷顿森林会议的一个产物,但这两者的使命却有细微的不同。从根本上看,世界银行是个为国际经济发展提供资金的机构,而国际货币基金组织的主要任务则是监督与保障国际经济的稳定发展。和世界银行一样,国际货币基金组织受美国的主导,在该组织中,美国拥有最大的表决权,因此它决定着国际货币基金组织各项决策的制定。在国际货币基金组织中,充当美国利益代言人的机构便是美国的财政部,而财政部中代表美国利益对国际货币基金组织指手画脚的人则是拉里·萨默斯。鲁宾说:"不是其他人,而是拉里一人,推动和制定了美国政府应对这场亚洲金融危机的政策。"[39]

　　萨默斯根据墨西哥的模式精心制订了一套解决方案,但这一次他所动用的却不是美国政府的钱款,而是国际货币基金组织和世界银行的钱。他打算提供数十亿美元的贷款,而且带有若干附加条件。每个国家必须同意提高其中央银行的利率。萨默斯解释说,外国投资者只有在他们的投资将获得高投资回报率的情况下才会受到利诱,重新回到某一个国家进行投资。而且提高利率可以减少货币供给量,降低通货膨胀。这对债务人来说无疑不是一件好事,他们因此将更加难以偿还债务,从而导致经济增长速度放慢、失业率上升,但债权人在收回贷款时得到的不会是不断贬值的货币。

　　而且萨默斯还要各国政府对国外投资商开放资本市场,减少贸易壁垒,重新调整政府与银行之间的关系,甚至还安排具体的人事任免。根据斯特罗布·塔尔博特的描述,萨默斯十分关注俄罗斯政策的制定。例如,他控制着俄罗斯政府对其部长的任命。塔尔博特于2002年所撰写的回忆录《对失去的俄罗斯的回忆》中提到:"国际货币基金组织对借款给俄罗斯所提出的附加条件简直可以称得上是胡说八道,而萨默斯就是这些条件的主要制定者。"[40]

　　萨默斯的反对者们抨击他是在利用这场金融风暴迫使各国在种种不平等的条件下向美国企业开放市场。对此,萨默斯只是简单地回应说:如果国际货币基金组织打算借给你们的国家几十亿美元,而这些钱可能无法收回,难道国际货币基金组织就没有权利迫使你们的国家接受他们的条件吗？他辩解道：那些同意国际货币基金组织所提出的条件的国家将会更有希望使他们的经济回到正确的轨道上来，这是帮助贫穷者最有力的方法。的确，虽然国际货币基金组织所提的这些附加条件短期内可能导致失业率攀升，但除此之外并无更好的解决办法了。萨默斯反复强调道："战场上的医疗条件从来都不可能是完美的。"[41]

萨默斯的这套做法，也就是所谓的"华盛顿共识"的做法，同时遭受到左派和右派的夹击。保守党不喜欢"华盛顿共识"，因为这就意味着用美国的钱去干涉他国的国内事务。1998年，美国众议院就美国如何行使其在国际货币基金组织中的表决权进行投票表决时，时任共和党众议员的杰克·肯普发言道："国际货币基金组织老是向我们美国的纳税人要钱，而且动辄就索要几十亿美元。要是由我来决定的话，如果它不改变其政策和高层人事，在其运作中还仍旧由萨默斯来主导，那么我连一毛钱，甚至一分钱也不给它。"[42]

不过，喊得最大声的批评者多半出自自由派，他们认为"华盛顿共识"过于严苛。他们说道，这些条件在确保贷款可以得到偿付的同时却惩罚了贫穷国家，而给那些富有却不负责任的投资商带来收益。凭什么华尔街的金融大亨们自己不计后果地将钱款贷出去，把对冲基金投到经济泡沫中，国际货币基金组织却要帮助他们摆脱困境？"我觉得，病了怪医生而不是怪疾病是没道理的。"[43]萨默斯回应说。除此之外，我们想不出什么完美的解决办法了。从长远来看，这些国家也将在所处理的金融事务中由于透明度的提高而受益，而"裙带资本主义"，也就是因与权贵人物具有血亲、姻亲或密友关系从而在私底下获得政治、经济上的利益的现象，也将大为减少。

对萨默斯抨击得最强烈的也许首推美国人约瑟夫·斯蒂格利茨，他是世界银行的首席经济学家。这一点大概是人们未曾料到的。与其他一直在世界银行的备忘录上对萨默斯进行批评的反对全球化的激进主义者不同的是，斯蒂格利茨的学术声望与萨默斯相比可以说是毫不逊色，甚至有过之而无不及。他本科就读于阿姆赫斯特学院（Amherst College），随后又在麻省理工学院获得经济学博士学位；他的教学生涯始于耶鲁大学，在27岁那年他即获得了耶鲁大学的终身教职，比萨默斯在28岁那年获得哈佛的终身教职要年轻一岁。1979年，35岁的斯蒂格利茨便获得了约翰·贝茨·克拉克奖章，而萨默斯则是在38岁那年才获得这一奖项。1993至1995年,斯蒂格利茨便一直是克林顿总统经济顾问委员会中的成员(这一时期的萨默斯原也期望能担任该顾问委员会的主席,却始终未能如愿),并且从1995年6月起任该顾问委员会的主席,直至1997年到世界银行担任副总裁、首席经济学家。

作为世界银行内部的权威人士,斯蒂格利茨干了一件前所未闻的事情:他在公开场合对"华盛顿共识"进行了批评。他认为"华盛顿共识"是个"一药医百病"的方案,它非但不能帮助受害国减轻痛苦,反而给这些国家的经济造成了更大的破坏。要是把这样的政策强加在克林顿政府头上,克林顿政府绝对是不愿意接受的,但我们的财政部却要将这些政策强加给其他国家。"无论是萨默斯、世界银行,还是国际货币基金组织都不肯承认其政策的失误。"斯蒂格利茨后来对外解释道,"尽管我的观点充分说明了他们政策的失误,然而他们却固执己见,坚持原有的立场。"

对斯蒂格利茨而言,美国财政部、世界银行和国际货币基金组织通通都成为华尔街金融大亨们的工具,他们乔装打扮,打着在经济上行善的幌子,不断地扩大美国的经济利益。萨默斯曾一度对自由市场资本主义持怀疑态度,现在却已成为一个极其狂热的拥护者。斯蒂格利茨认为,萨默斯之所以改变他的立场只是为了取悦华尔街,因为华尔街对于谁将担任美国的财政部部长一职具有举足轻重的影响,萨默斯如此讨好他们,因此他们也就必然会支持萨默斯担任美国的财政部部长。

对上述的批评,萨默斯大为光火,但在公开场合他从未做出任何反应,直到后来他离开财政部。"我认为在特定的客观条件下,我们所给的那些建议是无可厚非的。"萨默斯说,"斯蒂格利茨总喜欢哗众取宠,希望可以有更多的人去读他写的那些东西,但是他在文章中暗示说国际货币基金组织和美国财政部的官员对微观经济学领域和信贷配给方面的研究一无所知,我觉得他的这种看法太不慎重了。"[44] 换句话说,萨默斯知道国际货币基金组织所提的那些条件将损害那些贫穷国家的利益,不过他仍觉得这是现阶段极端恶劣的条件下最好的解决方案。

但也有些人,包括斯蒂格利茨本人,怀疑萨默斯早已对斯蒂格利茨的批评做出了更直接的反应。那就是强迫斯蒂格利茨离开其世银行首席经济学家的位置。2000年,斯蒂格利茨的这一任期届满,此时的他必须经由世界银行的行长詹姆斯·沃尔芬森重新任命才能续任。可是沃尔芬森却告诉他,只要他答应不再开口,停止这些批判的言论,就可以连任。但斯蒂格利茨不肯接受这个条件。

斯蒂格利茨离开世界银行之后前往哥伦比亚大学任教,并撰写了一本很有影响力的畅销书《全球化及其不满》。在2001年,他因其在"信息不对称"方面的研究成果而获得了诺贝尔经济学奖。所谓"信息不对称"就是指,由于参与到市场运作中的各方在获取信息的途径上不对称,因此市场的运作就难免会失灵。斯蒂格利茨解释说:"在信息的获取上哪怕有很小的一点点不对称,就有可能造成很大的经济后果。"[45] 随着斯蒂格利茨对该研究的进一步深入,这一研究结果让萨默斯感到十分困惑。

然而,斯蒂格利茨对于自己被撵出世界银行仍然耿耿于怀,并把这一切归咎于拉里·萨默斯。斯蒂格利茨觉得萨默斯不懂得如何处理别人的不同意见,尤其是容不得别的经济学家对他的批评。斯蒂格利茨认为,自己之所以被撵,不是因为世界银行对自己不满意,也不是因为自己在公开场合发表不同的意见。他深信是萨默斯利用他手中的权力,对世界银行施压,迫使世界银行的行长沃尔芬森要么保持中立,要么干脆把他排挤出去。不过斯蒂格利茨始终无法证实自己的这种看法,他告诉自己的同事说:"萨默斯是个做事十分谨慎的人,他在干这种事情时是不会留下任何蛛丝马迹的。"

即便如此,萨默斯在华盛顿任职期间,各种媒体对他的报道大都是正面的。对于那些常年跑财政部报道相关信息的记者们来说,他是非常受欢迎的,因为从他那里记者们总是能得到很多的背景信息,同时他又有一种天赋,可以将十分复杂的局势解释得生动易懂。每当他对着记者的录音工具,比如当他将当代资本市场比做喷气式飞机的发明的时候,他的声音富有磁性,充分展现出训练有素的演讲才能。"一方面,它的速度更快,可以让你更快捷更舒服地到达你想去的地方。"他说道,"但另一方面,一旦坠落,碰撞产生的那一幕也更为壮观。"[46] 诚然,萨默斯喜欢重复他自己讲得最好的这几句话,但与政府机构常见的那些陈词滥调相比,这还算是有趣多了。

不管怎样,美国这只经济巨兽还在不断地咆哮着往前走,基本不受这场海外的经济危机的影响。国际货币基金组织所采取的这些拯救措施不仅于事无补,反而给这些国家带来了更严重的后果。然而华盛顿的记者们对那些发生于马来西亚和莫斯科的一切却不甚关心,只是热衷于报道克林顿的经济团队。在这当中最叫人错愕不已的一例便是《时代周刊》在1999年的2月将鲁宾、格林斯潘和萨默斯三人作为封面人物,并称他们是"市场经济三巨头"和"拯救世界经济的三人组"。在文章的导言中,作者以"这一瞬间,你们在那里"的笔调报道了在这场经济危机爆发的那一刻,鲁宾恰巧海边垂钓,格林斯潘正在打网球。至于萨默斯,《时代周刊》是这么报道的:"既然你身为美国财政部的副部长,当你接到这不合时宜的电话时,你可千万要冷静啊。在过去的一年中,那场金融危机所引发的混乱与动荡,其惊险和刺激可能是你难以想象的。现在正是休假期间,你可能会急于回家与家人朋友团聚,但是朋友,这个世界的经济就掌握在你的手里,你对全球经济的掌控比你自己所说的还要好!"[47]

萨默斯上了《时代周刊》的封面让白宫中有些人感到惊讶。在白宫,并不是每个人都觉得财政部的副部长可以与鲍勃·鲁宾和格林斯潘相提并论。根据白宫尊卑有序的规则,副部长理应在幕后默默无闻,不显山露水。但这一张封面照片的的确确显示出萨默斯的影响力有多么大,同时也表明了他与另外两人之间的关系有多么密切。他们三人每星期都会一起吃顿饭,而且他们之间几乎没有什么分歧。

萨默斯这次上了《时代周刊》的封面也表明了鲍勃·鲁宾正着手培植自己的接班人。其实早在1996那一年,鲁宾便与萨默斯之间达成了协议。[48]萨默斯答应谢绝其他机构所提供的职位,继续留任财政部副部长一职,直至克林顿第二次竞选连任美国总统。作为交换条件,鲁宾在卸任之时(他打算在1998年卸任)将请求克林顿总统任命萨默斯为财政部部长,接替他的这一职位。而克林顿本人也同意了鲁宾的这一设想,最终任命萨默斯为财政部部长。

然而,这一人事任免的方案在实施时却出了些许的偏差。事实上,鲁宾担任财政部部长一职直至1999年的年中,因为他不想让人误以为自己在总统身陷莫尼卡·莱温斯基丑闻时背弃了克林顿总统,因此他便继续留任至1999年的年中才辞去这一职务。但是在这两年半的时间里,这项秘密协定其实一直都没变过,而且除了他们三人以及和他们三个人关系十分密切的极少数圈内人,其他人都不知情。而五年后在哈佛的校长甄选上又发生了与此极为相似的一幕,鲁宾在暗地里帮助拉里·萨默斯攫取到一个权力极大的职位。当鲁宾和萨默斯同外国政府打交道的时候,他们总是高唱透明化的调子,千方百计地要求对方提高透明度。然而,当关系到他们切身利益的时候,事情又另当别论了。

鲁宾不仅仅在圈子内荐举拔擢萨默斯,而且他还不遗余力地帮助萨默斯提升公众形象。他们俩都一致认为要适度地与《纽约客》和《时代周刊》合作,通过这两份报刊的宣传报道,使公众认为,萨默斯就是继任鲁宾的财政部部长一职的不二人选。因此,鲁宾一改先前在公众场合总是随和地开萨默斯的玩笑的习惯,每当提及他的这位副职时总是尊称他为"萨默斯博士",而且在处理公共事务时明显地表现出对萨默斯言听计从的样子。甚至在其宣布辞去财政部部长一职之前,还向《纽约客》杂志暗示萨默斯将是一个非常优秀的财政部部长。[49]人们普遍认为,这一先发制人的策略在很大程度上减少了萨默斯晋升财政部部长一职的阻力。

1999年5月12日鲁宾提出了辞呈,道琼斯指数应声下跌了213点。克林顿随即任命萨默斯接替鲁宾的职位,道琼斯指数又开始往回攀升,至当天收盘时上涨了198点,离回到原点仅差25点。对于纽约的金融界而言,萨默斯被任命为财政部部长意味着原有政策的延续以及竞争力的保持,他们又有了一个可靠的、对商界友善的财政部部长。拉里·萨默斯只有一个,华尔街的金融大亨们对那位曾在产业政策问题上为迈克尔·杜卡基斯出谋献策的拉里·萨默斯恐怕将觉得不安,但对鲍勃·鲁宾一手栽培的拉里·萨默斯则觉得根本不会有任何问题。

同年6月22日,参议院金融委员会就萨默斯被任命为财政部部长一职举行了一场听证会,在这场听证会上萨默斯充分展现了这些年来自己在首都华盛顿所获得的政治才华。他带来了自己的妻子维姬*以及他们的三个孩子——一对双胞胎女儿,分别叫做露丝和帕梅拉,还有小儿子哈里。委员会主席威廉·罗思在麦克风的后头说道:"拉里能有这么漂亮的孩子岂不是件叫人扫兴的事吗?"萨默斯声辩说:"有些苹果会掉在离苹果树很远的地方。"当来自佛罗里达州的共和党参议院康妮·麦克问萨默斯是否仍然认为"争取削减联邦不动产税是

---

* 维姬是对维多利亚的昵称。——译者注

一种出于一己之私的行为"时,萨默斯只得忍气吞声,说道:"错了,错了,麦克参议员。"他当众承认说,"我之前说的话是错的"。最后来自爱荷华州的参议员查尔斯·格拉斯利一锤定音道:"你比我刚认识你的时候随和多了,而且你现在还常常面带着微笑。"是啊!所有这一切的微笑,无论是在参议院的办公大楼里,还是在《时代周刊》的封面上,萨默斯的这些笑容都得到了回报。参议院以97票支持2票反对,高票通过了对他的任命。

7月2日,克林顿总统在白宫的玫瑰厅主持了萨默斯的财政部部长的就职仪式。"我觉得自己已经准备好了。"萨默斯说。无论如何,这是一个激动人心的时刻,当他向自己的父母、家人,以及罗伯特·鲁宾一一表示谢意时,他已经是情不自禁,泪水都快要流出来了。"我从鲍勃·鲁宾的身上学到的东西实在是太多太多了,这一切我真不知道该从何说起。"

17个月之后,美国联邦最高法院就民主、共和两党总统候选人乔治·布什和艾伯特·戈尔之间的选票统计争端做出裁决。这一裁决结果让戈尔感到极度的失望。当然,这一结果也对萨默斯具有负面的影响。这是因为,尽管戈尔副总统曾一度对萨默斯颇有成见,因为正是戈尔的百般阻挠,他才当不成白宫经济顾问委员会的主席,不过戈尔后来渐渐赏识他,并且打算在当选总统之后任命他为财政部部长。但现在,作为财政部部长,他在任期内充其量只能是个做不了什么大事的看护人。作为看守政府的财政部部长,在这一年零6个月里所能做的事情其实很少。

当共和党入主白宫,萨默斯不再担任财政部部长,他在华盛顿的布鲁金斯学会谋得一份闲差。这是一个以持自由派观点著称的智库,萨默斯在这里得到了一份工作清闲而报酬丰厚的职位,但他的心并不在这里。布鲁金斯学会的办公大楼是一座十分沉闷的楼房,长长的走廊十分地安静,在一扇扇紧闭的房门之内一颗颗满脑子都充斥着公共政策的书呆子们在绞尽脑汁。更糟糕的是,萨默斯的婚姻这时候也岌岌可危。有人说,他的婚姻之所以失败要归因于他那安排得满满的日程表和他对工作着魔般的热情。

"生命中有时需要放弃一些东西,"萨默斯在几年后回忆说,"在同一天夜里,你不可能在通宵达旦地商谈着如何避免墨西哥国民经济陷于崩溃的同时还帮你的孩子掖好被子睡觉。有时你甚至得在办公室里熬上几天几夜才有可能让一件事情有个眉目。……我在这一生中是不是兼顾到了工作和家庭生活的各个方面呢？如果有再次选择的机会，我想我情愿选择另一种生活方式。"[50]

据所有的人说，他们的婚姻是在2003年才最终结束的，而且他们的这次离异无论对男方还是女方而言都是件十分棘手的事情。最终，维多利亚·萨默斯得到了位于贝赛斯达市的那座房子，孩子的监护权以及每月约8000美元的抚养三个孩子的费用。她同时也恢复了未婚时的姓，把名字重新改回维姬·佩里。

每一次谈及离婚这件事，萨默斯都十分难过。据几位十分了解哈佛大学校长遴选过程的人说，当校方在考虑是否聘任萨默斯为哈佛的校长时，萨默斯并没有告知校方他离婚的事。通常的说法是，哈佛校方直到接到维多利亚·佩里的电话才真正知道萨默斯离婚这件事——佩里在收到邀请函后打电话告诉校方，他们其实没有必要发请帖邀请她去参加她前夫的就职典礼。

其实在结束了克林顿政府的财政部部长任职之后，萨默斯本可以径直前往机场，搭乘三角洲航空公司的飞机前往曼哈顿去赚大把大把的钞票。先前鲍勃·鲁宾就是这么干的，他成了花旗银行行政委员会主席。据报道，鲁宾担任这一职务的年薪是2500万美元。但财富对萨默斯并没有多大的吸引力。他还很年轻，2001年他才46岁。他精力旺盛，干劲十足。他所渴望的是眼前的需要，是个人声望，是财政部部长的位子——他是劳伦斯·亨利·萨默斯，他的学问足以塑造21世纪的世界。他想拥有的是豪华的轿车和私人的直升机，并同外国领导人一对一地会面。他怀念每次发表公众演讲时听众的聚精会神；自己不经意间的只言片语就有可能造成投资人的盲动，足以震动整个市场，让成千上万美元的财富顷刻间化为乌有。当然，他绝不会这样做的。但凭他的学问，他完全能够做到……他有一种十分强烈的冲动，渴望自己能成为一个伟人，成为一位众望所归、大权在握的活跃人物。

但他能做什么呢？在放弃了10年之后他已不能回到自己以前所选择的经济学领域了。即使他可以赶上自己以前所放弃的研究，在经历了10年的真刀真枪的实干后他又怎么有可能回过头来就经济问题和经济危机写一些抽象的理论性的论文呢？他已经成为这些论文写作的对象了。他是继丹尼尔·帕特利克·莫伊尼汉和亨利·基辛格之后步入政坛的最成功的学者。此外，鉴于许多人把基辛格看做一个战争犯,那么我们也可以认为:萨默斯也是继伍德罗·威尔逊之后最成功的一个战争犯。

因此,萨默斯在思考他自己的下一步行动,他在等待着。终于机会来了,尼尔·陆登庭辞去了哈佛大学校长一职,哈佛大学前来召唤他。萨默斯意识到,自己大可不必待在华盛顿工作也照样可以改变这个世界。

第二章　尼尔·陆登庭时代的漫长十年

2000年5月22日,哈佛大学的第26任校长尼尔·陆登庭宣布辞职。他累了。10年前开始担任这一职务时他56岁,那时显得是那么的年轻,但现在看来他在这10年中迅速地成为一个沧桑的老者。原先的满头黑发早已霜发渐染;双颊上的肉都松弛下来了,仿佛是岁月那双无形的手悄无声息地把它们拉了下来。"这就像是一场接力跑,我终于把这一棒跑了下来,跑得还不错,该轮到下一棒了。"[1]他说道。在哈佛人看来,这句话是毋庸置疑的,尤其是其中的后半句。

尼尔·陆登庭是在1991年的秋天继任哈佛大学校长一职的。在他之前担任哈佛校长一职的是深受大家欢迎的德里克·博克。德里克·博克是位出身名门、家境十分富有的学者,是位劳动法学方面的专家,在陆登庭出任哈佛校长之前,他掌管哈佛达20年之久。在德里克·博克就任哈佛校长之初,就有一些人认为这位相貌英俊的新校长完全称得上是完美无瑕的,而且非常具有加州人的特点。1971年就任哈佛大学校长前,他是哈佛法学院院长,但在来到哈佛大学法学院之前博克就读于斯坦福大学。*当他还在斯坦福大学求学期间,他的所有表现都让人们以为他会成为一名出色的网球好手,将会在网球场上大显身手。他身材高大魁梧,有着一头灰色的浓密卷发和一张粗犷的面孔。凭着这副堂堂相貌,就是在好莱坞,他也可以和在哈佛一样出色。他的妻子西塞拉·博克是位漂亮的瑞典女性,是一位大学教

---

* 德里克·博克(Derek Bok,1930—)是美国当代著名教育家。1951年毕业于斯坦福大学,获学士学位,之后到哈佛大学法学院攻读博士学位;1958年开始任哈佛大学法学教授;1968—1971年任哈佛大学法学院院长;1971—1991年任哈佛大学校长。——译者注

师,在她自己的学术研究领域里也颇有建树;他们还有三个可爱的孩子。在德里克·博克身上,一切事情似乎都显得很容易。

但是博克那张英俊的脸孔和他的好运掩饰了他在学院政治上精明的一面。随着时间的推移,他充分展现了他为人处世的圆滑和内心世界的深不可测。在这个位置上,也许只有像他这样稳妥可靠的人才能带领哈佛大学从政治和社会动荡不安的20世纪60年代走进一个拨乱反正的时期,进而进入一个新的稳定发展时期。"德里克所接手的是与整个美国一样陷入困境的哈佛,他所要做的便是收拾这堆烂摊子。"有位哈佛大学的教授评价道,"他让哈佛人记起了自己的使命,那就是,为这个将引领和改变整个世界的伟大国家培养领导人。"哈佛纪念教堂的牧师彼得·戈梅斯则说:"德里克·博克就任校长之初举止优雅,风度翩翩,就跟那个在电影《费城故事》中扮演男主角的卡里·格兰特一样富有魅力,而卸任时则无异于当年的美国总统亚伯拉罕·林肯。"

尼尔·陆登庭至少长得有点像亚伯拉罕·林肯,他的身材纤细瘦弱,长着一张瘦骨嶙峋却又不失机警的脸,这张脸时时让人觉得他是在深思或是忧虑着什么,但极少让人联想到被人称为确信的那种感觉。他的手臂动作松软无力,讲话的声音又高又尖缺乏磁性,每次他一开口讲话眼睛便不由自主地盯着地板。他的肢体语言无时无刻不流露出其柔软脆弱的一面,缺乏一种大人物的力度。"尼尔·陆登庭看上去很脆弱,就像一朵兰花。"一位非常了解他的同事如此评价道。

他被选为哈佛的校长令人觉得不可思议。哈佛在遴选校长的过程中曾向哈佛的历届校友们征询意见并请他们参与提名,哈佛的校友们总共提名了763个候选人,陆登庭究竟是如何名列其中的,长期以来人们一直都不清楚。陆登庭在担任哈佛校长一职之前并不是一个知名度很高的人物。前任校长博克出身于一个极其富有,而且社会地位非常高的费城家庭。与博克有着天壤之别的是,尼尔·陆登庭出身卑微,而且是一个混血儿。他父亲是个犹太裔的监狱看守,母亲是一个信仰天主教的服务员,他是他们全家第一个高中毕业生。中学毕业后尼尔·陆登庭进了普林斯顿大学,并在那里茁壮成长。他爱上了这里亲密无间的集体氛围,爱上了普林斯顿这片宁静的、颇具乡村气息的世界,而且他还在这里的美食俱乐部和图书馆找到了工作。普林斯顿大学毕业后,陆登庭靠着罗兹奖学金的资助在英格兰待了两年。两年后,他回到了美国,进哈佛大学的研究生院从事诗歌研究。1964年陆登庭获得了哈佛的博士学位并在哈佛的英语系教了两年书。接着,他又回到普林斯顿,并在那里获得了终身教职。他的美国梦成真了。

尼尔·陆登庭是位为大家广为认可的优秀教师,对自己所教的内容充满热情,并且善于将其中错综复杂的东西向学生传达清楚。但没有人认为他是一个重要的学者;除了学术论文外,陆登庭不曾出版过一部学术著作。因此,像许多教授一样,当他意识到自己不可能在自己所处的学术领域中取得一种革命性的成果后,便渐渐地对寂寞的学术生涯感到厌倦,于是转向行政管理,成为普林斯顿大学的训导主任,后又被拨擢到更高一级的位置,当上了本科学院的院长,1977年他又成为普林斯顿大学的学术副校长,成为校长所倚重的左膀右臂。他在那个职位上干了11年,据各方面反映,他干得不错。

普林斯顿大学是一所规模较小的大学,它有一个本科学院和一所具有博士学位授予权的研究生院,但不像其他大学那样拥有具有影响力的专业学院。譬如,哈佛有法学院、医学院和商学院,而这些普林斯顿都没有。普林斯顿大学坐落于新泽西州富裕、树木茂盛的普林斯顿郊区。在普林斯顿这所学校里,似乎每个人都彼此熟识,至少每个人都互相认识。陆登庭很喜欢这一切。这位诗歌爱好者在普林斯顿看到了一片绿洲,在这里,一个学者所特有的那种宽容、宁静与理性的价值观就像温室里的花朵一样受到珍视和培育。

在普林斯顿大学学术副校长的位置上陆登庭一干就是十来年。之后,他于1988年离开普林斯顿,前往纽约,担任梅隆基金会(Andrew W. Mellon Foundation)的执行副总裁,他所从事的工作便是对寻求资助的申请进行评估。他对自己所处的这一新环境十分满意。作为一个从小在贫穷的环境中长大的人,作为一位从事诗歌研究的人文学者,陆登庭在与身价百万的富翁的交往中却显得格外地轻松自如。哈佛大学的一位教师说:"德里克·博克身处富豪之中时总是很不自在,而尼尔却喜欢和他们打交道,他就喜欢和他们打交道。"哈佛的一名教员回忆道。反过来,那些巨富们也都不约而同地被陆登庭谦恭的举止所吸引,而且十分钦佩他的文学天赋,非常喜欢和他在一起。

在哈佛大学新校长的遴选过程中,陆登庭是一匹很有魅力的黑马。他不仅拥有良好的学术背景,更重要的是他还拥有足够的行政管理经验。唯一的问题便是传闻他曾经拒绝担任普林斯顿大学校长一职。那么,他是否对哈佛的工作感兴趣呢?要是哈佛邀请他担任校长却被他拒绝了,那还不如不提。消息万一泄露出去,就会使哈佛颜面扫地。因此,哈佛校方便暗地里派人同陆登庭商谈,征求他的意见。问题的解决再简单不过了,陆登庭满口答应了哈佛的邀请。他自然对担任哈佛的校长有兴趣。

接下来的一切很快就定了下来。1991年3月,陆登庭被宣布将成为新一任的校长,并于10月上任。校园里到处洋溢着喜庆的气氛,周末的庆典有以"教育的意义"为主题的教学座谈会、讲座、音乐会还有文艺演出。学生们念着哈佛园里装比萨用的盒子上印着的"我们爱鲁迪",心里觉得有点奇怪。这是因为不仅仅是没人称尼尔·陆登庭为"鲁迪",而且在哈佛甚至几乎没人真的认识尼尔·陆登庭,更谈不上爱他了。

从一个局外人的眼光来看,挑选尼尔·陆登庭来掌管哈佛似乎令人觉得不可思议。因为他并不是一位有多大名气的学者,也根本不具有享誉全美的学术成就,而且近25年来也不曾在哈佛任过职。但从一个较深的角度看,选择陆登庭似乎更像是在对一项十分艰巨的工作——这项工作在过去的几十年中随着哈佛自身的变化而变化——做出一个充满着希望的抉择。

在第二次世界大战爆发之初,哈佛还不是所谓的现代意义的大学。所有的学生都是男性,他们中白人占了绝大部分,大概有97%,而且这其中又以基督徒居多。犹太裔学生人数仍然很少,大概只有10%~20%——与有资格进哈佛的犹太裔学生人数相比,这是个极小的比例。渐渐地,哈佛开始对那些符合条件的申请入学者敞开大门,无论他们是来自公立或是私立学校,也无论他们是来自这个国家的哪个地区。但这只是个摸着石子过河的过程,大部分哈佛学生还是来自美国东北部的新英格兰地区,来自这一地区的那些一流的私立寄宿学校。

"二战"所带来的社会变革浪潮改变了这种现象。战后,受益于联邦《退役军人法案》(GI Bill),来自美国各地的青年人来到了剑桥,进了哈佛。他们中有来自堪萨斯州农民的儿子,有来自得克萨斯州的农场主的后代,也有来自华盛顿州渔民的孩子。当希特勒的种种令人发指的暴行深深地烙在犹太民族的意识中时,犹太裔教师和学生突然发现哈佛也比较欢迎他们。尽管圣保罗(St. Paul's)、安多佛(Andover)、爱塞特(Exeter)这些著名的私立高中对哈佛的影响不可能完全消失,但他们的影响力却开始减弱。几百年来,像美国一样,哈佛这一社会特权的精神堡垒渐渐成为英才教育的堡垒。不过,从理论上讲,较之于自己的国家,哈佛在这一转变中可以说是先行了一步。

然而,哈佛的变化不仅仅是这些新成员的加入,与此同时还有各种资金的注入。战后的美国,各种不同性质的基金会在不断涌现、成长,它们中不乏一些上规模的、慈善性质的研究型基金会,譬如福特基金会、卡耐基基金会、梅隆基金会等。这些基金会成为美国大学收入的庞大来源。联邦政府则扮演着更为重要的角色。"二战"期间,政府和大学里的科学家们建立了密切的关系,政府从他们那里得到从密码的破译到核武器的制造等各种各样的帮助。冷战时期,这种关系得到了延续。华盛顿将数以亿计的美元用于科学和医学方面的研究,而学校也建立了它们的实验室、系科和科研设施,彼此都得到了好处。政府聘用全国最优秀的专家,却不用承担这些学者做研究所使用的各种设备的全部费用。随着学校不断发展壮大、变得更加富有,学校也就更能吸引那些本会选择就职于私营部门的研究人员,以及那些热切期盼着与自己所在学科的知名学者一起学习、研究的学生。

但是,这些钱帮助的不仅仅是那些直接的受资助者。在哈佛大学,校方对每个教授所获得的每笔资助进行提成,名义上是交纳运营经费。但这笔提成却不管你是需要一个几百万美元的实验室的生物物理学家,还是撰写关于约翰·邓恩*的论文的英语教授。这一笔笔的小额提成很快便会消失得无影无踪,跑进校方那日益膨胀的保险柜里。

20世纪60年代,无论是在研究的广度上还是深度上,美国的大学都当之无愧地是全世界最好的大学。这也是美国20世纪最成功的范例之一。但是这一发展如今已经在走下坡路了。为了应对这一发展迅猛的态势,大学开始扩展其行政管理机构,聘用律师、财务人员、人事经理和卫生保健方面的管理人员、退休福利管理专家、房地产管理人员以及众多的公共关系顾问和资金募集者。他们通常来自企业和咨询公司,他们做事的风格往往折射出一种商业文化,而不是学术文化。在"越战"以前,特别是在"二战"之前,在哈佛最有发言权的是哈佛

---

* 约翰·邓恩(John Donne),17世纪英国"玄学诗派"的鼻祖。——译者注

的教师，但随着集中管理体制的发展，权力越来越集中到校长和那些毫无知名度、只是听从校长调遣的行政官僚的手里。在哈佛，权力从那些被视为代表学校意图的人的手中流失，流向那些懂得如何运作它的人手里——最重要的是集中到了那些掌握财权的人手中。

此外，大学和政府的关系也损害了学校在面对政治和市场压力时的独立性。一所大学越富有，就越容易卷入政治和社会公正的纷扰中去，它们必然要么接受这些使命，要么拒绝接受它，和它分道扬镳。当然，这一切取决于每个人如何看待大学在社会中所应扮演的角色。在喧嚣的20世纪60年代，各所大学，特别是哈佛，与军工联合体间无论是在经济上还是私人关系上始终保持着千丝万缕的关系。这是学生们抗议的焦点，而且这个问题至今仍未得到彻底解决。

几十年的巨额资金注入还产生了另外一个问题：即使资金突然被切断，但基础设施还存在，你还得承担相关的费用。如果你用政府或基金会的资助资金建了一间新的实验室，你不能因为没有新的资金注入便将它关闭。在"越战"之后的几年间，哈佛的的确确出现过这种情况：由于政府减少了对教育的投入——这在现在看来似乎有点忘恩负义，甚至可以说是很不友善的行为——学校关闭了部分实验室，因此那些被疏远的校友也大幅度削减了他们的捐赠。

所以，当哈佛大学在遴选德里克·博克的接班人时，它的财务状况委实难以令人乐观。一方面，在1991年，它的确有一笔47亿美元的捐款。但是这笔捐款比起上一年度已经减少了五千二百万美元，而且当年哈佛还有约四千万美元的财政亏空。无疑，哈佛的下任校长应该具备两项才能：管理能力和募集资金的能力。与此同时，假如他还可以是个学术权威的话，那便是锦上添花了。当然了，作为校长，他需要了解一所学校，为了少走弯路，避免将相当长的一段时间用在对学校的了解上，这位校长的预备人选必须首先对学校有所了解，免得就任后无谓地浪费时间。如有可能，校长最好从那些在哈佛学院*读过本科的校友中甄选。如果从哈佛学院毕业的校友中没有合适人选，那么从哈佛的其他学院获得学位的人也还算够格。（德里克·博克的大学本科就读于斯坦福大学，他是自1654年在哈佛担任校长的查尔斯·昌西之后第一位没有在哈佛学院就读过本科的哈佛校长。博克只

---

* 哈佛学院（Harvard College），哈佛大学的本科生学院。——译者注

有在哈佛大学的法学院攻读博士学位的资历,因此,一些哈佛校友甚至在他从哈佛校长职位上退下来之后,仍在怀疑他是否是这一职位真正够格的人选。这种蔑视让博克大为光火,他说:"我在哈佛法学院攻读博士学位期间不止一次用支票缴付学费,他们都欣然笑纳了,却从没跟我说法学院不是哈佛大学的一部分。")具备上述几个条件者可谓凤毛麟角,而尼尔·陆登庭便是具备所有这一切条件的人。从他就任哈佛校长之位的那一刻起,他也就承担了筹集资金的重任。

找人家要钱对大学校长们来说是件很要命的工作。募集资金就意味着要无休止地闲谈,要去拍那些身为大款的校友的马屁,一再地献殷勤、低声下气、甜言蜜语、连哄带骗地曲意逢迎,总的目的只有一个,那就是伸手向他们讨钱。任何一位可以在支票上签一笔七八位数捐款的捐款人都不屑于与资金筹措办公室里的中低层职员打交道。他们只想见校长——和校长单独面谈,随时一个电话打过来,跑到校长的府邸吃饭,听校长低声下气的恳求。他们想听校长说:"我需要你的帮助……"捐款的乐趣不仅仅在于你能进入一座刻有你的名字的大厦或是接见一个依赖你提供的奖学金而求学的学生。它不仅是一项意义非凡的事业,同时也可以让你体验到哈佛最有权势的人物不惜颜面来讨你欢心的那种令人兴奋的感觉。

毫无疑问,大多数校长都想当一个领导别人的人,而不是一个求人的人。他们喜欢给人做报告,喜欢一流的老师和学生争先投奔到自己所领导的学校,喜欢出席橄榄球赛,喜欢去国外旅游或是接待国外来宾。他们想得到长期以来自己所景仰的那些学界权威们对自己的认可。他们不希望人们说他们每年获得的捐助主要来自那些商学院和法学院的毕业生,这些毕业生有的是公司收购者,有的是任事股东,或是那些对诗歌艺术一窍不通却能玩转对冲基金的套利天才。

但尼尔·陆登庭看起来并不介意到处去讨钱。相反,他以极大的热情全身心地投入到筹款工作中,这种热情是无论如何都难以伪装出来的。1994年5月,哈佛的资金募集活动拉开了序幕,目标是募足21亿美元,这一数字将使当时哈佛所获得的捐款数额增长约1/3。其他任何一所大学都不可能有筹集这么一大笔款项的念头。回溯到1979年,博克筹到了3.5亿美元,这在当时就被认为是件很了不起的事了。

然而天佑陆登庭,他的资金募集计划的启动恰逢其时。因为此时的美国进入经济复苏阶段,股票市场一片欣欣向荣,那些最富有的美国大亨们赚钱的速度快得让他们怎么花都花不完。再加上陆登庭言行举止诚挚和蔼，做事心思细密，同时还精通建立人际关系的艺术，不愧为一位筹集资金的高手。一位亲眼目睹他做事的哈佛教授回忆道："他会关心你正在申请上大学的女儿，或是你正在住院的继母。"这一切让那些被劝募的人觉得他很在意他们，把他们放在心上。而且陆登庭从来都未曾对这些捐款者的富有有过心理不平衡，也未曾拐弯抹角地表达过自己受到他们的怠慢而愠怒不快。他喜欢不厌其烦地同那些有钱人交往。他以诗歌和文学爱好者所特有的热情，用种种令人无比振奋的方式告诉捐款者，他们所捐的款项将用于何处。他不会喋喋不休地告诉你，这些钱将用以购建暖气系统或是一条残疾人专用的无障碍通道等等。相反，他会引用温斯顿·丘吉尔的话，谈论哈佛将如何如何地成为一个"思想的帝国"，它并不是在建造一座攸关得失的新宿舍楼，而是在构建它的未来。

陆登庭把募集资金这项工作视为一项十分有价值的事情，他心甘情愿地为它奉献自己的力量。也正因为他认为这是自己对学校所应尽的义务，因此，他舍弃自己的一切。他从不谈及自己，从不炫耀自己的成就。他所谈的只有"哈佛"。每当有记者要对他进行专访时，他总是借故推托掉，因为他认为只有哈佛才是最重要的。

人们常问陆登庭，哈佛已经这么富裕了，为什么还需要他们捐赠呢？这个问题长期以来一直让哈佛的劝募人员觉得很不痛快。在校友捐赠这一方面，哈佛总是落后于像普林斯顿、达特茅斯学院这样规模比哈佛要小的学校。这两所规模较小的学校往往有着组织紧密的学生团体，他们的校友觉得自己的母校确实需要他们的捐赠。此外，哈佛极少吸引到数目巨大的单笔捐赠，一笔捐资就达五千万或一亿美元这样的横财可以让一个校长的工作变得轻松多了。（从20世纪90年代以来，各大学的劝募人员都在窃窃私语，究竟哪一个学校可以率先获得十亿美元的捐资这个大家长期努力的最高目标）。但拥有如此大的一笔钱的人希望自己的慷慨解囊能在所捐赠的学校产生巨大的影响。如果把这笔钱捐给富裕的哈佛会不会顶多是锦上添花，甚至是多此一举呢？

对此，陆登庭早已有了现成的答案，他的回答是：首先，哈佛大学总是在不断地成长。哈佛大学里那些富有才智勤于思考的人一直在不断地策划新的项目、新的学术中心和新的研究，而所有这些全都需要钱,需要大笔的钱。就像那些在规划办公室工作的人常说的那样:不壮大就得被淘汰。

而且哈佛大学的校长并没有像人们所想象的那样有笔现成的50亿美元的巨款,随时可以掏出支票本,需要多少开支就填多少。相反,这些钱被划分为多笔不同的捐款。这所学校仍然沿用一种分权管理的旧体制,也就是众所周知的"各自为政"的体制,即每个学院都依靠各自的力量自主沉浮。绝大多数的美国大学,收取的学费都统统存入学校统一的账户上。但在哈佛,却是每个学院自己掌管着本学院的学费收入,由该学院的院长掌握。这一体制对各学院的扩展产生了促进作用,因为哪个学院招收的学生越多,赚的钱便越多。因此哈佛的一些学院,由于其专业是吸引众多学子就读的热门专业,如法学院、医学院和商学院等,因此便发展成为全美私立大学中同类专业学院中规模最大者。能左右教育发展的无它,唯金钱耳!反过来,随着哈佛毕业生的人数越来越多,给母校的捐赠也就越来越多,因此哈佛便可以不断发展壮大。

"各自为政"这一体制的另一方面就是,哈佛的每所学院都是在为自己募集资金,并且只有各个学院的院长有权决定怎样使用他们自己所募集到的这些资金。因此,如果某些学院的毕业校友钱最多,而且出手阔绰,十分热心把钱捐给母校的话,那么这些学院获得的捐款份额便最多。由于各个学院的院长实际上掌握着这些捐款的使用权,因此他们实际上是哈佛的实权人物,是哈佛王国里名副其实的王公贵族。

然而,有些学院的毕业生所从事的是收入较低的职业,因此这些学院募集资金的难度便要大一些,所募集的捐款就要少得多。约翰·肯尼迪政府管理学院、哈佛设计研究生院、哈佛公共健康学院等总是在为摆脱财政赤字而苦苦挣扎。因为从事政府事务,从事建筑学和公共健康等工作的人难以致富。而处在哈佛最底层的则有哈佛教育学院和哈佛神学院。他们的毕业生所从事的工作收入低,几乎没什么钱可捐,而且特别值得一提的是,为了完成学业他们往往在毕业时已经背了几万美元的助学贷款的债务。当他们成为公立学校的教师或是监狱的牧师时,年收入仅仅只有两万七千美元,单单是偿还这么一笔债务就要花很长的时间了。

"各自为政"的机制迫使哈佛的各个学院在竞争中求生存。这样的做法并非一无是处。每个学院都得平衡自己的预算,而不是依赖校方来为它解困。或许就是这么一种强制性的自负盈亏机制鞭策着各个学院变得越来越好,变得更有闯劲,更有创新力,也正是这一机制迫使各个学院负起决定院长和师资人选的责任。

但是"各自为政"同时也导致了一种恶性循环。富有的学院越来越富有,而那些贫穷的学院只能是在挣扎中求生存。难不成商业真的比教育更重要,法律真的比上帝更重要?!或许,这就是市场经济的规则吧。但有人就在纳闷:学校难道不应该承当起对财力进行再分配的职责吗?这样不就能培养出更多的教师和牧师,少培养一些律师和投资银行家了吗?难道大学不应该对资本主义的不公正进行还击,而不是仅仅停留在反思的层面上吗?

陆登庭的部分使命便是打破哈佛校园中长期存在的这一割据局面。这种割据局面在方方面面,无论是在细节问题还是原则问题上,都对哈佛的生活造成了影响。每个学院都有各不相同的校历,其学期开学和结束的时间也不一样。即使一个学生得到允许可以去修另一个学院的课程,但由于教学进度的安排总是相互冲突,几乎难以协调,而且学院与学院之间也几乎没有任何交流。尽管法学院培养律师与肯尼迪政府管理学院培养公共政策专家的教学任务存在着重叠,然而法学院的教授却对肯尼迪政府管理学院的课程安排全然不知。尽管商学院的人可以和医学院的人一起工作,把哈佛的专家不断研究所取得的医学研究成果推向市场,但商学院的人全然不晓医学院在上什么课程。另一件咄咄怪事是:哈佛大学的校长实际上并不拥有那座马萨诸塞厅,这是一座并不太起眼的红砖建筑,哈佛的校长办公室便设在这里,但它的所有权却归文理学院所有。因此哈佛大学的校长还要付租金给哈佛文理学院的院长。

问题就出在这些学院院长们的身上,尤其是哈佛文理学院和另外三所最大的学院的院长身上。只要他们在行政和经济上自主,不受哈佛校级行政管理部门的辖制,那么他们也就拥有了极大的权力,几乎是处于一种自治的状态。虽然这些院长都是由校长选拔任命的,但一旦他们权力在握,他们便时常会让校长大感失望。然而一旦这些院长能够让校级行政管理部门对各个研究生院发号施令——诸如他们可以聘用谁,各项经费该怎么开支,甚至如何去募集资金,等等——那么哈佛校长的权力便增大了,而各个学院院长的地位便相应地降低了。

但又有谁情愿放弃自己的权力呢？又有谁会说校长在做各项决策时完全了解各个学院的需求呢？

陆登庭开始慢慢着手削除这一"各自为政"的机制。首先，他开设了一些院际之间合作的教学和科研项目，而且他深信，这次募集20亿美元的活动将是一次由哈佛的校长办公室发起的全校性的运动，而不是由下属各个学院分头组织的。陆登庭设定了这一目标和一些优先要做的事情，而下属各个学院的院长们将一起来努力完成这一目标。在一个局外人看来，这些似乎只是些微不足道的合理措施。但这些在哈佛大学却是开天辟地头一回。

当然，陆登庭的工作不仅仅是为学校筹措资金，在他担任校长的头两年，你可以经常看见他那富有活力的身影活跃在校园的各处。这个喜欢到处走动的新校长常常到宿舍去和学生见面，在橄榄球场边徜徉，在教师俱乐部里吃饭，常常在课堂、宴会和各种会议上现身。哈佛校园中陆登庭的踪影无所不在。

同样随处可见的还有他的致谢函。每个和陆登庭有过接触的人都会收到这位校长本人的致谢函，这些致谢函不仅仅只是一两句象征性的客套话，而是一整段一整段的，有时甚至是好几页，而且都是手写的，因为陆登庭不用电脑，在他10年的校长生涯中，他从来没有发过一封电子邮件。这些致谢函非常客气，非常体贴，充满了感激之情，但有时人们也不免会怀疑这些致谢函是不是他真正用心花时间写的。彼得·戈梅斯回忆道："你原以为自己得到了陆登庭校长的另眼相看，可以收到这样的一份致谢函。但是，当你环顾四周，发现每一个人也都得到一张类似的致谢函时，你才明白陆登庭校长的致谢函就和2月那漫天飞舞的雪片一样多。"

陆登庭在和人握手时手软绵绵的，就跟湿面条似的，膝盖也总是微曲着，没有绷紧。他的这种谦恭的风格让许多哈佛人觉得很不对劲，他们认为他的言行举止与哈佛校长的身份格格不入。但陆登庭却似乎十分乐于曲意逢迎那些有钱人，就像是一个学业成绩优异的孩子得到了那些家境优渥的孩子的待见，被他们当成了哥们儿，因此觉得十分受用。马丁·佩雷茨是哈佛的杰出校友，是《新共和党人》杂志的所有人之一，他说："尼尔·陆登庭是一个出身于工人阶层的有抱负的社会名流。"虽然这种直率的说法会使许多哈佛人产生受侮辱的感觉，但许多人差不多都有类似的看法。

为陆登庭辩护的也大有人在,他们认为他只不过在诚惶诚恐地履行自己的职责,唯恐没有做好哈佛聘请他要他做的事情。"尼尔是一个非常有原则的人,"法学院的教授艾伦·德肖维茨认为,"他并不在意别人是怎么想的,他只做自己认为对的事,而且对每个人都很尊重。他使你无法不喜欢他,甚至想让你的孩子长大了也能像他一样。"有些人认为陆登庭要比那些对他百般挑剔的人们所做的评价来得更聪明,也更机智。另一位拥护他的人说,陆登庭的搓手动作是他的一种独特的风格,是在掩饰他内在的坚韧。"尼尔看起来有点随和,但这是他给人的错觉,他也一样会不留情面的。如果有个人他不得不解雇,他就会解雇这个人,虽然他不愿意这么做,但他却会这么做。"

也许陆登庭正是这样的一个人。哈佛校长一职让他付出了很大的代价。他觉得自己十分孤单,恍若有一种与世隔绝的感觉。也许正是这种与世隔绝之感让他自己觉得诧异不已。比起哈佛,普林斯顿要小得多,却让他觉得温暖而舒适。有位教授回忆道:"直到他到马萨诸塞厅上任后没有人来找他,这时他才意识到,哈佛在许多方面有别于普林斯顿。"哈佛大学拥有6500名本科生,学生总人数将近19000人,教职工人数达15000人。它太庞大了,校长不可能了解发生在身边的每一件事。它的权力也过于分散了,许多院长和教授都不会在意他们的校长想要的是什么。然而,哈佛却拥有成千上万的校友,他们每个人都对他有所期许。从他就任的那天起直至1994年的秋季,陆登庭每周都要工作120个小时。

后来他垮了。当年11月底,陆登庭竟然睡过了头,错过了原先约好的与一位捐款人的会面,而且他还意识到自己苗头不对。他不仅仅是错过了这次的会见,他现在甚至每天都不想起床了。

在接下来的3个月左右的时间里,尼尔不再在哈佛现身,他只告诉最亲近的助手自己去哪里了,去干什么,怎样才能找到他。而他究竟得了什么病则绝对保密。他的助手对外宣称,由于过度的操劳陆登庭把身体给累垮了。有消息说,他和妻子安杰莉卡一起去加勒比海休假,在那里他听古典音乐和阅读散文来放松自己。然而,哈佛的校长患了神经衰弱的流言却不可避免地到处流传。陆登庭强调说,自己仅仅是身体上有点小毛病而已。"过后我回想了一下,我原来以为自己仍然只有35岁,用不着休息便可以一直工作三四年,"他表白道,"不过我现在终于意识到自己已经不是35岁的人了。"[2]但对此持怀疑态度者却认为陆登庭可能主要是头脑出了问题，身体问题倒在其次。

不管哪种说法是事实，陆登庭倒下去的消息本身就是一个很大的新闻。媒体完全明白陆登庭病倒这则新闻背后有可以进一步挖掘的题材。陆登庭成了《新闻周刊》的封面人物，《新闻周刊》称他为"虚弱的文艺复兴学者"[3]，他体现了美国人由于压力过大和工作过度而倒下的生活方式。其他作者则把陆登庭视为全美各"巨型大学"校长的缩影，陆登庭的苦和累也正是全美每一位"巨型大学"校长的苦和累，由于这些"巨型大学"索求无度，这些校长难以招架。教育专栏的作者们话中有话，认为哈佛大学已经发展得太大了，以至于难以管理。这种说法让哈佛校方深为尴尬。

当陆登庭于1995年3月返回学校的时候，他简直判若两人，或者说至少让人觉得哈佛换了个校长。他把自己作为一名校长所应承担的诸多职责交由别人来承担，并且削减了几乎所有的校园活动，他甚至搁置了废除各个学院"各自为政"这一体制的想法。他所要做的就是把自己的全部精力都投入到学校聘用他的主要任务上，那就是募集资金。据他估计，他必须平均每天募集到一百万美元才能达到供应哈佛校方的目标。试问有谁会因为陆登庭决定把他大部分时间用于为学校募集每天高达七位数的资金而忍心责怪他呢？

可偏偏就有这种人，他们可真干得出。随着斗转星移，哈佛大学在银行账户的钱日积月累地多了起来。然而陆登庭不仅仅在哈佛，甚至在全美都最终成为大学校长形象在不断下降的象征。"谁是大学校长？"一则新的笑话这样发问。"就是那个住在豪宅里却每天在乞讨要钱的人。"批评者认为，陆登庭作为大学校长却没有如人们对大学校长，特别是对哈佛的校长所期许的那样把崇高的教育理念和政治理想传递给学生。有人评论道："现在的大学校长们跟阳痿了似的，只会白天把一堆纸片挪过来挪过去，晚上则去乞讨要钱，整天对任何问题都不敢吭一声，生怕会得罪捐赠人、校友、教职员工或者学生。"[4]另外也有人则评论说，尼尔·陆登庭校长"做事优柔寡断，简直教人难以置信"[5]。

无怪乎如今的美国几乎大部分国民大抵如此。他们不再有自己的政治信仰，不再有自己的宗教信仰，不再有自己的道德准则。他们每天忙忙碌碌地做他们的发财梦。美国的作家和知识分子认为，大学校长应该是一个敢作敢为的校长。20世纪六七十年代有许多这样的学者和新闻工作者成为美国大学的校长,他们中的几位最杰出的人物让人们在心目中树立起大学校长坚持真理、为真理而奋斗的形象。如耶鲁大学的金曼·布鲁斯特,他那充满着激情的关于社会正义感的雄辩言词使得躁动不安的校园里一场一触即发的骚乱最终没有爆发。在印第安纳州的圣母大学,西奥多·海斯堡将一个昏昏沉沉,犹如一潭死水的学府变成一个让全美刮目相看的大学。作为加州大学校长的克拉克·克尔则将一个由五花八门、良莠不齐的学院和大学组建起来的学校变成全美最好的州立大学体系,直到他因过于容忍左翼异议分子而为后来的罗纳德·里根州长所不容而离去。而在此之前的早些时候,罗伯特·哈钦斯在芝加哥大学率先开设了极其严格的"伟大著作"这门课程,同时取消了学校的橄榄球队,并批评美国人道德上的伪善。就是哈佛大学本身,"二战"之前有校长詹姆斯·科南特对当时在全美蔓延的孤立主义发起了挑战;而德里克·博克则大刀阔斧地进行课程改革,让哈佛的发展不因"越战"的冲击而裹足不前。

陆登庭在位期间,大学校长已经成为美国人心目中极具影响力的一个象征,其地位要比任何政客或商人来得高贵。在人们看来,担任校长者通常都是睿智博学的人,对政治、道德很有见地,能对眼前所发生的事件发表自己看法的人。不过他往往为人处世低调,不想参加竞选跻身政界。(当然了,如果他有这方面的想法他也可以做到,如,伍德罗·威尔逊和德怀特·艾森豪威尔在成为美国总统之前曾分别是普林斯顿大学和哥伦比亚大学的校长。)事实上,大学校长们淡泊、出世往往会使他们能够更全面地评价他们周围的一切事情。大学的校长们是世俗的传教士,他们用自己的讲台来传播教育的福音。"大家不要仅仅看我们的教室,"他们说的话大同小异,"大家也看看我们。"美国人对他们的政治领导人失望至极,而那些宗教领导人也常常让美国人大失所望,因此他们便寄希望于大学校长们身上。大学校长的使命不仅仅是教育自己的学生,而且还要让美国社会变得更好。他们应借助自己特殊的地位发出他们的呼声:千万不要被那些美国资本主义的诱惑与堕落玷污;当美利坚民族将要失去自信的时候,则应提醒美国人民什么才是这个国家最宝贵的。

在其他的场合中,陆登庭喜欢扮演公共知识分子的角色。无论是在出身、所受的教育还是个人喜好方面,他都是一位非常关注社会公正的人。不过,的确也有人指责说,由于他扮演着捐款受托人的身份,因此他总是尽可能地克制自己，不去对那些重要的公共事务发表意见。那些富有的校友通常都比较保守，你一方面向这些人请求捐款，一方面却斗胆冒犯他们，这么做未免不太理智。虽然陆登庭很喜欢诗歌，但他不是那种不切实际的多愁善感的人。

陆登庭没能像他的前任们那样直抒胸臆的另一个原因则是：哈佛的种族构成已经发生了很大的改变，因此对任何政治问题发表评论的风险性大多了。"二战"以后，哈佛已经开始接纳来自不同地区、不同种族、不同阶层的学生。不仅如此，20世纪60年代的社会巨变促使该校进一步敞开大门接收那些由于地位相对较低而长期被拒之门外的人群。首先是妇女和非裔美国人的进入，接着是亚裔美籍人和拉丁美洲人。从德里克·博克任职以来，外国学生的数量开始增加，这种现象在研究生学院中尤为显著，而且这个趋势到陆登庭担任校长期间还在进一步发展。同性恋者权利运动的兴起则意味着这一个长期在大学校园里存在的另类组织已开始逐渐地公开化并发出了自己的声音。在20世纪20年代，哈佛大学有一个把同性恋嫌疑者开除出校园的秘密法庭——袋鼠法庭；直到20世纪90年代末，同性恋和双性恋的学生才在哈佛的公开场合中拥抱接吻。

所以这些团体都有各自不同的生活体验和观点，不可能强求一致。并且，哈佛的学生已不再全是来自新英格兰地区穿卡其布服装的白人，因此较之于过去，校长如果贸然发表自己的看法更有可能会冒犯这些学生团体。对于哈佛大学的这些新成员，唯一可以让他们接受的价值观恐怕只有那些哈佛人长期以来所信奉的价值观：对学术研究的尊崇，对不同见解的包容，对言论自由的信仰。德里克·博克曾说过，一个大学校长应该只对与高等教育有直接影响的问题发表看法。陆登庭亦步亦趋地以自己的前任为楷模。有些人认为这是一种退步，另外一些人则认为这是在肯定哈佛的核心准则，即尝试着在完全与外界脱离和完全与外界融合这两者间寻求平衡。

不过，有一个问题陆登庭是拒绝保持沉默的，那便是美国的种族问题。可能是因为他出身于工人阶级家庭的缘故，他和种族歧视的受害者们感同身受。因此，他高声表态，反对修建纪念在美国内战中南方邦联方面死亡的哈佛校友的纪念堂的提案——而美国内战中北方联邦方面死亡的哈佛校友纪念馆则早已建好。也正因如此，他极力倡导"反歧视行动"(Affirmative action)*的政策。

自20世纪70年代以来,哈佛大学陆续制定了一系列的政策,将种族因素列入该校招生考虑的因素。在1978年著名的最高法院巴克案件中,刘易斯·鲍威尔大法官曾援引哈佛的招生政策,并认为这一政策是落实"反歧视行动"的制度典范,它既具有社会价值,同时也具有法律上的可行性。德里克·博克十分支持这一"反歧视行动",1998年,他参与编写了深具影响力的《河流的形成》一书,在该书中他为"反歧视行动"这一政策加以辩护。而在这一方面,陆登庭不遑多让。1996年,美国的上诉法庭第五次否定了得克萨斯大学的照顾少数族裔学生的政策。对此判决,陆登庭公开加以抨击。他认为,"反歧视行动"不仅仅是帮助黑人接受高等教育。因为所有的学生都能在一个具有多元化种族和群体的校园里学习,所以"反歧视行动"所考虑的并非只是学生的肤色,而是所有学子的最大利益。在1997年,陆登庭参与起草了一份有其他61位大学校长签名支持的公开声明,支持将种族、性别和族群因素作为学校录取学生的参考因素之一。当陆登庭的此举遭到一些校友的指责时,陆登庭承认所招收的少数族裔学生的学术能力测试(SAT)的平均分确实低于一般的哈佛学生的学术能力测试分数。但他同时也强调这一平均分比一般校友的孩子要高,这一机智的回答令那些抨击者哑口无言。

最能体现陆登庭关心公民权利的事情莫过于他对非裔美国人研究系关爱有加。当陆登庭初到哈佛大学时,非裔美国人研究仅有20年的历史,这一学科的产生是1969年的学生示威游行的结果。黑人学生们之所以提出这一强烈的要求与其说是学术的需要还不如说是政治的需求。哈佛大学答应了他们的请求。然而,非裔美国人研究在哈佛大学从未真正地蓬勃发展过。只有极少数学生"关注"(concentrated)——哈佛人把主修某一门学科称为"关注"——非裔美国人研究。对这一学科感兴趣的主要是黑人学生,然而许多进哈佛的黑人学生更关心的是获得一把开启成功的职业生涯之门的钥匙,而不是从事与本民族相关的学术研究。他们担心学非裔美国人研究会使他们在

---

* Affirmative action 意即,在招生中对少数族裔采取照顾措施,以保证他们有受教育的机会。译法也可以有"平权法案"和"平权措施"等,本书统一采用上海外语教育出版社出版的《新牛津英汉双解大词典》的译法:"反歧视行动"。——译者注

求职时就被拒之门外,所以他们通常学的是经济或政府管理专业,因为他们清楚这些学科是雇主们认可的专业。

同样让校方为难的是为该系延揽相关的教授来充实师资队伍。这一领域的学者通常是非裔美国人,但在学术界获得黑人研究博士学位的人数本身就很少,而这之中哈佛大学认为合乎担任哈佛终身教职的则更是微乎其微。直到 20 世纪 80 年代末,哈佛大学非裔美国人研究系才有了一个终身教授,而且还是个白种人。

这样的局面委实不该发生在哈佛,尤其是当非裔美国人研究取得重大突破之时,它让哈佛太难堪了。因此在 1990 年,哈佛校长德里克·博克和哈佛文理学院院长、经济学家亨利·罗索夫斯基延揽了一位在这一研究领域颇有建树的年轻学者,毕业自耶鲁大学的亨利·路易斯·盖茨。亨利·路易斯·盖茨也就是大家耳熟能详的小"斯基普"·盖茨(Jr. "Skip" Gates)*,在跳槽来哈佛之前他在北卡罗来纳州的杜克大学任教,这次与他一同跳槽到哈佛的还有他长期以来的学术搭档,哲学家克瓦米·安东尼·阿皮亚。他们的使命便是救活这个垂死的系。但要是没有后来的校长陆登庭的鼎力支持,他们根本无法做到这一点。陆登庭给他们提供各种各样的资源:资金、人员,并慷慨地将从哈佛园至昆西大街一带的办公用房给了他们。这些资源使得他们可以实现他们重振非裔美国人研究系的使命。陆登庭和盖茨还延揽了其他一些著名的学者,他们中有社会学家威廉·朱利叶斯·威尔逊、历史学家伊夫林·布鲁克斯·希金博瑟姆,以及哲学和宗教研究界新秀、来自普林斯顿的科尔内尔·韦斯特。据统计,陆登庭延揽了三十多位各种层级的黑人教授到哈佛大学任教,这比他担任校长之前的 355 年中哈佛所聘用的黑人教师的总人数还要多。

但并非所有的人都同意他的做法。有些教师暗地里议论说,一个几乎没有几个主修者,充其量每年也就那么二十个左右学生的系不值得投入这么多的金钱和精力。有的报刊在提及非裔美国人研究系时挖苦说,他们是以盖茨为核心组成的"梦之队"**,他们每个人在来到哈

---

* Skip 在英文中有"跳跃"、"兴之所至地由一地到另一地"的意思,这里的 Jr. "Skip" Gate(小"跳槽"盖茨)是人们对盖茨本人的戏谑。——译者注

** "梦之队"原指 1994 年以后,历届由美国全国篮球协会职业联赛职业球员为骨干所组成的美国男子篮球代表队,它几乎由清一色的黑人球员组成,在奥运会赛场上表现突出。——译者注

佛之前都有上乘的表现。这些批评者对盖茨随时可以找校长颇有怨言。譬如，哈佛的文理学院院长——当时担任该职的是一个名叫杰里米·诺尔斯的化学家——拒绝了盖茨的要钱要求，盖茨仅需要拿起电话打给陆登庭就将这事摆平了。对他的抨击者而言，这类事情强化了陆登庭懦弱、容易受到操纵的校长形象。这与他其实想拨款给非裔美国人研究系无关，他已被操纵了。然而，陆登庭并没有受到这些和他唱反调的人和这些闲言碎语的影响。对于陆登庭和盖茨而言，他们在乎的是让一个一度垂死的系恢复了生机，生龙活虎了起来，让全美的注意力转移到哈佛大学上。

非裔美国人研究是陆登庭在哈佛所取得的主要成就，但这并不是他唯一的成就。陆登庭也对哈佛大学的百年难题提出了最终的解决办法，那就是合并了它的姐妹校——拉德克里夫学院。拉德克里夫学院从1879年成立的那天起就被称做哈佛的进修学院，但是这所女子学院一直与哈佛大学保持着一种说不清道不明的关系。这个学院的学生越来越多地涌进哈佛大学，但它的行政管理在很大程度上却是独立的。哈佛大学在20世纪70年代初就开始接收女学生，但直至1999年她们所获得的文凭仍是"拉德克里夫学院"的文凭。在陆登庭之前有好几任校长试图解决这一难题，但都毫无例外地失败了。陆登庭巧妙地处理好了这个问题，他设法使哈佛大学接收了拉德克里夫学院校友高达九位数的捐资款，同时把该学院转型为一个妇女研究的智库。这事就跟募款一样，是一件十分乏味的工作，看起来不难，但真正要做好却没那么容易。

但是，所有的这些成就都没能改变陆登庭的形象，他的病倒和募款活动却进一步验证了这种形象。更令人匪夷所思的是：资金募集得越多，哈佛人对他们的这位校长的不满也就越强烈。即便是时至今日，哈佛仍在一定程度上保留了当初美国佬传统的那种拘谨的风格，但与此同时，哈佛人却希望哈佛变得更为富裕并能从中获利，因此他们不希望外界过多地关注哈佛。但由于金钱问题往往都是诸家报刊的头条新闻，他们的这种想法只能是一厢情愿。随着证券市场行情飙涨，哈佛大学募集到的捐款资金剧增至100亿美元，又剧增至150亿美元，而且还在进一步增长中。哈佛的财务经理的年薪大约是二千万美元，这相当于一位年薪最高的教授年收入的100倍。甚至像陆登庭这样的人都开始忧心于大学越来越重视金钱而非学术。"哈佛大学的目标在大量的金钱堆中丧失了，"法学教授艾伦·德肖维茨当时说过这样的话，"这不应是它的初衷。"[6]

更让人头痛的是这种对金钱的强烈欲望正在逐渐地渗透到哈佛大学的每个阶层，虽然这个问题较少为人们提及。从20世纪90年代早期开始，哈佛的一些学生卷入了刑事犯罪或是涉嫌刑事犯罪。在1991和1992年，有两个学生偷了哈佛学生宿舍楼之一的埃利奥特学生宿舍楼所组织的一年一度的募捐滑冰比赛所募得的十二万五千多美元的捐款；1995年，有几个本科生偷了哈佛大学年鉴协会和哈佛的鳄鱼男子清唱团的几千美元；1997年，又有一个学生从哈佛拉德克里夫学院的卡瑞尔学生宿舍楼的钱箱里抢劫了近八千美元；2001年，速食布丁剧团——哈佛的学生戏剧俱乐部——的两个成员侵吞了这个社团约十万美元的钱款，一个学生把钱花在购买毒品和家用电器上，另外一个把她所分得的那部分赃款全部用于疯狂购物和到处游玩。

哈佛的行政管理部门在惩处每一件事上都不曾心慈手软过。然而，哈佛的钱却如此之多，似乎整个校园的空气中处处都漂浮着金钱，那么有些学生想雁过拔毛，趁机捞一把又有什么值得大惊小怪的呢？哈佛的学生社团太有钱了，其成员中难免会有人心生异念，认为即便是少了十来万美元也没人会注意到，因此便大胆地侵吞巨款。在哈佛，难道就没人关心这一问题吗？

教职员工似乎也不见得好多少。作为哈佛的终身教授，他们拥有至上的威望和获得比从事教学还要高的巨额外快的机会。经济学和商学的教授通过向银行和各种企业提供咨询来获取巨额的报酬。法学教授几乎也是用同样的方式出售他们的专业知识，他们为各种案件提供法律咨询，赚取大笔收入。自然科学和医学的教授们则迎合生物科技公司和医药公司的需要调整自己的研究方向。

在商学院，《哈佛商业评论》的主编苏珊·魏特洛弗则将这种哈佛与商业之间的融合推到了极致。在2001年底，她作为该杂志的编辑对大众电力公司总裁杰克·韦尔奇进行了采访，并与这位总裁有了肉体上的交往。韦尔奇因此离开了他的妻子，而魏特洛弗也辞去了她的工作。这件事难免招致道德的谴责，人们都说："哈佛和美国公司一起上床了。"大家说这句话时并不是在采用一种隐喻的手法，而是其字面本身的意思。

在哈佛教书还可以给你带来其他好处：为《纽约时报》撰写专栏文

章,从一些位高权重的朋友处获得资助,到美国国会作证,在白宫谋得一官半职。在哈佛的教员们看来,教学是一份烦人的工作任务。"哈佛的声望害死了哈佛。"肯尼迪政府管理学院的国际事务教授迈克尔·伊格纳季耶夫叹息道,"我们实在太高贵了,不该做我们该做的工作——教学。"

部分教授对教学缺乏热情是一个长期困扰着哈佛的严重问题。哈佛学院的文化尤其能反映出这种对教学的倦怠。有些和哈佛竞争的学校,诸如耶鲁和普林斯顿大学,教授们除了讲授一门课外还得兼任这门课的研讨课程,一周一次与10到15个学生面对面地交流,而不是每周两次同时给几十个学生甚至上百个学生上大课。而在哈佛,研究生们承担了大部分的实践教学工作,指导学生,给论文和考卷打分。这些担任助教的研究生中有许多人十分敬业,是十分优秀的教师。然而,他们中还有许多人无论在对所教学科的了解方面还是在英语表达方面都还很欠缺,他们并不算是好教师。但是,且不论这些助教们课上得好还是坏,同研究生们进行交流的机会多寡并不是每年有这么多高中生申请就读哈佛的原因。缺乏和教授们接触的机会让那些刚刚迈进哈佛大门的学子错愕不已,让其他学生抱怨连连。事实上,20世纪90年代末常春藤盟校的报纸所做的一份调查发现,常春藤盟校中,哈佛的学生对自己学校的教育不满程度最高。

学生们的不满促使哈佛校方陷入痛苦的反思之中:尽管哈佛的声望无与伦比,但其他学校所提供的教育同样很好,甚至更好。普林斯顿、耶鲁和纽约大学在本科教育方面都做得非常好。但最令哈佛感到不安的或许当推斯坦福大学。这所位于加利福尼亚州柏拉阿图市的大学,其历史远不及哈佛,却似乎驾驭着美国文化的潮流乘风破浪。它跟附近硅谷的企业家和亿万富翁们有着密切的联系,创造了一种能量、新创意和资金之间的良性循环。2001年,威廉和弗洛拉·休利特基金会(the William and Flora Hewlett Foundation)给了斯坦福大学四亿美元,这是迄今为止高校所收到的最大的单笔捐款。斯坦福大学利用这笔刚获得的捐款从事最前沿的科研,这反过来又将为学校赚更多的钱。美国总统克林顿的女儿切尔西·克林顿舍弃常春藤盟校而选择这所位于柏拉阿图市的斯坦福大学,便是对斯坦福大学的这种文化的肯定。在过去,总统的孩子肯定在东部的大学就读,但克林顿的女儿切尔西·克林顿却决定前往位于西海岸的大学就读。这本身就折射出一种新的文化自由意识——要成为社会精英不必非要到哈佛不可。

这些几乎都不是尼尔·陆登庭的过错造成的,或者说至少不是他一个人的过错造成的。哈佛本科教育的危机酝酿很久了。不过,作为负责人的陆登庭不急着去解决这个日益紧迫的问题,而是视若无睹,只顾忙着募款。哈佛学子鲜有机会见到他们的校长。哈佛历史最悠久的学生报纸,校园日报《哈佛深红》(*Harvard Crimson*)发表社评,认为"陆登庭对哈佛的主要捐赠人的兴趣爱好的了解远比对哈佛本科生的需要了解得要多"。2000年5月,在陆登庭宣布辞职的当天,《哈佛深红》撰文指出:"陆登庭在其任期里使哈佛失去了领导地位,哈佛对美国社会说话的声音要小得多了,这是历届校长不曾有过的。……哈佛已经隐退到常春藤象牙塔的阴影之中,成为常春藤盟校中的无名小辈。"[7]

在过去的20世纪中,哈佛校长的平均任期大约为20年。尼尔·陆登庭是自美国内战爆发之后所有校长里任期最短的一个。有人说,这是由他显而易见的虚弱体质造成的;也有人认为,校长的职位令人身心俱疲,任何人都难以长期担任这一职务,甚至没有人想要长期担任它。不过不管怎么说,陆登庭告诉了哈佛校方自己的请辞之意,而校方也没有真正地表现出挽留之意。

一年之后,陆登庭搬回普林斯顿过平静的生活。哈佛也将遴选出一位继任者。同样,对甄选哈佛校长一职资格的要求还依然是那样的严格与繁多。下一任校长应该比陆登庭更强壮,更优秀,更敢作敢为。他必须在揽钱方面和管理上都有一套,要有能力解决境况不佳的哈佛本科教育,有够硬的手腕镇得住所属各学院的院长,要有成为一个国家领导人的精力。哈佛不想再要一个乏味的校长。

但谁可以完全符合所有的这些要求,哈佛又怎样能找到他呢?

第三章　新校长的遴选

想要知道哈佛如何选校长,你就必须回溯到1650年,在那一年里马萨诸塞湾殖民地的最高议会为该校建立了一套法律体系。如果你追溯到了那时,你不妨进一步再往前追溯14年,一直追溯到哈佛大学的创办伊始。

1636年,最高议会,也就是来自欧洲大陆的清教徒在美洲大陆最早定居点的管理机构,拨出一笔400英镑的资金用于建"一所学校或者说学院"(a schoale or colledge)。这对于一个本身就没多少钱的机构而言已经是一笔巨款了。对于这批来自欧洲大陆的移民来说,除了生存之外,他们最关心的便是清教主义的传播,他们要建起一所学校来培养牧师,这样才能确保他们的信仰得以长存,才能让教义保持纯洁。这所新的学校就坐落在一个叫做"新镇"的镇上,该镇后来于1638年更名为剑桥。也正是在这一年,有个名叫约翰·哈佛的年轻清教徒过世了,他将一笔高达780英镑的遗产留给了这所还处于襁褓之中的大学,与此同时他还把自己的四百多本藏书也一同捐给了这所学校,这一批书的重要性丝毫不亚于这笔高达780英镑的捐款。为了表达对他的感激之情,以及作为对后来的捐赠者的激励,最高议会决定用这位捐赠者的名字约翰·哈佛来命名这所新建的学院——哈佛学院。

12年后,也就是1650年,最高议会为哈佛学院签署了一项正式的特许状。在2001年新任校长拉里·萨默斯的就职典礼上,授予这位新任校长的正是这份哈佛特许状的复制品。这份特许状确立了哈佛大学的两个管理机构,也就是哈佛的监事会和董事会。打个不太精确的比方，监事会和董事会就像是美国的两院立法机构。监事会是这二者之中较大的一个，就像是众议院。哈佛大学的一切规章制度、人事任免以及这二者中的另一个——董事会的选举都必须经过它的同意。而董事会就像是参议院，其成员人数较少，是个掌握至高权力的小团体，其功能便是为哈佛遴选合适的校长人选并予以公告。哈佛的这种"两会制"的制度要比美利坚合众国的"两院制"国体还要早出140年。

三个半世纪过去了，较之于美国的国家体制而言，哈佛的这一管理体制改变甚少。这所学校仍然保留着它自己的监事会和董事会，这两个管理机构所扮演的角色也与它们在17世纪中期所扮演的角色相差不大。主要的不同之处就是董事会的权力已经大大增强了，而原先二者之中权力较大的监事会已经变成一个几乎不起任何真正作用的机构了。哪怕它消失在另一个时空中，恐怕也要过很久很久之后才会有哈佛人真正注意到它已经消失了。

哈佛的监事会由30名成员组成，在历届的校友中选举产生。竞选这一职位的校友需获得一定数量的哈佛校友的联名推举后再经过竞选产生，胜出者任期6年。监事会成员每年有20%的组成人员必须改选。监事会对董事会成员行使任命权，并对提名的校长人选行使表决权。监事会的权力似乎非常大，但由于长时期的传统习惯，监事会在很大程度上只是块橡皮图章而已。监事会的另一使命便是对哈佛的各个学术部门的工作情况进行实事求是的调查。他们和教授们面商，写出各种各样非常有意义的报告。不过他们写的这些报告通常都被校长、各个学院的院长所忽视。"我们写了报告，却从来没有得到任何的回音。"特里·伦兹纳是哈佛大学1961届的校友，曾经是哈佛监事会的成员，他回忆道，"这些报告就像消失在空气里一样。"不过，既然监事会成员还扮演着一个不成文的角色，也就是捐资给学校和为学校募集资金，因而写这些报告可以让他们这些乐于掏腰包的人产生一种参与感。

实权在握的哈佛董事会由七名成员组成，其中也包括哈佛大学校长在内，他们被称为"校务委员"。他们每个月开一次会，开会的地点在洛布馆。这是一座乔治王朝时代的建筑物，位于哈佛园东侧。哈佛的校务委员们坐着高背的真皮靠椅，围坐在一张红木长桌跟前。会议由哈佛大学的校务秘书予以记录，他们对会议内容守口如瓶。即便是开会的时间和次数他们也同样保密。会议的内容有哪些，他们究竟在讨论些什么东西,所有这一切,哈佛董事会从不向全校的师生员工公布。

多数大学都设有顾问班子,为校长建言献策并对校长进行监督。但从来没有一所大学像哈佛董事会那样拥有这么大的权力,却又如此不负责任,如此神秘。(如果有哪一家上市公司的董事会敢这样,肯定会招致股东们的群起反对。)无论是哈佛校友,还是哈佛的教职员工都没有选举董事会成员的权利;这些校务委员不受任何任职时限的限制,想当多久就当多久,而且自己不想当了还可以指定自己的继位者。董事会的职责就是挑选校长,给校长当顾问,并在必要时对他加以指责——不过这种情况很少发生,因为一般来说他们会选择一个代表他们的利益、按他们的设想行事的校长。董事会还审批哈佛各学院院长所提交的预算案,这是项非常大的权力。董事会通常不会解雇或指责各个学院的院长,因为他们往往得到他们所在学院的教职员工和校友的拥戴,如果对他们进行指责或解雇他们,《波士顿环球报》必将把这类事情炒作得沸沸扬扬。然而,要是哪个院长提交的预算过于挥霍的话,董事会将会否决他的预算申请,让他灰心丧气,毫无生活的乐趣可言,觉得与其奋起抗争还不如挂职归去。而他一旦选择了辞职,校长便可以找一个更听话的人来代替他。

由于校务委员的任职是终身制的,以及哈佛董事会的规模很小,而且通常行事低调,因此它也就不为美国社会所了解,没有受到外界压力的影响。也正因如此,尽管哈佛极力倡导学生结构的多元化,但哈佛的董事会组成结构却从未体现其所倡导的这种多元化。在哈佛建校以来的350年中,哈佛董事会成员一直都是白人,都是信仰基督教的男性,直至1985年,亨利·罗索夫斯基的加入才打破了这一局面。他是犹太人,在此之前曾担任过哈佛大学文理学院的院长。而第一位女性成员则是一个叫朱迪思·理查兹·霍普的女律师,她是在1989年打破这个惯例的。2000年,董事会迎来了第一个有色人种——一个名叫康拉德·K.哈珀的律师,他是个非裔美国人。

哈佛董事会不仅仅种族单一,而且志趣相投。无论其肤色或种族是怎样的,董事会里的这群校务委员几乎总是代表着美国商业精英的利益。在整个20世纪中,直到1970年耶鲁大学教授约翰·莫顿·布卢姆的加入,董事会里才开始有来自学术界的成员。

在文化方面,董事会成员的结构也同样十分单调。在过去200年的大部分时间里,董事会就像是一个新教组织的缩影。甚至到了21世纪,其成员的履历读起来就像在读社交界名人册:纽约游艇俱乐部会长;三边关系委员会委员;摩根图书馆理事;对外关系委员会委员;大都会美术馆理事;摩根大通公司董事;奥古斯塔全国高尔夫俱乐部成员……甚至在哈佛校友的精英圈子里,哈佛董事会的这些校务委员们也绝对是截然不同的"品种"。

在尼尔·陆登庭辞职的时候,这群校务委员中包含了哈珀,他是哈佛法学院1965届的毕业生,是位于纽约的盛信律师事务所的合伙人。新近加入哈佛董事会的则是一位叫赫伯特·温诺库尔的校友,1964年毕业于哈佛,并在三年后获得了哈佛的实用数学博士学位。温诺库尔是安然公司董事兼安然公司财经委员会的主席。他的加入表明哈佛已经初步认可了这股美国资本主义的新生力量,美国社会的顶层结构已经从世袭的富贵家族向凭个人打拼致富的新贵过渡。

哈佛董事会中代表世袭的富贵家族的代表人物是D.罗纳德·丹尼尔。他是1954年哈佛商学院的毕业生,大学财务主管,曾经是美国咨询机构麦肯锡公司任事股东——麦肯锡是一家为哈佛大学毕业生提供服务的公司。另一个传统富豪的代表便是是詹姆斯·理查森·霍顿,1958年毕业于哈佛学院,1962年毕业于哈佛商学院,是制造业巨人康宁公司的首席执行官。

哈佛董事会实际上由两个人把持着:一个商人,一个学者(董事会中唯一的学者)。他们行事风格截然不同,但都叫人觉得不可思议。小罗伯特·G.斯通是位资深的校务委员,是哈佛校董会中任职时间最长者。斯通1947年毕业于哈佛,学的是经济学专业,他当时还是哈佛大学一支重量级的赛艇队的队长。从哈佛毕业后,他的职业生涯先后涉足过交通业和金融业,担任过美国州际海运公司和科比公司这两家船务公司的总裁,并在数不清的机构的董事会里任过董事。斯通不声不响地赚了不少的钱。他是哈佛的长期筹款者和捐赠者,捐资设立了"斯通奖学金",并担任了哈佛赛艇队教练的职位。斯通自1975年起便一直是哈佛董事会的成员之一。论对母校的热爱和奉献,任何一位热衷于社交的社会名流都难望其项背,他是早期哈佛人的典型代表。

在表面上,汉纳·霍尔本·格雷与哈佛董事会的其他成员相比没有什么不同之处。格雷1930年出生于德国。在战争爆发之前,她们全家人逃离德国来到了美国。格雷后来进了一所位于宾夕法尼亚州的女子学院——布赖恩梅尔学院,并于1957年获得了哈佛历史学博士学位。她曾一度在哈佛当过助理教授*,而当时在哈佛园女教授还是不受欢迎的新鲜事物,譬如,教师俱乐部的管理条例中就有条规定:女性不得由前门进入。

格雷并不因受此歧视而心灰意冷。"这种歧视看起来有些可笑。"[1]她曾一度回忆说。相反,正是这样的歧视促使她在事业上更加出色。她先后在芝加哥大学、伯克利加州大学、西北大学和耶鲁大学任教。在担任耶鲁大学学术副校长(第二把手,仅次于校长金曼·布鲁斯特一人之下)一小段时间之后,70年代末她当上了耶鲁的代理校长。不过她没有得到耶鲁校长的职位,坐上耶鲁校长之位的是耶鲁的英语教授A.巴特利特·贾马泰伊,而格雷则担任了芝加哥大学的校长,直至15年之后的1993年退休。

在个人职业生涯中,格雷以纪律严明、要求严格而著称。她对学生高标准严要求,对大学应该是社会进步的发动机和"变革者"的说法全然不予认可。格雷主张,大学存在的意义不是改造这个世界,也不是与政治及社会运动相结合,而是传播知识、培养学者。在反歧视行动问题上,她持反对意见。她曾经对一个朋友说:"你知道,芝加哥大学只有1%的学生是黑人。我们绝对不能有任何的迁就。"格雷是个铁娘子,有些人甚至称她冷酷。在芝加哥大学,她因为创造性地将学生称为"学费支付单位"而出名。"汉纳·格雷为人热情直率,"一个哈佛监事会的成员说道,"但是你千万别惹她。"

格雷是1988年加入哈佛监事会的。随后在1997年,当亨利·罗索夫斯基离开哈佛的董事会时,格雷成了哈佛董事会的一名成员。直至2000年,格雷获得了60个荣誉学位。在过去的四年中,她也参与了四次哈佛校长人选的甄选工作。在这次的哈佛校长遴选过程中,或许她将不可避免地起主导作用。

在2000年3月陆登庭宣布辞职之后,遴选尼尔·陆登庭的继任者的工作几乎马上就开始了。《哈佛深红》称之为挑选"全美竞争性第二激烈的领导者之位"[2]。这些话乍听之下让人觉得哈佛人的言语过

---

* 美、加等国的低于副教授而高于讲师的大学教师。——译者注

于狂妄自大,让人十分不满,但细想一下又让人觉得有一点点在理;再进一步深思之后,则让人觉得这个说法或许一点也不假,这句话真正所要表达的意思其实再明白不过了,那就是,哈佛何其重视它本身及其校长的人选。

这一次的遴选委员会由九个人组成,其中有六名是哈佛董事会的成员(但不包括陆登庭),此外还有三位监事会的成员。它摆出一副多方参与,而非董事会一家大权独揽的架势。然而,它和大多数同类的校长遴选委员会一样,不会有任何的学生或教师加入其中。委员会的成员们坚持认为,从成千上万的师生中挑选代表是不切实际的。但这样的解释并不能让多数学生信服。学生们认为,从入学的那天起,他们的哈佛生活中在许多方面就被排除在外了。另外一些学生甚至认为,哈佛董事会本身的组成就已经将学生排除在外了,尽管这个组织在理论上并不反对从更大范围的哈佛校友中挑选其组成人员。

真正的原因可能是担心学生们不能守口如瓶。因为除了断断续续的进展报告之外——定期发布,但总是语焉不详——遴选一事尽可能秘密地进行,并且一旦这件事完成,相关的纪录将封存起来,存放在哈佛图书馆的地下室里,绝密封存80年,直至所有的相关人员过世很长时间之后才解密。对此,哈佛的管理层解释说,要是新闻界介入的话,这一职位的潜在候选人可能会被吓跑。

校方的这个解释有一定的道理,不过其保密的范围却远远超出了对候选人名单的保密。似乎同样合理的是,实际上这伙人早已习惯于暗箱操作,他们就偏爱这样的运作方式。哈佛的校董会确信他们自己有能力挑选到合适的人选,无须让公众费心劳神地对校长的人选进行审查。而且校董会对自己的判断力充满自信心,外界自不必对其校长的遴选过程说三道四。

陆登庭将继续在哈佛待下去,直至2001年的学生毕业典礼之后才离开。这是因为挑选一位大学校长是需要花一定的时间的。而且校长遴选委员会在开始考虑候选人人选之前,还必须考虑下一任校长的工作重点应该是什么。陆登庭校长的工作重点便是为学校筹资,他的继任者的职能又应该是什么呢?

显然,哈佛所面临的第一个挑战是振兴哈佛学院,这就是校长遴选委员会在遴选新的校长人选时所应优先考虑的。哈佛的本科生没能从哈佛得到他们以及公众所期待的教育。其实众多的哈佛学子以及许许多多申请就读哈佛的年轻人早已对此了如指掌,但他们中也有好些人对此并不太在乎,因为哈佛大学的文凭仍然很管用,就像存在银行里的钱款一样可以随时支取动用。不过这种感觉与现实间的差距迟早得缩小,要不然,哈佛的文凭跟过高的股价一样,随时都可能因投资者的信心不足而暴跌。

这样的一次回落受影响的将远不止是哈佛学院。尽管哈佛的本科生人数仅占整个哈佛大学学生总数的一小部分,但哈佛学院仍是整个哈佛大学形象的根基。哈佛园中的大一新生宿舍,沿着查尔斯河畔雄伟的本科楼,还有那有着百年历史的哈佛体育场——就是在这座具有百年历史的体育场中,哈佛的橄榄球队力克了耶鲁大学队。所有这一切无不在告诉人们,这个学院是整个哈佛大学的核心与灵魂所在。从没有哪一个法学院的毕业生在回忆自己的哈佛法学院岁月时,会产生一种温馨而又朦胧的感觉。而哈佛学院的本科毕业生们往往将成为哈佛大学最忠诚的校友和最忠贞的捐献者,他们希望哈佛大学对他们的下一代的吸引力能够至少不亚于他们这一代。如果说,被哈佛大学录取是美国人梦想的一部分,那么,许多哈佛大学毕业生的梦想就是让自己的子女进入一个比他们所了解的哈佛大学更辉煌的哈佛大学。

此外,新校长遴选委员会在考虑下一任哈佛校长时还会优先考虑候选人的学科背景,他们侧重从自然科学学科的学者中遴选合适的人选,特别是生命科学方面,诸如生物学、生物化学和遗传学等方面的学者。自"二战"以来,科学已成为经济发展的动力,它既是研究型大学的声望之所在,也是竞争最激烈的领域。20世纪90年代是生物技术和互联网的时代。在这一期间,政府各部门、各种基金会以及私人捐资者给予各大学的自然科学院系的资金急剧增长。譬如1996年,微软董事长比尔·盖茨和首席执行官史蒂夫·鲍尔默就捐了二千五百万美元给哈佛大学,用于建一座新的计算机科学与工程大楼,而这笔捐资与可争取到的资金相比,也就是沧海一粟罢了。为了争取到这些资金,哈佛就必须与斯坦福大学,以及其他所有的正在不遗余力打破学术研究机构与私人工商企业之界限的大学进行竞争,哈佛大学就需要将更多的资金投在自然科学上,要建设更多的大楼和实验室,要延揽更多的顶尖科学家。

另一个需要优先考虑的事情便是进一步扩大哈佛的校区,把哈佛校区扩展到奥斯顿。奥斯顿是波士顿所属的一个社区,就在查尔斯河对岸,与哈佛校园隔河相望。几十年来,哈佛大学一直都在扩大其在剑桥的地盘,因此剑桥的当地居民对哈佛这种侵蚀已经越来越难以容忍了。哈佛大学的这些买地建房、扩大校舍的行为导致剑桥当地的房地产价格上涨,当地的蓝领家庭被迫外迁,居民的邻里意识和社区意识日益淡薄。在尼尔·陆登庭任校长的末期,剑桥已经没有多少土地可供哈佛扩建校区了,而且每当哈佛大学提出要在剩下的这片少之又少的土地上盖一座新的建筑物时,社区里的那些激进分子便大声叫嚷着要诉诸法律,尽管他们并没有直接断送哈佛的这些建设规划,但对这些建设规划却严加抨击。

在博克任校长期间,哈佛大学便暗地里着手购买查尔斯河对岸奥斯顿的土地。为了避免购地的消息外泄,从而引起漫天要价,哈佛是以另一家公司的名义购买这些土地的。奥斯顿是个工人阶层居住的社区,其发展高度工业化,十分拥挤,而且其开发的随意性很大,毫无规划可言。社区中有一个铁路货场,此外一条六车道的马萨诸塞州高速公路横穿过来,把一个完整的社区分割成几片。附近其他社区的居民都说奥斯顿这地方太可怕了,就是奥斯顿本地居民也有些人觉得如此。因此不像剑桥的居民,奥斯顿的居民非常乐意卖掉他们的房子和土地。不过他们并不知晓这个财力雄厚的购买者是哈佛大学。90年代末,哈佛大学在查尔斯河对岸所拥有的土地已与在剑桥这边所拥有的土地一样多了。然而,问题就在于怎么来利用这些土地。

哈佛大学想要扩张,他们的扩张不仅仅是跨过查尔斯河,还要跨过大西洋和太平洋。25年前,德里克·博克便说要使这所大学国际化,于是哈佛便开始努力吸纳更多的外国学生。随着时间的推移,人类从20世纪80年代走进了90年代,全球化之风已经弥漫整个世界,德里克·博克的这个想法意味着这时的哈佛已不仅仅是招收来自英国和法国的学生前来哈佛就读,而是意味着要把一所典型的美国大学转变为一所世界性的大学,其校园要扩张到美国以外的其他国家和地区,哈佛的学生将来自五洲四海,他们的足迹也将踏遍世界的每一个角落,经过在哈佛的学习他们将被培养成世界性的公民。英国前首相温斯顿·丘吉尔,以及后来的哈佛校长尼尔·陆登庭都曾说过哈佛大学是个"思想的帝国",但他们只是在用比喻的说法而已。然而时至今日,哈佛大学就是要让这个口号变为现实。这个大学已培养了好几位美国总统,有谁敢说它不可能培养出世界的领导者?

改造和完善本科生教育,促进科学研究,开发奥斯顿校区,让哈佛大学走向全球化,所有这些都是哈佛大学第 27 任校长的工作任务。或许还有一个和上述这些优先考虑的条件同等重要的事情未能得到哈佛董事会的优先考虑,这个问题便是如何将哈佛的形象、使命和信誉转化为巨大的财富。哈佛董事会的校务委员们对这些财富可能造成什么样的偶发的负面作用并不关心。他们中多数人只对钱财的增值更感兴趣,对这些钱财所带来的负面作用缺乏批判的热情。因此他们所考虑的校长人选不可能是在道德和哲学层面上对 20 世纪 90 年代这种经济全球化潮流加以抨击的人,而是个会利用这一经济全球化去获利的人。不过,这一点他们是不会公开说出来的。

还有一项难以为外人道的标准是,新校长甄选委员会想找的不是一个仅仅了解哈佛大学问题(至少在他们看来是哈佛的问题)的人。他们想要的校长是一个能在其任期内恢复哈佛大学昔日荣耀的人,一个能挺直身板,代表哈佛自身所臆想出来的形象的人——强壮有力,睿智博学,无所畏惧。简而言之,他们想要的人不是尼尔·陆登庭。"我们当时一致认为我们所需要的是一个更富进取心、能坚持不懈、自信果敢的人。"哈佛校董会的校务委员,D. 罗恩·丹尼尔后来回忆道。[3]

新校长甄选委员会便象征性地摆出了一副公开遴选的架势,拉开了新一任校长遴选的帷幕。2000 年 9 月份,《纽约时报》的"每周回顾"栏目中刊登了一则简明的广告。"哈佛大学招聘校长,"招聘广告写道,"诚邀您提名或自荐为哈佛大学校长一职人选。"整则广告中充斥着"非营利机构用人,受聘机会人人平等"等法定要求,不过没人会太把它当一回事。

几乎与此同时,新校长遴选委员会给每一位哈佛校友(有三十多万人)发去一封信,请求他们"谈谈自己的想法,认为新校长的人选具备什么样的资质最为重要,您认为哪些人是值得认真考虑的人选"。寄这封信的目的有三:首先,让校友们觉得自己的看法得到了重视,这将有助于让他们产生一种参与感,从而促使校友们能给母校多多捐资;其次,从校友们对这封信的回复中可以了解校友们对此事关注的程度;第三层目的,也是这封信表面上的目的,就是产生一份合适人选的名单。但这第三层目的其实是这封信的多层目的中最为次要的。

几乎没人会相信新校长遴选委员会需要根据校友们提名的人选来甄选新一任的校长，委员会通过其他途径早已有了一份提名人选名单了，校友们的建议大多只是白忙活而已。

这是因为真正切实可行的人选其实是少之又少。快速而粗略地了解一下便可将不符合哈佛要求的绝大部分人选淘汰出局。其他值得认真考虑的候选人则必须是能围绕哈佛董事会所制定的目标来阐明自己对哈佛大学的设想的人。他们的个性特点必须与尼尔·陆登庭截然不同。最后，他们还必须获得哈佛大学的学位，具备高层次的管理经验。此外，该人选如果没有博士学位，那他至少也得熟悉相关的学术问题。

能够符合条件的人选其实没多少。"当你真的坐下来准备为哈佛大学选一个校长时，你想当然地以为自己或许会有一长串合适的人选，"一位谙熟遴选过程的人回忆道，"你本以为将有排成队的人选任由你挑选。结果，令你大为吃惊的是，你可能只能够找到两三个人，而且其中有两个还是你不喜欢的。"

数月之后，新校长遴选委员会汇集了一份400人的候选人名单。然而，这份名单上的人数却有很多水分在内。名单中包括，譬如，阿尔·戈尔、比尔·克林顿以及克林顿的妻子希拉里·克林顿等人。其实他们三人要么不具备所要求的种种条件，要么一直都没有表达过对这一职务感兴趣。"我不信（戈尔）会当选，"罗伯特·斯通为此发表公开声明加以辟谣，"他不具备相应的学术水平和智力水平。"[4] 这在整个的遴选过程中可谓罕见。当希拉里·克林顿的名字在媒体上出现时，愤怒的校友们马上联系哈佛大学，并警告校方，要是她成为哈佛的校长，他们将不再给哈佛大学捐款了。这就是另外的一个准则——校长不能是某个党派人物，否则校友们将用他们的钱袋来投票选举。

而且，当遴选委员会成员在对哈佛大学的教职人员讲话时，便表明他们要找的是一个明星人物，一个著名人士，一个能从容地掌控校长之位的人。在2000年秋天的一次关于校长一职人选的谈话中，罗伯特·斯通就对彼得·戈梅斯明确地强调了这一点。

戈梅斯过去曾经在哈佛大学教过课，他对这一话题深有体会而且很有见解。他常喜欢说自己对先后三任的哈佛大学校长有所了解，而且还参加过另外两位哈佛校长的葬礼。戈梅斯生于1942年，已经在哈佛工作了35年。作为一名浸信会牧师，他于1970年担任了哈佛大学纪念教堂的牧师。然而如果戈梅斯仅仅只是教堂里的一名牧师而已,那么他在哈佛大学的地位就岌岌可危了。不过,他的确不是一个普通的牧师。1974年,德里克·博克任命戈梅斯为普拉谟基督教伦理学讲座教授(the Plummer Professor of Christian Morals)。神学院终身教授的身份让他能畅所欲言,哪怕讲些与神学不相关的话题,也不必担忧丢掉自己的职务。

在哈佛大学,戈梅斯多少也算是个名人了。他身材肥胖,脑袋瓜光溜溜的,平时只要一脱下修道服,便把自己打扮得衣冠楚楚的。他是一个能言善辩的演讲者,有着一副深沉浑厚的男低音。听他朗诵耶稣祷告词无疑是一种享受,简直可以卖门票,他的布道录音常常是最畅销的录音带。美国老牌电视新闻节目《60分钟时事杂志》对他进行了专访。他是个集多种角色于一身的人——一个黑人,一个同性恋者,一个能弹一手好钢琴、崇尚英国文化的牧师。戈梅斯从小生长在马萨诸塞州普利茅斯镇的一个蓝领家庭,他父亲一直在那里种植大果越橘,但说起话来带有明显的英国口音。

戈梅斯说话之所以有分量还有一个原因就是,他深受哈佛广大校友的欢迎。因为他经常在哈佛的各种重要庆典和全球各地的哈佛俱乐部对哈佛校友做演讲。校友们聆听着他的演讲,从他的演讲中去体会他对他们母校哈佛的现状的各种看法,然后据此决定自己是否为母校哈佛捐款。在2000年,由尼尔·陆登庭所发起的募集26亿美元的活动胜利落幕了,在盛大的庆功宴会上做主题演讲的并不是陆登庭而是戈梅斯。"他们承担不起不听我的话的后果,"戈梅斯曾在某一次学术辩论的场合中说过这么一句话,"校友们站在我这一边。"这位基督教伦理学教授之所以成为一定程度的权力玩家,并不仅仅是因为他拥有哈佛纪念教堂的布道坛,也不仅仅是因为他的教授身份,更不是因为他个人的政见,而是因为有这班校友在支持他。因此新校长遴选委员会至少不得不假惺惺地和他交换意见。

"斯通曾问过我这么个问题:'你是不是觉得哈佛校长应该具有全国性知名度或者国际性知名度呢?'"戈梅斯回忆道,"我的回答是:'绝对不需要。作为哈佛的校长,只要他干好自己的工作,那他自然而然便拥有了全国性的甚至是国际性的知名度。你现在找的倒不必是一个什么伟人,一个在全球范围内接受过教育的人物。这并不是造就一个伟大校长的方式。造就一个伟大的哈佛校长靠的是他能把校长一职所应承担的那些日常事务做得特别好。历史经验告诉我,一个伟大的哈佛校长并不是从外面引进来的,而是哈佛造就出来的。'"

不过戈梅斯又补充道:"我想我这个意见他们并没有听进去。这些对任命谁当校长有生杀予夺大权的人,他们想要一个与陆登庭风格截然不同的校长的想法早已在他们的脑海深处根深蒂固了。他们来征求我的意见其实只是例行公事而已。但既然他们征求我的意见,那我就要说出我的看法。"

到 2000 年 12 月初,原先多达 400 人的名单被砍得只剩下 40 人。把这些人从考察名单中删去简直是太容易了。"跟十年前相比,我发现这次候选人名单中真正拔尖的候选人比上一次少多了。"[5]斯通当时就这么说过。剩下的这些有希望的人选会接到马克·古德哈特打来的电话。马克·古德哈特是哈佛大学 1981 届的毕业生,时任哈佛大学的秘书,由他来协助新校长遴选委员会工作。他们这些人愿意来谈谈哈佛的未来吗?

通常来说,他们是愿意来的,哪怕他们并不想担任哈佛校长一职,但能和哈佛董事会的成员搭上关系也不是件坏事。然而这样的见面从来都不被称做"面试",但这样做与哈佛新校长遴选委员会的一贯风格相一致。一切都是那么的随意,这样也就方便将这一切否认得一干二净。

到 2001 年 1 月,有四个人的名字被提起的频率突然变得越来越高。首当其冲的当是艾米·古特曼(Amy Gutmann)。她是普林斯顿的学术副校长,是位精明能干、极有抱负的政治学家。古特曼与哈佛之间颇有渊源。她本科就读于哈佛大学附属的拉德克利夫女子学院,并在哈佛取得了博士学位。她还曾经在哈佛任过教,而她的女儿上的也是哈佛大学。然而,她和普林斯顿大学的关系妨碍着她成为哈佛校长。尼尔·陆登庭在成为哈佛的校长之前也曾是普林斯顿大学的学术副校长。在反对他的人眼里,他始终没能成功地实现从普林斯顿大学到哈佛大学之间的角色转化。艾米·古特曼能行吗?除此之外,人们又会怎么看待哈佛大学总是从普林斯顿大学找校长这件事呢?然而,真实的情形却是,根据多位与校长遴选委员会成员关系密切的消息来源披露,其实遴选委员会并没有认真考虑过让艾米·古特曼担任校长一职。她的名字之所以浮上台面,其实只是为了给人们一个印象,妇女也完全可以角逐哈佛大学校长之位。然而,实际情形却不然。

不过没过多久,古特曼女士就逮到了对哈佛进行报复的机会。

剩下的三位人选中,只有一个是在哈佛大学工作的,这个人便是哈维·法恩伯格。可以说,哈佛其实就在法恩伯格的血液里,自1964年到哈佛大学读本科的那天起法恩伯格便从没有真正意义上离开过哈佛。大学本科毕业后他又就读于哈佛的医学院,之后在肯尼迪政府管理学院攻读硕士学位,又在文理研究生院取得博士学位。除了当过短期的实习医师,法恩伯格一直在哈佛任教,不久前又担任了尼尔·陆登庭麾下的学术副校长一职。

法恩伯格是个深受敬重、广受欢迎的人物,他非常迫切地想得到哈佛校长这个职位。他文质彬彬、处世圆滑,是个极富天赋的演说家,而且在募集资金上经验丰富。但他的校长候选资格反而因他长期在哈佛任职而深受影响。在过去几年里,他在学校树敌不少,这是难免的。而且,哈佛太熟悉他了,因此即便不是不太重视他,也会在一定程度上对他缺乏热情。董事会需要的是一个一经任命便立即产生轰动效应的校长。也就是说,对这个校长的任命将标志着哈佛做了一个大胆的选择,这种选择将成为报纸上的重要新闻,引起人们的广泛讨论。显然,选择法恩伯格不可能产生这种轰动效果。

因此候选名单上也就剩下最后两个人:李·博林格和劳伦斯·亨利·萨默斯。他们俩除了在各自领域中都是颇有建树的成功人士外,在其他方面却有着天壤之别。

博林格相貌出众,有着一副跑步运动员般修长的身材,一头花白的头发。他是密歇根大学校长。1971年毕业于哥伦比亚法学院,70年代初期曾担任美国最高法院首席大法官沃伦·伯格的助理。加盟密歇根大学法学院之后,他专攻第一修正案问题的研究。但他第一次进入公众视线是在1987年,他作证反对任命罗伯特·博克担任美国最高法院法官。同年他被提名担任密歇根大学法学院的院长。在法庭先后做出歧视拉丁美洲学生和同性恋者的裁定之后,博林格便禁止美国联邦调查局(FBI)和美国中央情报局(CIA)在法学院招募新成员。1994年,博林格成为达特茅斯学院*的学术副校长。仅仅过了两年,密歇根大学又把他挖了回去,任命他为校长。

博林格是个办事效率高、很受欢迎的校长。他成功地发起了密歇

---

* 达特茅斯学院是美国常春藤盟校之一。——译者注

根大学的"生命科学行动",制订了一个资金高达几个亿美元的计划用于扩充科研设备。在艺术方面,他将英格兰的皇家莎士比亚公司引进到密歇根大学的校园里并帮助创办了一个有 600 个座位的亚瑟·米勒剧院。博林格热心大学校园中的文化生活。"对我们这样的社区来说,这是非常有必要的。"当他提议建这么一个剧院时他说道,"没人可以给我一个不要建这一剧院的理由,那就动工吧。"

学生很喜欢这位校长。1997 年,密歇根大学的橄榄球队战胜宾夕法尼亚州立大学队,几百名兴奋的狂欢者聚集到校长办公楼前庆祝胜利,博林格校长把他们全都请进楼里一起欢庆。刻意摆出一副与他人保持距离的样子不是他的风格。一位密歇根大学的学生记者曾说过:"他就像是你好友的父亲一样。"[6]他看起来无疑就像是个不拘礼节的权威人物。2003 年 3 月,当博林格坐在那里接受哈佛新校长遴选委员会的面试时,他穿着皮靴、宽条纹灯芯绒裤、整洁的衬衫,打着领带,上身还套着一件绒毛背心。如果说还少了什么东西的话,那就是,他的脚边还应该有一条金色绒毛的猎狗。

博林格在政治上是个自由主义者。当一场 20 世纪 60 年代式的抗议在密歇根州大学的校园爆发时,他的反应十分平静。1999 年 3 月,30 名学生闯进并占据了他的办公室,抗议由血汗工厂来生产密歇根大学品牌的服装。"他们都是非常棒的学生,"博林格说,"他们正是那种学校所需要的学生。他们关注这个严肃的问题,了解这个问题,也真的想为这件事做点什么。"[7]当然,对于这些学生占领他的办公室他并不赞赏,但他尊重他们的这一激情。

但博林格之所以声名大噪是因为他处理两起起诉密歇根大学及其法学院的诉讼——格拉斯诉博林格案和格鲁特诉博林格案。这是两起针对密歇根大学的反歧视行动而提起的诉讼。提起诉讼的两名原告格拉斯和格鲁特均为白人学生,他们的入学申请因为密歇根大学在入学政策上遵循种族平权原则而未被密歇根大学所接纳。博林格在其好友尼尔·陆登庭的支持和建议下为学校所采取的反歧视行动进行了有力的辩护,认为反歧视行动是多元化教育的前提,而且也是学生能得到充分而全面的教育的前提。最高法院同意在 2003 年春季审理这两起诉讼案。

46 岁的劳伦斯·亨利·萨默斯比博林格年轻 8 岁,但其个人经历却相当具有传奇色彩。劳伦斯·亨利·萨默斯虽不曾当过哪所大学的校长，但他有着丰富的胜任这一职位的相关经验。毋庸置疑，他有着丰富的管理经验，他曾经担任过美国财政部的部长一职，而美国财政部有十六万多名雇员。而且劳伦斯·亨利·萨默斯非常了解哈佛，他曾是一名哈佛学子，还曾是哈佛的教授，在哈佛待过好多年。尽管筹款不再是甄选下一任校长所需优先考虑的条件，但如果萨默斯一旦被选为哈佛的下一任校长，那他无疑将是哈佛历史上最具有人脉的筹款者——毕竟，有谁能比这位财政部的头号人物更具备与大款们打交道的经验呢？

此外，萨默斯身上还有其他一些让人深感兴趣的东西，那就是笼罩在他身上的一种无形的、却显然存在的明星光环。他是一个打破常规的人，一个颇有才华的学者，但他却放弃了潜心研究学问的平静生活，到华盛顿去追求为公众服务。顺着这条路发展，他得到了权力和名望。借用20世纪90年代的网络用语，选择萨默斯来任哈佛校长简直太有创意了（constitute thinking outside the box）。选一个天才经济学家、前任财政部的部长来担任哈佛校长，不用怀疑，这肯定能出新闻！

2001年2月18日星期日，新校长遴选委员会在雅典娜广场酒店对博林格进行面试。雅典娜广场酒店位于纽约市东64大街和麦迪逊大街，从外观上看并不太显眼，但内部的设施却十分豪华，其房价一个晚上至少得500美元。对于这么一个微妙的使命而言，此处确实是个十分理想的地方。事情的进展已经非常深入，早就无法掩饰说不是在对新校长的人选进行面试了。这是博林格第三次和哈佛管理层见面。昨天，也就是星期六的晚上，遴选委员会中的八名成员与他共进晚餐，接着在星期日的上午，他们聚集在这家宾馆最顶层的套间（一个晚上房价3600美元）里开会，并且一起吃了午餐，然后又开了一次短会。

博林格回忆道，校长遴选委员会"十分关注本科生教育，他们十分重视这个问题，甚至问我在这方面有什么建议和打算。他们问我打算怎样使哈佛大学的本科生教育更加丰富，更加有成效"。哈佛的这群特使们还想就该对哪些科学领域进行投资、奥斯顿校区的开发、哈佛的全球化等问题与博林格展开交谈。

面试进展得非常顺利。就这几个方面的问题，博林格十分自如地向校长遴选委员会陈述了自己的看法，他的博学给他们留下了深刻的印象。博林格强调说，哈佛应该重视本科教育，要使学生与教授的关系更加无拘无束，更容易接近。他表示，大学校长有必要参与到社会活动中去,校长参与到各种社会活动中去并不会影响校友的捐资。博林格说,他不记得在应诉那两起反歧视行动的诉讼期间,有哪位校友因此不肯捐款给母校。然而,就在面试结束不久,不巧发生了一件事情。虽然这只不过是起微不足道的意外之事,但也足以说明博林格的行事风格与哈佛校方的风格存在着天壤之别。

《哈佛深红》的两名很有进取心的记者,其中一个是大学三年级的学生,名叫加勒特·麦科特·格拉夫,另一个是大学一年级的学生,名叫凯瑟琳·E.绍伊切特,他们终于在雅典娜广场酒店追踪到校长遴选委员会。哈佛校长的遴选是《哈佛深红》这一年的报道重点,虽然《哈佛深红》只是一份校园学生报,却有好几次拔得头筹,独家报道了校长遴选的最新重大进展,让那些全国性的报纸都自叹弗如。这一次是有人透露消息给加勒特和绍伊切特,说哈佛的董事会正在纽约开会,但他们不知道具体开会的地点在哪里。于是他们便来到了纽约的曼哈顿——哈佛董事会中有好几位董事的办公室位于曼哈顿。所到之处,他们都极力装出一副年幼单纯的样子,宣称自己"来自哈佛。来这里参加哈佛的会议"。终于,上天不负有心人,也真该他们走运,一个无心的秘书告诉他们,"噢,开会不在这里",并指点他们去雅典娜广场酒店。

这两名记者来到雅典娜广场酒店,乘电梯直达酒店的最顶层,校长遴选委员会就在这一层的套间里开会。不一会儿,绍伊切特和格拉夫便一头撞上了马克·古德哈特。"你们是干什么的?"古德哈特问道。这两名学生记者说明了自己的身份。古德哈特是哈佛最重要的行政管理人员,却几乎没有人认得他。古德哈特要他们离开酒店。这两名记者便问他是不是这个酒店的员工。他答道:"不是。""不是?"既然不是酒店的员工?那他们干吗非得离开不可。但既然碰上这种情形,他们两人为了避免在酒店里闲荡而被轰出去,于是便在酒店里包了一间客房。(《哈佛深红》也得到捐款的资助,可以承担得起这个房价。)然后他们便待在酒店的大堂守株待兔。

面试结束时,校长遴选委员会希望博林格搭乘载货专用的电梯,并从酒店的后门出去,免得撞上记者。"谢谢!我将从前门出去。"博林格茫然不解地答道。绍伊切特和格拉夫在酒店的出口追上了博林格,博林格不愿意回答他们所问的问题,但他们还是拍摄了他的照片。两天后,《哈佛深红》爆料了博林格与校长遴选委员会在雅典娜广场酒店见面的消息。

仅仅在片刻之间,神秘的面纱被撩开了。

六天后,校长遴选委员会和萨默斯见面了。

一辆豪华轿车风驰电掣般地将萨默斯从机场接到了波士顿海湾大饭店,直接把他送到地下车库,好让他能搭乘载货专用的电梯直接到达位于第16层的总统套间,这一套间的房价是一个晚上2500美元。在接下来的五个小时中,萨默斯将与校长遴选委员会的成员一起,把博林格回答过的议题,几乎一个不落地详加讨论一遍。他赞同哈佛应聘用更多的教授,这其中包括优先为本校那些能很好地履行自己职责,并能胜任工作的见习教授提供终身教职,而不是延揽其他大学的那些明星教授,尽管这些外校的明星教授可能在他们各自的领域取得了辉煌的成就。此外,鉴于校长遴选委员会担心他可能随时会离开哈佛,这样他们又得在不久的将来再一次来遴选新的校长,萨默斯承诺自己将忠诚于哈佛,他说,哪怕是联邦储备委员会主席艾伦·格林斯潘卸任,自己也不会离开哈佛去接任该职。

无论从哪一方面看,萨默斯的表现给在场的每个人留下了深刻的印象。他思路清晰,目光远大,具有宽广的全球意识,而不是仅仅盯着剑桥一地。正是他十几年来乘坐飞机在全球各地来回穿梭,造就了他这种志存高远的全球意识。"我们所见到的是位真正的大学者,他了解这所大学,了解这所大学的使命和办学目标,对什么才是卓越有着深刻的体会。"[8]汉纳·格雷在这之后就是这么告诉别人的。

格雷是校长遴选委员会成员中最强烈支持萨默斯的人,其原因主要是因为她对尼尔·陆登庭深感失望。尽管她在公开场合称赞陆登庭,但在私底下却对他很不耐烦,特别是1994年陆登庭倒下那件事让她十分不快。在她的眼里,这事不仅仅让哈佛丢脸,而且造成了极坏的负面影响。她觉得遍布在20世纪90年代的学术文化中的那种坚忍不拔的精神和严厉的作风在陆登庭的身上都找不到。"格雷一点都不喜欢尼尔。"一位对他们两个人都认识的教授说,"跟世界上其他的许多成功女性一样,她不喜欢没有男子气概的人,因为她本人就必须在自己的事业上表现出男子气概。所以在她眼里,尼尔的倒下是个致命伤。"格雷确信萨默斯绝对不会出现这个问题,他已经在华盛顿政坛和国际金融财政这样的高压锅中经受住了考验,而且事实证明,这种高压的考验似乎只能让他变得更加坚强,更具有抗压性。

不过,据说罗伯特·斯通却更倾向博林格。这位密歇根大学校长为人和蔼可亲,讨人喜欢并且具有亲和力,他的性格和经验可以使他顺利地接任哈佛校长这个职位。除了斯通之外,校长遴选委员会中至少还有其他三名成员和斯通一样,对萨默斯的鲁莽与傲慢的性格深感忧虑。

但他们中没有人去征求一下教师们的意见。要是他们中有人去征求一下教师们的看法,那么博林格无疑会是最有希望的人选。密歇根大学在他的管理下在许多方面都有了长足的发展,声誉日盛;萨默斯富有才华,但某些方面也让人存疑。当他在哈佛时,他并不是个知名的人物;他长时间与其他经济学家待在一起,没有参加过大学的重大事务;此外他离开学术界已有十年之久了。

"就个人的学识而言,博林格在许多方面比萨默斯更适合担任哈佛校长一职。"自1960年起便是哈佛的自然科学史教授的埃弗雷特·门德尔松说,"博林格用萨默斯所不具有的方式方法处理过现代大学所面临的种种问题。大家都知道,萨默斯脾气暴躁,对一些事情很有成见,对哈佛的现状和未来该怎样发展并没有深入思考过。博林格处理过因反歧视行动所产生的种种问题,处理过学生的激进活动,处理过教师的工资等方面的问题。我认为,几乎没有一个教师会是萨默斯的强力支持者。"

埃弗雷特·门德尔松的这种主张或许过于偏激,但无论如何,这种看法并没有任何实际意义。在遴选委员会的眼里,教师的支持实际上可能反而会对该候选人的胜出产生负面的影响;哈佛董事会要把一些因素排除在外。而且在一些遴选委员会的成员眼里,博林格也有不足之处。他本人没有获得哈佛的学位——尽管他的女儿已在哈佛学院读书,但博林格本人是在俄勒冈大学读的本科,然后才就读于哥伦比亚大学法学院的。在哈佛董事会成员中,有好几个成员认为一个俄勒冈大学的毕业生不是担任哈佛校长的料。根据与校长遴选委员会关系密切的消息人士透露,哈佛的财务主管D.罗纳德·丹尼尔坚决反对把大学交给一个未曾在这里读过书的人的手中。此外,在遴选委员会看来,54岁的博林格年龄偏大了点,和陆登庭接替校长这个职位时的年龄差不多。委员会希望下一位继任者能够在校长这个岗位上工作15到20年,但以他现有的年龄,再工作15到20年的可能性并不大。

　　实际上,有很多事情表明,博林格在许多方面与陆登庭非常相似,尤其在格雷看来,这两人之间有着惊人的相似之处。陆登庭以积极支持艺术和非裔美国人研究的发展,以及捍卫反歧视行动而著称;博林格也同样支持艺术的发展,积极应诉两起与反歧视行动相关的诉讼案,为反歧视行动辩护,尽管联邦最高法庭尚未审理这两起案子,却引起了全美的关注。哈佛的管理层中有些人早已对斯基普·盖茨所负责的非裔美国人研究系越来越受重视感到不快,那么李·博林格是将改变这种倾向,还是将继续重视它呢?

　　萨默斯占了上风。悬而未决的只是他的性格问题,校长遴选委员会能不能将哈佛托付给以才华卓越而著名却又因脾气暴躁而臭名昭著的人呢?

　　事情到了这个地步,长期以来一直都是萨默斯的良师益友的鲍勃·鲁宾插手了。这位广受尊敬的前财政部部长是哈佛大学 1960 届的毕业生并深得人们的信任。他言行举止谨慎,做事深思熟虑,而且非常富有。不过,作为一个富有的美国人,他却能始终恪守传统价值观。所有这一切给人留下了非常深刻的印象。鲁宾自己并不想当哈佛校长,要是他想当的话,恐怕早就得到了这个职位。他之所以插手,是他希望萨默斯能得到这个职位。

　　于是他打电话给校长遴选委员会成员中对萨默斯存疑最深的三位:斯通、D. 罗纳德·丹尼尔和詹姆斯·理查森·霍顿斯。鲁宾承认,萨默斯过去确实存在着一种"磨砺不够"的问题[9],但他早已变得成熟老练了。鲁宾强调,萨默斯是个能和国会参、众两院的领导人顺利地进行协商,和外国的财政部部长成功地进行谈判的人。十年来,在华盛顿这个充满着敌意和派性的环境中,他幸免于难并取得了成功。他的性格问题只是传说而已,现实中并不存在。

　　鲁宾对萨默斯的认可发挥了作用,遴选委员会的一名成员后来说道:"鲁宾让我们深信我们所选的不是一个鲁莽的人。"[10] 2001 年 2 月 26 日,新校长遴选委员会在洛布馆的会议室召开会议并一致同意推选拉里·萨默斯为下一任哈佛校长。罗伯特·斯通打电话问萨默斯是否愿意接受这一职位,然后又飞往萨默斯所居住的华盛顿,极力劝说他尽快对这件事情做出决定。萨默斯用了一周时间才正式表态接受这一职位。然后,在 3 月 11 日星期日这一天,萨默斯和校长遴选委员会全体成员在洛克菲勒中心30号大楼的64层与哈佛监事会的成员见面。校长遴选委员会的成员们阐述了他们选择萨默斯作为下一任校长的理由,然后萨默斯发表了简短的讲话,提出了自己对哈佛未来的设想。正如预期中的一样,监事会全体成员一致同意了对萨默斯的提名。

经过9个月的遴选,哈佛大学终于寻觅到一位新校长了。

大约5个星期之后,50名学生闯入并占领了马萨诸塞厅。

4月18日星期三,他们秘密地在附近的新生公寓地下室聚集。他们每个人都带着背包,里面装着洗漱用品、手机、亨利·大卫·梭罗和小马丁·路德·金的平装书。他们的领导者给他们做了行动前的鼓气工作,告诉他们万一遇到警察抓捕时该怎么做。当天下午五点刚过没几分钟,他们从公寓出来,疾跑了大约100英尺的路程,冲到了哈佛校长办公室所在的那座红砖楼,猛地推开楼前的那道绿门,从吓呆了的那个秘书跟前冲过去。在由此引起的一片混乱之中,尼尔·陆登庭从楼的后面逃了出去。学术副校长哈维·法恩伯格的办公室就在陆登庭办公室的隔壁,但他却没有逃。法恩伯格拒绝与抗议者对话,而学生们也拒绝离开,就这样僵持了大约三个星期。

由于其知名度非常高的缘故,马萨诸塞厅这个地方自从20世纪60年代以来便一再成为学生激进运动分子想要占领的目标,这些年来他们随时都有可能来占领这个地方。这次事件的起因其实只不过是件看起来微不足道的小事。20世纪90年代初,就和其他的大多数大学一样,哈佛取得了其校名"哈佛"的专利权,以制止公司和组织机构从中牟利,甚至大学本身也找到了个赚钱的机会。比如说,哈佛大学就由它的商标许可办公室极力主张自己的专利权,扬言要起诉哈佛啤酒公司。同时,哈佛又授权耐克、冠军等运动服装企业使用其"哈佛"商标生产以"大学"为主题的系列服饰:T恤衫、运动服、帽子这一类产品。这么做的大学不仅仅是哈佛大学一家。截至20世纪90年代末,大学系列运动服饰每年为其制造商带来3亿美元左右的收入,但是美国劳工组织和校园激进运动分子却发现,这项业务的利润之所以如此丰厚是因为这些服饰有些是由亚洲的血汗工厂生产的。美国的大学与血汗工厂之间的这种交易关系引起了人们的强烈不满,在全美范围内激起了一波又一波的抗议浪潮,譬如上文提及的密歇根大学的学生占领了李·博林格的办公室。

在哈佛,反血汗工厂运动孕育了一个名为"进步学生劳工运动"的激进团体。"进步学生劳工运动"这一团体的成员们很快就意识到,不仅仅是国外的工人得到的报酬过低,就连哈佛的员工们的工资也同样过低。他们认为自己的看法相当在理。1999年的5月,剑桥镇议会通过了一则法令,要求剑桥镇的承包商支付给雇员的"维生薪资"不可以是每小时5.25美元的最低工资标准,这样的工资根本不足以养家糊口,而应该是每小时10美元,这个数额看起来似乎更合理一些。因为即使是这一数额,一年的收入加起来也不过两万一千美元左右。

但是根据"进步学生劳工运动"这一团体的说法,哈佛大学的员工中有数千名员工——门房、保安和餐厅清洁工——每小时工资远低于10美元。(哈佛宣称这类人的数量只在几百个人左右。)事实上,在整个20世纪90年代期间,这类工人的工资实际上是减少了,并且哈佛的许多工作被外包给那些没有参加工会组织的工人,而这些没有参加工会的工人没有享受健康津贴和退休津贴。哈佛的门房弗兰克·莫雷评论道:"用不着获得什么学位,都知道自己被压榨。"[11]在1999年和2000年间,"进步学生劳工运动"试图面见陆登庭以及哈佛董事会,但却一再被拒绝。

哈佛被指控剥削它的蓝领工人已不是第一次了。早在1930年,尽管当时的州劳动委员会已经指令哈佛支付给女清洁工每小时37.5美分的工资,但当时的校长艾博特·劳伦斯·洛厄尔却拒绝付给这批女工每小时高于35美分的工资。相反,洛厄尔每天只给妇女们20分钟的休息时间,直到有一群替母校觉得不安的校友筹措了一笔3000美元的"欠薪专款",哈佛这才收回其强硬的立场。按照《使哈佛现代化》一书的作者莫顿·凯勒和菲利斯·凯勒的说法,类似的抗争斗争在接下来的70年间总是每隔一定的周期便会爆发。哈佛同他的职员形成了一种"近乎封建关系"的关系[12],凯勒夫妇在他们的著作中写道。

不过,"维生薪资运动"这一场正在进行中的抗争活动与以往的抗争活动相比却增加了一项新的因素,那就是全球化。随着哈佛得到的捐款接近200亿美元,哈佛学生中那些充满着崇高理想的学生却发现那些剥削工人血汗的运动服饰公司与同样在进行剥削活动的哈佛"公司"(a Harvard Corporation)存在着许多相似之处。将国外反血汗工厂的斗争与国内维生薪资运动这场抗争联系起来让这些学生感到兴奋。哈佛行政管理部门的不妥协只能让学生们更加振奋。哈佛的行政管理部门开口便大谈特谈学校为工人们提供免费的课程培训,却不肯就增加工资一事进行谈判。哈佛发言人乔·瑞恩宣称,这些培训课程是"培养这些人,让他们获得工资较高的工作"的最佳途径。[13]但工人们指出,由于他们不得不经常做两份工作来养活自己,他们真的没多少时间去参加英语文学方面的各种课程。

对于已经是跛脚鸭的陆登庭校长来说,这场静坐示威给他带来了极大的痛苦。离他卸任只有几个星期,他几乎没有什么权力,左右不了目前的这一局面。而且他本身也觉得左右为难,十分矛盾。尽管他认为这场静坐示威活动是对学校威信的一种威胁,但在另一方面,他也并非完全不同情工人们。他自己的母亲过去就曾经是个自助餐厅的员工。他有一次曾在不经意间沮丧地脱口而出,说他母亲在一生中从未赚到过一小时10美元的工资。因此陆登庭一方面拒绝与学生们谈判,但另一方面他也不允许有关方面强制驱离或是拘捕这些参与静坐示威的学生。"他明确地表示说他是不会叫警察来的,"埃弗雷特·门德尔松说道,他这时候充当了陆登庭和抗议者两者之间非正式的联系人,"无论这场静坐示威持续多久,他都不会叫警察。"学生们感到十分吃惊,他们早已做了最坏的打算。"我们简直不能相信我们的运气居然这么好。"有个学生说。

日复一日,陆登庭每天上班都要从这些味道日渐变得难闻的抗议者身边经过。他自己的办公室已经在学生们冲进来的第一时间内被锁了起来,显然是他的秘书用电子锁遥控锁掉的。就这样,陆登庭把办公室移到了二楼。在这期间,他参加过由已被选为哈佛校长但尚未到任的萨默斯所主持的一次会议。据参加静坐示威的学生们说,萨默斯每每对不得不从这些抗议学生身旁走过而觉得不胜其烦,对他们依然还在那里觉得难以相信。不过他们并不知道萨默斯对学生抗议活动的感受有多强烈。

对于哈佛的行政管理部门而言,维生薪资运动与反全球化的抗议之间显然存有千丝万缕的联系,这也是他们之所以采取强硬立场的另一个原因。因此当支持这场静坐示威活动的拉丁语系语言与文学教授布瑞德利·S.埃普斯问他能否去看望这些学生抗议者的时候,哈维·法恩伯格毫无商量余地地拒绝了。"他们牵扯到西雅图及其他地方的反全球化抗议活动,"埃普斯记得法恩伯格当时这样警告他,"接下来连门都会被他们拆掉的,哈佛将毁在他们的手里。"

在马萨诸塞厅的外面,校园里静坐示威的学生慢慢地越聚越多。自助餐厅的员工通过大楼的窗户把一盒又一盒的比萨饼传递到马萨诸塞厅内。特德·肯尼迪和杰西·杰克逊*也来哈佛参与学生们的抗议活动,而国内的新闻媒体也就发生在哈佛校园中的这场静坐示威活动写了一篇又一篇的新闻报道,对这场活动进行全方位的报道。由于他们担心自己的同学们只能偶尔透过窗户看他们一下,不能真正地看见他们,这群抗议者鼓励支持者们在马萨诸塞厅周围的院子里搭起帐篷,于是,由大约70顶帐篷组成的临时村落很快就点缀在早春的草地上。

哈佛园通常都被描写成一个美丽的地方,其实这样的描述并不太准确。在17世纪的大部分时间内,这里只是个猪圈(不是比喻,完全是字面意义上的猪圈),哈佛园确实给人留下了深刻的印象,它深具历史意义,而且称得上宏伟,唯独缺乏的就是美丽。也许这是因为建筑物的缘故——这里的建筑太密了,就像是一块繁华地段密密麻麻地挤了许多家酒店似的;此外,这些建筑物散发着太多的历史沧桑感,它们大多在悼念亡者而不是颂扬活着的人。哈佛园以大学堂为界被一分为二,分为旧园(主要是宿舍楼和马萨诸塞厅)和新园(主要是三百周年纪念剧院及周围的建筑物)两个部分。

另外一个缺乏人性的因素就是其所铺设的人行道,纵横交错得就跟机场跑道似的。这些条纹状的碎石路面一小块一小块地将哈佛园的草地切割成不均匀的小块。一年中的大多数时候,这一片草地要么被雪覆盖着,要么就是泥泞不堪,让看见这一幕的人们不由自主地回想起昔日的猪圈。当春天终于来临的时候,通常这要等到五月,那些没有用碎石铺路的地块便用绳索围了起来,撒上一层草籽,直到最后真实的草冒出芽儿来,这才使哈佛园有些美感。但是由于这里的一片

---

* 特德·肯尼迪(Ted Kennedy)是民主党参议员,杰西·杰克逊(Jesse Jackson)是民权运动领袖、牧师。——译者注

片草地都不够大,所以不能在这里进行诸如触身式橄榄球运动*、飞盘和踢沙包等体育活动,而这些你通常都可以在大学新生宿舍的四方院看见。而且,即使这里的草地足够大,可以进行这些体育活动,也会被哈佛校规禁止,因为哈佛园里是不允许开展这类娱乐活动的,另外,哈佛校方还禁止在新生宿舍楼里开派对,哪怕没喝酒也不行。(当然了,新生喝酒是违法的。)

这些条例的存在部分原因是为了使每年成千上万来哈佛园里游玩、参观的旅游者能够安心地在这里漫步,能在那尊安放于1884年的约翰·哈佛的雕像前安心地摆好姿势拍照。但是这一切也同时折射出哈佛文化中一个更大的实情:哈佛不是一个鼓励学生放松的地方,哈佛园并不宁静;它在不断地分解,在不断地运动着。由此可以看出,哈佛就像是个由一系列的传送带所组成的一条复杂巧妙的装配线。而下面的这个事实则使这一比喻得以进一步强化:在占地面积达25英亩的哈佛园中竟然没有一条长凳,没有一个可供学生或者行人坐下来聊天或哪怕只是放慢脚步歇一会儿的地方。有个名叫乔赛亚·佩尔茨的哈佛学生——他是哈佛2005届的毕业生——对此深感困惑,于是写了封信给马萨诸塞厅的管理员。管理员的助手回信道:"哈佛大学在历史上就避免在哈佛园中放置任何建筑物。或许这是因为哈佛园通常被视为一条通道,而不是一个聚会的场所。"哈佛园的管理员用"建筑物"来表达"坐的地方"。

然而,在静坐抗议的学生们占据马萨诸塞厅的这段时间内,哈佛园却的的确确成为一个聚会的场所——一个由帐篷搭成的城邦将哈佛园变为一个聚会的场所,它创造了一种深受大家欢迎的社团意识。许多学生都说这种社团意识在哈佛十分罕见。在白天,五颜六色的帐篷看起来就像是为一场艺术表演设置的布景。夜里,学生们坐在他们的帐篷外面讲话,弹吉他,以一种哈佛学生不常有的方式聚在一起。帐篷很小,又容易破损,只是暂时的栖身之地,然而他们却多么希望有难得的这么几天,他们可以拥有他们自己的这一方天地,而不是他们周围那些对他们一声不吭、不以为然的古老建筑。

经过两星期努力不懈的施压,尼尔·陆登庭仍然死硬地拒绝与静

---

* 与橄榄球规则相似的运动项目,每方6~9人,只允许阻挡持球队员,但不得抱人拦截。——译者注

坐抗议的学生们协商,校方的立场也丝毫没有缓和。"只要我在任一天,就不可能让步。"[14]他说道。由于陆登庭早已辞职,他的这句话与其说是在威胁与劝说学生,还不如说是在说一句具有修辞色彩的漂亮话。学生从未见到陆登庭如此严厉过——他们也已经有很久没见过他们的这位陆登庭校长了——因而他们对陆登庭说出这句话觉得惊讶。这似乎与他的性格极不相称,因此静坐抗议的学生们断定,陆登庭只不过是将哈佛董事会的立场鹦鹉学舌地重复了一遍而已。如果真是这样,董事会的立场就很难说了。

  在陆登庭发出他这份威胁的一个星期后,哈佛的行政管理部门宣布,他们将把钟点工的最低工资提高到每个小时10.83美元,与外包工人的工资同等。此外,他们还将组成一个委员会去对哈佛的雇佣工人的传统惯例进行通盘检讨。经过21天在马萨诸塞厅内的静坐抗议,5月8号下午5时过后不久,在马萨诸塞厅里的23位抗议者欢欣鼓舞地涌出了大楼。然而,却再也见不到陆登庭的身影了。

  拉里·萨默斯的时代来临了。

第四章　校长与教授的对抗

　　时值2001年的夏日,斯基普·盖茨的心情一天比一天愈发地忐忑不安起来。
　　这位50岁的哈佛大学非裔美国人研究系的负责人听说新任校长正在校园里四处视察,与教授们交谈,聊聊他们的兴趣爱好,看看他们有什么需求,问问他们关心的是哪些问题。但是拉里·萨默斯至今还没有和盖茨或其他任何一位与非裔美国人研究相关的人交谈过,因此这个系的人也就愈发担心起来。非裔美国人研究系虽说是个小系,但在全美却是最著名、最受尊崇的非裔美国人研究机构,萨默斯怎么能不尽快约见他们,怎能不早点与他们相见呢?
　　盖茨不习惯受到冷遇。回想起1991年,当尼尔·陆登庭即将接掌哈佛校长的大权时,这位即将上任的校长亲笔写了封短信给盖茨,问他是否可以见一面。很快他们便安排好时间,在纽约共进午餐。陆登庭请盖茨把他想聘用的学者简略地列成名单,在接下来的几年中,两个人将这份名单上所列的那些学者陆续延揽到了哈佛。
　　转眼间10年过去了,尼尔·陆登庭准备卸任了,盖茨为这位即将卸任的校长举办了一场欢送晚宴。当他举起杯来向陆登庭敬酒时,盖茨称陆登庭为"我们的校长"。他这句话的真正含意是,陆登庭是哈佛大学中黑人们的校长。"尼尔,"他饱含深情地说道,"虽然您很谦虚,不想知道我所说的这一切,但我还是想告诉您,您不仅现在是我们这个民族所崇拜的英雄,也将永远是我们这个民族所崇拜的英雄。我们永远是您最忠诚的、全心全意的支持者,是永不动摇的忠实朋友。您将一直是'我们的校长',您也将永远是个男子汉。"

陆登庭也同样很喜欢盖茨,他把自己所著的随笔集送一本给盖茨,并在上面深情地题字道:"致斯基普,我写得很慢,与您的多产、您生动感人的文风、您的行文如流水相比,我可是望尘莫及,但它却是我所能献出的全部。它代表了一种深深的感激之情,一份坚贞的友谊和一种在一个人的一生中并不常有的情感——这是一种为了追求真正的卓越,在共同奋斗的过程中获得的情感。"

对于小亨利·路易斯·盖茨来说,他感觉到这个非同一般的人物的离去是件不寻常的事情。盖茨的社交圈子非常杂,各种人都有,而他则是这个社交网络中的核心,尤其是按学术界的标准来看。在学术界,由于长期以来人们把太多的时间都耗在图书馆和实验室里,社交礼节经常被忽视,就是有也不太多。在这样一种特定的环境下,盖茨算是一个很善于处理社交关系的人。盖茨是个黑人,但他的肤色在黑人中却算是比较白的,他的嘴角经常挂着微笑,而且时常是笑得十分开朗,显得自在、风趣、自谦而有魅力。甚至即使人们发现他耍些无伤大雅的恶作剧,还是会情不自禁地喜欢他。当年在他定期为《纽约客》撰文的时候,他和编辑蒂娜·布朗在哈佛的埃利奥特学生宿舍楼举行了一个派对,参加派对的全是来自剑桥、波士顿和纽约的权威人士,当一个朋友问盖茨是否玩得开心时,盖茨转过头去笑着说:"嗯,还不错!感觉就跟躲在长势喜人的棉田中偷着拉屎一样的爽快。"

当保守派专栏作家乔治·威尔参观哈佛时,盖茨为他举办了一个派对,参加这次派对的宾客包括文理学院的前任院长亨利·罗索夫斯基、保守派政治学家哈维·曼斯菲尔德和自由派哲学家科尔内尔·韦斯特。在通常情况下,人们很难见到乔治·威尔和科尔内尔·韦斯特两个人处于相隔100码的距离之内。但是盖茨却在他们所有人之间——自由主义者与保守主义者之间,黑人和白人之间,来自不同学术领域的学者之间——搭起桥梁,每个人都从中受益。

每年的秋季,在他的住处举行的狂欢会也大致如此。盖茨的屋子位于剑桥的弗朗西斯大道,这座装潢考究的房子与哈佛著名的经济学家约翰·肯尼思·加尔布雷思的住所位于同一条街上,后者在这条街的另一头。盖茨于1995年花了89万美元买下了这幢房子,并由国际著名的建筑设计大师摩西·萨夫迪对它进行了大规模的重新装修,他喜欢炫耀这幢房子。每年秋季的狂欢会,他都会在房后的院子里摆上丰盛的食物和大量的酒精饮料,并雇来乐队。在哈佛,如果没有特别的原因,举办大规模的聚会这类事情是不会有人干的。一方面,对大多数教授来说,高昂的费用令他们不敢问津,一个哈佛的终身教授最高年薪大约是20万美元,多年的寒窗,以及剑桥地区生活费用的高昂使得他们远不敢如此奢华,何况年薪达20万的教授也为数不多,就那么凤毛麟角的几个。

此外,金钱还不是唯一的因素。哈佛社区的居民,不像其他社区的居民,他们不懂得放松自己,享受生活。"哈佛人不习惯于被当做人类来对待,"彼得·戈梅斯曾说过,"同事就是与我们在一艘船上同舟共济的人。我们的周围既有我们的下属,我们对他们发号施令;也有我们的上司,我们要对他们吹捧奉承。"社交通常是有目的的,要么是公务上的什么事情,要么就是与工作有关联,诸如送别酒会或是授奖仪式等。但是盖茨的狂欢会上,客人却是来自哈佛的方方面面,是盖茨将他们聚集在一起。而且在他所举办的聚会上,客人中的非裔美国人与其他任何一次你所能想到的聚会中的相比都要多。这其实并非巧合。这事要提起来就得回溯到1957年,当时年仅七岁的斯基普喜欢看由第一个黑人电视节目主持人纳特·金·科尔(Nat King Cole)主持的节目。科尔在节目中除了邀请白人外,同时也邀请黑人来做客。这一方式既提高了黑人的地位,同时也不会对白人产生威胁,不会刺激白人产生对抗性反应。

这已经是件很久以前的事了,自那时起,斯基普已走过了一条漫长的道路。1950年9月16日他出生于弗吉尼亚西部的一个名叫凯泽(Keyser)的乡村小镇,该镇位于美国首都华盛顿的西面,离华盛顿约两小时的路程。他的父亲每天一半的时间在当地的一家纸厂打工,另一半的时间则去电话公司兼职当看门人。斯基普的母亲精心培养他,让他的英语说得和白人一样,并希望他去常春藤盟校上学。母亲希望他最终能够离开凯泽这个每天都充满着种族歧视的地方。盖茨回忆说:"我好多次被叫做黑鬼,我经常在想,是不是我背上有这个记号。"[1]念高中时,他因为打橄榄球弄伤了髋关节。然而就在他上医院就诊时却犯了个错误,告诉准备给他做诊断的那位白人医生说自己将来也想从医,这位医生当即认为年轻的斯基普是在装伤,不肯替他治疗。成年后他做了七次髋关节手术,最终还是不得不将髋关节切除。因此他现在还需要借助手杖来走路。

然而不管他这一路走来是否步履蹒跚,盖茨确实像他妈妈所期望的那样离开了凯泽。他去了耶鲁并在 1973 年以特优生的成绩毕业。这比拉里·萨默斯从麻省理工学院毕业的时间要早两年。在纽黑文这个地方,黑人学生并不多,但他并没有因此觉得被疏离,盖茨要将耶鲁当成自己的耶鲁。他阅读萨姆·格林利于 1969 年所写的小说《坐在门边的间谍》,并且很欣赏它。那是一部关于美国中央情报局黑人特工的讽刺小说。"我们也都想成为坐在门边的间谍,"盖茨后来回忆道,"我们也想进入到系统的中间,深入到传统上一直由白人掌控的美国机构的内部,与之成为一体,从内部对它们进行改造。"[2]

盖茨在剑桥大学取得他的博士学位后回到耶鲁任教。但是他真正踏上并成为学术明星的道路是从 1981 年开始的。那一年他赢得了由麦克阿瑟基金会授予的"天才"奖金——麦克阿瑟奖金。虽然他没有获得耶鲁的终身教职,但是麦克阿瑟奖这笔不附任何先决条件、金额达 15 万 6 千美元的奖项使他闻名全美。1985 年,33 岁的盖茨获得了康奈尔大学的终身教职。事实上,作为一个人文学者,其研究取得成果所耗费的时间要比从事自然科学和经济学研究的学者所耗费的时间长。因此对于一位人文学者来说,在 33 岁就被授予终身教职几乎是前所未闻的。盖茨在康奈尔大学待了 5 年时间,而后在 1990 年为杜克大学的条件所吸引离开了康奈尔。但他在北卡罗来纳州待得不是很久。因为那时他与一个叫莎伦·林恩·亚当斯的白人女性结婚,这件事似乎让某些北卡罗来纳州人觉得不舒服,而这些人觉得不舒服反过来也让盖茨非常不自在。因此,在 1991 年当盖茨得知哈佛的德里克·博克以及亨利·罗索夫斯基对他感兴趣时,便做出了北归的响应。

盖茨以一个文学理论家的身份开始了自己的职业生涯,他的目标是为了告诉世人,非裔美国黑人也著书,他们所写的这些书也应该像美国白人写的书一样值得人们去认真地评论和分析。他最著名的学术著作《表意的猴子》论述了非裔美国文学作为一种独立的文学传统的存在,令人信服。由于获得过麦克阿瑟奖,再加上他现在又是哈佛的教授,于是现在的盖茨就不仅仅是一个学者,而且还是个学术型的创业家。盖茨是《非洲百科全书》的编者之一,非洲网站 Africana.com 的共同创建者,此外还是史蒂文·斯皮尔伯格的电影《断锁怒潮》的历史顾问、美国国际商用机器公司(IBM)印刷品和电视广告的明星。他还是包括普利策奖在内的各种职业成就奖的评委。他的出版物数量——经他编辑或导读出版的书的数目——在不断增加,甚至比其他一些人的论文数量还多。斯基普·盖茨是一位名人,一个品牌。而且他还是一个强人。他可以让某一个人得到某个工作,也可以使他失去这份工作。他一个电话打给出版商,就能让一个年轻的学者获得一份出版合同。一本书只要能得到盖茨的推荐,就意味着肯定是错不了的;一封盖茨的推荐信将决定这个人能否获得资助,意味着这个人一生职业生涯的转折。

不可避免地,他的学术研究由此而受到影响。这种连轴转的社交以及处理不完的事务使他非常繁忙。他总是在忙着接电话、打电话,并经常出差,几乎没有一个日程是确定的。每个认识他的人都能讲出一件与他约好见面时间,却拖了很长时间还见不上面,甚至只得取消会面的事来。

同样,他也不可避免地引起人们的猜疑和嫉妒,无论是黑人还是白人都有。杜克大学和哈佛大学为了吸引他展开争夺,各种优厚的条件不断地加码,令其他学者极为愤慨。据报道,他们付给盖茨一年约20万美金的薪资,虽然这个数字按华尔街人士的工资标准来衡量并不高,但对一位文学教授来讲却是一笔很大的数目。而且薪资还只是最基本的,盖茨还可以安置自己想要安置的人员,拥有一流的办公室以及充裕的部门预算。哈佛、杜克和康奈尔甚至因为他而聘用了他的学术搭档兼密友,一个出生于加纳、名为克瓦米·安东尼·阿皮亚的哲学家。

一些白人——那批不太喜欢尼尔·陆登庭的人中的某些人——认为盖茨是在利用白人的内疚感而得利自肥,并说他是那种20世纪90年代的矛矛党*人,他不是通过威胁或街头抗议而是通过巧妙地打着种族牌来索要金钱。确实,非裔美国人研究系只是个小系,却似乎受到尼尔·陆登庭过度的关爱,盖茨也毫不避讳地让每个人知道自己深得尼尔·陆登庭的赏识。在另一方面,一些黑人却认为盖茨过分妥协,是当今的布克·华盛顿(Booker T. Washington)——这位黑人教育家认为,黑人想要在19世纪晚期走在美国社会的前沿,唯一的途径是避开政治而学习经商。在华盛顿看来,金钱似乎是根本的权力,是其他所有社会权力的基础,而盖茨似乎只是安于享受自己的劳动果

---

* 肯尼亚1951年出现的反对英国殖民统治的武装组织。——译者注

实。一些非裔美国人希望他能更具有对抗性,能抛开一切伪饰,表明立场,直面挑战,更加不留情面,特别是当他现在正处于世界最强大的大学的顶尖地位时,他更应如此。他们认为斯基普·盖茨过于沉湎于自己已有的成就。但持为盖茨辩护立场的人则反驳说,随着盖茨地位的提升,许多非裔美国人的地位也随之水涨船高。

或许盖茨每次发起战斗都是很谨慎地选择对手,但是他确实进行了战斗。1991年,佛罗里达的一支黑人说唱音乐组合"两个活着的水手"(2-Live Crew)被指控违反了佛罗里达州的法律,犯有猥亵罪。这时,盖茨出庭作证,为他们进行辩护。不过,盖茨并没有为所有的黑人文化进行辩护。1992年他为《纽约时报》撰写了一篇著名的社论[3]——《蛊惑人心的黑人政客头目与伪学者》,抨击黑人反犹主义并谴责他们恶化了黑人与犹太人之间的关系。

总之,不论已经在多大程度上被白人接受,盖茨从来没忘记自己的根在哪里。他永远也忘不了一点,那就是,无论自己的肤色有多浅,可是在某些白人眼里自己永远是个"黑鬼"。盖茨刚来到哈佛之时,和妻子莎伦住在剑桥西北边几公里远的列克星敦郊区。刚搬进去没多久,盖茨就拜访了当地的警察局。他对一名警官说:"我经常出差,妻子独自一人在家,我该采取怎样的特别安全防范措施呢?"

事实上,在这样一个安宁的郊区,盖茨并不是特别担心妻子的安全问题。他只是想让当地警察认识一下他本人而已。因为若非如此,他怀疑,像他这样一个黑人,开着高级的奔驰轿车在马萨诸塞州的列克星敦进出,肯定可以通过后视镜看到被他抛在身后的许多人正惊奇地盯着他看。

盖茨为自己、安东尼·阿皮亚和尼尔·陆登庭一起创建的非裔美国人研究系而深感自豪。已经有几名学者加盟到他们的行列中来,譬如,赫赫有名的社会学家威廉·朱利叶斯·威尔逊,法理学家利昂·希金博特姆及其妻子、历史学家伊夫林·布鲁克斯·希金博特姆,法学家拉尼·吉尼尔,以及科尔内尔·韦斯特。盖茨本人通过对众多的朋友和商业伙伴"敲竹杠",为这个系募集了高达四千万美元的巨额捐资。除了斯基普·盖茨外,又有谁能说得动时代华纳的执行总裁杰拉尔德·列文,让他的公司捐赠三百万美元资助"昆西·琼斯非裔美国人音乐教育基金"呢?盖茨办公室的外面挂着一个框,里面是琼斯在"巴黎非裔美国人庆典"期间写给他的一封短信。上面写着:"*A skip*

Gates, le meilleur professeur du monde, et mon cher bon ami et frere. Avec toute ma gra titude et mon couer. Je t'aime, inconditionnellement. Quency Jones July 4,2000."*

  盖茨知道哈佛大学非裔美国人研究系的建立是自己取得的某种历史性的成就。他把一些历史上完全从属于白人的某些东西,从结构、外观和文化上进行了不太大却具有重大意义的改造,把它们变成了黑人的东西。由于这一切都是在哈佛进行的,因此你可以看见全美最好的大学(普林斯顿、哥伦比亚、耶鲁)由此而产生的连锁反应。如果哈佛把非裔美国人研究作为优先发展的学科,那么它们不得不与之竞争。正因为如此,盖茨赞赏哈佛的力量——这所大学就像一个巨大的扩音器。

  盖茨不是那种守株待兔的人,因此当拉里·萨默斯没有约见他时,他决定最好有所作为。6月的下旬,他在位于巴克中心——哈佛大学好几个人文系科的所在地——的二层明亮的办公室与哈佛董事会董事赫伯特·温诺库尔会谈。他们两个人正在讨论为少数族裔的研究生设置一项助学金,以纪念陆登庭。吸引黑人学生到哈佛大学各个研究生院攻读人文学科的学位是项长期的努力。如果你是一个出身贫寒的黑人孩子,天资聪慧,受过教育,终于进了哈佛,难道你就不想选择去商学院和法学院就读,将来好实实在在地赚些钱吗?在博士生毕业论文上花费六七年的时间未必能取得成功,尤其是对那些出身贫寒的人来说,经济保障才更具有吸引力。

  在谈话中,盖茨看似漫不经心地透露说,他迄今还没有接到过新校长的一个电话,但他又觉得要是自己主动跟新校长提这件事也不大合适。——毕竟,校长要是打电话给你,无非就是说他要见你。不知道温诺库尔能不能跟萨默斯提一下,盖茨非常希望能和他见面,当面向他问好?温诺库尔当然可以把这件事向萨默斯提一下,而且他的确向萨默斯提起了这件事。没过多长时间,萨默斯就打电话来了。

  "你怎么到现在才给我打电话呢?"盖茨问道,"我早就想向你介绍介绍我们非裔美国人研究系了。"萨默斯的回答却让盖茨大吃了一惊。

  "因为,"萨默斯回答道,"每个人都要我打电话约他们。"

---

* 法语:"斯基普·盖茨,世界上最好的教授,是我亲爱的好朋友、好兄弟。我心里对你充满着感激之情,我由衷地、毫无保留地喜欢你。——昆西·琼斯,2000年7月4日。"——译者注

很快,盖茨得到了与校长见面的机会,但是见面的结果却与他原先所期待的完全不同。

拉里·萨默斯与非裔美国人研究系全体教师的见面时间安排在七月初,地点就在非裔美国人研究系的艾伦·洛克会议室。非裔美国人研究系位于哈佛园和昆西街之间的罗伯特和伊丽莎白·巴克中心,是座崭新漂亮的建筑物。非裔美国人研究系原先蜷缩在一座有点破旧的房子里,位于离此几个街区之外的一条小街上。正是尼尔·陆登庭帮忙筹集了2500万美元的资金把原先的新生餐厅改造成一座宏伟壮观的文科综合楼。非裔美国人研究系是落户这里的佼佼者。此外,落户于此的还有英语系、美国文明史委员会、宗教研究委员会等。其所象征的意义非常重要:就像联邦各部门越是挨近白宫越能说明它的重要性一样,哈佛大学所属的各个院系都希望尽可能地靠近哈佛园。原先只能窝在剑桥边缘的非裔美国人研究系早已跻身于哈佛校园中的黄金地带。

毕业典礼后的大约一个月,哈佛大学已经适应了夏季的节奏。这个时节的哈佛校园要比一年中的其他季节悠闲得多。大概有十来个非裔美国人教职员工参加了这次会议,其中就包括盖茨、安东尼·阿皮亚、法学院的教授查尔斯·奥格拉特里、伊夫林·布鲁克斯·希金博特姆、威廉·朱利叶斯·威尔逊和教育学院的教授查尔斯·威利。他们都聚集在艾伦·洛克会议室里。这间会议室虽小却很舒适,能容纳约20个人,在会议室的一端还有块黑板。

当萨默斯到达时,盖茨带他参观了非裔美国人研究系,并且向他赠送了礼物——一套由微软出版的《非洲百科全书》的CD光盘,这套百科全书是他和阿皮亚一起编辑的。希金博特姆是个研究黑人宗教和历史的学者,她说话时的声音十分柔和却不失威严。她向萨默斯赠送了一本由她主编的《哈佛非裔美国人史》。萨默斯自己也随身带来了一件大礼。他说,就在刚才在校园中转悠时,自己注意到在哈佛针对特定主题展开研究的学术中心——譬如说,乌克兰研究学会——比比皆是,但让他觉得有点奇怪的是,这里头竟然没有非洲研究中心。

教授们围绕着会议桌就座,以示对萨默斯到来的欢迎。很久以来,盖茨就特别想要拓宽非裔美国人研究系的研究对象,希望能够涉及非洲研究。不对非洲进行研究,而只是研究非裔美国人的历史,这怎么可能呢?但要对非洲进行研究则需要更多的教职员和差旅费开支,这也就需要一大笔资金的投入。

然而好景不长,这种其乐融融的气氛很快就消失了。查尔斯·奥格拉特里是哈佛法学院的教授,以激进的民权活动而出名,他询问萨默斯在反歧视行动这个问题上的立场。奥格拉特里说,哈佛向来都非常支持这个反歧视行动。在全美闻名的1978年最高法院审理贝克诉加州大学校务委员会案时,哈佛学校写了法庭之友意见书。该案的原告是个名叫艾伦·贝克的白人青年,他大学毕业后从军,从越南战场退役后申请进入戴维斯加州大学医学院攻读学位被拒绝。* 审理此案的法官小刘易斯·F.鲍威尔的投票决定关乎法庭是否支持反歧视行动的关键一票,他挑选哈佛作为一所合法地、有建设性地实施反歧视行动的大学。现在又有两起起诉反歧视行动的案件上呈到最高法庭,这两起案子均涉及李·博林格和密歇根大学。萨默斯是否会让哈佛再次站在为反歧视行动辩护的这一边呢?他是否会任命黑人在纯粹由白人构成的哈佛行政部门担任领导职务呢?

在这之前,萨默斯即使不是十分热情,但也始终保持着一种十分礼貌的态度。但奥格拉特里的这两个问题让他显得有点不高兴。这两个问题的提出让他感到意外。"我需要好好考虑这件事,"他说,"我需要查阅所有相关的资料,然后才能决定哈佛该站的立场。这件事情我会及时做出决断的。"

这并不是在座的与会者所期待的回答。"这简直太离谱了。"与会者中有个人在会后十分不满,"我认为,不管你的观点是什么,你本就不该让自己成为一所主要大学的校长。可是既然你成为一位重点大学的校长了,你就不该在反歧视行动这个问题上迟迟拿不定主意。"

奥格拉特里是一个外表英俊、穿着考究的男人。他身上既有着沉着的一面也有情绪化的一面,此时的他显然很不高兴。"在哈佛,反歧视行动早已是件明确下来的事了,"他继续说道,"前任校长德里克·博克与人合著了一本书,这本书明确地阐明了反歧视行动的必要性,萨默斯校长对这本书有什么见解呢?"

"那本书我读了部分章节,我觉得它不够有说服力。"萨默斯说。他要多看点资料才能做出明确的判断。

---

* 贝克后来发现,加州大学接受了成绩不如他的少数族裔学生。贝克因此向法庭提起诉讼,控告学校有种族歧视。——译者注

"好了,拉里,"盖茨说,"这些话听起来就跟你在华盛顿某个记者招待会上所听到的那些话一样。我觉得我没听过你对多元化做过任何声明。"

盖茨说这句话的本意是想缓解一下紧张的气氛,因此才说了这么一句开玩笑的话。但萨默斯并没有笑。一个与会者说:"他想要告诉我们,我们将不再得到特别的待遇,他对奥格拉特里的这种口吻很不高兴。"

萨默斯显然十分恼火:"我主张多元化,但是我也同样信奉卓越。"萨默斯没有好声气地嚷道。

如果说,在这之前房间里的气氛就有点不太妙的话,那么,正是这句话把气氛推向了紧张。尼尔·陆登庭认为多元化是卓越的前提,而萨默斯则像是在暗示两者之间不可调和。

"回想起来,或许他并不是这个意思。"希金博特姆回忆道,也许萨默斯只是口误而已。当他在提及"多元化"和"卓越"时,在这两个词之间插入表示转折之意的"但是","一时间我们每个人都互相看了看,心想,'天啊,我十分怀疑他是不是认为这两者之间不能同生并存。因为我们当然认为卓越和多元化这两者是可以同生并存的,我们不希望在座的每个人中有哪一位是不卓越的'"。

盖茨转移了话题,他向萨默斯介绍了《变迁》(Transition)这本致力于研究黑人的杂志,陆登庭从校长办公室的经费中挤出经费资助这本杂志的发行。盖茨希望萨默斯能继续支持《变迁》。余怒未消的萨默斯一口打断了这个话题,顾左右而言他,说道:"我这人做事一向都是就事论事,要拿钱可以,但必须给出明确的理由。"

不到半个小时,萨默斯离开了,教授们的情绪由一开始的困惑转为焦虑,最后变成沮丧。"我的上帝啊!"其中一个说道,"他不仅不帮助我们,他简直是想毁掉我们。"

在接下来的几个月里,盖茨一直没有萨默斯的消息。直至十月初的一天,他才再次接到萨默斯校长的电话。这时的萨默斯忧心忡忡,他已经风闻到一些关于科尔内尔·韦斯特的事情。这些事使得他怀疑韦斯特是否在履行其作为一个教师的职责。有传闻说,韦斯特在为新泽西州的参议员比尔·布瑞德利的 2000 年民主党总统初选助选,居然没去上课。还有传闻说,他是造成哈佛大学学生成绩通胀的罪魁祸首。而且还有传闻说他放弃了学术研究,出版的根本不是严肃的学术著作,而尽是些通俗读物。

萨默斯对此非常关注,他想尽快与韦斯特见面。

在接下来的几个月里,科尔内尔·韦斯特被冠以诸如极端利己主义者、骗子、一个享有终身教职的激进分子、一个在媒体上出卖自己的婊子等骂名。所有这些挖苦之语并不能使人们真正对韦斯特有所了解。因为,即使报纸的专栏作家和社论的撰稿人快速地对韦斯特做出评判,但韦斯特的事情并不是那么容易用几页日报就能说清楚的。

韦斯特,1953年6月2日出生于俄克拉何马州东北部的城市塔尔萨。他的父亲是美国空军行政管理人员,母亲则是个小学校长,他们俩是在弗斯克大学相遇认识的。弗斯克大学是一所只招收黑人学生的一流大学,位于田纳西州的首府纳什维尔。他的祖父是一名浸信会的牧师。当韦斯特还很小的时候,便举家迁到加利福尼亚州的首府萨克拉门托。他是在那里长大的。

作为一个在20世纪60年代成长的年轻人,韦斯特从幼年时起就是个叛逆的、不愿受约束的人。当他九岁那年,也就是上四年级时,便拒绝和他班上的其他同学一样立正并向美国国旗敬礼。他的老师打了他一巴掌,他回手还了老师一巴掌,于是他当即就被休学了。

但是不管他有没有上学,韦斯特都非常好学。当他还是个孩童时,就把数不清的时间花在汽车图书馆里看书。所谓的汽车图书馆是一种流动的公共图书馆,以汽车作为交通工具,定期为偏远地区不方便上图书馆的居民送书,提供书刊借阅服务。汽车图书馆让年轻的韦斯特读到了大量的书籍,其中有一本是哈佛毕业生西奥多·罗斯福的传记。这位曾任过美国总统的罗斯福深深地打动了年轻的韦斯特,他当即在心里暗下决心,将来一定要上哈佛大学,于是当他从萨克拉门托的约翰肯尼迪高中毕业时便向哈佛提出了申请,并如愿以偿地为哈佛所接受。在1970年,他终于踏进了哈佛所在的剑桥,开始了他的大学生涯。在哈佛读书的头一年,他的宿舍就在威廉·萨缪尔森的对面,中间仅隔着个厅。威廉·萨缪尔森是著名的经济学家保尔·萨缪尔森的儿子,是拉里·萨默斯的堂兄弟。而拉里·萨默斯则是在此后一年才在马萨诸赛街另一头的麻省理工学院就读的。

35年前,哈佛并没有多少像科尔内尔·韦斯特这样来自中低阶层的黑人学生。他对学术研究的热忱有如献身社会公平般地迫切,而在迫切地追求社会公平的同时他也十分迫切需要助学金的资助。他热爱哈佛，热爱哈佛的富庶——这里有才华横溢的教授，如哲学家约翰·罗尔斯和罗伯特·诺齐克；有天资聪慧的同学；还拥有有数百万册藏书的图书馆，如此大的藏书量是他以前从未见过的。"只要你钻进怀德纳图书馆里，保准你会迷路，两年都走不出来。"韦斯特回忆道，"嘿，你在里头转转，出来时准已学到了不少东西。"同时，韦斯特也希望哈佛能对当时社会的迫切需要做出更积极的回应，于是他担任了哈佛的黑人学生联合会的会长。这个团体在当时是个激进的学生组织。1972年，哈佛学生抗议哈佛在安哥拉的投资，在抗议过程中，这一学生团体闯入并占领了校长德里克·博克的办公室。

韦斯特在哈佛就读时靠打工赚点钱来支付自己的开支。他洗过盘子，当过学生宿舍的勤务员。现在，这种从事宿舍的清洁工作的勤务员在哈佛依然存在。哈佛的学生不用自己清洗公寓的浴室，而是由哈佛校方付钱让在校的本科生来做这种脏活。这是一份报酬比较高的校内工作，所以这样的机会往往是让给最贫困的学生。在韦斯特之前和之后总共有数百名像韦斯特这样的贫困生为那些家庭经济较好的学生清理过厕所。

尽管如此，他还是缺钱用。由于付不起四年的学费，大三那年他一口气就修了16门课程。通常哈佛学生每年所修的课程是8门，16门课程则是哈佛学生正常每年所修课程数量的2倍。1973年7月，韦斯特以优异的学业成绩提前一年从哈佛毕业并前往普林斯顿大学攻读哲学博士学位。1980年他获得了博士学位，接下来的10年中，他相继任教于纽约市联合神学院、耶鲁大学、普斯林顿大学。

作为一个年轻的教授，他体形高大挺拔，魅力天成。一头非常浓密紧凑的卷发，戴着一幅黑边框的眼镜。追随20世纪50年代爵士音乐家的着装风格，他身穿三件套的黑色西装，里面是件白色的衬衫，系着条黑色领带，脚上穿的则是双黑色的翼头鞋。他对自己上课的内容充满着激情，讲课非常富有感染力。韦斯特上课时可以很流畅地从意大利诗人但丁跳跃到德国哲学家尼采、俄国剧作家契诃夫、美国爵士音乐家埃灵顿"公爵"。在课堂讲台上，韦斯特的授课声音抑扬顿挫，激情洋溢，听起来不像是个教授倒像是个传教士。他的课就像一场演出，但绝不装腔作势。韦斯特讲课时十分投入，他的忘我精神令人难以置信。"韦斯特一直以来都是那样的单纯，"一位非常了解韦斯特的学者说道,"他是那种心里藏不住秘密的人。""你在课堂上或会议上所看到的韦斯特,与课余会后一块儿喝酒的韦斯特完全一样,他是那种表里如一的人。"

1993年,《种族问题》一书的出版使韦斯特声名鹊起。这本书的写作是对发生于洛杉矶的罗德尼·金的骚乱事件以及黑人女法学教授安尼塔·希尔指控其上司、被提名为美国最高法院大法官的克拉伦斯·托马斯对她进行性骚扰所做出的反应。它是宣言书,是一份提高黑人地位、弥合种族歧视的伤痕的宣言书——譬如对黑人反犹主义加以批评,呼吁改善黑人与犹太人之间的关系。同时,《种族问题》一书还抨击了美国的资本主义和市场经济。在韦斯特眼里,美国的资本主义和市场经济如同向非裔美国人贩卖毒品的毒品贩子。韦斯特警告说:"肆无忌惮的资本主义市场力量……已经彻底摧毁了黑人的工作方式以及这一弱势群体。……它们的共同点便是粗暴、贪婪的个人主义。"《种族问题》一书的销售量已经达到50万册,韦斯特也获得了公共知识分子的美誉,被认为是利用个人之所学,就当前热点问题向公众发表自己的见地的知识分子。很快,他便开始频频出现在电视谈话节目上,分别在美国有线新闻网络(CNN)、美国公共广播公司(PBS)和美国公共事务有线电视网(C-SPAN)上巡回演讲。

盖茨和阿皮亚希望韦斯特能在哈佛任教。1994年,在陆登庭的支持下,他们延揽到了韦斯特。其实当时的韦斯特喜欢普林斯顿大学,欣赏这个重视本科生教学、亲密融洽的小社区。然而,在哈佛所进行的非裔美国人研究的进展太重要了,完全不容他错过。"我希望能成为这个团队中的一员,"他说,"这是一支由斯基普领衔的团队。"

四年之后,陆登庭又将韦斯特晋升为哈佛的校级教授。这是一个学者在哈佛所能获得的最高职位,是哈佛大学校长詹姆斯·布赖恩特·科南特在1935年创立的。据哈佛大学的历史学家理查德·诺顿·史密斯说,科南特之所以设立这一职位,是希望校级教授"能不受学科限制,想去哪个院系就去哪个院系,按照自己的设想进行教学,从事研究或者单单只是冥思苦想"。[4]韦斯特和社会学家威廉·朱利叶斯·威尔逊两位是最早被授予哈佛校级教授职位的黑人。因此,在哈佛大学,韦斯特也就理所当然地想去哪个院系就去哪个院系,他先后在哈佛学院、神学院和法学院教过书。

韦斯特的晋升招致哈佛教师背地里的不满。一些教师认为,这是陆登庭偏爱非裔美国人研究的又一迹象,并在暗地里抨击韦斯特所出版的书籍远达不到哈佛校级教授这个职位的要求。虽然他已经出版了十多本书,但最近所出的几本书都是通俗作品,与其说是学术专著还不如说是些新闻材料。有时只是与他人一起合著,有时则仅仅是个编者。其中有三本是与斯基普·盖茨合写、合编的。

在韦斯特的学术研究越来越肤浅的同时,其政治活动面却越来越宽了。在1995年,他支持并参与了由"全美伊斯兰联盟"的部长路易·法拉罕所组织的"百万人游行活动"。在2000年,韦斯特又参与了比尔·布瑞德利竞选民主党总统候选人的竞选造势活动。当布瑞德利退出竞选后,韦斯特就为绿党的候选人拉尔夫·纳德巡回演说助选。在2001年8月份,颇具争议色彩的纽约激进主义分子阿尔·夏普敦宣称韦斯特将领导他的总统选举探讨委员会。

在与被许多评论家认为是反犹主义者的黑人政治人物往来密切的同时,韦斯特大声疾呼,极力反对黑人的反犹主义。如果说这不是互相矛盾的行为,但至少也可以说是个观点不同的灰色地带。但韦斯特坚持认为,这样的一种道德绝对主义对他而言实在是一种难以消受的奢侈品。和斯基普·盖茨一样,他也是在黑人与白人之间走钢丝,只是程度稍有不同而已。盖茨喜欢上流社会,上流社会也欢迎他;韦斯特却觉得自己与富裕的白种人格格不入。他把自己的目光投向街坊巷里,这里才是他发挥影响力的地方。当然,在这些地方出没也就意味着他不得不时常与那些有人格缺陷的人掺和在一起。

在2001年,韦斯特用口头说唱的形式灌制了一张名为"我的文艺作品集"的CD片。它听起来就像是非常有节奏感的诗歌,其节奏近似于街舞的伴奏舞曲。虽然在随后的几个月里这部专集不断地被人刻意渲染为"说唱音乐"CD片。许多白人想当然地以为,它肯定有"说唱音乐"所特有的憎恨女性的、暴力的一面,但事实上,韦斯特这张CD片的主题灵感却是要对"说唱音乐"中这些负面的东西进行毫不含糊的谴责。韦斯特争辩说:"既然黑人音乐家在非裔美国人的生活中起着如此重要的作用,那么他们就有特殊的使命与责任:提供各种美妙的音乐,以此来鼓舞和激励非裔民族,为非裔民族提供他们所向往和追求的愿望。"[5]

韦斯特认为这完全是一种向年轻人传播思想的艺术。如果你是一个来自内陆地区的黑人学者,你就不能仅仅只是给在哈佛求学的这些头脑一流的年轻人授课。你知道他们这些人将来肯定能成功。但你也不能忘记你自己是从哪里出来的,迄今还有哪些人仍然待在那地方。因此成为一个知识分子,一个身份高贵、穿着讲究的黑人是你的责任。因为青年一代的黑人需要看到他们可以有许多的选择,除了成为篮球运动员和街舞艺术家外,他们还可以有其他的选择。你也必须以一种他们能够理解的方式告诉他们。或许白人教授不会理解,也不可能理解韦斯特所处的位置。

确实,说韦斯特以自我为中心并不过分。韦斯特毕竟是一个常人。他喜欢走在街上大家都认得他,喜欢面对如痴如醉的听众。而且,说韦斯特正不断地大把大把赚钱也确实不假。经常有大学或会议邀请他去做演讲,每场的出场费高达一万美元。然而,难道这不比自己生活在象牙塔中,却将年轻一代的黑人让给苏吉·尼特这样的恶人,让这些年轻一代的黑人沦为这些恶徒的附庸,依附于他们门下为虎作伥更有意义吗?对于韦斯特来说,那将是一种失职,一种自我背叛。毕竟,他是一个在流动的公共图书馆里读了大量书的人。就像几十年前一辆装满书的车已经改变了他的生活一样,韦斯特想成为一个流动图书馆,从而改变年轻人的生活。

你自己可以想象一下,像他这么一种自视甚高的人,往往不是专横,就是过于以自我为中心。毫无疑问,韦斯特的个性以及他的政治态度使得他树敌甚多。例如,有两个人明显地对他怀有敌意:一个是马丁·佩雷茨,他是哈佛大学的教授,同时也是《新共和党人》杂志的所有人,另一个是利昂·威泽尔蒂亚,《新共和党人》杂志的文学编辑。20世纪60年代,佩雷茨在哈佛获得博士学位时已经是一个民权运动的积极分子,一个真正地信仰黑人与犹太人政治团结的人。10年后,他已经变得非常保守,也许是幻想破灭了,他渐渐地对左翼政治产生怀疑,也就越来越潜心于犹太信仰和文化。1993年,马丁·佩雷茨捐赠了几百万美元给哈佛,设立了一个讲座教授职位——马丁·佩雷茨犹太文学讲座教授。他算得上是一个深受哈佛校方重视、对哈佛校方具有举足轻重的影响力的人——他非常富有,而且是一家历史悠久、在全美具有重要影响的杂志的所有人之一,这家杂志的办刊宗旨就是对各种学术专著进行评论,绝不惧怕会因此树敌。同时,马丁·佩雷茨在社交上也非常活跃。他的住处就在离哈佛校园不远的一个富人区,是座十分雅致的房子,他经常在自己的住处举办宴会。多年来,他都在哈佛上本科生的研讨班课程。修这些课程的通常都是那些有远大抱负并希望将来能在《新共和党人》杂志工作的学生。

利昂·威泽尔蒂亚跟佩雷茨一样对自己的信仰十分虔诚。他曾是哈佛校友委员会的委员,一位犹太文化的学者。威泽尔蒂亚和韦斯特一样都对表演感兴趣。韦斯特曾经在《黑客帝国》第二部和第三部中扮演过几个微不足道的小角色,而威泽尔蒂亚则在《黑道家族》里充当过小配角。他是个非同寻常的人,是文学编辑们的教父。他个子很高,但身材单薄,几乎可以说是骨瘦如柴,留着一头长而飘逸的白发,穿着平整的衬衫、黑色的牛仔裤和牛仔靴。他跟佩雷茨一样,利用自己在《新共和党人》的位置对自己觉得满意的作者和政客加以犒赏,对那些不合他意的则加以指摘。

科尔内尔·韦斯特就属于后者。在 1995 年,威泽尔蒂亚写了一篇尖刻的评论《包罗万象与一无所有》,将韦斯特描述成一个执迷于自己所伪装出来的外观形象却毫无思维逻辑的思想家——好几个人都说,这篇评论对拉里·萨默斯产生了很大的影响。"既然在美国没有什么危机比种族危机更急迫,既然对种族危机问题的忧虑没有哪一位知识分子比他更著名,于是我就将目光投向了韦斯特,因此我也就拜读了他的大作。"威泽尔蒂亚在其文章的开篇写道,"然而,他那几本书却几乎没有任何价值……有的只是一个人的思维遭受到文艺理论的摧残后的痴人妄语。"[6]

威泽尔蒂亚注意到,许多美国作者惋惜于公共知识分子的缺乏,他们为学术越来越缺乏时代的敏锐性、越来越脱离公共话语而忧心忡忡。然而,威泽尔蒂亚不禁要问,难道成为一个公共知识分子就可以借此逃避认真思考这样的艰苦工作吗?"或许是我们一直以来都在问一个错误的问题,"威泽尔蒂亚提议,"那么,那些私人知识分子在哪里呢?哲学家们已经试图改变这个世界很久了,也许该是考虑这个问题的时候了。"

威泽尔蒂亚的这一篇评论文章引起了学术界人士的争相阅读。其实在学术界就如同在人类活动的所有领域一样,某个成功的同仁遭到粗鄙的羞辱往往会引发人们身上那种更卑劣的幸灾乐祸的本能。不过,威泽尔蒂亚所写的这一切确实是一些学者的心声,他们早已意识到这些,只是不想在公共场合表达出来,而威泽尔蒂亚只不过是把他们这些人的心声诉诸文字罢了。

虽然政治见解不同,但韦斯特的大部分同事还是喜欢他的。艾伦·德肖维茨长期以来一直对反犹主义保持着警醒的态度,他对自己的同事韦斯特与激进主义者阿尔·夏普敦关系密切并不怎么认同,但是他从不相信韦斯特会是个反犹主义者,而且他认为韦斯特是个非常有感染力的教师。政府系教授哈维·曼斯菲尔德在政治上是个保守派,他在韦斯特还是个本科生的时候就认识他,当时韦斯特修过曼斯菲尔德教授的几门课程。"我喜欢科尔内尔,"曼斯菲尔德说,"他向这个世界展示自我的方式——他的发型,那套黑色西服——并没有令我不适,虽然会让有些人不爽。"

威泽尔蒂亚的抨击并没有损害韦斯特在哈佛学生心目中的地位,韦斯特仍然是最受欢迎的教授之一。站在讲台上,他的一举一动都充满活力和强烈的情感——譬如,与马丁·费尔德斯坦就完全不同。"他使人们产生共鸣。"一位毕业于2003年,名叫约翰娜·帕雷茨基的学生说。帕雷茨基的父亲是个黑人,母亲则是个犹太裔白人。帕雷茨基强调说,韦斯特不仅仅让非裔美国学生觉得他很有魅力。"白人学生也好,非裔学生也好,肤色并不重要。因为他是完全投入到他所要教的一切中去的。"

韦斯特最主要的课程是"非裔美国人历史和文学",课程代号为非裔美国人研究10。但是,"他将会站在那里并说,'所有的这一切都不是什么历史,一切都是现在'",帕雷茨基回忆道。韦斯特对其教学内容的当代意义的强调使得帕雷茨基对这门课程产生了更大的学习热情。韦斯特所教的内容绝非那种课堂上夸夸其谈,而当你走出教室走进现实生活就会抛到九霄云外去的货色。一年一度的本科生教育委员会所做的测评表明,许多学生与帕雷茨基的看法一样:韦斯特所获得的测评分一向都在4.6或4.7分(满分为5分),明显地高于萨默斯当年在哈佛任教时本科生给他的测评分数。

韦斯特的价值不仅在课堂内,而且延伸到了课堂之外。长期以来,哈佛的本科生一直在抱怨教师们太忙,只关心自己,没有空关心学生。而韦斯特却是个例外,他是一名真正能与本科生们打成一片的教授。"他是个明星人物,但即使是像社区人际交往这样的一些区区小事,他也照样十分重视,绝不会掉以轻心。"哈佛2003届毕业生总干事克里希南·苏布拉马尼扬说,"你会看到他沿着街道走着而且他还会问:'怎么了,兄弟?'他很有感召力,充满热情。他让我们每个人都喜欢他。"韦斯特似乎认识所有的人——他会称呼你"兄弟"或"姐妹"——而且当他遇见他认识的人时,他会给那个人一个热情的拥抱,然后便是一番即兴的交谈,什么都聊,从古罗马诗人维吉尔作品的新译谈到王子乐队的最新专辑。由于有许多人想和他交谈,而且他也同样想与他们交谈,因此穿过哈佛园这一仅需五分钟的路程韦斯特会花半个小时的时间才能走完。

哈佛大学的教授们以不乐意让学生在办公时间内和他们见面而闻名。所谓教授办公时间指的是,学生们可以在规定的时段个别地去找教授,与其面对面讨论教学内容。而且有些教授还要求学生提前几个星期打电话预约,学生们很快就得知教授们有很多更重要的事情要做,因此只得在教授们非常紧的时间表中挤时间。但是在韦斯特的办公时间,常常是学生们想待多久就待多久。他所接待的各个研究生阅读小组常常持续到深夜才离开。"他会谈论一些你在校园内不经常听到的事情,"一个名叫约翰·麦克米兰的美国史专业的研究生说,"比如说怎样成为一个端庄大方的人。"

尽管哈佛的学生社团呈现出高度的多元化——哈佛的学生来自不同的地域、不同的种族,有着不同的文化和信仰,在全世界所有的大学中,可能哈佛的学生社团最具多元化特点——然而哈佛教授却多为白人。而且管理这所大学的也几乎都是白人。在2001年,除了受哈佛大学托管的拉德克里夫学院外,哈佛下辖的每个学院的院长都是清一色的白人男性。(这所大学里确实有许多拥有实权的女性副院长,但她们大多都是幕后人物,并不为学生所认识。)哈佛的管理者在学生中倡导多元化,却没有在自己的这一阶层中推行多元化,所以科尔内尔·韦斯特便格外重要,格外引人注目了。

"他是一个很有激情的老师,大家都对他着迷,就如同人们对常春藤盟校着迷一样。"一位哈佛教授说。在2001年的秋季,他比以往任何时候更受欢迎。代号为非裔美国人研究10的这门课程约有七百个学生选修,这使它成为哈佛第三受欢迎的课程。其实,韦斯特曾经为此与学校行政管理人员发生过争执,他们要求韦斯特把班级的规模缩减一半——原因好像是他们无法找到一个足够大的教室来容纳选修这门课程的学生。韦斯特拒绝了,最终的结果是他在当地的天主教教堂——圣保罗教堂的地下室教授这门课程。

韦斯特事后想到,这次的争吵也许是某些事情将要发生的征兆。

也许是他多疑了,但是此时的当权派似乎突然想让他不那么受欢迎。他不禁想这种事绝不会发生在尼尔·陆登庭担任校长期间,而且他想知道拉里·萨默斯是不是想要表明他将以截然不同于前任校长陆登庭的方式来行使自己的权利。

在那些被视为胜任大学校长一职的人看来,哈佛校长的职位在权力结构上长期以来处于一种职高权虚的位置。哈佛"各自为政"的传统使得其下属各个院系的头头们成为实权人物。尽管如此,大学校长的权力仍然能为一位干劲十足、处事果断、有手腕的校长大刀阔斧地进行改革创造机会——对于一个把大量的精力都放在哈佛学院的校长来说更是如此。如美国内战结束后,当时的哈佛校长查尔斯·威廉·埃利奥特废除了必修课引进了选修课,或许这是使哈佛成为世界级大学至关重要的一步。在20世纪一二十年代,艾博特·劳伦斯·洛厄尔推行了一套本科生主修制的课程体系并修建了哈佛的宿舍楼,而哈佛宿舍楼的修建一举废除了"黄金海岸"这种豪华的、为家境富裕的学生所提供的单独私人住房,从外观上和心理上改变了整个的哈佛校园。在"二战"爆发的前几年和战争期间,詹姆斯·布赖恩·科南特则着手将哈佛从一个专为美国新英格兰地区培养社会精英的院校转型为把来自全美各地公立和私立学校的学生培养为优秀本科生的院校。

哈佛校长手中的各种权力有些是可以看得见的,他有权任命哈佛大学的副校长——作为行政管理人员,大学的这些副校长主要是履行哈佛大学的各项法人功能,如财务、社区关系、资产规划等。在大学里,这些都是相对不起眼的职位,但是它们却是最有权力的职位,而且随着大学越变越大,那些懂得如何运作这套官僚机构的人,手里掌握的权力自然也就越大。

当大学下属的各个学院的老院长卸任以后,校长还有权任命新院长。这是巩固他的权力的另一种方法。对于许多学者来说,院长一职非常令人向往。与教授相比,院长可以领到更高的薪水,有更高的知名度,权力也更大。院长可以制定工资标准,分配办公处所,批准年假,募集资金以及制订所在学院的教学计划。有时这些院长中并不乏一些对具体的教学计划和各项管理技能具有真知灼见者,但有时他们只不过是些对艰苦寂寞的学术生涯已生厌倦之意的学者。

不足为奇,校长完全可以要求某个人以效忠于自己来获取院长职务的任命。而此时校长所要解决的难题就是找一个愿意接受"交易"并有足够的能力来管理这个学院的人了。如果校长愿意,他可任命一个对自己卑躬屈膝的文人笔吏为院长,譬如说肯尼迪政府管理学院的院长。但是该学院的凝聚力和精神面貌免不了要受损,尤其是当院长失去了教员信任的时候。所以,任命院长的权力虽是个实权,但事关重大,需要慎重行使。

校长也要从哈佛校友那里筹集资金,并且还得与他们培养一种良好的关系。虽然哈佛各学院分别开展各自的筹款活动,但是他们也期待校长能帮助他们。当然,有些学院比其他的学院更需要校长的帮助。"一个负责的校长会花一定的时间帮神学院、设计学院和教育学院筹集资金,"德里克·博克说,"但是他不会走在街上去帮商学院筹集资金。如果商学院的院长不能从他的资助者那里筹集到资金,那你最好换一个新的商学院院长。"

校长在资金的募集上也会有自己的私利。所募集到的资金按照"集中管理"的成规有一定的比例归校长支配。然而大部分的哈佛校友并没有意识到,他们所捐献的每一美元中要抽5%划拨到校长的账户上归校长支配。有了这笔钱,校长就可以扶持一些对他来说特别重要的项目,譬如,为某个教师的教学工作或为某些他想扶持的学者的研究提供经费。把钱用于启动某个项目或是奖励他自己所看好的某个教师是哈佛校长行使其权力的另一种体现。

校长也会与哈佛董事会的其他成员一起来讨论哈佛大学要优先发展的重点以及审批各个学院的预算——这又是一个实权。校长大张旗鼓地干涉一个学院的预算是极其罕见的,因为,任何一个有自尊心的院长在自治权遭受侵犯时可能都将自动离职。但这样的事还是会发生,特别是当某个学院出现财政赤字的时候。

或许哈佛大学校长最重要的权力就是对终身教职人选具有最终决定权。哈佛学院以及哈佛所属的一些研究生院(如教育学院和神学院)的教授要获得终身教职都必须得到校长的认可。这使他能直接控制每一个系科的师资结构以及整个哈佛的学术发展方向。当然,校长极少行使自己手中的这种否决权。作为校长,如果他过多地否决了终身教职提名,或者他没有充足的理由便否决了对某个教授的终身教职的提名,那么他的这种行为就有可能激起教师们的反抗。

当然,哈佛校长还有一些无形的权力,这些权力源自作为校长所处的有利位置。一个有作为的校长将会从全局的角度出发制订整个哈佛大学,特别是哈佛学院的教研日程。既然哈佛学院是哈佛大学这一王冠上的一颗宝石,传统上也就受到哈佛校长的极大关注。在哈佛董事会及监事会的支持下,哈佛的校长制订了自己的各项日程安排:发表演讲,任命各种委员会的成员,伸手向校友们拿钱,行使他所处位置的实权,以及利用他与新闻界沟通便利的特权,接受自己所偏爱的出版物的采访,会见这些报纸杂志的编辑人员。哈佛校长只要自己愿意,随时可以成为全美甚至全球重要新闻报道的对象。这种权力在运用得恰如其分时,效果非常好,但是如果用得过滥,到头来再怎样鸣放也得不到人们的重视。

一个成功的哈佛校长所依靠的不仅是他所拥有的权力,还包括他的领导风格。他可以把他的意愿强加在哈佛大学的每个人身上,但是如果哈佛的师生员工认为他的要求不合理,或是他运用权力的方式不当,那么他们将不会接受他的意愿,于是整个大学将停止运转,整个校园里怨声载道,动荡不安。哈佛的全体教职员工、学生和校友都十分关注领导风格。他们希望他们的校长口齿伶俐、善于雄辩、学识渊博、行事沉着、稳重练达、言辞风趣诙谐。因为他比其他任何人更能代表哈佛,把哈佛的特性与价值观传递给外部的世界。

同时,他们也希望他们的领导品貌兼优、平易近人、受人爱戴并且像天鹅绒手套那样结实,而且还是一个德高望重的长者,或者至少是一个在哈佛工作和学习过的人。现在很多大学非常关注学校的财务,因此也就聘请了一些不具备相应的学术研究背景的商业管理人来担任校长。在哈佛,这种做法绝对是不可能的(这就是为什么罗伯特·鲁宾一度作为校长人选而备受争议,因为他从来都没有当过教授)。哈佛的校长首先应该是学者,其次才是一个行政管理者。

从"二战"以后,没有任何一位校长能比德里克·博克更胜任这一多重角色了。在1968—1971年担任法学院院长期间,博克以其老练的手腕平息了各种激进的学生运动而声名远扬。在1968年的春天,数十名法学院的学生结伙在法学院的图书馆静坐示威。博克闻讯后的反应是给这群学生带来咖啡和油炸圈饼。他站在一张桌子上,针对学生关心的问题发表演说并回答了他们所提的问题。但是当博克吃力地从桌子上爬下来时,全身的血涌上他的大脑,他晕了过去。

"当我醒来的时候,围在我周围的学生激进分子已经不再群情激愤了,此时的他们脸上挂着的是一种忧虑的表情,他们心里或许在想,是不是因为他们致使我突发心脏病或是其他什么疾病。"博克回忆道,"他们都非常关心我,要我吃这个,吃那个。他们开车送我回家,在这学期接下来的时间里,我受到很多的优待。不过,在暑假过后,他们又开始放开手脚无所不为了。"

从1971至1991年,作为校长,博克始终保持了既有贵族气质又具平民风格的形象。他身体健壮长相英俊,整天给人一种看起来悠闲自在、无拘无束的样子。他当时开的是辆大众甲壳虫汽车。甚至当他到当地的哈佛信托银行排队存款时,他还边排队边听取其他客户对哈佛的建议和抱怨。他的午餐则是在哈佛园对面,马萨诸塞大街上的一家名为"这里有好吃的面包"的便餐连锁店买的。他的妻子是瑞典的哲学家,名叫西塞拉·博克,和他同样地魅力十足、才华横溢。博克校长的人生似乎十分美满,令人羡慕。而且他看上去总是那么的得体大方,所以几乎没有人会忌恨他的好命运。

虽然博克现在已是75岁高龄了,但仍然保留着名誉校长的头衔,而且在他所协助创办的肯尼迪政府管理学院保留着一间办公室。他曾经梦想能在肯尼迪政府里工作,因此长期以来他一直都在倡导公共服务,并致力于创建一所学院来培养政府工作方面的人才。在确保自己的言论不会被人解读为针对某个特定的校长,而只是就事论事的前提下,他谈到了哈佛校长的领导角色。

"发布命令是不可能把书写好、把课教好的。"博克解释说,"尽管从理论上说,你有权这么做。但是你可以用另外的方式进行领导,例如你可以改变议题,或让人们关注你的议题,也可以试着去规劝、感化、说服。这些就是软技巧。

"有一些校长试图用威慑来进行领导,"博克继续说,"他们非常强硬,把自己手中的权力发挥到极点。但也有一些校长,他们的领导方式就不一样,他们依靠的是赢得教师们的尊重和爱戴。

"你在很多方面要依靠你和教师之间的这种无形的关系。如果你自己都无法相信能赢得教师们的敬意,那么大学校长这项工作对于任何一个想要从这项工作中获得满足感的人来说都是个严重的伤害。当然,你是一个替这所大学里的每个人着想的校长,特别是能为全体教师着想的校长。你是他们中的一员。你为了他们正在不断地牺牲自己,把这所大学变得更好。这个时候他们却回过头来说:'你是个平庸之辈。我才不相信你说的这一切。你空话连篇,只会夸夸其谈。'这些话只会使你泄气。如果他们不尊重你,不信任你,你再怎样呕心沥血也是白搭,对你来说这才叫致命呢。

"不要因为有个别教师反对你,你就气馁了。如果你的观点在某种程度上让他们不舒服,或是对他们的权威造成威胁,他们因而不喜欢你的看法和作为,这时候,最重要的就是坚持你的立场。

"不论你是否觉得气馁,你都得具有很强的洞察力。"博克总结道,"或许你看不出来有什么区别,但有时候正是在这样一些场合中能显出一个杰出的校长与一个无能的校长的差别。"

2001年的9月和10月,拉里·萨默斯迫不及待地向哈佛展现他与前任校长、甚至历任校长都截然不同的处事方式和领导风格。或许就是当年的9月2日,他在给刚入校的大一新生做演讲,提醒他们不要对陌生的环境感到恐慌时,他首次在公开场合展现出他的这种与众不同的处事方式和领导风格:"哈里·杜鲁门曾这样谈及美国参议院,'在开头的六个月,我为我自己为什么待在那儿觉得困惑。过了六个月后我却为我所有的同事都待在那儿而觉得困惑'。"[7]

萨默斯的这番言论让人觉得很不对劲。一些校园评论员把它解读为箭已上弦,挑明了他不会因为回到这个敬畏传统、注重连贯性的地方而被吓倒。一些听众在萨默斯的言语中听出了他对哈佛全体教师不敬的蛛丝马迹,或者至少也是持着怀疑的态度。可能这些人对萨默斯的话做了过度的解读,不过那时候,学者们无疑觉得自己的位置岌岌可危。

就在九天之后,恐怖分子袭击了纽约的世贸大厦和华盛顿的五角大楼。9月21日,萨默斯在纪念大礼堂做了一个忧伤的演说。彼得·戈梅斯的大教堂有一个每天早晨进行简短的宗教礼拜的悠久传统——晨祷,它包括圣歌、祷告以及哈佛校园社区的成员对有关道德和精神问题的简短讨论。晨祷一般是在阿普尔顿礼拜堂举行,这个礼拜堂位于教堂前端的一个小圣殿。一块木制隔离板将它与主正殿分开。圣殿里只有一个小讲坛,两边各有大约六条长椅。但是在9月11日后的几天内,哈佛人跟所有美国人一样,都在寻求安慰。所以萨默斯在一个挤得水泄不通的教堂里进行晨祷演说。

"我原来期望在这学期的第一个月能参观学校的许多地方,"萨默斯开口道,"但这个布道坛并不包含在内。"[8]

对于那天在教堂里坐在萨默斯旁边的彼得·戈梅斯来说,这句话似乎有些奇怪。戈梅斯认为,就算在一所从事世俗教育的大学里,教堂这一灵魂的庇护所也照样是不可少的,甚至还更不可少。宗教信仰,不论以什么形式出现,已经渗入哈佛工作和学习的方方面面,使哈佛充满道义与良知,更别说谦逊了。在哈佛园里矗立着这么一座教堂,它提醒哈佛人不要太高傲。所以此时此刻,当成百上千的哈佛人来到纪念教堂寻求慰藉时,萨默斯的这番话令戈梅斯觉得莫名其妙。

然后,萨默斯谈到这令人悲伤的困境以及继续前进的重要性。他提醒台下的听众说:"我们和自己所爱的人在一起的时光是最宝贵的。"他还强调哈佛在反恐中所扮演的独特角色。"世界正在发生的这一切,与我从事微积分研究相干吗?与我去球场练习曲棍球相干吗?当世界正发生这一切之时,我却继续埋头于自己的管理事务,埋头于我的小班教学,这合适吗?"

他的答案是,这比任何时候都要重要。在战争时期,一所大学的日常工作——日复一日年复一年的教与学——或许显得并不那么迫切,但是从长远来看,它是在铺设一条通往和平的道路。"我们绝不会向恐怖主义屈服。"萨默斯说,"我们将把我们正在做的一切工作继续下去。"由于萨默斯本人曾经患过癌症,备受病魔的折磨,他心里十分清楚,当一个人面临死亡的威胁时,埋头于工作中就可以帮助自己熬过去,摆脱死亡的阴霾。

萨默斯的就职典礼在三个星期后举行。这个时间点选得真是有点尴尬,一方面是因为"9·11"恐怖袭击发生后不得不实施高度的戒备;另一方面则是10月7日和8日这两天里,《波士顿环球报》刊载了两篇关于哈佛的分数膨胀的长篇文章。记者帕特里克·希利惊奇地发现,竟然会有高达91%的哈佛学生以优异的成绩从哈佛毕业。相比之下,在耶鲁,这一数字要低得多,约为51%;在普林斯顿,这一数字则仅为44%。希利在文中写道,哈佛学生获得优异的成绩的背后有个"肮脏的小奥妙",那就是成绩评定标准的放宽,而这正在腐蚀哈佛毕业文凭的含金量。

《波士顿环球报》的这两篇文章震惊了校园。许多教授认为,学分膨胀的起源可追溯到"越战"时期。在那一时期,教授们之所以不愿意严格评分是因为成绩不及格的学生存在着符合征兵资格、必须入伍的风险。当然也有其他的看法，比如，莎士比亚研究专家斯蒂芬·格林布拉特则认为，哈佛学生都是些出类拔萃的学生，人们都可以预期他们将得到好成绩。（一点也不觉得奇怪，几乎所有的哈佛的学生都有同感。）分数膨胀的另一种可能性在于，在哈佛大学，绝大部分的评分工作由担任助教的研究生们承担，在评分的等级标准上他们的看法和教授们的看法存在差异。

最有争议的则是政府系教授哈维·C.曼斯菲尔德对此所做的解释。哈维·C.曼斯菲尔德是个地地道道的老哈佛。从1949年起他便来到哈佛，之后在哈佛获得学士学位，1961年又获得哈佛的博士学位，1962年，他以马基雅维里研究专家的身份成为哈佛的一名教师，并以自负的保守主义而著称。长期以来，曼斯菲尔德一直为哈佛的分数膨胀而忧心忡忡。由于很久以来他不断谈论这个问题，因此学生们便把他的名字改称为"哈维·C减·曼斯菲尔德"。曼斯菲尔德自嘲说，我的这个"C"代表着怜悯（compassion），而"这正是我在给学生们评分时所缺少的东西"。[9]*

在曼斯菲尔德看来，分数膨胀的直接原因是20世纪六七十年代黑人学生大量涌入哈佛。曼斯菲尔德认为，这些黑人学生并没有准备好如何面对哈佛的严格要求，而那些慷慨大方的教授并不想以糟糕的分数来羞辱这些黑人学生。"那些白人教授深刻领会了反歧视行动的精神后，不再给黑人学生打低分或中等分，而且，或许是出于证明这种做法的正当性，或许是为了隐瞒这种做法，他们从此也同样不再给白人学生打低分和中等分了。"曼斯菲尔德说道。[10]

曼斯菲尔德的这一解释让许多老师深感不安，于是便有人站了出来，开足火力，对此说法进行反驳。这个人就是哈佛学院的院长哈里·刘易斯。尽管刘易斯并不负责学院里非学术性的事务，但他对这一问题却深有感受，于是忍不住站了出来，对曼斯菲尔德的这种不负责任的说法加以批驳。哈里·刘易斯也同样是一个彻头彻尾的哈佛人，是位计算机科学家，1968年获得哈佛的学士学位，1974年获得哈

---

* 西方人名字中的中间名（middle name），在很多场合往往略去不写，只有在正式场合采用，平时则省略或以首字母代替。哈维·C.曼斯菲尔德的中间名的首字母便是"C"。恰与英语语言中"怜悯（compassion）"一词的首字同，因此学生们便把哈维·C.曼斯菲尔德的中间名的首写字母"C"戏解为 compassion（怜悯）一词的首字母，而"C减"的意思便解为"减去怜悯"，意为一点怜悯也没有。——译者注

佛的博士学位。

刘易斯认为,相关数据并不支持曼斯菲尔德的说法。刘易斯所搜寻的数据表明,从20世纪20年代起,哈佛学生的分数便已经开始在不断地上涨。而且事实上,只有1970年到1985年这15年间学生的分数没有上涨。哈佛学生分数膨胀源于对黑人学生的评分不严格的说法是在睁着眼睛说瞎话,刘易斯辩驳道:"对于一种社会理论而言,这种睁眼说瞎话的做法是个危险的开端。"[11]

无论怎么说,《波士顿环球报》上的这两篇文章中的统计数据在社会上引起了极大的反响。成绩优异的毕业生人数竟然高达91%!尽管每个人的反应可能不尽相同,然而哈佛大学在教学上的要求越来越不严格,比它的竞争对手要松懈得多,这样的看法无疑将给哈佛带来一场毁灭性的后果。一个即将上任的校长在他的就职演说中根本无法回避这一问题。

10月11日的下午,在隆重的仪式——象征性的钥匙移交,以及递交1650年最高议会为当时的哈佛学院所签署的特许状——之后。萨默斯站在三百周年纪念剧院的主席台上谈起了哈佛对世界的重要性。萨默斯承认,有时大学"不被正视,被看成是一个与世相隔甚远、没有任何实际价值的地方"[12]。但这一观点完全错了。大学,尤其是哈佛大学,其内部蕴藏着极大的创造力,这种创造力将进一步提高大学的生命力以及大学的重要作用。

"大学容纳各种各样的思想、观念和主张,但它绝不盲从,这是教育的特点。"萨默斯说,"无论是什么样的思想、观念和主张在这儿都是值得深思的,但不是所有的看法都站得住脚。"虽然大学应该是个充满强烈的道德意识的地方,但是不管其具有什么样的道德意识,它们同样都应该是个致力于寻求知识的地方。除此之外,"在传承各种悠久的传统的同时,崭新的一切对我们来说则是最为重要的一切"。每年都会有新的一批学生来到哈佛,他们给哈佛带来了新的活力、新的思想和主张。萨默斯话中有话,他在含蓄地表达自己作为新校长也有新看法和新主张。在他接下来的演讲中,他就要谈及刚才所讲的话的含意:重新强调本科生教育;重新修订课程体系;在查尔斯河对岸的奥斯顿建设新校区;更加重视哈佛的自然科学研究;让哈佛走向全球化。

新校长的就职演说夸夸其谈,华而不实。但他话里的含意也十分明确。萨默斯是在建议对哈佛进行改革,以塑造哈佛在今后几十年甚至下个世纪的形象。说真的,如果他能够实现自己所制订的规划的话,他将作为哈佛历史上最伟大的校长之一而载入史册。

改变哈佛意味着什么?旧传统对拉里·萨默斯来说根本就是些无关紧要的东西。知道为什么吗?就在他接过人们递过来的那些哈佛传统的象征——两把钥匙以及特许状时,他对着台下的人群把它们举起时,他脸上那略带微笑的表情中夹杂着些微的痛苦与轻蔑。

萨默斯会以他自己的方式来处理事情。至于台下的听众,那些教师、行政管理人员和学生——他们的家长和朋友已经离开,他们留了下来——要么跟着他一起同舟共济,要么闪到一边去。一切从现在开始了!

10月24日下午3点15分,拉里·萨默斯和科尔内尔·韦斯特在马萨诸塞厅的校长办公室里见面了。

马萨诸塞厅这座建筑的名称很有欺骗性。其实它位于哈佛园的主入口约翰斯顿门的里面,是一座乔治王朝早期风格的砖混结构的4层楼,大约100英尺长40英尺宽。马萨诸塞厅是哈佛尚存的最古老的建筑,其历史可回溯到1721年。在美国独立战争时期,美国军队曾住在这座楼里。马萨诸塞厅最底下的两层楼是行政办公室、会议室和校长办公室。三楼和四楼则是新生的宿舍,据说住在这最好地段的宿舍里的新生并不是刻意安排的,不过整个哈佛根本没人相信这一点(住在马萨诸塞厅的新生享有异常勤学、也异常安静的美誉)。住在这里的学生走专用的通道进楼,其他的人则经前面的一个朴素的绿门进入。校长办公室就在后面的角落里,要经过一条长长的、铺着蓝色地毯的走廊,在这条走廊尽头的左边。

马萨诸塞厅表面上看起来好像十分民主,可以随意进出,然而事实上,较之于其他大学的校长办公室,哈佛的校长办公室更加与外界隔绝。这样的通道设计目的其实只有一个,就是让那些好奇者不容易偷看到里头。而且,你也不是想进马萨诸塞厅就随便可以进得去的。从马萨诸塞厅的前门进去后还有一扇装有警报装置的门,这道门似乎用的是安全玻璃,紧挨着这扇门的是一个电子按键键盘和一个对讲通话设备。一条与人的视线高度平齐的公示上写着:请联系秘书。在它的下面是条字体较小、词意更为周全的标语,警告人们不得擅自入内。

第四章 校长与教授的对抗

虽然校长办公室位于一楼,但室内的白色百叶窗却将每个窗户的下半部分遮蔽得严严实实。或许哈佛大学男子篮球队队员凭着他们的身高可能会从百叶窗的上面看进去。但是对普通身高的过路行人来说,哈佛校长的办公室就像是爱伦·坡作品中那封被盗的信一样,以常人的眼力是看不见的。

百叶窗的后面是拉里·萨默斯的办公室,大概有35英尺长15英尺宽。里面那堵长长的墙体中间有个壁炉。深红色的地毯、半月形的墙灯和一个落地摆钟将这里装饰得十分高雅。办公室的后半部分是休闲区,摆着一张低背的长沙发、三张真皮棕色单人靠背椅和一张咖啡桌。萨默斯的办公桌和电脑桌则位于办公室的前面。它们对面是个橱柜,上面摆放着许多镶有相框的相片,装饰着这间办公室。其中一张是萨默斯的三个孩子的相片,一张是萨默斯和比尔·克林顿以及阿尔·戈尔的合影。除了相片外,还有一张镶在镜框中的面值为一美元的钞票,上面有他担任财政部长时的签名。这间办公室有两个门,一个靠近办公桌,另一个则在办公室较偏僻的角落,以便室内前一拨的客人从后门离开,后面一拨的来访者从前门进来。

10月的一天,科尔内尔·韦斯特和拉里·萨默斯面对面地坐在两张皮靠背椅上。有点不太寻常的是,这次见面时屋里只有他们两个人。许多和萨默斯见过面的人都会被这么一件事怔住了:他好像必须有个助手在旁边仔细做笔记,否则他似乎什么也做不了。

在片刻的闲聊之后,萨默斯进入了正题,他说:"我要你帮我修理一下他妈的哈维·曼斯菲尔德。"[13]

韦斯特震惊了。他马上就意识到萨默斯在玩一个胆大妄为的游戏:萨默斯是想让自己对将分数膨胀归咎于反歧视行动的人开战,从而把自己拖入这场反分数膨胀的斗争中来,成为受抨击的靶子。显然,萨默斯压根儿就不知道曼斯菲尔德和韦斯特的交情。

韦斯特心想,你压根儿就不了解我。你用不着多说什么。别以为我是个留着埃弗罗发式*的黑人兄弟,你这么说了我心里会很过瘾。

"我不想以这种方式议论自己的同事。"韦斯特说道。

"啊!"萨默斯回答说,"令我感到心烦的是,你给学生的分数打得太高了,导致了分数膨胀的问题。不过这个问题还是等一会儿再

---

* 一种典型的非洲风格的发型。——译者注

说吧。"

等一会儿再说？韦斯特有点出乎意料。究竟还有什么问题呢？

萨默斯又将话题转移到韦斯特缺课这一件无凭无据的事情上来。指责他在2000年为了比尔·布瑞德利的总统初选造势活动而逃了三个星期的课。"换做我自己，我是绝不会这么做的！"萨默斯说。

韦斯特坚决否定这个指控。"嘿！你是在开玩笑吧！"韦斯特说道，"作为一个老师，上课是我的使命，再也没有比这更重要的事了。在27年的教学生涯里，我从来没有缺过一次课。比尔·布瑞德利是我所敬爱的兄长。我能为他做任何事，但我不会因为任何人而缺课。"

韦斯特要萨默斯说出是谁告诉他自己逃课的。萨默斯说他有三个可靠的消息来源，但拒绝说出他们的名字。无论如何，萨默斯说，你现在所支持的是个不受任何人尊敬的候选人。

虽然萨默斯并未说出这三个人的名字，但是韦斯特认为这其中肯定与阿尔·夏普敦有关，但他坚持主张自己有权利支持任何一位他想支持的政治候选人。

"由于你老跑到校外开讲座和组织各种竞选的造势活动，我担心的是你在这所学校作为一个'好公民'的形象。"萨默斯继续说道。韦斯特后来把萨默斯的"好公民"这个用词记在了自己的日记里。

韦斯特指出，"在过去的一年中，我给校内的各种学生社团做过三十多场讲演。你萨默斯能说出哪位教授像我这样做这么多场讲演吗？"

两个人都提高了嗓门，针锋相对地互相辩驳着。萨默斯一点都不退却，他越辩越来劲，气氛越来越紧张。萨默斯坐在皮椅上前后摇摆着，根本就没正眼看过韦斯特。韦斯特从来都不曾遭受到如此的漠视。而拉里·萨默斯似乎愈发来劲。他觉得十分的受用！

突然地，萨默斯再次转换话题。他说他非常担心韦斯特的学术水平。他认为韦斯特的文章过于通俗，不够严肃。他希望韦斯特写几本能得到学术杂志评论的学术著作，而不是只能获得像《纽约时报》或《纽约书评》这类报刊评论的通俗作品。

事实上，韦斯特只有为数不多的几本书被《纽约时报》或《纽约书评》这类报刊评论。韦斯特坦率地说道：他不会介意《纽约时报》对他的其他作品进行评论。

"不行!"萨默斯重申道,他非常在意这个问题。作为一个大学教授,韦斯特有义务为高标准的学术水平树一个榜样。如果他没有树立起这样一个榜样,他就不应该把时间浪费在政治和社会活动上。萨默斯希望韦斯特的著作应该是"纯学术性的"——这又是韦斯特在他的日志中记下来的萨默斯的另一个用语。

萨默斯又补充说,他的这些关心真的是出自对韦斯特的看重。他谈到了经济学家罗伯特·赖克,这位先前曾与他同在迈克尔·杜卡基斯的总统竞选阵营担任经济政策顾问的同事,后来担任了克林顿政府的劳工部长,现为布兰迪斯大学的教授。他在2000年竞选马萨诸塞州州长一职没有成功。萨默斯说,赖克甚至连萨默斯要求韦斯特去做的工作都不能胜任。赖克只会写通俗著作,而你韦斯特要比他强,也想做得更好,不是吗?

韦斯特就是不明白,为什么自己不能既是个学者同时又是个写通俗著作的通俗作家。

"然而,你所录制的'说唱音乐'CD,"萨默斯说道,"让哈佛十分难堪,它与哈佛传统毫不相干。"

"我对哈佛传统的了解一点也不比你少,"韦斯特反击道,"只是我们对它的理解不同罢了。"毕竟,他们都拥有哈佛的学位。

萨默斯并没有打算让这件事情就此打住,他要求韦斯特写一篇如何解读一个特定的哲学传统的学术文章。

韦斯特简直不敢相信这一切。萨默斯有什么权利要求他写哪类文章呢?萨默斯是一个经济学家,为了表现自己对另一个学术领域的了解就要一个哈佛的校级教授去写他指定的文章,这简直是狂妄至极。要是韦斯特告诉萨默斯应该研究些什么,那么萨默斯肯定会当面嘲笑他的。

萨默斯说,希望韦斯特能在他们下次见面的时候做两件事情。

下一次见面?韦斯特思忖着,问道:"还有什么事呢?"

萨默斯要求韦斯特把"非裔美国人研究10"这门课的学生成绩拿来给他。

"你可以自己去拿,"韦斯特说,"找注册主任*拿就行了。"

"不行,"萨默斯说,"我要你把你这门课给学生打的每一份成绩都

---

* 注册主任(registrar),大学中保管学生注册记录和学习状况的官员。——译者注

拿来给我。"

韦斯特简直气晕了,他想不出萨默斯有什么理由提出这么一个要求来——唯一的解释就是萨默斯想羞辱他。

萨默斯又说,他希望在两三个月后再见到韦斯特,并想看一看他要韦斯特写的那本书进展如何。他的助理会安排好这一切的。

在4:05,也就是会面进行了50分钟之后,科尔内尔·韦斯特走出了拉里·萨默斯的办公室,并从萨默斯的秘书身边过去,但他并没有停下来预定再次来访的时间。

没过多久,拉里·萨默斯与韦斯特的会面引起了媒体的广泛关注,他们大多数的目光都聚焦在他们两个迥然不同的性格以及他们之间基于种族意识导致紧张局势的可能性上。然而在校园里,教授和学生们讨论着另一个问题:学术自由的本质是什么?这个问题对于一个不熟悉研究型大学的文化的人来说是个很难理解的问题。

在哈佛,也许再也没有一个人比得上哈佛文理学院的前任院长亨利·罗索夫斯基更了解这个主题了。罗索夫斯基已近八十高龄,其从容安详的举止让人看不出他有一颗敏锐而又好问的头脑。他曾经是教授、院长,也曾是哈佛董事会的成员之一,但他现在在哈佛大学已经没有任何正式的职务了。不过他仍然在洛布馆的二层保留着一间办公室,哈佛董事会每月一次的例会就在这里召开。这就是罗索夫斯基受到敬重的一个体现。由世界著名的建筑大师摩西·萨夫迪设计的哈佛犹太教联合会(Harvard Hillel)的总部建于1992年,被命名为罗索夫斯基大厅。

罗索夫斯基是一个非常谦虚、从不自满的人,他为自己的成就而感到自豪,但当谈起自己的这些成就时又觉得不自在。然而,他确实非常关注大学——它们的运作,它们的卓越之处,它们与以纳税方式资助它们的美国公众之间的社会互动关系的程度。因此,在1990年他围绕这个主题写了一本书,这本书的书名是"大学——所有者手册"*。他用"所有者"一词来指所有一切与大学存在利益关系的人：学生、教授、家长、校友以及大学里的其他工作人员。或许只有美国人才会相信这么一点：美国之所以会成为全球唯一的超级大国，其原因之一便是美国的这种高等教育体系。

在书中，罗索夫斯基解释了哈佛的终身教职体系是如何运作的，它又是如何保护哈佛的学术自由的。[14]当一个终身教授职位出现空缺时，相关的系就要负责在"全球"范围内寻找这一职位的最合适的人选。所在系的资深教师——也就是说，已经获得终身教职的教授们——要花费几个月的时间来遴选一个合适的人选。一旦产生了一位主要的候选人，这个系的系主任就会给其他大学的学者发函，征询他们的评价。信件里既有那些经过仔细考虑的人选的名字，同时又掺杂了其他并不在考虑之列的学者的名字做掩饰。（大家普遍认为，这种掩盖手段骗不了任何人；每个人都知道谁是真正的候选人。）如果对这封信的回复令人振奋，那么系里的提名就会送到文理学院的院长手中。

如果院长也同意这一提名人选的话，他就会把这份提名送给特别委员会，这个特别委员会由哈佛大学校长、所在学院的院长、三位来自其他大学同一研究领域的学者，以及两个来自不相关的院系的哈佛校级教授组成。特别委员会碰头，一起对每一个哈佛学院终身教职的候选人的优点加以评价。这样的会议气氛十分紧张。"我看到这些出类拔萃的资深学者们彼此十分冷漠，相互间的礼节几乎难以掩饰住彼此之间的鄙视。"罗索夫斯基写道。

文理学院里的这些被提名者最终能否获得终身教职还需经过校长的最后定夺。这一大权给了校长左右整个大学的师资结构的实权——对那些推荐了他无法认同的人选的院系，校长会责成这些院系的领导尽快提出新的人选名单。（设想一下，譬如说国会提名最高法官，总统拥有否决权。）

对终身教授的提名人选进行定夺也是个很大的负担。在哈佛学

---

* 亨利·罗索夫斯基(Henry Rosovsky)在1973至1984年间以及1990至1991年间曾担任哈佛文理学院院长一职，1991年，他出版了 The University—An Owner's Manual（《大学：所有者手册》）一书（原中译本名为"美国校园文化：学生·教授·管理"，山东人民出版社，1996）。——译者注

院,每年都要举行大约二十次的特别委员会会议。每次会议之前,校长都需要做几个小时的准备工作,他必须非常了解候选人的工作业绩。这样的会议每次往往要持续四个小时。校长要多加权衡才能做出定夺,因为他所要定夺的是教师们几个月来努力的结果——或者说,是候选人一生努力的结果。对于某个具体的人选而言,被否决不啻于灭顶之灾。"从他被否决的那一刻起,这个学者身上似乎就被烙上了一个耻辱的标志,经常都不得不解释说,自己之所以被否决大概是校长在做决断时在哪个方面出了什么差错。"罗索夫斯基写道,"据我所知,被否决的结果无异于给当事人留下一道很深的疤痕,即使是获得最高的专业成就奖也难以抹平。"

不过罗索夫斯基认为,正是这种严峻的挑战为哈佛大学造就了一支出类拔萃的学术队伍,这些学者经历了哈佛校方所能想象的一切最为严酷的淘汰过程存活了下来。

然而,一个人一旦获得了终身教职,他们就有权决定自己的研究方向,觉得自己适合写什么就写什么,适合研究什么就研究什么。这就是设立终身教职的真正目的——确保学术自由,并保护教授们在校内外都不受这个世界上形形色色的约瑟夫·麦卡锡们*的骚扰与迫害。的确,偶尔你得到的会是个没有进取心的人。获得终身教职的教师中也许有3%的人最终让人失望,他们不再出任何研究成果,不再出书。但是哈佛忍受得了这3%的比率,设立终身教职所带来的巨大成效足以为这一极小的失败率开释。

此外,要为"失败"一词下定义很难。学者毕竟也是人——大部分时间里保持着正常的状态,偶尔也十分怪僻——他们按照自己的日程安排工作。罗索夫斯基还记得有一位教授,很多年来没有发表过一丁点东西。他的同事开始在嘀咕:"这个家伙怎么回事?"然而,罗索夫斯基从来没给这位教授施压过,而且每年都毫无疑问地按惯例给他提薪。1971年,在经过近20年的沉默之后,这位名叫约翰·罗尔斯的教授出了一本书。这本书的书名是"正义论",并且这本书后来被认为

---

* 约瑟夫·麦卡锡(1908—1957),美国政治家,来自威斯康星州的美国参议员(1947—1957年)。他指责许多军队官员、新闻媒体工作人员和公众人物为共产党,并指挥一个永久委员会分别对他们进行调查和公开审判。他的指控从未成立,以臭名昭著的"麦卡锡主义"而著称。——译者注

可能是20世纪下半世纪所出版的最重要的政治哲学著作。当罗尔斯在2000年逝世时,他以哈佛最伟大的教授之一被人们永远铭记在心。而他20年间没有发表过一篇文章的事情几乎被大家遗忘。

终身教职不仅仅是让这些学者拥有想出版什么就出版什么、想什么时候出版就什么时候出版的自由,更重要的是,它营造了一个安全的氛围,让教授们能够就任何话题自由地表达他们的心声,畅所欲言,而无须担心因此受罚。这样的一种自由就是哈佛的精神,长期以来哈佛一直具有这种自由的传统。"这里不存在任何妥协,没有中间地带,",1909年至1933年间担任哈佛大学校长的艾博特·劳伦斯·洛厄尔曾经说过,"大学要么承担所有的责任来允许他的教授们在公众场合表达他们的某种想法,要么就不承担任何责任,让他们跟其他的公民一样由政府有关部门根据当地的法律来处理。"[15]

德里克·博克在这方面也有精辟的见地。"那些有才气、有创造力的人有时很古怪甚至很不负责任……"他担任哈佛校长时曾这样说,"由于大学最主要的目的就是发现知识并传授知识,为了让那些最具才华的人有机会发表成果并传授知识,我们最好还是容忍他们那些不受欢迎的观点和他们那些可疑的行为。"[16]

在拉里·萨默斯与韦斯特见面之前大约七个月左右,萨默斯曾经在一次接受《新闻周刊》的采访过程中表示赞同教授们的政见是他们自己的事一说。当问及大学校长持有各种政治主张是否适当时,萨默斯回答说:"大学与在这所大学里从事教学和研究工作的学者完全是两码事,大学本身对政治问题还是多加小心为是。"[17]

当然,哈佛校长有权约见哈佛的校级教授。詹姆斯·布赖恩特·科南特当初之所以创建这一职位就是想让哈佛的校级教授只需对哈佛的校长负责,以制衡文理学院的院长。在韦斯特事件中,萨默斯对韦斯特提出的一系列的要求本身并不是争执的要点所在。问题在于,萨默斯所表达的对韦斯特的关注似乎破坏了哈佛长期以来所形成的对终身教授的性质的看法。他是不是在对一名教授的学术研究的进度指手画脚呢?是不是在对这名教授的政见妄加非议呢?这种行为实在是太不可取了。一则,如果每一位几年之内没有出版过一本重要著作或者一般著作的教授,你都要责问一番的话,那么,用不着等到你手下的教授都跑光,恐怕你自己早就口干舌燥,一句话都说不出来了。

此外,还有另一个问题。萨默斯对韦斯特的指责,其实全都不对——而且早已有人提出警告说萨默斯错了。在萨默斯与韦斯特见面的前几天,斯基普就给萨默斯写了一封长信,在这封信里斯基普据理力争,认为萨默斯在电话中提及的几件对韦斯特的指责并非事实。韦斯特缺课了吗？事实上并非如此,盖茨在信里写道。要是韦斯特缺了三个星期的课,你就可以在《哈佛深红》的头版上读到相关的报道。韦斯特是分数膨胀的罪魁祸首？这也不实！除了盖茨外,其他人的看法也和盖茨一样。"科尔内尔·韦斯特并不是首恶。"哈佛的一位高级行政管理主管说道,"如果你将给学生成绩打 A 的教师从高往低进行排名的话,科尔内尔的名字在这一排行榜上是不可能名列前茅的,当然了也不会太靠后。"而且,即便这个指责没有差池,分数膨胀也显然只能说是体制上的问题；无论你批评哪一个教授,都解决不了这一问题。

那么,究竟是什么原因促使萨默斯非得严词痛斥一位哈佛最受敬重的教授呢？

当天下午,在科尔内尔·韦斯特离开马萨诸塞厅之后,他打电话告诉盖茨刚刚发生的这一切,盖茨简直不敢相信韦斯特电话里说的这些是真的。"那个家伙竟如此极尽所能地侮辱你。"盖茨说道。之后韦斯特打电话给他的老朋友、作家托妮·莫里森,她在普林斯顿大学教授文学创作课程。莫里森说："萨默斯疯了。"

在接下来的两个月中,韦斯特一直在想他和萨默斯的这一次会面,并且和小范围内的个别密友一起探讨。他简直搞不懂,为什么新校长上任伊始就把他叫去训斥了一顿？为什么他要严词叱责一位从事非裔美国人研究的教授呢？要知道,这位教授曾被前任校长授予哈佛大学最高荣誉——哈佛校级教授头衔。而且,陆登庭还认为非裔美国人研究系是自己留给哈佛的最重要的财产,而韦斯特则是这个系的骨干。他明明有充足的理由相信那些对韦斯特的指控根本不是事实,为什么还拿它们来羞辱韦斯特呢？还有,这位新校长为什么还命令韦斯特上交命题性的学术文章以备检查呢？其实他完全清楚,任何一位哈佛教授都不会接受这样的看管。

韦斯特越想越觉得萨默斯是想要他滚蛋。韦斯特是终身教授,萨默斯想要解雇他是不可能的,但是萨默斯却可以在哈佛狠狠地整他,让他不得不自动离开这里。

在接下来的几天和几个星期内,各种传闻开始传播。最初只是在非裔美国人研究系里传播,但很快便扩散到其他的院系,扩散到哈佛校外。韦斯特的很多同事都知道了校长和教授之间发生了不愉快,但除了这一点,具体情况他们都一无所知。可单是这一点就够让韦斯特心烦的了:他总是想着辞职走人。不久,一位来自《波士顿环球报》的记者出现在韦斯特办公室的门前,但韦斯特不愿和他交谈。这些传闻也在哈佛大学南面的普林斯顿大学传播,传到了普林斯顿大学的学术副校长艾米·古特曼的耳朵里——为了让人们觉得哈佛董事会似乎在认真考虑由女性来接任哈佛校长的职位,哈佛董事会曾将她的名字作为新校长的人选泄漏出去。古特曼给韦斯特打了个电话,看他是不是考虑重返普林斯顿任教。韦斯特接了那个电话。

哈佛大学有几个院系,教师之间相互竞争,彼此互不喜欢,也互不信任。例如,历史系近些年来对立严重,连终身教授候选人的人选都无法达成共识。随着那些老教授的年龄逐年增大,最终这个系也就走向了衰落。政府系和经济系这两个师资队伍比较强大的系也以其内部矛盾而闻名。

而非裔美国人研究系虽然规模不大,但是系里每一个教师却相互关心,取长补短,除了工作上的交往之外他们彼此间还有社交往来。"我曾经在其他学校的许多院系待过,"伊夫林·布鲁克斯·希金博特姆说道,"不仅在一些历史系待过,也曾经在一些非裔美国人研究系待过。但从未有一个系能像哈佛的非裔美国人研究系这样融洽友爱。这真是一个真正的共同体。"

几个月来,这个共同体的成员一直都在试图劝说韦斯特不要去普林斯顿。盖茨和其他人都主张说,与萨默斯之间的风波可以弭平。即使无法弭平,韦斯特也应留下来,成为萨默斯的眼中钉肉中刺,让他大伤脑筋。盖茨力劝韦斯特:"不要让这一支研究团队因此分裂。"

然而韦斯特却十分悲观。自从上一次不愉快的见面之后,萨默斯再也没有联系过他。校长肯定知道韦斯特没有预订好再次见面的时间,但他似乎一点也不在意再次的会面——这让韦斯特更加坚信萨默斯想让他自动离开这里。

与此同时,韦斯特还因为个人生活上的一些问题而心烦。最近他被诊断出患有前列腺癌,不久他就要去做切除肿瘤的手术。而且他还在办理棘手的离婚手续。他的婚姻已开始破裂,他正与一个年龄38

岁、靠着新闻研究奖学金在肯尼迪政府管理学院从事课题研究的女性坠入情网。这名女子已经怀孕了,而且想要生下这个孩子。尽管她和韦斯特将来不会在一起生活,但是韦斯特决心做这个即将出世的女儿的好父亲。可是,眼下的处境让他觉得十分棘手、痛苦不堪。而且校园里那些好说闲话的人在四处饶舌。"有谣言说,我宝贝女儿的母亲是个大学三年级的学生,年龄才 21 岁。"韦斯特说,"我从朋友那边听说了这件事,甚至斯基普和其他朋友也都在说,'科尔,我不知道是不是见鬼了,究竟是怎么回事,但有这么一件事……'我说,等一会儿,在我 27 年的教书生涯中,我从未碰过一个在校的大学生。"

12 月 22 日,《波士顿环球报》的一位名叫大卫·艾贝尔的记者——也就是那位现身于韦斯特办公室的记者——发布了一则报道:斯基普·盖茨的梦之队由于与新校长拉里·萨默斯的关系紧张而处于动荡状态。韦斯特正在考虑前往普林斯顿任教。安东尼·阿皮亚由于妻子住在纽约市也有同样前往普林斯顿的考虑。如果韦斯特和阿皮亚都去了普林斯顿,盖茨离开这里的时间还会遥远吗?站在韦斯特一边、为韦斯特说话的查尔斯·奥格拉特里说:"无论是什么原因使得韦斯特离开哈佛,都将意味着正义没有得到彰显。"与此同时,萨默斯解释说,他根本无意要伤害韦斯特的感情。他说:"这是个令人十分遗憾的误会。"为了重申这一点,一名不愿具名的哈佛行政管理人员称这一事态为"一个极大的误会"。在此之后的几个星期、几个月和几年里,萨默斯和他的助理一而再、再而三地使用这个词。韦斯特想,这事还真有点儿滑稽。根本就不存在任何的误会,萨默斯当时可是把他的想法表达得一清二楚。

一个星期后,关于萨默斯校长和韦斯特教授之间的这场风波的报道刊登在《纽约时报》的头版,之后全美乃至全球的各家报刊都纷纷刊载了这一报道。《纽约时报》的这篇文章进一步扩大了两人之间的种种矛盾,使之濒临最危险的边缘。《纽约时报》记者雅克·斯泰因贝格在其报道中说,韦斯特和盖茨正在考虑离开哈佛大学,原因在于,"萨默斯校长迄今尚未十分明确地表明其赞同反歧视行动和种族、阶层上的多元化"。

这句话其实并不完全正确。萨默斯和韦斯特两人之间的这次糟糕的会面才是接下来最急迫的问题。因此这件事情的当事双方及各自的支持者们均怀疑是查尔斯·奥格拉特里在借韦斯特与萨默斯之间的这场矛盾对萨默斯施加压力,要萨默斯表态赞同反歧视行动。如果这就是查尔斯·奥格拉特里的意图的话,那么他的目的达到了。1月1日,全美著名的黑人民权运动领袖杰西·杰克逊来到剑桥,他发表声明说:"哈佛应当是用光明来照亮整个美国,不应当投下怀疑的阴影。"阿尔·夏普敦则宣称他也要来哈佛。

这种举世瞩目并不是哈佛董事会当初聘请萨默斯担任校长一职时所期望得到的。尽管鲍勃·鲁宾已经让他们相信萨默斯早已脱胎换骨,不复当初的鲁莽,然而早在萨默斯到任之前,就已经有人警告过哈佛董事会会发生目前这种严峻的局面。因此,哈佛大学董事会成员中唯一的一名黑人康拉德·哈珀打电话给萨默斯,敦促他尽快平息这场危机。

1月2日,拉里·萨默斯发表公开声明,重申自己将为一个多元化的校园而努力。"我对哈佛长久致力于建立一个多元化的校园所作的努力引以为豪,"他在声明中说道,"我坚信我们有必要为此而继续努力……"但私下里萨默斯却大发雷霆。他从未对多元化的价值表示过任何一丝的怀疑;他只是对反歧视行动能否作为达到这一目的的一种手段感到怀疑。萨默斯从未料想到对韦斯特的指责会导致目前这一混乱的局面,让他招致种族歧视的指控。

1月3日,萨默斯和韦斯特终于在马萨诸塞厅再次会面。应萨默斯之邀,他们这次是在晚间会的面。他们首先谈了些个人问题。萨默斯询问韦斯特的病情,并将自己与癌症进行抗争的经验告诉韦斯特。韦斯特对萨默斯的关心表示感激,并被萨默斯在治疗过程中所展现出的意志力深深地打动。萨默斯则为他们之间的争执没有引发成种族问题而对韦斯特表达了感谢。萨默斯的这个谢意让韦斯特稍微有一些吃惊,因为他认为这至少在一定程度上是个种族问题。

在整个会面过程中,萨默斯再三向韦斯特表示道歉。他引用了理查德·波斯纳(Richard Posner)最近刚出版的一本新书《公共知识分子的衰落》(*Public IntellectuaLs:A Study of Decline*),在这本书中,理查德·波斯纳称韦斯特是全美最值得受赞扬的学者之一。哈佛的其他人很快就会明白,对于萨默斯来说数据就是一切。无论你怎么动之以情、晓之以理,他都不会为之所动;他要的就是数据。然而,遗憾的是,萨默斯是在他和韦斯特之间的第一次交谈之后才看到这个数据的。他承认,自己要是能早些看到这些数据那该多好啊。要是这样的话,那他恐怕就会改变自己原先对韦斯特的一些看法了。

可能他们两人迄今都还未意识到,他们除了都同样有过罹患癌症的经历外,还在许多方面有着相似之处。首先,他们俩都非常有魅力,都拥有很多的崇拜者,而且他们俩同时也遭受着一批人的猛烈抨击;他们俩都同样经历过婚姻失败的痛苦;而且在众人眼中,他们都是那种为了某项事业而没能使各自的学术潜力得到充分挖掘的学者。尽管很有才华,但韦斯特从未产生"一项令人信服的独创性思想观念"[18],书评作者萨姆·塔能豪斯(Sam Tanenhaus)后来在《名利场》杂志中这样写道,这与许多经济学家对萨默斯的评论可谓是如出一辙。

与萨默斯的这次会面让韦斯特大为感动,然而他的这种感动仅仅维持了大约12小时便化为了乌有。第二天早上,韦斯特拿起了当天的《纽约时报》,读到了一条关于他们见面的报道——报道的消息来源并非出自韦斯特。报道的内容为:"萨默斯与韦斯特博士会面,尽管萨默斯并没有表达任何明确的道歉,但误会已经消除,他与非裔美国人研究系之间的最后分歧也化解了。""没有任何明确的道歉?"韦斯特不相信自己的眼睛。他给萨默斯打了电话,要求他做解释。萨默斯说肯定是《纽约时报》错误地引用了他的话。对此,韦斯特并不买账。他坚决认为萨默斯向《纽约时报》撒了谎,现在又来骗他。

"就在那个时候,我决定离开。"韦斯特说,"一个暗箭伤人的地方我可应付不了。"这次道歉对韦斯特来说非常重要。全世界所有人似乎都知道萨默斯对他的指责。只有让他们都能从报纸上得知所有的这些指责都是莫须有的才能算是公平。

三个星期后,也就是在1月25日,哲学家安东尼·阿皮亚宣布他将离开哈佛前往普林斯顿大学任教。他之所以做出这个决定是因为个人原因,他宣称,他是想到一个离自己的妻子近些的大学任教。但韦斯特的事无疑是促成他做出这一决定的一个重要因素。伊夫林·布鲁克斯·希金博特姆说:"要是没有发生这样的事,我认为安东尼·阿皮亚恐怕不会离开这里。"阿皮亚并不想让这一支梦之队解散,但是"这件事情为阿皮亚的离去开了一扇门"。与此同时查尔斯·奥格拉特里也宣布,华盛顿霍华德大学有意延揽他担任该校法学院院长,他正在权衡是否接受。随后,另一篇新闻报道也暗示斯基普·盖茨也已经有一只脚跨出哈佛的大门了。

不过,从某些方面看,萨默斯赢得了这场公共关系战的胜利。哈佛的经济学家约翰·肯尼思·加尔布雷思曾经写道:"从政治的权术来看,每个人都需要树一个敌人,所树的这个敌人最好是一个没有能力、误入歧途或与社会对立的人。"[19]萨默斯选择了一个可以毫不费力将之丑化的敌人。韦斯特那一头典型的非洲式发型、黑色套装和满嘴的街头粗话,当然还有他的肤色让韦斯特无论是看起来或听起来都不像是一个哈佛的校级教授。他的作品常常被人断章取义,作为攻击的靶子。此外还有他的那张被视为说唱音乐的 CD 片。

因此,文化保守派,无论是白人还是黑人,都为拉里·萨默斯而欢呼。他们说他所做的这一切只是希望能够振兴哈佛大学的"卓越",而科尔内尔·韦斯特则根本算不上卓越。在他们看来,韦斯特是个顶着终身教授头衔的激进主义者的缩影,在 20 世纪 60 年代的抗议活动中,他们这些激进主义者将各所大学搞得一团糟,后来他们又找到了份工作清闲但报酬丰厚的职位,他们喝着加有牛奶或奶油的浓咖啡,躲在常春藤围墙内安全的地方煽动革命。《华尔街日报》、《国家评论》和《新共和党人》杂志都为萨默斯把韦斯特叫去训斥而大唱赞歌。(通常说来,黑人职员越少的新闻机构,对韦斯特的敌意就越强烈。)《福布斯》杂志影射说,要是韦斯特离开了哈佛,那么空出的位子可以由善于搞笑的美国说唱音乐歌手艾米纳姆来接替。黑人学者约翰·麦克沃特在《纽约时报》上撰文抨击哈佛的非裔美国人研究系的学者"拿枪对着拉里·萨默斯的双脚射击,迫使他跳起了'我不是个种族主义者'的舞蹈"。另一个黑人保守主义者谢尔比·斯蒂尔在《华尔街日报》上撰文指出:"萨默斯因为韦斯特没有成为一个卓越者而指责他,这其实是一种为社会负责的行为。"然而,这些评论者中看来没有任何一位了解他们两个人之间所发生的实情,因此,他们似乎是从他们所处的政治立场出发而得出这样的结论的,而不是以事实为依据对目前的这一局面进行解读。

在哈佛校园里,学生们非常沮丧,而教授们的看法则分歧很大。4月初,有 1200 名学生恳求韦斯特别离开哈佛。但除了非裔美国人研究系的教授们外,只有极少数的教授站在韦斯特这一边替他说话。有些教授则赞成萨默斯的做法,认为韦斯特理应受到批评;其他的人则完全不想卷入此事,他们根本不知道事情的真相,并且觉得和新上任的校长作对不会得到什么好处。这确实是一所各自为政的学校。

与此同时,哈佛的校友,特别是那些毕业得较早的校友,譬如说那些在60年代中期之前毕业的校友,纷纷集结在母校的这位新任校长的旗下。对于每一任的哈佛校长而言,"他们都将可以得到这些校友源源不断的支持。"德里克·博克解释道,"当那些校友回到母校重新聚在一起,或是你在不同城市发表演讲时,你就能体会到这一点。这些校友希望他成功,因为他们在内心深处深爱着自己的母校,对自己的母校无比崇敬。而他们之所以敬重母校的校长,仅仅是因为他们认为,既然他能经过重重的遴选成为校长,那么他肯定错不了。"

许多哈佛校友在看待这件事情时,看到的是一位曾经担任过财政部部长、其智力水平大有问鼎诺贝尔奖实力的白种人——毕竟母校哈佛就是这样告诉他们的——对一位支持激进分子阿尔·夏普敦、灌制说唱音乐CD片的黑人教授进行了严词训斥。他们纷纷致函母校,这其中高达四分之三的信是支持萨默斯的。不过,那些负责校友事务的职员对他们所收到的这些信件并不是完全满意。有些信完全可以说是充满了种族偏见与歧视,而且数量相当大,这让这些负责校友事务的职员着实不安。

韦斯特简直无法想象自己默默地任由萨默斯中伤而继续留在哈佛将会是怎样的一副情景,而且他也不希望自己继续在哈佛待下去让萨默斯头疼,因为这样会使局面更加难以收场。人的一生何其短暂,不能把它浪费在这上面。韦斯特想去某个需要他的地方。

4月12日,斯基普·盖茨给他在非裔美国人研究系以及哈佛其他院系的同事发了封简短的电子邮件。科尔内尔·韦斯特将和安东尼·阿皮亚一起于2002年秋天前往普林斯顿大学任教。此时的你如果刚好走进哈佛的一些学系——非裔美国人研究系,历史和文学系,英语系——你将会看到人们读了那封电子邮件后失声痛哭的情形。

然而,这并不是这个事件的最终结局。韦斯特离开了,那么盖茨会不会步其后尘呢?要是斯基普·盖茨也离开了,那么整个事态——尼尔·陆登庭花费了十年心血所建造和寄予厚望的非裔美国人研究系——将毁于一旦。而非裔美国人研究系一旦失去安东尼·阿皮亚、科尔内尔·韦斯特和斯基普·盖茨,那么恐怕没有人愿意在此继续待下去了。这就像泰坦尼克号撞上冰山后再也没有人会买它的船票一样。

在科尔内尔·韦斯特离开哈佛之后相当长的一段时间内,萨默斯一直都在极力回避此事,不愿谈及这一事件前前后后的具体情形。在2002年10月份,当哈佛校园报《哈佛深红》的记者向他提及这件事时,他回答说:"我迄今一直都没有跟别人谈及那次会面的具体情况,现在当然也不想开这个头。"

但他说的这一句话并非完全是真话。同年秋季,在他与《纽约时报》编委会的一次非正式会议中,《纽约时报》的一位编辑向萨默斯问起他和科尔内尔·韦斯特之间冲突的真相。据几位了解那场会议的人透露,萨默斯只是冷冷地回答道:"对于一位犯有性骚扰问题的教授,你会打算怎么做呢?"

萨默斯的这一评论显然指的是韦斯特与那位在哈佛研修的女记者之间的关系,但他的这句话说得并不准确。这一评论后来传到了几位与韦斯特关系密切的教授的耳朵里。但他们并没有跟韦斯特提及这件事。并且韦斯特也的确是在我因写这本书而向他了解这事时才知道萨默斯的这一评论的。所有那些听说过这一对韦斯特指责的人都觉得十分惊讶。原本只是他萨默斯与一位学者在会面时所产生的一个小小的冲突,他却别有用心地捏造成谣言误导新闻界。他躲在幕后散布流言,却无须为此承担相应的责任。这位新校长显然深谙华盛顿政界的那一套。然而,这对于哈佛大学来说又将意味着什么呢?

第五章　查尔斯河畔的华盛顿

　　根据几位在工作上和萨默斯有密切往来的人的说法,萨默斯对科尔内尔·韦斯特离开哈佛几乎就不觉得有什么可惜的。说真的,这出戏演绎得并不尽如人意。因为这场争论被曝光在大庭广众面前,让他颇为难堪;在哈佛校园内,大多数学生的看法都与萨默斯相左。萨默斯校长心里明白自己玩得过火了,事态已经脱离了他的掌控,现在他不得不为斯基普·盖茨随时可能离开哈佛而忧虑。比起韦斯特,想要丑化盖茨可是难多了,而且盖茨在哈佛的地位是没人可替代的。

　　不过,从总体上看,萨默斯认为韦斯特的离开是他的一个胜利。这位行事高调的教授离开了哈佛,这是一件好事。而且,多数媒体连篇累牍的报道,都在为这位新校长而欢呼。总体上说,新闻界把萨默斯描绘成一位负责任的、锐意革新的新校长,他知道不打破鸡蛋就做不成蛋卷,想要有所得就必然会有所失。萨默斯知道,多数的美国人对那些敢作敢为者总有一种难以名状的本能的崇拜——尤其是将这些敢作敢为者与那些手心总是紧张得汗津津的学者相比较时更是如此。"(批评萨默斯的人)一直称他为'一头闯进瓷器店的蛮牛',"詹姆斯·特劳布是《纽约时报》报道萨默斯的记者,他于2003年在纽约威斯特的哈佛俱乐部的一场演讲中说道,"但有谁想要在这么一个瓷器店里工作呢?"特劳布显然没有意识到,首先使用这个比喻来形容萨默斯的并非是哈佛的教师,而是财政部的一位助理,而财政部并非像人们通常所想象的那样是有修养者的天堂。

　　无论如何,许多局外人以及学校内部的保守派人士都认为韦斯特以及韦斯特的支持者是在竭尽全力地维护现状,他们毫不妥协地与一位希望提高各项标准、增强责任心的新校长对抗到底。在这场冲突中,萨默斯已经直截了当地把韦斯特一方锁定在守势的位置上。就像政治造势活动中所使用的那些语言简练的口号:变革对抗守旧!卓越对抗平庸!主流价值观对抗终身教授中的激进派!这样的二分法完完全全是华盛顿政界的标准操作程序的再版。并且与长期以来生活在哈佛校园内的这些人比起来,萨默斯更懂得怎样去运用这套伎俩。

在哈佛,许多人——无论他们是站在萨默斯这一边或是韦斯特这一边——都觉得十分困惑,为什么萨默斯上任伊始,就发起了这么一场冒险的对抗。把一个深受欢迎的黑人教授挑出来作为抨击的对象,这样的念头似乎充满了危险,他们很难相信萨默斯所说的种种理由是他唯一的动机——尤其是对一些人而言,他们认为萨默斯所抨击的一些事情其实并没有事实依据。相反,绝大多数人认为,在萨默斯的内心深处肯定还有别的更深层次的因素在作怪。或许是出于一种摆明了表现自己与尼尔·陆登庭截然不同的处事风格的冲动?或是像大家所传言的那样是马丁·佩雷茨、利昂·威泽尔蒂亚以及文理学院的院长杰里米·诺尔斯在萨默斯耳旁拨弄是非的结果?又或是由于韦斯特支持激进主义者阿尔·夏普敦,萨默斯出于种族意识而对他实施报复?

诸如此类的推测也许最好是留给精神病专家去考虑——而不该由哈佛人来推测,但哈佛人却在推测这些问题——不过其中的一个解释倒也不失为一个不争的事实。那就是,萨默斯对韦斯特的指责其实只是萨默斯这个更大的意图中的一个具体而微者:萨默斯已经充分意识到了病态的过去——一个动荡不安、制造分裂、具有极大破坏性的 20 世纪 60 年代——留下的这些有害的残渣余孽,只有将这些余毒清除掉,哈佛才能为更广阔的未来做好准备。萨默斯认为,只有从那个年代留下来的烂摊子上迈出,哈佛大学才能拥抱他所预想的美好未来。

拉里·萨默斯已经离开了财政部,但是他并不打算从这个世界的权力精英圈子里消失。他不再有可供支配的数千亿的美元,让他可以进一步提高美国对世界的影响以及他自身的权力,但是哈佛自有其独具特色的各种资产。萨默斯将领导一个或许是全球最伟大的智力集团,而且这个智力集团的背后有着一个全球最强大的品牌在支持着他们。就像一个拥有许多国外子公司的企业一样,哈佛大学的基地遍布全球——它在亚洲、欧洲和南美以及中东都有办事机构并与这些地区的大学联合办学。萨默斯深知,通过在世界各地进一步扩大哈佛的影响,并赋予这种影响以内涵,那么他自身的地位也就能够进一步提高,成为全球最具影响力的人物之一。

他从不明确地把自己要讲的话说清楚。不像尼尔·陆登庭,萨默斯从来都不想说哈佛大学必将成为一个思想的帝国。这其中的部分原因是他们两个人在演讲风格上存在着天壤之别。陆登庭总是不断地修改自己的演讲稿,努力使自己演讲的每一个句子都显得清晰易懂、语重心长。"陆登庭事必亲躬,从没叫人替他写过讲稿。"一个非常了解陆登庭的人回忆道,"陆登庭哪怕是准备和他自己的三个侄女谈话,也会彻夜不眠,考虑一整夜才动笔。"陆登庭认为,认真细心地把自己准备讲的东西写下来是大学校长工作的一部分。他认为应该留下书面的痕迹。

而且,陆登庭不会因为称哈佛为一个帝国而受抨击。他性情温和,举止彬彬有礼,不想出风头。没有任何人会怀疑他会拥有着巨大的个人野心。相比之下,萨默斯则很难有这样的福气。他几乎全都是因此而备受指责的。萨默斯忘不了自己在世界银行工作时的"备忘录"风波。对于萨默斯而言,自己的任何举动或念头,无论是涉及有毒废物或是其他任何东西,只要留有书面的记录,多数情况下总是让他承受了许多的风险,而很少能因此受益的。因此,他在演讲时言语总是十分谨慎,他的演讲华而不实,多为一些华丽的辞藻而缺乏明确的东西——与其说是大学校长的演讲,还不如说更像一位内阁部长的讲话。因此,萨默斯延揽肯尼迪政府管理学院教授,曾经为民主、共和两党四任美国总统担任白宫关系顾问的大卫·格根为他写演讲稿绝对不是什么偶然的巧合。

但在一些非正式的场合,譬如,在一些问答会、餐会、与校友见面或是与同僚和助手聊天中,萨默斯明确表示,让哈佛大踏步地走向全球正是他的目标。当然他并不是想要统治世界,但是他确确实实是想要引领这个世界,塑造这个世界,影响这个世界的发展,正如他在20世纪90年代所做的那样。哈佛将是他的权力基础,是个知识的工厂,每年将向外输出成百上千名未来的领导人。而他本人则是这个工厂的经营者。

"你们都知道，"他不止一次在演讲中说道，"在财政部任职期间，我经常在世界各地到处跑，和这个国家的财政部部长或是那个国家的外交部部长会面。有件事时常让我感慨万分。每次我和他们见面，多半时候他们的反应却是：'唔，萨默斯先生，非常高兴你作为美国财政部的官员来到这里。不过你曾经是一个哈佛的教授，对吗？'于是我就说：'没错，我原先在哈佛任教，是那儿的教授。'那个人接下来就会说道：'1977年我作为一名研究人员在哈佛大学呆了一年时间，那是我人生中的一段最重要的岁月，因为我在那里所学到的知识、所形成的各种人际关系、所获得的各种经验是非常宝贵的，直接影响了我的人生道路。'"[1]

"……通过我们的校园来形成人际网络并成为世界某个国家的领导人，当我还是个教授时这是连想都没有想过的事情。要不是我在全球各国往来的过程中遇上他们，我根本就不会相信会有这等事。

"要塑造这个世界靠的是引导这个世界的领导人，"在另一个场合萨默斯曾经这样说道，"而我们每年的新生有1650人，分别来自全美各州，来自世界上几十个国家，甚至可能是来自一些毫不起眼的地方……这1650个人的群体是每一年里最有才华的年轻人所组成的群体，他们将是世界历史的组成部分。"[2]

"学子们在哈佛学院的几年时间正是他们一生中最具有可塑性的几年。"他说，"我们拥有极好的时机塑造他们，让他们为自己的将来有所作为而做好准备。"

无论是何时何地，萨默斯都念念不忘他的一个想法，那就是，哈佛塑造了世界的领导阶层。"我们这个世界其实是按它的领导者所设想的那样来塑造的，"在另一个场合他说道，"至于他们是怎么设想的，则取决于他们在受教育期间接受的是什么样的教育，而哈佛学院在其中扮演着自己应有的角色。"[3]

与此同时，萨默斯还明确地将哈佛的成功和美国与恐怖主义进行斗争的前景联系在一起。正如他对佛罗里达州的一所中学的学生所讲的那样，"要是有一天，我们每个群体的成员都觉得自己没有机会来到像哈佛这样的地方，这样的局面无疑就是对那些与美国为敌的国家的最大支持"[4]。

当然，所有的老师都希望他们自己能对学生具有长久的影响力，从一个更大的范围来看，萨默斯也是如此。在他任职华盛顿期间，他已逐渐意识到,决定政治人物做出何种决策的一个最重要的因素就是他们所接受的教育。现在萨默斯开始经营一个机构,其构成人员中包括了全世界最优秀、最聪明的学生,因此他下决心要教他们如何去领导这个世界。"哈佛之所以存在,原因只有一个:世界的未来完全依靠年轻的一代人的今日之所学与他日之所为。"[5]他说道。

对于像萨默斯这样长期为全球化费尽心思者来说,机不可失——这不仅仅是为了哈佛,更是为了他自己。他曾经一度利用国际货币基金组织几十亿美元的贷款对世界各国的领导人进行引诱、哄骗甚至是胁迫,把所有的贷款与实施那些有利于美国利益的特定政策相挂钩。现在,他可以用另一种方式——通过对精英的教育——来塑造这个世界。保罗·萨缪尔森通过他的经典教科书影响了一代又一代的经济学家;拉里·萨默斯想要影响同时代的人和这个时代。他曾经在《世界历史》一书中称哈佛的学生是一群世界历史中最非凡、最具才能的年轻人。而且每年又会有另一群年轻人来到这里,他们同样是不平常的一群,甚至更加不平常。现在他是这些不平常的年轻人的校长,是精英中的精英。

不过他首先得彻底清除过去的错误。为了让哈佛实现其巨大的潜力,并用一种新的方式——其实也就是萨默斯的新方式——进行自我审视,就必须去掉束缚哈佛的桎梏。这就意味着要清除20世纪60年代的影响。

那么这个影响究竟是什么呢?拉里·萨默斯有一个极端消极的看法。在接下来的几年里,那些持有不同看法的人将会成为萨默斯最强劲的非难者。他们对哈佛应该塑造这个世界未来的领导人这一点并没有什么不同的看法,但其他的问题,诸如该怎样去塑造这些未来的领导人,应该给他们什么东西,他们的价值观又是什么,他们根本就无法与拉里·萨默斯达成共识。当萨默斯想要根据自己的设想重建哈佛时,这些人将成为他的最强烈的反对者。

纳森·马什·普西受命于危难,从他担任哈佛校长的那天起非常不幸地历经了"越战"、民权运动、学生抗议和政治暗杀等活动。他是一位从事古典研究的学者,1928年毕业于哈佛学院,并在1935年获得哈佛哲学博士学位。(据报道说,他"对雅典法兴趣浓厚"[6]。)普西是一个非常虔诚的宗教信徒,他定期参加在哈佛纪念教堂的各种宗教活动,并为改善长期贫困的神学院而尽心尽力。纪念教堂的牧师彼得·戈梅斯称普西是"最后一个基督教徒"。戈梅斯这句话的意思是说,普西是最后一位深信宗教信仰并受到宗教信仰激励的哈佛校长。("这个称呼确实有点问题,但我好不容易才侥幸想出这么个称谓。"戈梅斯开玩笑道。)普西的信念表现在他那宽阔而又坚毅的脸庞上,他从不为任何难题而愁眉不展,也不因它的最终解决而眉开眼笑。

1953年春季,詹姆斯·布赖恩特·科南特宣布他将辞去哈佛校长一职,并将前往德意志联邦共和国担任美利坚合众国驻德国高级代表时,没有一个哈佛人意料到普西会接替他的校长位置。他们怎么可能意料到这一结果呢?几乎没有人知道普西是谁。当时的新校长候选人中最有优势的一位是时年33岁的麦克乔治·邦迪,一个从事政治学研究的副教授,虽然十分年轻却极具才华;另一位则是希腊文学教授约翰·休斯敦·芬利伦,他帮助编写著名的《哈佛红皮书》*,为战后美国的教育制订了蓝图。无论从哪方面看,这两个人可谓德高望重,是接替科南特的最佳人选。

在此之前,普西是劳伦斯学院的院长。劳伦斯学院是一所小型文理学院,位于威斯康星州东部的阿普尔顿市。这是所很不起眼的学校,至少在许多哈佛人的眼里就像不存在似的。普西是一个土生土长的爱荷华州人,他成了哈佛历史上第一位出生于哈德逊河西岸的校长。不同于艾博特·劳伦斯·洛厄尔,普西的家庭并不富裕;不同于詹姆斯·布赖恩特·科南特,普西没有娶哈佛教授的女儿为妻。在他担任哈佛校长之前,他连哈佛的教师都不是。在哈佛校园内外,普西的名字竟是如此默默无闻,以至于他被甄选为哈佛校长的消息公之于众后,哈佛校园里迅速流行起一个调侃的咏叹小调:"普西普西,谁人认识你?"而且,有问也就有答。哈佛的学生和校友还编了另一首非常押韵的曲子来应答前面的那首小调:"我们不能太挑剔,所以只能选普西。"[7]

但在他担任哈佛校长的大部分时间内,普西挫败了对他持怀疑态度的那些人。他精明地任命了邦迪为哈佛文理学院的院长,收服了这位聪明能干、精力充沛、有可能成为自己的潜在对手的人。同时,普西也被证明是一位筹款高手,他组织了当时高教史上规模最大的一次筹

---

* 《自由社会中的通识教育》,俗称"哈佛红皮书"。——译者注

资活动，总共募集到了八千二百万美元。而且他毫不畏惧地利用自己的特权身份对当时美国的一位横行霸道者进行谴责。在劳伦斯学院任职期间，普西一直都毫不畏惧地对越来越危险的乔·麦卡锡进行谴责。对于普西被任命为哈佛大学校长一职，麦卡锡评论说是"哈佛之所失，威斯康星之所得"——他本人也完全可以胜任哈佛校长一职。"我确信，总有一天，我们所有的人都将以怀疑的态度来回顾这一可恶的不合理现状。"麦卡锡告诉记者说。[8]一位1954年在哈佛任教的教师回忆说，普西总能"以沉着冷静的勇气"与麦卡锡进行对抗，并称普西不愧是个"名副其实的哈佛校长"。[9]

但这种道德上的信念也只在20世纪50年代产生了很好的效果。当最大的威胁来自哈佛内部时，这种力量就被证实并不适合60年代的哈佛。随着学生抗议运动开始在全美各大学校园里蔓延，普西拒绝相信哈佛也可能会受这一动荡局势的影响。大学里发生的很多问题显然是外界力量所致，为什么要以此来攻击大学呢？"热衷于政治问题的本科生并不多，"他宣称道，"他们中的绝大多数人不屑于这类事情。"[10]

事实表明，这些大学生对政治抱有极大的热情——虽然起初这些学生的抗议活动似乎只是荷尔蒙在起作用而已，根本与政治问题无关。1960年哈佛全体教师投票决定，哈佛的毕业证书改用英语印刷，取代传统的拉丁文。结果，大约有两千名满腔怒火的大学生来到洛布馆前游行示威，接着又来到校长的宅邸，不断地反复高呼"用拉丁文，不要普西！"校长走出家门用拉丁文向游行的学生们发表演说。事实上，没有学生知道他说的是什么，因此这场抗议很快就归为平静。

普西意识到，学生们既没有能力处理重要的事情，也不懂得他们所要面对的事情有多复杂。接下来几年里所发生的事件丝毫没有让他改变自己的这种想法。1963年，学生们抗议砍伐纪念大道两旁的悬铃木的计划——纪念大道是与查尔斯河并行的一条四车道的公路。抗议活动取得了胜利，纪念大道两旁的这些悬铃木得以逃脱被砍伐的命运。1966年，学生们抗议在哈佛广场张挂"由此走/请止步"之类的公示语，但没有成功。虽然这都是些琐碎小事，但这些不起眼的突发事件似乎都蕴藏着一个不变的规律——哈佛学生看重传统而不欢迎"进步"。一旦"进步"侵入哈佛社区，他们就会出面干预。

但发生在哈佛的学生激进活动并非都是微不足道的，普西无法区分这些活动究竟是幼稚的反抗活动还是真正的政治动乱,而且也没有充分认识到这两者结合起来的力量会有多大。1966年,当时的国防部部长罗伯特·麦克纳马拉(1939年毕业于哈佛大学商学院,1962年获哈佛荣誉博士学位)应邀来哈佛发表演说。然而他根本没有机会发表他的演说,一群愤怒的学生吼叫着将他围在了位于普利顿街的昆西楼的外面。麦克纳马拉虚张声势地回应着学生,他吼道:"我当年就比其他人更坚强,现在我已变得更加坚强了!"[11]——所谓"当年"是指他的学生时代——但这一切都无济于事,形势已几近混乱。一个名叫巴尼·弗兰克的年轻学生(后来成为国会议员)匆忙带着麦克纳马拉穿过迷宫般的地下排水通道到达安全的地方。这一令人难堪的事件进一步坚定了普西的信念:学生们的抗议彻底破坏了哈佛大学不可或缺的对言论自由和民主辩论的尊敬。学生们力争说,特别的年代需要采取特别的行为。普西不同意他们的看法,双方没有达成妥协。

1965年后,随着越南战争的逐步升级,哈佛校园内的紧张状态也在不断加剧。一部分学生,或许可以说大多数的学生,并非那种情感特别外露的人。但是,种种情形,如战争、部队的征兵、种族歧视、陶氏化学公司之类的军火承包商在校园里招聘员工,以及预备军官训练团出现在哈佛的校园中,却让另一些学生愈发愤慨万分。而哈佛校方与约翰逊政府关系非常密切这一事实——这其中包括那位后来离开了哈佛的邦迪,现在是总统的国家安全事务特别助理——让学生们更加深信哈佛校方在"越战"问题上与约翰逊政府沆瀣一气。

到底是继续留在校园里,还是走出校门,引导校园之外的社会运动,把整个美国社会卷进狂乱的旋涡呢?留有留的说法,走出去有走出去的理由,谁也说服不了谁。不仅学生们分裂成了几派,就是那些投身到政治活动中的教师们也分成自由派和保守派两大阵营(跟现在的定义相比,其实就是两派谁比谁更"左")。由于两派成员间的对立太大了,以至于彼此间互不说话。在教师俱乐部里,谁和谁一起吃午饭都要细细地被盘问。教授们有的和学生结盟,有的则站在了学生的对立面。当"争取民主社会学生会"这一激进的学生组织威胁要烧毁怀德纳图书馆的卡片目录时,几个保守派的成员在图书馆外露宿几个月来看守这些卡片目录。

共同掌权是将哈佛大学各部门维系在一起的基础,但在"越战"、学生的抗议活动、人与人之间的互不信任和粗鲁的行为举止的夹击下,这个基础分崩离析了。不过,大多数的教授仍然认为不可能发生全美性的动乱。尽管有数百名示威的学生或许已经占领了哥伦比亚大学和伯克利加州大学的几座建筑物,但教师们仍然坚信这样的事情不可能发生在哈佛,因为哈佛是那么的古老,那么的令人尊敬,那么的优秀。一直以来,哈佛总是认为自己在众多大学里是最卓尔不群的。也就是说,它既出类拔萃,又与众不同,学生造反这样的事不可能、也不会发生在这儿。

然而这样的事却发生了。1969年4月9日下午,由于普西拒绝将预备军官训练团驱逐出校园,学生们被激怒了,约三百名学生和校外的激进主义分子,冲进了位于纪念教堂和怀德纳图书馆之间的行政办公楼——哈佛大学堂。他们怒吼着,诅咒着,将文件柜翻了个底朝天。抗议者还闯到各院长的办公室,他们对吓得目瞪口呆的行政管理人员又是推搡,又是恫吓,施以言语上的甚至更进一步的威胁。这些行政管理人员都被迫离开了他们的办公室,但有一个人坚决不肯离开,这个人就是阿奇博尔德·埃普斯,哈佛大学中的第一位非裔美国人主任。结果,这伙抗议者将他脚朝外头朝内地抬到办公大楼的门外,随意地往地上一扔完事。埃普斯原来认为自己思想开明,和学生们有共同语言,可是此时他所体会到的背叛与出卖再也无法让他找回原有的感觉。

受到震惊的学校领导层一整个下午都在为如何应对这一场变故而争执不休。就在他们还在商谈时,又有两三百名学生加入了原先在哈佛大学堂的那批抗议者的行列,他们的参加更多是出于好奇而不是出于什么义务。

普西既无意于静候这场静坐示威自行结束,也无意于与这场抗议活动的学生领袖进行谈判。相反,他叫来警察——不仅仅是哈佛校园里的警察,还有剑桥与波士顿的骑警。4月10日拂晓前,天还是灰蒙蒙的,他们便夺回了哈佛大学堂。大约四百名戴着防毒面具的警察动用了催泪瓦斯,攻进了楼里,并对没有尽快把路让开的人不停地挥舞警棍。咳嗽声、哭喊声、喘息声响成一片,示威者匆忙逃出房间,从窗户跳出去。整个抗议活动自始至终还不到24小时,对行政办公楼的占领彻底结束。

这起事件最直接的后果就是为期10天的校园总罢课,对普西校长的大声指责,以及正如媒体所描绘的那样,整个学校陷入严重的分裂状态。所有的这一切当然都会过去。但是从长远来看,这场对哈佛大学堂的袭击事件,无论是学生激进分子对哈佛大学堂的袭击还是警察对哈佛大学堂的袭击,都给哈佛留下了几十年难以抚平的创伤。师生之间的信任遭到了彻底的毁损。有些教授之间的关系将永远无法完全愈合。并且在学生们的心目中,哈佛校长已经不再是一个值得他们尊崇的神奇人物,而是一个有缺点、会犯错误的人,是他们所要抗议的对象。毕竟,学生们已经控制了一栋楼房,但是普西却让校外的武装人员进来对付他们。这两件事本身都是不对的,但其性质和严重程度却并不一样。

受到最严重影响的或许是哈佛的自信,这种自信是哈佛自17世纪以来就具有的一种无形的力量,而现在却受到了极大的动摇。假如哈佛大学的学生都如此痛恨哈佛——这样的一种叛逆行为难道不是出于对哈佛的仇恨,而是另有其他方面的原因吗?——那么,哈佛的意义又是什么呢?

并非每一个人都认为这是一个该问的问题。20世纪60年代的事件促使人们迄今仍在争论这样的问题:在美国这个社会里,大学究竟该扮演什么样的角色?它们对于校园围墙之外的这个社会该涉足多深?假如我们将它们的角色定位为抵御美国社会中日益增长的物质享乐主义和越来越激烈的竞争的堡垒,难道它们就应向学生们灌输一些理想化的狂热,让他们去改变美国人的生活方式吗?或者忽略掉大学的最根本使命的完整性,只是单纯地探寻知识,传授知识?

鉴于哈佛大学的威望、实力和财富,这些问题在剑桥也就体现得更为急切。就跟多数问题一样,全美的眼光都在注视着哈佛,难道哈佛不应该去尽到一所被奉为一流大学的责任吗?哈佛一直都自认为比其他的大学都要优秀,既然如此,难道他们就不该制定一套理想的标准让其他的大学效法吗?毕竟,哈佛是如此富有,怎么可能会有人敢妄自断言哈佛的决定不会有什么深刻的社会影响和政治影响呢?

如果说是学生们的这一次小小的革命活动使得这些问题显得异常重要的话,看来也确实如此。这至少是许多为学生们的抗议行为进行辩护的人所持有的看法。哈佛的许多学生和教授都认为,60年代发生的事从整体上来说实际结果是好的。代行父母职责的观念——大学在学生进校后扮演父母角色的观念——已经被严重地削弱,学生们得到了更大的自由。当然,从理论上说,这也让学生个体承担了更多的职责。社会道德的约束也放开了。男生在哈佛再也不用被强制穿着外套、戴着领结去吃饭;男生和女生可以混住同一栋宿舍楼。教师们投票决定禁止预备军官训练团在校园内活动并成立了一个有关非裔美国人研究的委员会,此委员会最终成为由斯基普·盖茨所管理的一个系。同时,学校还努力促进学生构成的多样化,采取反歧视行动,专门招收非裔美国人入学。1970年到哈佛大学就读的科尔内尔·韦斯特就是这一努力成果的受益者。

对种族多样化和社会公平性的重视也开启了许多新的研究领域,特别是在人文学科方面。"死白男"(DWMs)——已死的白种男人——不再是唯一正统的研究领域。从事历史学、文学、人类学、社会学等方面的学者都把他们研究的注意力转向了女性、贫穷的劳动阶级、黑人、印第安人等传统上被学者们所忽视的群体。对这些崭新的、丰富的素材的探索有助于更详细地叙述出一部更加丰富多彩的美国历史。这同时也为学术界带来了新面孔。斯基普·盖茨之所以声名鹊起,部分原因就在于他发掘了第一部由美国黑人所写的小说——哈里特·威尔逊的《咱们黑鬼》*,以及第一部由女奴写的小说——汉纳·克拉夫茨的《女奴叙事》。

尽管如此,1969对于哈佛大学而言仍然可以说是多灾多难的一年。当年在哈佛任教的那些教授现在回想起来还是忍不住心有余悸并且要叹息。1971年退休的校长纳森·普西被普遍视为那场抗议活动的受害者,他一直坚称自己当时的行为完全正确,无可厚非。他的继任者则是德里克·博克,他在继任哈佛校长之位后所要做的则是平息学生们的怒气。

博克在他担任校长的第一年中的目标只是维持校园的安宁。当时他接受这个职务时的一个条件就是,自己无须搬到洛布馆居住。这是因为洛布馆就在哈佛园里,万一学生再起来滋事的话容易受到攻击,而他的几个孩子年龄还小,受不起惊吓。因此,校长办公室便向哈佛文理学院购买了位于爱姆伍德大道的文理学院的院长官邸。

对于"大学应该在社会中扮演什么样的角色"这一问题,博克一直都非常重视,在他担任哈佛校长的20年期间,他力争将哈佛大学所应

---

* 黑人女作家哈里特·威尔逊的半自传体小说 *Our Nig*,也有人将这一书名译为"我们的尼格"。译者在此将其译为"咱们黑鬼"。——译者注

承当的政治角色和作为哈佛校长所应承当的角色区别开来。他坚持认为,作为一个大学校长,只有当这些政治问题与这所大学自身的使命——教与学——直接相关时他才该处理它们。正是因为秉持着这一观点,在上个世纪80年代,当哈佛的学生抗议南非的种族隔离主义、要求哈佛校方从在南非的投资项目上撤资时,博克拒绝了学生的要求。

博克也提议对管理机构的不足进行重新调整。有些哈佛人认为正是由于管理人员数量上的不足才导致了1969年的这场骚乱。不过这种看法在今天看来似乎是错误的。纳森·普西最初是依靠两个秘书来管理整个行政管理部门的,因此教师和行政管理部门中有些人认为他缺乏一个较大的管理机构,从而导致他无法控制学生。博克也同样认为,经过了"二战"之后的生育高峰期,大学在飞速发展,因此它就需要一个更加专业化的管理。因此哈佛需要更多的法律、金融、政治事务、公共关系和不动产等方面的专家。于是博克便雇佣了这些人员。

"我所要面临的诸多问题中,有件事是我的上一任故意留下来让我去完成的,这件事便是,就我们该如何管理一个复杂得多的机构达成共识。"博克说,"普西在这个方面是一个守旧者……但是我们却不能再这样下去了。我们整个学校就只有一个副校长,但在房产、土地等方面的管理上,在预算系统的运作中,在教师养老金等问题上,哈佛人有许多的怨言。……我们进入了一个被称为官僚化的时代。"

"官僚化"以意想不到的方式深刻地改变了哈佛。在哈佛,向校长负责的部门在增加,它削弱了各个院系的权力,而增加了哈佛校级行政管理部门的权力。学校的文化也随之改变。在哈佛,原先的主流价值观一度就是学者们的价值观,现在却越来越被那些为哈佛管理层所雇佣的律师和工商管理硕士们的基本标准所取代。哈佛在历史上大多是由全体教员来管理学校的。现在他们越来越像雇员了,他们的主人翁意识淡薄了,投入感也越来越少了。对许多人而言,他们对哈佛的极度忠诚是因为,依附于一个高等教育领域的顶尖品牌可以带给他们巨大的利益。有些人可能会抨击一些像斯基普·盖茨这样的人总是不停地在大学之间跳来跳去。但教师忠诚度的减少其实应部分地归因于教师在大学里的地位的降低。

除了他们的其他要求以外,抗议的学生还寻求哈佛管理上的更大民主。不断增加的管理文化使得学校向着与之相反的方向发展。官僚作风创造了一群幕后的政治掮客,他们的决定无论是对学生还是对老师都具有很大的影响力——尽管学生和教师常常甚至都不清楚谁才是决策者。回顾1969年,管理者们和哈佛的校务委员们都觉得有充分的理由将学生们摒除在决策的制定之外。20世纪90年代,世界银行的决策制定过程也是如此。透明度在理论上是一个备受推崇的概念,但是在实践中却基本被忽略了。

在博克上任之前,哈佛与政界的结合遭到了焚毁。如果我们把博克的时代视为让哈佛从这种焚毁中康复过来的话,那么接下来陆登庭的十年则可以视为对60年代进行拨乱反正的十年。陆登庭在非裔美国人研究系以及反歧视行动上所做的努力,都成了陆登庭时代留给后人的一部分财产。此外,随着学生们在种族成分、性别和性取向等方面所进行的斗争,还产生了一个不太具有建设性的后果,那便是身份政治的发展。校园之外的世界的重要性已经减少,激进活动的攻击目标已收缩到每一个个体的本身。

最近这几十年的风风雨雨并没有让拉里·萨默斯感兴趣。由于其自身所受的训练和脾气暴躁的因素,这位经济学家对60年代的青年运动一直持有一种深刻的怀疑态度。他认为自己并不是这十年的产物,而是这十年的反应。出生于1954年的他在60年代年龄尚小,不可能卷入这一时代的那场动乱。由于本身性格比较孤僻,他不属于那种随大流的好动者。他不是一个天性冷漠的孩子,也不是一个对抽含有大麻的香烟和听吉米·亨德里克斯*的摇滚乐而觉得快慰的叛逆者,他是一个受到强烈的鞭策和约束,因而雄心勃勃的孩子。作为一个外表难看的年轻人,他靠的是自己的实力——超强的智力。

他从来都不担心自己会被征去服兵役,因为在整个的20世纪六七十年代,他都是个在校的学生。甚至在他毕业以后,萨默斯也从未对拯救鲸鱼、冻结核武器或是终止对世界上其他国家或地区的反政府组织的援助(或者继续支持这些反政府组织等这类事情)产生兴趣。他是一个不为激进主义者所知道的学科领域里的学者。"我之所以下

---

* 吉米·亨德里克斯是一位极具天才、极具原创意和极有影响力的吉他手。不仅摇滚乐迷对他顶礼膜拜,而且许多摇滚巨星也奉他为英雄、偶像。人们把他和爱因斯坦、毕加索、卓别林相提并论,他们都是伟大的左撇子。——译者注

定决心要成为一名经济学家,是因为我想要为解决这个世界上最重要的问题——贫穷、失业和帮助穷人——而努力。"[12] 萨默斯在其2001年的一次演讲中提到这件事情。"但是我知道我不能仅仅只是为这些问题高声呐喊或者夸夸其谈。我要谨慎地研究哪些做法卓有成效,哪些做法则根本于事无补。"

萨默斯甚至打心底里对那些比他略微年长几岁的人的行为感到厌恶。他所接受的学术训练,也就是其自称的"经济学理性主义"渗进他全身的每一个细胞。他把激进主义视为黏在自己鞋子上的东西,巴不得早点去掉它。带有60年代风格的那种抗议活动,无论是1969年发生在哈佛的那场骚乱,还是1999年发生于西雅图的世界贸易组织(WTO)部长级会议期间的那场数万名示威者的暴乱,都让他深深地觉得那是种反理性的行为,因此它是否具有价值很值得怀疑。在2004年10月的一次与学生见面的会议上,萨默斯提到伊拉克战争时说:"如果战争发生在20世纪70年代,(哈佛的)学生可能每天反战。但是,如今年轻人对此无动于衷。他们只关心他们认为重要的事——学习。这或许是件好事。"他不喜欢抗议者们把复杂的问题简单化,把问题变成单调的口号和在纸板上涂鸦的标语这种解决问题的方式。他认为这种情绪化的抗争活动只会适得其反。他们对全球化的愤怒和沮丧便是个最好的例子。萨默斯不容置疑地认为,全球化会提高全世界人民的生活水平和延长平均寿命,并净化全球的环境。如果那些反全球化的抗议者们——这些人将让他永远也忘不了自己在世界银行任职时的那份备忘录——意识不到这一点,那么对他们而言,这将是一次理性主义的失败,一种理智的逻辑推理超越单纯的激情、数据超越信仰的观点的失败。他把那些人称为"喝浓咖啡的西方人"。

血汗工厂的事情也是如此,事情源于2001年的那场争取维生薪资的抗议活动。自由主义者认为血汗工厂是件坏事,但萨默斯却认为,在血汗工厂里工作总比作妓女卖淫强多了。如果血汗工厂的工作的确是那么糟糕的话,人们就不会去那里应聘了。激进分子想要关闭血汗工厂,这样做实际上是在伤害那些认为自己需要得到帮助的人。这句话听起来或许与常理不合,但你好好地动动脑筋理智地想想,而不是仅仅凭着感情判断问题,你就明白这句话的合情合理之处了。

萨默斯并不是那种完全缺乏感情的人。他在华盛顿任职的岁月里变得越来越具有爱国心,并开始将20世纪90年代看成是"美国的时代"[13]。不过,他的爱国精神多体现在对美国的资本主义的赞美和崇尚上,而不是体现为,譬如在嗓子里哼着"美利坚合众国,美丽的国度"这首歌曲。在20世纪的90年代,随着萨默斯越来越多地去往世界各地,他也就越来越欣赏美国的经济和政治制度——正是这种政治和经济制度使得美国得以繁荣昌盛。在他所访问过的那些动荡地区,他见识了腐败是如何妨碍经济的发展,降低平民百姓的生活水准的。相反,正如《时代周刊》所宣称的那样,他和鲁宾、格林斯潘所起草、制定和实施的经济政策将有助于"拯救世界"。那些听着激进乐队"暴力四人组"(Rage Against The Machine)所演奏的音乐*,在街头参加骚动的人们也许还不懂得这些,但是在华盛顿的那些有头脑的人都知道他们在做什么。

然而当他重返哈佛时,他的目光所到之处无不是20世纪60年代的那些遗弃物品。2001年的春天,他不得不跨过这些遗弃物品进入被学生占据的马萨诸塞厅。这位即将上任的校长对陆登庭竟然允许学生占据校长办公楼感到震惊。并且当静坐抗议活动结束时,这批学生只受到了极其轻微的惩罚,甚至连斥责都谈不上。对此,他也同样难以置信。他认为,校方如此胆怯是1969年发生于哈佛校园里的那场骚动所带来的直接的不幸后果。他把他的这种感受毫无保留地公之于众。

2001年9月,一个叫大卫·乔纳森·普伦基特的哈佛本科生在萨默斯办公时间来和萨默斯谈话。这样的谈话萨默斯一个月左右安排一次。普伦基特是2001年参与占领马萨诸塞厅的维生薪资运动的积极分子之一。当他在萨默斯的办公室里坐下时,他说道:"你知道,我曾在这门外睡过。"萨默斯回答道:"那时候要是我是校长的话,我会暂停你的学业至少一年。"普伦基特毫不气馁,继续追问哈佛将工会会员的工作外包给没有加入工会的工人一事。"我觉得没有义务购买工会制造的垃圾箱。"萨默斯告诉普伦基特说,"既然如此,我又有什么义务必须雇佣工会会员呢?"普伦基特看不出萨默斯究竟是当真的,还是

---

* "暴力四人组"在美国通常被视为是对政治见解最多的一个乐队,是音乐领域的革命者。在美国遭到"9·11"袭击之后,"暴力四人组"遭到了前所未有的攻击和禁播。在美国民族主义前所未有地高涨之时,"Clear Channel Radio"列出了一份1200首有问题的歌曲,而"暴力四人组"是其所有的歌曲都出现在这个榜单上的唯一的一支乐队。——译者注

只是想展开一场辩论。但不管是哪一种,他都觉得这样的比较太无礼了。

萨默斯不但对占领马萨诸塞厅的学生没有受到惩罚感到惊讶,而且他还认为,这些占领马萨诸塞厅的学生觉得自己不必因此而受处罚。但究竟是什么原因让他有这样的想法却不清楚。其实,参加抗议的这些学生早就完全预想到自己会受到惩罚,甚至可能会遭到拘捕。当他们的这种设想最终被证明是错的之时,他们又喜又惊。但是,由于他们原先预料自己将被拖离马萨诸塞厅,因此他们中大部分人甚至没带换洗衣服、睡袋以及课本(他们不能让自己的学业落下太多)。

尽管如此,萨默斯还是深信这些维生薪资运动的激进分子希望通过抗议活动获得道义上的自我陶醉却无须为次日宿醉而遭受惩罚。有个学生曾问他对马萨诸塞厅里静坐示威抗议事件的看法。"这场维生薪资运动及其运作方式并不能吸引我往社会正义的方向迈进一步。"他告诉这名学生说,"如果你读过甘地、马丁·路德·金或其他任何思想深刻的非暴力不合作的倡导者的文章……他们都会告诉你,对非暴力不合作的惩罚总是和非暴力不合作概念密不可分的。在哈佛,有些人认为非暴力不合作是十分高尚的运动,因此不应当受到惩罚。在我看来,这个立场似乎是个蛊惑人心的误导。"[14]

2002年2月,萨默斯宣布了对一条现行规则——"哈佛大学权利与责任声明"——的新"阐释"。这是在哈佛学生占领哈佛大学堂事件后于1970年通过的一则声明,它认为,哈佛的每一个成员都享有"自由表达、自由探究、学术诚信、尊重他人的尊严和接受建设性的变革"。"这些个人权利乃哈佛社区立足的根本",妨碍这些自由是"对个人权利的严重践踏"。而萨默斯则极力主张加入一条听起来具有极权主义味道(Orwellian-sounding)的"阐释":"任何未经许可擅自占据大学的建筑物或是建筑物的一部分的行为……乃是一种不能接受的行为……应该予以适当的惩罚。"

这一阐释并不能真正改变什么,它只是强调了一项现有的政策。但它却被广泛地视为萨默斯决心削弱校园激进分子斗志的一个讯号。学生们意识到了其中的含义。首先,拉里·萨默斯训斥过科尔内尔·韦斯特——这是萨默斯向全体教师们发出他将毫不犹豫地对他们进行惩治的警讯。现在他又向学生们发出了类似的警告:尼尔·陆登庭可以容忍你们的抗议行为,但拉里·萨默斯是绝不会纵容你们的。

萨默斯不仅不赞同陆登庭不拘捕占据马萨诸塞厅的学生的决定，而且他觉得自己很难遵从这样的决定。在他看来，陆登庭的这种克制折射出 20 世纪 60 年代之后的一种信心危机，这种信心危机不仅削弱了哈佛校长的权力，而且使得哈佛的学术精神堕落了。萨默斯相信 20 世纪 60 年代促进了他所谓的"以身份为基础的政治"的发展，在这种政治中，每个人所鼓吹的理念与他们自己的文化身份——肤色、宗教信仰以及他们所处的社会阶层——不可避免地联系在一起。他觉得，无论是学者还是学生都不敢说自己的理念比别人的高出一筹，唯恐被指控为文化上的迟钝。譬如，某人抨击非裔美国人研究的价值，那他就要冒着被称为种族主义者的风险。这种思维方式与萨默斯当年在哈佛所经历过的研究生层级的经济学研讨班的经验大相径庭，在这样的研讨班上，每一种想法都是受攻击的对象，而那些脸皮很薄的人的日子也就不太好过了。

萨默斯谴责得更多的是教授而不是学生。他认为，在 20 世纪 60 年代，哈佛的学生通常在政治上比教师们更"左"。但如今却是教授们属于盲目的自由派，在政治上比一般的学生更"左"。他估计，在 2000 年的美国总统大选中，有 85% 的哈佛教师把票投给了民主党的总统候选人阿尔·戈尔，其余的 15% 则分别投给独立党派总统候选人拉尔夫·纳德（Ralph Nader）和共和党的总统获选人乔治·沃克·布什。在学生中则可能有 70% 的学生把票投给戈尔，25% 把票投给了布什，把票投给奈德的则占 5%。不得不承认，这两个团体在总体上均比普通的美国人更倾向于自由主义，不过，与学生群体相比，教师群体更是铁板一块，更不开明，更不容易接受新事物、新观念。如果正如萨默斯认为的那样，一个成年人所做的决定基本上是他在年轻时所受教育的结果的话，那么哈佛大学的学生也就不可避免地长期受到那些获得终身教职，身上每一个细胞都浸淫着 20 世纪 60 年代反理性、反文化精神的那些教授的塑造。

萨默斯对哈佛的本科生们寄予了更大的期望。正如他自己所说的，他们更具有可塑性。在他担任哈佛校长的第一年里，绝大多数的哈佛本科一年级的学生都是出生于 1983 年前后的学生。由于离 20 世纪 60 年代相隔甚远，因此他们本能地不会对官方有那么强烈的敌意。萨默斯对那些想加入预备军官训练团的人尤其感兴趣，但他们这些人却无法在哈佛校内参加预备军官训练团。哈佛原先有关取缔在校内开展军官训练计划的禁令在1994年再次延期,以强调哈佛教师就军方对同性恋者的歧视表达不满。因此,那些希望参加预备军官训练团的哈佛学生也就不得不乘地铁,到允许在校园内执行该训练项目的麻省理工学院参加训练。哈佛学生参加该项目训练所需的费用约需135,000美元。这笔费用由不愿具名的校友捐款筹措。萨默斯不赞成这一现状,他呼吁预备军官训练团重返哈佛园并要求重新考虑哈佛与军方机构的总体关系。

"现在仍有许多人一想到警察,很快就会联想起1968年的芝加哥流血事件*。但却不会轻易地想到那些每天冒着生命危险在维持着美国主要城市的街道安全的警察。"2001年10月,萨默斯在哈佛的肯尼迪政府管理学院的晚宴中说道,"所有的这一切看上去再平常不过了,因此我们也就低估了明确地表达我们对我们的军队以及那些选择在美利坚合众国武装部队中服役的个人的尊敬和支持的重要性。"他含蓄地表达说,或许一个月前的恐怖袭击将使我们在困境中看到一线希望。"如果这些恐怖事件以及我们现在所从事的斗争能够再次激发起我们的爱国精神——再次激发起对那些身穿制服,并在爱国精神下将我们集合在同一个国家的军人们的尊敬——这可不是一件无足轻重的事啊。"萨默斯最后说道。[15]

2002年2月,萨默斯在一张部队招募的光盘中亮相。站在哈佛园中那座著名的约翰·哈佛的雕像之前——导游们将这座雕像说成是"参访游客人数位列第三,仅次于自由女神像和华盛顿纪念碑之后的雕像"——萨默斯宣布道,"我以那些参加预备军官训练团训练项目的哈佛学子为傲。……他们的任务就是我们美国人的任务。"[16]

根除20世纪60年代所遗留下来的这些具有破坏性的事物也即意味着重建哈佛校长与哈佛学生之间的相互信任。有一个本科生询问过萨默斯本人对20世纪60年代的看法,萨默斯的回答是:"今天你我在这里见面,"他说道,"我认为我们之间有一种相互的尊重。我在和你交谈之前就会先有一个设想,那就是,你不会回过头来在明天的《哈佛深红》上发表一篇社论说拉里·萨默斯是个卑鄙的家伙,他有下面的这些想法……而你也会有个设想,认为我会认真倾听你所讲述

---

* 1968年美国民主党大会在芝加哥召开,反越战示威群众在会场外与警察发生了激烈冲突。——译者注

的,然后在深思熟虑之后对你所问的问题给予回答。然而这种设想在上个世纪60年代却恰恰相反。"萨默斯在和学生们见面时往往会有一名助手坐在旁边记录,这样,一方面他可以更加明了学生所关心的问题,另一方面如果学生们万一把他们所谈的事情告诉《哈佛深红》的话,他还能保证学生们的回忆不至于出差错。

萨默斯希望哈佛大学的全体师生都知道他能够倾听他们所讲的话。然而,在他担任哈佛校长的第一年内,许多学生和教师都开始怀疑他是不是真的在倾听他们的讲话。从他的实际行动来看,显然并非如此。

问题的部分原因——其实可以说是大部分原因——就在于其处事风格。在这次返回剑桥担任哈佛校长之前,萨默斯已经在华盛顿的政界待了十年,他受华盛顿的官场文化的熏陶太深。在财政部,萨默斯就对权力的种种虚饰十分感兴趣。在哈佛,他将再次尽一切可能地讲究这些虚饰。每当那些追星族的学生带着美钞来找他,要他在上面签名——这些美钞上自他担任财政部部长后就印着他的签名——这位哈佛新校长也就乐于顺从他们的要求。萨默斯非常重视自己的形象问题。他雇了一个装修人员修葺了校长的宅第——爱姆伍德(Elmwood)。他所使用的信纸非常雅致,上面也都印有"爱姆伍德"几个字。有个收到他的信的人说,这样的信纸看起来就跟"婚礼请帖"似的。前任校长尼尔·陆登庭用过的林肯轿车已经有点旧了,他又换了一辆崭新的林肯城市超长礼宾车。这辆锃亮的黑色大轿车在哈佛校园内无所不在——教师俱乐部的外面、肯尼迪政府管理学院、洛布馆,萨默斯的司机耐心地在车里等待着,经常一等就是好几个小时。尽管哈佛园内通常禁止汽车通行或停放,但萨默斯的"林肯"却总在马萨诸塞厅前碎石铺就的路面上停放,车后座的杯架上搁着一个正在充电的手机和一罐无糖可乐——萨默斯的嗜好。这辆车的车牌号码简单易记——1636,也就是哈佛大学建立的年份。

很快,萨默斯的身边便纠集了一批他在华盛顿时的故旧,其中不乏在乔治·沃克·布什就任美国总统后丢掉职位者。虽然他们这些人以往在联邦政府机构的外围势力圈中任职,但他们几乎没有、甚至完全没有哈佛的阅历,对哈佛所知甚少,甚至可以说是一无所知。萨默斯雇了一个名叫马尔纳·莱维纳的前财政部工作人员担任他的办公室主任,这名前财政部工作人员年仅30岁,毕业自俄亥俄州的迈阿密大学;另一位是沙伦·肯尼迪,他曾担任过前总统克林顿的夫人希拉里·克林顿的助手,如今被聘为活动策划人和校友联络人;而艾伦·斯通这位前总统克林顿的演讲稿撰稿人则被任命为负责行政管理、社区和公共事务的副校长。科琳·理查兹·鲍威尔曾担任参议员特德·肯尼迪的助理,现在也成了萨默斯的一名工作人员。至于校长特别助理——在陆登庭担任哈佛校长期间,这一职位并不存在——萨默斯则招纳了迈克尔·奥马里,这位哈佛2000届的毕业生曾是前副总统阿尔·戈尔外出时的先遣人员。露西·麦克尼尔这位曾经担任英国首相托尼·布莱尔的新闻助理的年轻人现在则受聘为萨默斯个人的新闻秘书。她的头衔是新闻和公共事务办公室的高级沟通主管。但实际上,麦克尼尔只有一样工作要做,那就是提升拉里·萨默斯在新闻媒体上的知名度。同样,在陆登庭在任时,哈佛的行政管理部门中并不存在这个职位。

这批初来乍到者并没有很好地转变角色。总体上说,他们对哈佛知之甚少。有时他们所做的一些拙劣的努力反而招致人们心里的不满。为了少走弯路,避免把相当长的一段时间用在对学校的了解上,哈佛校长在习惯上往往会聘任哈佛自己的毕业生来担任哈佛的职员。校友们不仅了解自己的母校,而且他们十分忠诚于自己的母校。他们对哈佛的忠诚正是他们为哈佛大学校长工作的基础。通过聘用华盛顿的政客,萨默斯向人们传递了这样的信息:他想要一个核心集团,其首要的宗旨就是忠于他本人。

对于那些在哈佛工作多年、尤其是工作了几十年的人,这不是一个好兆头。是啊,一点也不假,哈佛校方确实需要萨默斯对哈佛进行重新整合。而且一点也不假,萨默斯是第一个可能会振振有辞地认为担任哈佛校长是降低身份的哈佛校长。然而,哈佛的公民们却不是这么看的。对于他们来说,这个世界上再也没有比担任哈佛校长更理想的职位了。哈佛的传统,哈佛的行事方式,为他人树立了一个标准。它避免了让大学被美国物欲主义的洪流所卷走。哈佛的公民不欣赏那些认为上司比雇佣他们的机构更重要的那些员工。"他出行时总带着随行人员。"一位在哈佛待过很长时间的人说道。另又有人提到:"在拉里之前的哈佛校长没有一个说过'我会对我的人谈起这事'。"之前从没有一位校长用过"我的人"——这里有的只是哈佛人。正如斯基普·盖茨曾对萨默斯说过的,这些话听起来啰嗦而且虚伪,像是政治骗子所使用的语言。萨默斯把首都华盛顿政界风格的政治活动带入了哈佛校园,却享受着坦率直言的美誉,这令哈佛人大为恼火。《哈佛深红》对他的采访多数时候是非正式的,不用来公开发表或引用——身为一所大学的校长竟然不愿意让自己学校的报纸报道。但是,如果《纽约时报》打电话想要采访他的话,萨默斯会毫不犹豫地拿起电话接受采访。

萨默斯不仅聘用对哈佛文化不熟悉的人,而且他使用他们的方式更多地让人联想起华盛顿而不是剑桥。他的这班工作人员,手机总是不离耳边,跟着萨默斯满校园转,不停地记便条,为他拍照,为他拿无糖可乐、比萨饼和鸡翅。如果萨默斯要发表演讲或参加会议,他的一个助手总会先去会场做一番检查,俨然像是白宫的先遣队伍。当萨默斯在纪念教堂发表演讲时,他的一位工作人员总会先行到达那里做准备,保证萨默斯到那里后有一杯水可以喝。然而,萨默斯本人却总是迟到。当然他很忙,但是他的拖延并不都是偶然的。他一向都不希望被人看到他在等房间里的人满,因为这会让人觉得他有空闲的时间。相反,他会大踏步走进人头攒动的房间,对人群中他熟悉的面孔竖起拇指,或者穿过一排座位跟某个人握手。等待会令他发疯。据一个熟悉萨默斯旅行安排的人士透露,当萨默斯要去国外旅行时,总会叫一名工作人员给洛根国际机场的海关人员打个招呼,这样拉里·萨默斯就不用跟平头百姓一起排队等待。

有时,萨默斯对员工的依赖程度让哈佛人觉得极其荒诞。这件事发生在他就任哈佛校长之后的不久,当时萨默斯要去会见住在马萨诸塞厅的新生。在会见之前,助手科琳·理查兹·鲍威尔告知学生们,她不希望谈话出现尴尬局面。因此她叫他们自己提几个问题给萨默斯,好让他问他们。他们最后决定,萨默斯应该问:"哈佛有什么让你们感到意外?"

萨默斯校长终于驾临了,他看起来一副心烦意乱、心不在焉的样子。鲍威尔递给他一张纸条。萨默斯看完后,清了清嗓子,说:"那么,告诉我,哈佛有什么让你们感到意外?"学生们坐成一圈,一个接着一个地回答了问题,其间他们还得装作他们不曾预料到校长竟然会问他们这么一个问题。

在华盛顿,这些姿态标榜着一个人地位的重要性。这在高层的政客中是件习以为常、见怪不怪的事情,要是没有了这一套,倒反而显得与众不同。在剑桥,这一切则成了怀有敌意的接管的标志。萨默斯所采用的政治策略以及他对政治人物的使用让人觉得他对哈佛的师生员工们不信任。那么，正如人们常常描述的一样，在习惯于不太"专制的"领导风格的哈佛人中间也就相应地滋生了对他的怀疑与厌恶。不久，有一个高层管理人员就给迈克尔·奥马里起了个绰号——"萨默斯的小跟屁虫"。之所以给他起这么一个绰号，是因为尽管他所充当的角色是一个在鞍前马后伺候萨默斯的马屁精，但他的年龄还小，还不足以成精，故称之为"小跟屁虫"。

这种侮辱性的语言其实还只是表面上的小小的牢骚而已，真正可怕的是其后所蕴藏着的一个更大的问题：人们普遍觉得萨默斯并不是聘用那些有能力、有主见、当他犯错误时能够指出他的错误的人。有些观察者注意到这其中存在着一种性别偏向的模式。与在财政部的情形一样，萨默斯最亲近的手下是女性。在女性面前，他似乎感觉十分放松。一个曾经在工作中与萨默斯密切往来过的白宫助手解释道："萨默斯的身边围绕着的都是一些女人。这些女人能轻易地看到他最脆弱的一面，他相信她们能改变他。"相反，无论是在麻省理工学院、哈佛大学，还是在华盛顿，那些在智力方面能让萨默斯觉得受到挑战的同事都是男性。

然而，当萨默斯与一位似乎颇能考验自己能力的女性交往时，他并没有得到多少正面的评价。早在2001年9月，哈佛校园已经到处在喊喊喳喳交头接耳着一个流言：萨默斯与劳拉·英格拉哈姆在约会。她是一位保守派作家和电台主持人，一个对克林顿极端不满的狂热分子。她比萨默斯小了十多岁。他们的关系早在萨默斯离开华盛顿时就已露端倪。6月，他们两人在棕榈树牛排餐厅吃午餐，这是华盛顿的名流们经常光顾的地方。"未来的历史学家将如何使用最简单的语言来评述克林顿政府呢？"英格拉哈姆开玩笑道。萨默斯回答说不知道。之后，9月初，有人看见他们沿着查尔斯河畔一起慢跑。据《华盛顿邮报》报道，英格拉哈姆帮萨默斯减了20磅的体重。

无可否认，对于萨默斯来讲，这确实是个艰难的境况。自约翰·索顿·柯克兰1810—1828年担任哈佛校长以来，哈佛就没有单身校长的先例了，也没有现存的社会规范可以帮萨默斯适应这种境况。况且我们完全可以肯定的一点是，就算有，劳拉·英格拉哈姆也不会是校长女朋友的合适人选。她毕业于达特茅斯学院，曾经担任过极右的《达特茅斯评论》的编辑。她在里根政府担任过演讲稿撰写人的职务。

之后，她就读于弗吉尼亚法学院，并成了最高法院法官克伦斯·托马斯的书记员。在一篇有关年轻的保守分子的文章中，她身着印有一只豹的迷你裙，亮相于《纽约时报》杂志的封面上。并且她还撰写过一本攻击希拉里·克林顿的书。

在哈佛校园中对此持怀疑态度的原因部分是由于政治因素。哈佛自由主义者不愿意他们的校长与一位向自由主义者扔炸弹的右翼分子频频约会，哪怕她或许只是颗炸弹他们也不愿意。在许多人看来，一位在克林顿政府身居高位者与对克林顿政府抨击最猛烈者约会真是咄咄怪事。但哈佛人对他俩在一起持有异议更多的是基于文化方面的原因。因为英格拉哈姆是个非常现代派的人物。她玩转于华盛顿，在政界和新闻界游刃有余。她与西塞拉·博克（一位学者），或者与陆登庭的妻子安杰莉卡（一位英国国教徒、艺术事业的赞助者）有着天壤之别。而且就此而论，她与萨默斯的前妻维多利亚·佩里也有着极大的差距。对许多哈佛人而言，她是萨默斯如何把华盛顿风格一步步地带入哈佛校园的另一征兆。在哈佛校园里，人们通常认为，是华盛顿需要哈佛大学而不是哈佛大学需要华盛顿。毕竟，哈佛的存在要比华盛顿早160年。

萨默斯与劳拉·英格拉哈姆的关系并没有持续多久，因此它只是校园雷达屏幕上的一个光点而已。而长期让哈佛人难以启齿的问题就是，哈佛的新校长举止十分不雅。每次当学生前去见他，他都翘起脚放在咖啡桌或书桌上，有时甚至把鞋脱了，全然不顾忌他袜子的味道有多难闻。在公众场合露面时，他经常嘴角叼着根牙签。如果有人说了些让他觉得无趣或愚蠢的话，他的眼睛会夸张地溜动起来。他似乎不擅长与交谈者交流眼神。"我去跟他握手，他的眼睛却一直没有看我。"有个名叫约翰娜·帕雷茨基的本科生说道。她是在为萨默斯就职典礼所举行的音乐会上参加演唱后见到萨默斯的。帕雷茨基演示着萨默斯的动作，她把头扭到一边去，这样她的眼神躲了过去，穿过她右边的肩膀看其他地方。"这真的太可笑了，好像他在找另外一个人。"很多学生和老师也有类似的经历。

有些时候当你跟他交谈时他会盯着天空出神。"拉里的眼光总是在其他地方游离。"一位曾与他见过几次面的初级教授说，"一开始你还会以为他是在找房间里某个更为重要的人物，但其实并非如此，只不过他的眼神在游离罢了。"萨默斯经常把与他打招呼或是初次见面的人的名字搞错,特别是那些听起来带有异族味道的人名尤其让他觉得烦。在整整一年的教师会议上,萨默斯总是把进修学院院长迈克尔·辛那吉的名字念成希内格尔。此外,他在教师会议上的言行举止也让教师们觉得困惑与不安。这种十分正式的会议上有个非常庄严的传统,也就是所谓的"纪念时刻"(memorial minutes),在这短暂的时刻里,由教授们为那些已逝去的同事致词表示纪念。尽管这些致词的时间很短,但却非常重要。它们标志着对哈佛逝者的尊重,与会的人员都非常认真地对待这件事。然而就在致词的时候,萨默斯闭着眼睛,手指头在不停地敲击着,看上去很不耐烦,也很不恭,似乎纪念这些死者打扰了他干其他更为重要的工作。

萨默斯与人交谈时还有另一个令人不安的怪癖。他在思考或聆听的时候总会用自己右手的食指绕着自己的嘴巴画圈,一刻不停地一圈又一圈地画下去,显然是难以自制,并且也没有任何迹象表明他对自己的这种习惯有所意识。"他就像美国职业篮球联赛(NBA)赛场上的一个自由投篮手,"一位2003年毕业、名叫克里希南·苏布拉马尼扬的学生说道,"当他说话时,他不得不做这些习惯性的小动作。"这使得那些与萨默斯交谈的人觉得似乎他想去其他什么地方或是想让他们去哪个地方。

萨默斯校长的这些社交礼仪上的缺陷甚至在他向哈佛校友们募集资金的场合也避免不了。萨默斯有好几次在和那些有望捐资给母校的校友交谈时,在中途——甚至是一句话说到一半——就开始恍惚了起来,似乎他连假装感兴趣的精神都提不起来。有人评论说,看来萨默斯的心里好像装配了一个类似于收音机的设备,当他觉得自己已经听够了这个电台时,便简单地把波段调到了另一电台。为了解决这个问题,哈佛大学的筹资者们绞尽脑汁,譬如说安排他去跟重要的校友打网球。无论所安排的比赛环境如何,萨默斯总是明显地对他周围的不相干的环境表示出更大的好奇。

然而,萨默斯不仅仅在与个人交往时很成问题,而且在与群体打交道时也同样处理不好。在他刚获得哈佛终身教职不久,有一次他去伦敦,结果却迟到了。他筋疲力尽地去参加一场校友的宴会,然而在他进行演讲前却不能吃到东西,因此他相当不高兴。据一些当时在场的人以及一些后来听说过这件事的人回忆说,萨默斯开了一个很不合时宜的玩笑,大意是说,一个不能准时送上色拉的国家注定是一个二流的国家。此语一出,顿时跨越大西洋的电话线为之爆满。

吃相问题是一个反复发生的老问题了。萨默斯是一个食量惊人而又邋遢的饕餮。在2001年秋天,他第一次视察《哈佛深红》的编委会时,他支使了一个助手去了一家名为"皮诺曹"的、深受大家喜爱的校园比萨饼店。当这个助手返回后,萨默斯一边与编者交谈,一边狼吞虎咽地吞食着比萨饼,他的衬衣上沾满了很多比萨饼的碎屑。学生们看着他的吃相都惊呆了。另外一次,萨默斯与几个研究生出去吃饭。其中有一个学生说要去趟洗手间时,萨默斯刚好被一块肉给噎着了,气都透不过来。当他回来时发现另外一个学生正站在萨默斯的身后,双手环到萨默斯的前面,正准备用哈姆立克急救法*来帮他把卡在喉咙里的肉块给弄出来。萨默斯终于在采取必要的急救措施之前把肉咳了出来。此外,他还有一个常见的老毛病,那就是,他一边吃饭一边与人交谈,有时候唾沫都溅到了听他说话的人身上。

显然,那些专门负责报道财政部新闻的记者们从没报道过萨默斯在社交礼仪上的这些小毛病,尽管他们中很多人都意识到了这一点。一个与萨默斯有过数次交往的《华盛顿邮报》记者宣称:"在所有内阁成员中,他的餐桌礼仪最差劲。"但是这份报纸的读者却从没看到过这样的消息报道。因为任何一位负责报道财政部新闻的记者要是披露了此事,很快就会发现自己接近财政部的机会将大为减少。

然而在哈佛,学生们的报纸却不会有这样的顾虑。这并不是说《哈佛深红》只是一份编得极差的庸俗小报。恰恰相反,它十分注意自己的职业道德,充分意识到自己有150年的历史,因此才经常给人以对哈佛行政管理部门恭顺有加的深刻印象。(这与1969年的《哈佛深红》有很大的差别,当时的《哈佛深红》发表社论支持北越人的胜利。)然而萨默斯的言行举止却是处处受人议论,因此学生记者们的的确确只是对校园内普遍存在的议论加以转述而已。他把脚搁在桌子上,盯着空白的地方发呆,转动着自己的眼珠子——所有这些微不足道的姿势似乎都象征着这位哈佛的新任校长非常缺少对这所学府应有的尊重。

《哈佛深红》的专栏作家多次注意到,萨默斯由于缺乏种种优雅的社交礼仪从而妨碍了他与学生们以及教师们的交往。专栏作家瓦苏

---

* 即腹部快速按压。——译者注

吉·V.甘尼沙南森写道:"萨默斯尽其最大的努力来表明他对我们感兴趣,但很不幸,他失败了……因为他看上去确实很糟糕。(这个人甚至在自己的就任仪式上都显得烦躁不安,因此我料想他对此其实相当感兴趣。)……这就是他在这一年中所遭遇到的每一个较大问题的根源。"[18]

随着《哈佛深红》与萨默斯之间关系的恶化,最近《哈佛深红》在报纸上刊载了一张配有照片的报道,记录了萨默斯的体重的波动。与其他的学生出版物相比较,《哈佛深红》对萨默斯的品头论足已经可以算得上是很轻描淡写的了。"这就是那位来自马萨诸塞厅的当权者。"一本名为"恶魔"的学生幽默杂志上的某一没有具名的栏目上如此宣称,"拉里·萨默斯确确实实非常胖。他的身材和常人的身材大不一样——他胖多了,他的体重远远超于常人。"[19]

很快,校外的一些新闻媒体马上便意识到了这个问题。在那年秋天的11月10日,当哈佛的橄榄球队与宾夕法尼亚大学的橄榄球队在哈佛体育馆比赛时,萨默斯也和其他一些教授参加了一场儿童游戏赛项目"红色漫游者"*的半程赛。但是当萨默斯跑过赛场时,他那松紧带裤腰的运动裤猛地滑到了《波士顿先驱报》所称的"大腿的上部区域"。《波士顿先驱报》引用了一位目击者的话:"他穿了一条深红色的三角裤。"

这样的意外对外人来说也许是件微不足道的事情,可是在剑桥,萨默斯的这些古怪的行为却让人们十分在意。哈佛的师生们都十分困惑,为什么一个如此不修边幅的男人却能够升到这么一个位高权重的地位,像他这样的头面人物照理应该是举止高雅得体,善于和他人闲聊,善于让人们舒坦自在。无论是哈佛的学生或是哈佛的教师都十分了解,外面的世界对他们的学校有多么大的兴趣,而且他们都认为,他们的校长就是他们的最能引起公众注视的形象大使,这就是为什么尼尔·陆登庭的倒下让他们深感困惑的原因。然而,无论他们怎样抨击陆登庭,在哈佛没有一个人会说陆登庭缺乏礼貌、没有教养。事实

---

* 比赛者分成2个队,相对而立,距离2米以上。每个队牵手站成一排。由抽签方式决定先后顺序,比如A队胜了,那么A队一起商量叫B队中的一个人R"red rover, red rover, send R right over"。这时候R应该以最快的速度冲向A队,选择一个最弱的牵手部分,如果冲破了,他可以回到自己队,并且任意选择A队中的一个加入B队;如果失败,则要加入A队;两个队交换进行。最后哪边的人数多哪边获胜。——译者注

上,甚至在需要展现个人魅力的时候,也没人敢说陆登庭缺乏个人魅力。当然,陆登庭为人太过谦恭,他总是轻而易举地让别人自以为比他更重要。

而萨默斯却恰恰相反,他与陆登庭形成了鲜明的对比。他总是在让人们觉得他似乎在自认为比别人更重要。首先,他有一个在大庭广众下睡着的怪习惯。有目击者说看见萨默斯有一次在教堂里做礼拜时打瞌睡,还有目击者说看到萨默斯在参加多元文化节的庆祝活动中也打瞌睡了。此外,在与巴基斯坦总统佩尔韦兹·穆沙拉夫交谈中,在联合国秘书长科菲·安南进行演讲的过程中,还有一次是前苏联领导人米哈伊尔·谢尔盖耶维奇·戈尔巴乔夫在哈佛最大的教室——桑德斯剧院里进行演讲的时候,都有人宣称看见萨默斯在打盹。"他坐在最前排,可是他就在那里打瞌睡。"有个肯尼迪政府管理学院的学生说道,她在听巴基斯坦总统佩尔韦兹·穆沙拉夫演讲时就坐在萨默斯正后面。有人告诉她,或许萨默斯仅仅是闭着眼睛而已,但这位女生却非常肯定地说,她认为并非这么回事。另外,她又补充道,萨默斯是否真的睡着了这一点并不重要,她坐在萨默斯正后面尚且确信萨默斯正在打瞌睡,那么离萨默斯仅有15英尺之遥的穆沙拉夫如何能不相信他在打瞌睡呢?

在与发问者互动的过程中,萨默斯也一再暴露出其在社交方面稚嫩笨拙的一面。在2001年秋天与法学院教师见面时,一位女教授提出了一个萨默斯认为并不怎么样的问题。"这是一个很愚蠢的问题。"他回答道。("这是一个很愚蠢的问题。"另一位法学院的教授随后也承认萨默斯的这个说法,"尽管如此,但是……")他的助手解释说,萨默斯的这种风格具有一种典型的经济学研讨班所特有的学术争论的特点,人们不必从个人的角度来看待这个问题。但这一解释很难让大多数人信服。

再接下来,又有一次是萨默斯必须为一名学生导演颁奖,这名学生导演制作了一部名为"占领"的纪录片,该片记录了发生于马萨诸塞厅的学生静坐示威抗议活动。在哈佛科学中心外面的一个帐篷里,在一大群人面前,萨默斯语带讽刺地宣布:"我非常欣赏《占领》这部影片的摄影技术,而不太看好影片的内容。我期待着(我们这位学生导演的)下一部关于哈佛分数膨胀问题的纪录片。当然了,我估计它还要过一段时间才会出来。"在场的观众看上去都不能理解为什么这位哈佛校长会侮辱一位正在得到他的颁奖的学生。（答案其实在于,《占领》以肯定的角度展现了这场静坐示威抗议活动。）

有些哈佛人对萨默斯缺乏基本的社交技巧感到困惑不已,他们猜测,他的这一缺陷也许是一种疾病,一种叫做阿斯伯格综合症（Asperger syndrome）的神经系统发育障碍性疾病。作为自闭症的一种,这种疾病是在1944年由一位名为汉斯·阿斯伯格（Han Aspergex）的维也纳医生首先发现并记载的。不过,只是在1994年美国精神病协会正式确认了这种疾病之后,美国国内才真正开始了对这类患者的诊断。患有阿斯伯格综合症的患者多为男性儿童,他们并没有任何智力上的或肢体上的残障。恰恰相反,根据《时代周刊》的报道,他们有时表现出"对那些最为晦涩难懂的主题有着异常惊人的领悟能力",无怪乎这种疾病有时被视为"怪杰"综合症或是"小教授"综合症。一些科学家相信,阿斯伯格综合症源自遗传因素,在临床上常常表现为,这个孩子是一对智力相似的夫妻所生。正如《时代周刊》所指出的那样,从理论上看,在大学城以及诸如硅谷这样的科技研发走廊,许多具有高智商却不擅长社交的男性同具有类似性格的女性结婚,"会导致基因饱和,从而使他们的孩子易患自闭症、阿斯伯格综合症以及相关的身心机能失调等疾病"。[20]

患有阿斯伯格综合症的人在某种特定思维方式上所展现出的聪明可能会让你望而生畏,但他们在一些最基本的社会交往中却举止笨拙,不容易与人沟通。他们很难应付各种变化,不善于团队合作。在一对一时,他们不愿意进行眼光的交流,而是盯着墙壁或是把目光转向空无一物的地方。他们可能有一些重复固定的行为模式。尽管他们可能有很大的词汇量,但是他们却缺乏对语音语调的感知能力,经常词不达意。这就使得他们所讲的话听起来显得十分唐突无礼,盛气凌人,或是令人觉得他们并没有真正在听和他交谈的对方在讲什么。同样地,他们也很难和别人进行情感的交流。

"最重要的是要记住,一个罹患阿斯伯格综合症的患者对这个世界的感悟与常人相比有非常大的差别。"有位阿斯伯格综合症方面的专家写道,"因此,他们的许多言行举止在常人看来非常的古怪、反常。但这些都是由神经的变异造成的,而并非他们有意的粗蛮无礼和举止不雅。"[21]

对于某些观察者而言,拉里·萨默斯曾经不只一次表现出所有的这些特性。没有任何人在公共场合提出这个问题,但是对于许多观察过萨默斯的教师——他们好像彼此之间没有说过——来说,阿斯伯格综合症终于解释了萨默斯身上种种看似费解的一切。在另一方面,对于一所大学而言,拥有一位因健康原因而无法正常地交流情感的校长,那么这又将意味着什么呢?无论是在其所做的决定会影响到数百万人的财政部,还是在塑造世界领导人的哈佛大学,难道这样一位位高权重者不应该具备与人进行情感沟通的能力吗?

半是流言飞语,半是科学推测。由于哈佛人对萨默斯校长的言行错愕不已,于是在哈佛那貌似平静的生活外表的下面,阿斯伯格综合症这种说法在私下被传得沸沸扬扬。同时,人们经常抱怨萨默斯听不进别人的话。萨默斯的助理们对这一说法做出了反应,他们反复强调,他们的老板非常乐意去考虑来自任何渠道的意见。然而说归说,实际情况并非全然如此。蒂莫西·麦卡锡是哈佛历史与文学系的一名讲师,他记得2001年8月他和萨默斯共同参加的一个会议,在会上他亲眼目睹了校长的暴跳如雷。受哈佛大学堂学生静坐示威抗议活动的影响,麦卡锡组织了一场电子邮件请愿活动,支持维生薪资运动,而这次会议的议程是讨论工人的工资。出席这次会议的还有其他一些教师、几名后勤人员和几名学生。如平常一样,萨默斯又是姗姗来迟,而且看上去他对来这儿并得待在这儿不太高兴。当一个大学二年级的学生向他询问一项大学的"政策"(实际上也就是一个提议而已)时,萨默斯勃然大怒了起来。"萨默斯打断了他,并给了那名学生一个致命的打击。"麦卡锡回忆道,"他抓住这名学生所提问题中的漏洞不断地进行接连的重击。他盯着他穷追不舍,不断地指责他。"根据当时与会的另一个人的回忆,"萨默斯简直快要把那个小孩撕碎了,那情形就像是他正在粗暴地对待某个第三世界国家的财政部副部长一样"。最后,麦卡锡只有介入进来。"我说,'拉里,你知道他说的是什么意思吗?'"萨默斯校长猛然停顿下来,用一副惊讶的表情看着麦卡锡,然后就改变了话题。

萨默斯总喜欢对人说,因为他自己老是问一些叫人很难回答的问题,因此他也非常乐意回答这类问题。但是,人们要是按他所说的那样向他提出尖锐的问题,那么他们就会发现,事情并非如此。2002年年初,萨默斯在哈佛商学院做了一场客座演讲,他抨击了马来西亚总理马哈蒂尔·宾·穆罕穆德,此人在1998年9月强制施行了资本管制以阻止外资迅速抽逃出马来西亚。有些经济学家认为,这样的举措有助于防止马来西亚被亚洲经济流感所传染。但是这一举措与萨默斯以及国际货币基金组织所倡导的自由市场政策背道而驰,所以在他的演讲里,萨默斯指责马哈蒂尔实行裙带资本主义,倡导实行各项让自己政治上和私交上的朋友致富的政策。

在随后的答问时间里,有一个持有异议的学生举手质问萨默斯,他和鲍勃·鲁宾之间是否并不存在这同一性质的关系?华尔街的银行想把自己的风险投资抽走,却全然不顾这么做会对原先所投资的国家造成什么样的影响,因此,萨默斯反对资本管制措施是否是在取消华尔街银行?"萨默斯一时间不知所措。"听讲座的一名商学院的学生说道,他的这一说法得到其他一些在座学生的证实。"他打量着这名向他叫板的学生,说道,'你不知道你在谈些什么吗?你怎敢向哈佛校长问这么一个问题?'整班学生都为眼前发生的这一幕深感不安。"

或许有关萨默斯社交上的失态被提及最多的可能是一桩涉及克林顿与橄榄球的故事。2001年11月19日,这位美国前总统来哈佛做演讲。在艾伯特·H.戈登田径和网球中心,克林顿站在6000名听众面前开玩笑说:"我以前的职员中有许多人现在就在哈佛,我现在已经跟不上他们了。"然后这位前总统开始谈起了"9·11"事件后的世界形势。"现在,伊斯兰文化内部正进行着剧烈的斗争,"他说道,"其根源在于,现代社会让许多穆斯林信徒产生了深深的挫折感,他们把现代社会看成是对他们价值观的威胁,是对他们的生活方式的摧毁。……如果我们不承认在我们的当代文化中存在着一些暴行,不承认没有人能仅仅凭借理性的天赋,而无须任何精神上的养料以及超逻辑性的信仰体系就能永远活下去,那么我们就不能参与到这场辩论中来。"

克林顿的演讲声情并茂,充满着幽默与自信,获得了听众的热烈欢迎。然而,要是你问学生们,在这次演讲过程中留给他们印象最深的是什么,他们便会回答说是"橄榄球"。在克林顿演讲结束之后,哈佛大学的橄榄球队队长赖安·M.菲茨杰拉德把一个橄榄球递给了这位前总统,这个球是三天前哈佛橄榄球队在战胜劲敌耶鲁大学橄榄球队的那场比赛中用过的球。克林顿把球放在手中,轻轻地抛了几下,然后又稍加用力,轻轻地把球从讲台上抛给了五英尺外的萨默斯。哈佛校长一时间似乎受到了重重的一击，他本能地伸出双手，手心张开，却没有把球接住，再去抓，还是没抓住球。球掉了下去，他只好作罢。此时，台下听众的叹息声此起彼伏。"刹那间，你所想到的是，噢，我的天哪！这简直就和初中生中的那些书呆子毫无两样。"有个目击者说道。

当然，这只是件小小的意外而已，根本没有任何实质性的影响。这件事的的确确无关紧要。但是掉落在地上的这个橄榄球却与学生产生了共鸣，因为它显露了萨默斯的某些真实的方面——他身上缺少一种与生俱来的应变能力，也体现不出天生的高雅来。相比之下，克林顿身上那种与生俱来的种种领袖的天赋凸显了他们两人之间的差距。没人会说萨默斯没有努力地去解决问题，去学习他的这个新岗位所要求的能力。但是他却把这种高雅的举止弄得就像是一项工作任务似的，一旦你给他一个突然袭击，吓他一下，他的这些经过反复练习才形成的技能一下子就丢到了九霄云外，于是我们这位新校长也就暴露出举止的怪诞可笑。借用学生们的话说就是，像个狂欢节的小丑。一点都不酷！借用哈佛本科生用来形容那些在讨论课上口若悬河地重复他人观点的学生的一个讽刺用语就是："没见过世面的小家伙。"

其实这样的评论并不完全公平。一方面，要不是因为萨默斯尽其所能一直不断地走访学生宿舍，没有预先通知就突然到教室里去听课，经常在校园里的各个地方出现，那么学生们对萨默斯也就不会了解得这么多。而且，假如萨默斯对你在说的事情感兴趣的话，那么你和我们的这位校长之间的谈话必将充满智慧与愉悦。他会对每一个设想提出质疑。在与哈佛毕业生、著名的大提琴演奏家马友友的谈话当中，他问马友友，哈佛图书馆是否真有必要花费数万美元购买音乐乐谱的原件。难道影印件就不行吗？你无法每次都分辨出萨默斯说的话是他的真实想法，还是他只是故意唱反调，不过他的发问往往会让你重新思考自己平常以为理所当然的事情。

他也征求别人的各种意见：有一次，在马丁·佩雷茨家里举办的家宴上，他提出了一个关于哈佛品牌的信用卡的优缺点，让大家来一起讨论。哈佛品牌的信用卡可以为哈佛赚到钱，但从长远的角度来看，它会不会最终赢得利润？这样做难道不会使哈佛这个品牌贬值吗？或者，鉴于美国社会的性质，哈佛品牌的信用卡反而能扩大哈佛品牌的影响力呢？

他主导着一项非正式的研究：当他考虑奥斯顿校区应该是哪种风格的时候，他反反复复地问听众哪几座校园建筑是他们所喜欢的，哪几座则是他们所不喜欢的。让人啼笑皆非的是，他们所喜欢的正是建筑评论家所不喜欢的，而建筑评论家所喜欢的恰恰又是他们所不喜欢的。

他还提出了一些颇具争议的问题：为了测定哈佛学位的价值，萨默斯问医院的工作人员，他们是如何测定医院的价值的。他们如何测量出自己的医院是否比其他的医院救了更多的生命？如果哈佛大学要把自己的教育价值与其他大学的教育价值进行比较的话，那么他们的测量技术中是否有值得借鉴的地方呢？

他会把一个领域的方法运用到其他领域中去：迈克尔·刘易斯的《魔球——逆境中制胜的智慧》一书介绍了美国奥克兰运动家棒球队的总经理比利·比恩运用统计数据来找那些被忽视的棒球球员，用与大牌棒球明星相比要少得多的薪水与他们签约。读完这本书以后，萨默斯就开始在心里盘算着哈佛大学可以从比恩身上学到些什么。"作为一名优秀的棒球球探，他们现在所做的几乎就和计量经济学的工作一个样。"[22]他告诉学术听众。他们出于礼貌地笑了。他又强调说："千真万确——奥克兰运动家棒球队取得胜利的场次与其他联赛冠军的一样多，但它所支出的薪水只有其他球队的1/3。这意味着其生产力提高了200%，这一方法在其他行业也应值得推广应用。"此言不虚。萨默斯之所以对给年轻教授提供终身教职这一做法感兴趣，其中的一个原因就是，与给那些有建树的学者提供终身教职相比，哈佛给年轻教授提供终身教职所需支付的薪水要少。

萨默斯的才智中有时又夹杂着一种近乎病态的直率。在一次研究生们参加的研讨会上，有一位很有抱负、享受到哈佛奖学金的学生站了起来，告诉萨默斯，他所享受的奖学金已经届满，哈佛取消了给他的生活津贴，只是为他提供了一个从事教学工作的任务，但支付给他的报酬反而比原先的那笔奖学金还要少。为什么哈佛在实际上减少了原先作为激励他来哈佛就读而提供的这笔钱呢？

"道理一样，"萨默斯回答说，"宝丽来一次成像照相机卖得很便宜，但它胶卷的价格却不便宜。一旦顾客买了这种照相机，那他就非得买它的胶卷不可。同样，当哈佛跟其他大学竞争最优秀的研究生时,它就要为他们提供最具吸引力的一揽子财政援助措施。但一旦这些学生进了哈佛,奖学金和津贴则是学校想减多少就减多少。因为这个时候,学生不可能再转到其他学校了。"

这位研究生坐了下来,尽管得到了开导,但他的心情却无法好转起来。

在演讲时,萨默斯讲得非常自信,没有丝毫的紧张感。然而,他的身体语言却传递出一种全然不同的信息。他的头拘谨地前后转动,眼睛注视着每一个角落里的人。姿势显得僵硬、不自然,那样子就像是被某个演讲教练强化训练过而摆出的架势。他经常一只手紧紧地抓着讲台,右脚却毫无目的地来回移动,像是自成一体似的。他讲话的时候,总是每冒出三两个词甚至是一个词,就要刻意地停顿一下,听起来非常的别扭,就跟阿尔·戈尔一样——有一点拧,有一点牙关紧闭症。有时在一句话的末尾,他会含糊地发出一个字来,就跟老式的盒式录音带在播放时给卡了带似的。

然而,每当现场的听众向萨默斯提问题时,他的举止立即大为变样,就跟换了个人似的。只见他身体放松,整个表情变得充满了活力。他一边听着发问者的提问,一边走离讲台,越走越远,你即使认为他就要离开这间屋子也毫不为过。他领会了发问者的问题,沉思了片刻,再踱回到麦克风跟前。他的回答就像是一篇精心撰写的报纸社论。他似乎对任何事情都有所了解。从总统的政见到玻利维亚的经济,从教育政策的细微差别到研究生牙科保险的好处,发问者所提的这些问题萨默斯总能回答得了,而且大都回答得非常专业,其程度之高是多数人只有在这个方面进行了专门的研究之后才能获得的。

萨默斯的头脑跟电脑的存储器一样,不仅存储着大量信息,而且一旦有需要便可以随时存取访问,从不同的角度对它进行提取、转换和检测,并以意想不到的方式进行处理。2003年4月,他连续3个晚上在肯尼迪政府管理学院做有关全球化的讲座,每次长达三小时。一点也不出乎人们的意料,他所倡导的大力推进全球化的观点在某些地方激起了一些非议。然而他所拥有的信息量大得让人难以置信。虽然每次演讲他都带着笔记资料,但他把它放在讲台上,接下来看也不看。像往常一样,每次演讲都先从讲些笑话开始:"我人是离开了华盛顿,但我没有离开政治。"

在这连续三个晚上、每次长达三个小时之久的演讲之中,萨默斯语言简练,富有感染力,而且逻辑性强。他的论点干脆利落地从一方面转到另一方面,一点也没有偏离主题,也没有任何的含糊之处。他看起来并不是背诵好了自己的演讲稿,相反,似乎是他的大脑的某一部分在提取他所要讲的每个词,而大脑的另一部分则在飞快地运转着,思忖着如何把这些词语融合在一起再输出来。他就像一名间谍,花费大量的时间,把通过各种渠道获取的情报进行条分缕析并做出判断,然后把情报发回去。在连续三个小时的演讲中,尽管他根本就没有去看一下自己的笔记,但他自始至终都没有冒出过一句不完整的话来。

一个在首都华盛顿被称做"不可靠者"的人在哈佛并不一定就是件坏事。当然,哈佛能理解甚至可以包容一个怪人——哈佛毕竟是一个尊重学术、尊重才干、尊重能力的机构。而萨默斯身上充分具备了这三个因素。但哈佛人同样也希望他具有谦逊的品质,具有幽默感,并能意识到自己刻板的一面。

然而,这是不可能的。不管是真是假,拉里·萨默斯看上去是那么的傲慢自大、神气十足、粗鲁无礼,对权力充满着渴求。在萨默斯走马上任之前,哈佛董事会以及哈佛的媒体并没有告诉哈佛的师生有关新校长的任何事情,他们毫无思想准备去接受一个非常不幸地具有如此个人品质的新校长。不可避免地,有许多人觉得困惑,为什么校方会选择一个如此急躁易怒的人当校长呢?董事会的董事们知不知道他的这种脾性呢?还是他们对此无所谓呢?前一种猜测似乎不太可能,但后一种猜测却更令人担忧——因为要是哈佛董事会早就知道拉里·萨默斯是一个这样的人却依然挑选他来担任校长,那么它对自己所管理的机构又该做何解释呢?

疑惑在整个校园中弥漫开来。一些师生断言,肯定是鲍勃·鲁宾欺骗了哈佛董事会,他向董事会的董事们保证之前的那个毛毛躁躁的拉里·萨默斯早已成为过去。也有些了解校长遴选过程的人也就有些愁闷地提到了后来成为哥伦比亚大学校长的李·博林格,对他当时没有成为哈佛新校长的最佳人选感到很奇怪。一些学生以羡慕的眼光看着普林斯顿大学和布朗大学。这两所大学的校长分别是雪莉·

蒂尔曼和鲁思·西蒙斯,并且后者是常春藤盟校*的第一个非裔美国人校长。他们两个人都以一种更和睦、更具有包容性的风格领导着他们的学校。

2002年春,随着非裔美国人研究系的混乱局面的不断升温以及哈佛人心里对新校长的不安,拉里·萨默斯担任哈佛校长的第一年迎来了一个艰难的尾声阶段。即将来临的一场对"9·11"事件之后的世界的言论限制的争论,加上哈佛毕业典礼威严的背景,让哈佛大学的2001—2002学年的结束更加动荡不安。

扎耶德·亚辛是哈佛大学2002届的毕业生,他是现代哈佛学生的典型,是一个聪明、有头脑、有抱负的年轻人,有一个国际化的、多文化的家庭背景。他的母亲来自南加利福尼亚州,是个信奉天主教的爱尔兰裔护士。他的父亲是一个工程师,一个来自孟加拉的伊斯兰教徒,1971年移民到美国,在一家电厂担任设计人员。在他上大学前,亚辛曾经在芝加哥和南加利福尼亚州——他的父母亲就是在洛杉矶加利福尼亚大学结识的——和印度尼西亚生活过。但是他的童年时光大部分都是在一个叫锡楚埃特的小镇度过的,锡楚埃特原先只是个渔村,位于波士顿东南,离波士顿约20英里,后来这里成为波士顿的一个郊区,是个白领阶层聚集的地区。亚辛既是一名具有国际化背景的学生,同时又是在美国本土长大的孩子,他是他们家族里第一个上哈佛求学的人。

---

* 常青藤盟校是由美国的7所大学和一所学院组成的一个大学联合会。它们都是美国首屈一指的高校,历史悠久、治学严谨,许多著名的科学家、政界要人、商贾巨子都毕业于此。在美国,常青藤盟校是顶尖名校的代名词。其成员具体为:布朗大学(Brown University),1764年成立;哥伦比亚大学(Columbia University),1754年成立;康奈尔大学(Cornell University):1865年成立;达特茅斯学院(Dartmouth College),1769年成立;哈佛大学(Harvard University),1636年成立;宾夕法尼亚大学(University of Pennsylvania),1740年成立;普林斯顿大学(Princeton University),1746年成立;耶鲁大学(Yale University),1701年成立。常青藤盟校的说法来源于20世纪50年代。上述高校早在19世纪末期就有社会及运动方面的竞赛,经过长时期的酝酿之后,1956年,各校订立运动竞赛规则时进而订立了常青藤盟校的规章,选出盟校校长、体育主任和一些行政主管,定期聚会讨论各校间共同的有关入学、财务、援助及行政方面的问题。需要说明的是,早期的常青藤盟校只有哈佛、耶鲁、哥伦比亚和普林斯顿4所大学。4的罗马数字为"IV",加上一个词尾Y,就成了"IVY",英文的意思就是常青藤,所以又称为常青藤盟校,后来这4所大学的联合会又扩展到8所,成为现在享有盛誉的常青藤盟校。——译者注

亚辛有着乌黑的头发、英俊的外表、修长的身材,言行举止稳重大方,同时也不失热情。亚辛热心公益事业,总是喜欢投身于公共服务,当他还是一个小男孩时,就成为雄鹰童子军的一员*。在他中学毕业时,他获得了一笔由海军预备军官训练团所提供的奖学金。这笔奖学金足以支付他上哈佛大学的所有学费,条件是他在大学毕业后要服兵役。但是他拒绝了这笔奖学金,因为,据他所言,"我不想没完没了地去麻省理工学院"接受训练;此外,他也担心自己会因此到了三十多岁还要继续承担服兵役的义务。亚辛试图通过来自父母的帮助和哈佛大学的资助来凑足上学费用,但是,放弃预备军官训练团提供的这笔奖学金对他的影响确实很大。亚辛说:"我们并不穷,但我们也不是非常富裕。"

和多数哈佛学生一样,亚辛积极参加各项课外活动。他想成为一名医生,因此当他还在大学一年级时就担任了紧急医疗救护人员的工作。他曾经有一段时间担任了一个教授急救技术与从事救灾服务的团体——美国红十字会的哈佛—拉德克利夫公谊会的会长。在上大学四年级之前,他从事着一个旨在根除赞比亚的疟疾的公共卫生项目工作。

但对他而言,也许最具挑战性的工作是他在念大三那年成了哈佛伊斯兰教协会的会长。哈佛伊斯兰教协会是校园里一个规模虽小但正处于不断发展壮大中的团体。在哈佛,来自南亚和中东、近东的穆斯林学生的比例虽少,但人数却在不断地增长。在进大学前,亚辛对宗教信仰并不特别虔诚,但在哈佛,他开始严肃地对待自己的宗教信仰。"在哈佛,我最喜欢的那些人,其生活方式值得我尊敬的那些人,都是穆斯林。"亚辛说,"我十分敬佩那些有道德和宗教信仰指导的人,而且我可以看出那些有道德和宗教信仰指导的人与那些没有道德和宗教信仰指导的人在生活方式上的差别。"

---

* 童子军的基本划分单位是"troop"(部),年龄范围是 11 到 18 岁,等级从低到高依次为 Tenderfoot Scout(初级军)、Second Class Scout(二等军)、First Class Scout(一等军)、Star Scout(星军)、Life Scout(生命军)和 Eagle Scout(鹰军)。加入童子军后,成员们通过完成每一阶段的技能要求而得到晋级,鹰军是最高荣誉,是每个童子军向往的目标。但是,要完成鹰军的技能和要求需要满怀热忱地投入与努力。在美国,有 25% 的少年加入了童子军,而他们当中仅仅只有 4% 最后成为鹰军。有因为各种原因中途放弃了的,有没能达到鹰军的要求而停留在 Life Scout 阶段的,所以坚持到最后的的确是真正的男子汉。——译者注

哈佛伊斯兰教协会无论在会员人数、财力、校友或者是传统方面都不如哈佛犹太教联合会。晚间的祷告，哈佛伊斯兰教协会的成员们聚集在哈佛园里的教学楼的一间休息室里进行。相比之下，犹太文化和宗教组织则在价值几百万美元的罗索夫斯基礼堂有个专门的房间。但是亚辛尽可能地利用他的资源做他所能做的事，而他首先要做的事情之一就是在校园里的不同宗教组织之间建立起联系的桥梁。在他任哈佛伊斯兰教协会会长的那一年，他与哈佛犹太教协会一起举办了数次跨信仰的会议，并和哈佛犹太教协会以及天主教学生联盟共同发起了一系列的讨论活动。

然而，有一项活动却如梦魇般时时笼罩着他，迄今仍让他难以释怀。那是在他任会长时，哈佛伊斯兰教协会举办了一次募捐活动，为"圣城赈济与发展基金会"募集资金。"圣城赈济与发展基金会"是一个总部设在美国的穆斯林组织，它为全球各地的穆斯林所需的卫生保健，特别是为约旦河西岸和加沙地带的穆斯林们所需的卫生保健募集资金。就亚辛所知，"圣城赈济与发展基金会"是个合法的、值得尊敬的团体。在他上大学三年级之前，他整个暑假都在为一个名为"巴尔干太阳花"的卫生组织工作，这是一个位于阿尔巴尼亚的非政府卫生组织，而在阿尔巴尼亚，穆斯林人口占多数。据亚辛回忆，"我亲眼目睹了'圣城赈济与发展基金会'在那里从事很有意义的工作"，他们给源源不断地返回科索沃的难民们提供卫生保健服务。

但是在这次募捐活动之后，就有新闻报道说，"圣城赈济与发展基金会"一直在给一个名叫哈马斯的伊斯兰教恐怖组织提供资金。（2001年12月，布什政府因为这个原因冻结了"圣城赈济与发展基金会"的资产，不过这一组织坚决否定这一控告。）因此，哈佛伊斯兰教协会就没有把它所募集到的900美元左右的捐款给予该组织，而是全部赠予一个附属于红十字会的国际救助组织——红新月会。亚辛表示："我们要避免任何的阴暗。"

作为哈佛伊斯兰教协会主席，亚辛认识了哈佛学院的院长哈里·刘易斯，此外还认识了里克·亨特。里克·亨特是哈佛这所大学的典礼官，也是哈佛教职员宗教事务委员会的负责人——哈佛教职员宗教事务委员会是哈佛大学为相关的宗教问题制定政策的团体。亚辛给刘易斯和亨特两个人都留下了深刻的印象。他们喜欢他积极的态度，称赞他如此年轻就为世界性问题而奋斗。因此这两个行政官员都鼓励他去争取一项哈佛的最高荣誉：本科生毕业典礼演讲人（undergraduate commencement orator）。

哈佛的毕业典礼仪式在三百周年纪念剧院举行,整个仪式过程具有浓厚的历史氛围,充满着浓郁的传统气息,就像是为哈佛师生所准备的一场艺术表演。毕业典礼分成两部分进行。第一天星期三是毕业纪念日,由一个幽默的演讲人向本科生们致辞。最近几年来的毕业纪念日演讲人有美国脱口秀主持人柯南·奥布赖恩、畅销书作者阿尔·佛兰肯和演员威尔·法瑞尔。第二天星期四则是给那些穿学位袍、戴学位帽的毕业生颁发毕业证书,领取毕业证书的不仅有哈佛学院四年级的学生,还有来自研究生学院的学生。虽然它表面上是本届毕业生的毕业典礼,但是毕业典礼的第二天下午其实也叫做"哈佛大学校友联合会的年度会议"。因为,哈佛在这一天下午同时也招待校友,目的就是要向返校的校友灌输学校的精神,然后在他们热血沸腾的时候向他们开口要钱。同时,这些新的毕业生马上从支付学费的学生转变为向母校捐款的校友。

在为期两天的毕业典礼中,第二天远比第一天正式得多。在正式授予学位之前,哈佛的乐队演奏拉开了这天上午庆典仪式的序幕,接着校长、全体教师和董事会列队走上主席台,然后完全用拉丁语致开幕词。

上午的典礼结束后,本科生们回楼去领取毕业证书,而研究生们则是回到各自的学院去领取毕业证书。当天下午,每个学生必须再一次在三百周年纪念剧场集合聆听哈佛毕业典礼演讲人（the university's commencement speaker）的演讲。（就是在 1947 年的这么一个场合,乔治·马歇尔初步阐述了他援助战后欧洲的计划。）2002 年 6 月,这个演讲人按预定将是罗勃特·鲁宾——萨默斯邀请他来哈佛大学的毕业典礼上进行演讲,以此表达对这位老上司的感激之情。不过他为鲁宾所做的远不止这些。他还为鲁宾在哈佛董事会中安排了一个董事的位子,接替了赫伯特·温诺库尔腾出的空位。（这位安然公司的联营主管为了避免哈佛遭受负面的宣传,在安然事件曝光后辞去了哈佛董事会的职务。）随着温诺库尔的离去,拉里·萨默斯和鲍勃·鲁宾将再次成为搭档。

作为星期四这一天的毕业典礼仪式的一部分,每一年都有一个本科毕业生面对全体与会人员发表一个演讲。这就是所谓的"毕业生英语演讲",通常要用大约五分钟时间。能被挑选去做本科生演讲被视为一个很高的荣誉。在这么一个万众瞩目、精心布置的大学毕业庆典仪式上,一个本科生受托付站在全校师生面前来发表他的心声,而哈里·刘易斯和里克·亨特正希望扎耶德·亚辛去争取这个难得的演讲机会。"我有个粗略的想法,"亚辛说道,"我想谈谈'9·11'事件之后哈佛大学的毕业生该做些什么。而在此之前我并没有想到过要去试试。所以我在想,为什么不去试试呢?"

因此亚辛写了一篇关于穆斯林与美国人之间关系紧张的短文。在这篇文章中,亚辛阐述了穆斯林与美国人之间其实根本没有那么紧张。《古兰经》和《宪法》都是在倡议和平、正义与同情。"作为一个穆斯林,同时也作为一个美国人,我被赋予了保护生命和自由的责任,被赋予了为穷人和弱势群体服务的义务,被赋予了为人类社会的多元化而讴歌的权利。"他写道,"它们之间不存在任何的矛盾和对立。"[23]

亚辛将演讲的中心集中于"为正义的事情锲而不舍"。他主张这才是"圣战"(jihad)一词的真正意义。然而,这个词却被一些穆斯林和非穆斯林"误用和误解"了。事实上,"圣战"这个词是个被人们广泛信奉的通用的概念,甚至可以说是一个美国的概念。"美国梦,"亚辛写道,"是一个大家共同的梦想,它所包含的意义不只是一套对物质享乐主义的追求。它是一种力量,它也是一个机会,它塑造了我们每个人的一生,它使我们每个家庭的衣食住行都有了保障,让我们每个人的家庭生活有安全感、有尊严。让每个人可以信奉各自的宗教信仰,同时彼此之间又能和睦相处。这就是我们美国的圣战。"

这场本科生毕业典礼演讲人的竞争由一个5人评判委员会来裁定。这五个人分别是彼得·戈梅斯、里克·亨特、南希·豪费克(哈佛大学美国常备剧目剧院的演技教师)、理查德·托马斯(古典学教授)以及迈克尔·辛那吉(哈佛进修学院的院长)。他们5个人在哈佛所待的时间累加起来超过了一个世纪,他们对哈佛的各种传统非常重视。亚辛必须与其他二十名左右的学生一起竞争这项荣誉,他必须先递交一份演讲内容的草稿,然后再进行三轮的筛选。不过5月初他得到消息,他被选中在6月6日毕业典礼上演讲。此时,他真正需要担忧的问题便只剩下一个了——他的演讲稿还没有一个标题。"标题我迟迟还没想好。"亚辛回忆道。因此迈克尔·辛那吉建议他用"我的美国圣战"作为题目,辛那吉认为这个标题简练地概括了演讲的内容。

大约三个星期后,《哈佛深红》刊登了一篇报道毕业典礼演讲人的短文。这篇文章中透露了亚辛的这篇演讲的标题。就从这时起,一场大祸即将降临。

这场抗议活动源于哈佛学生宿舍的电子布告栏(BBS)的一场辩论。哈佛的每一座本科生宿舍楼都建有网站,供他们发布各种新闻和事件。每个网站都有一个论坛。在《哈佛深红》刊载了这则报道之后的几天里,有几名学生开始在电子布告栏上发帖,他们质疑,让一个穆斯林学生在毕业典礼上发表"我的美国圣战"的毕业典礼演讲是否合适。他们不知道演讲的内容是什么,因为按照惯例,演讲在发表之前是不对外公开其内容的。但是这个题目乍听之下就让他们觉得不是自己所愿意接受的,于是有些人开始在网络上展开联名请愿,要求哈佛的行政管理部门在毕业典礼举行之前让他们知道这篇演讲的内容。

5月29日这天,帕特里克·希利,也就是《波士顿环球时报》那位撰写了几篇关于哈佛大学分数膨胀问题的记者,写了一篇关于亚辛的文章。几乎同时,所有媒体都蜂拥而上,争相报道。比如《纽约时报》、《华盛顿邮报》等所有重量级的媒体都进行了相关报道。"哈佛的圣战。"《纽约每日新闻日报》的一篇社论宣称道。接着各家电视台也纷纷跟进,如:美国广播公司(ABC)、全国广播公司(NBC)、哥伦比亚广播公司(CBS)、美国有线新闻网(CNN)、有线新闻网(MSNBC)。许多新闻报道和文章都质疑亚辛对"圣战"的定义。著名女主播卡蒂·库里克在"今日早新闻栏目"中,对亚辛说:"杰伊德*……扎耶德,事实上,字典中'圣战'一词的定义就是'穆斯林反对异教徒的圣战或神圣斗争'。"难道亚辛你真的不懂"为什么有些人可能会对你这个演讲的标题感到不安"?[24]

"你现在是在用美国的字典去找一个阿拉伯语词语的定义。"亚辛回击他说。

拉里·萨默斯怒气冲冲。"这场争论让他觉得十分惊愕,他气得暴跳如雷。"一个非常了解他的思维方式的人说道。这是他担任哈佛大学校长以来首次举行的毕业典礼,他已邀请了他事业上最密切的朋友罗伯特·鲁宾来发表演讲。这一年来他已花费了大量的时间,用于

---

* "杰伊德"这个名字是主播对"扎耶德"的口误。——译者注

谈论爱国精神的重要性以及哈佛大学对服兵役的尊重。而现在所有的人讨论的都是一个本科生为时五分钟的演讲,而他本人却对这个演讲一无所知。不过他也确实感受到这场争论的热度。萨默斯通过他的公开电子信箱 lawrence_summers@harvard.edu 收到了成百上千封的电子邮件。这些邮件的内容大同小异,似乎这些邮件是有组织的活动中的一部分。犹太裔的校友反应尤为愤慨,有些人扬言将不再向自己的母校捐款了。

"这个演讲分明就是一次袭击事件。"鲁思·威斯说道。她是马丁·佩雷茨的犹太文学讲座教授,以强硬地支持以色列的观点而闻名。"首先,这是一次针对犹太人的袭击,其次它也是一次针对美国的袭击。"她说,"你能很明显地看出教授们的想法,他们会说:'哦,这不是太好了吗?通过接受此时最让人无法接受的少数人的观点,我们不就可以展现我们文化多元化的良好形象了吗?'然而,圣战是个非常严肃的话题。这是一个蔑视犹太人和美国人的感受的行为。"

萨默斯对亚辛非常生气,不过他对选择亚辛来做演讲更是大发雷霆。他认为,毕业典礼委员会的成员都是些老谋深算的激进主义分子,他很不待见他们。譬如,从事古典文化研究的理查德·托马斯教授是哈佛大学所有教师中最极端的自由主义者之一。萨默斯指责委员会挑起了一场不必要的争论。毕业典礼仪式的组织者里克·亨特首当其冲,被萨默斯臭骂一通。萨默斯校长不明白为什么亨特会如此的迟钝,会允许出现这样明显的差错。萨默斯觉得自己在没有防备的地方受到了攻击。"我想,拉里甚至不知道有个毕业典礼委员会的存在。"马蒂·佩雷茨说道,"为什么需要每个人都去关心这个呢?"

萨默斯开始关心起这件事来。他要求整个哈佛能像白宫那样,随时保证信息的畅通。哈佛举办毕业典礼是要祝贺它的毕业生,并进一步提升捐款的额度和改善公共关系,而不是引起国际争议与颂扬言论自由。如果可以的话,萨默斯真想撤销亚辛的演讲人资格,换另一名毕业生上去,不过他清楚这一切已经太迟了——一旦他剥夺了亚辛的演讲人资格,那只会引起更多公众的注意。为了控制局面,萨默斯禁止哈佛的行政管理部门的任何人谈论亚辛这件事情。"拉里告诫所有高层行政管理人员不要去说任何支持我的话。"亚辛说。

哈里·刘易斯和委员会的每个成员私下里都为此感到震惊。对他们来说,萨默斯正在临危抛弃一个哈佛学生。萨默斯校长已经看过这篇演讲,他知道这个演讲的内容是一篇旨在弥合不同宗教信仰的族群之间的伤痕、倡导和谐共存的演讲。亚辛至今仍是一个只有22岁的学生,是哈佛大学最优秀的学生之一,然而哈佛却任由他遭受新闻媒体的围剿,被抨击得体无完肤。克里斯·马修斯在有线新闻网(MSNBC)上称亚辛支持恐怖主义,曾经为哈马斯恐怖组织举办过募捐活动。人家都称他是反犹分子。对此,萨默斯的正式回应是,没有任何人可以以他的名义发表意见。

"在所有的哈佛校长所做的事情当中,他对扎耶德·亚辛事件所采取的态度最不像我们美国人的风格。"与此争议有关的一个老师说。哈里·刘易斯告诉他的同事,萨默斯亲自向他下达了禁言令,不许他发表任何支持亚辛的言论。刘易斯顺从了萨默斯的指挥,但他觉得这样做是不对的。后来,他认为这是他在哈佛40年来所做的最让他后悔的决定。"我当时本该辞职的。"他跟一个朋友说道。

毕业典礼临近时,亚辛处于巨大的压力之下。这个争论在学校只会越炒越热。犹太裔学生特别生气,他们中最愤怒者宣布,他们将在毕业典礼的那天分发二万条红白蓝三色的绸带,向亚辛表达抗议。通过这种方式,就可以有两万人向亚辛显示,他们是爱国者而亚辛不是。一封连锁信*以电子邮件的形式在网络上传递和扩散着,呼吁当天参加毕业典礼的人在亚辛演讲时站起来背对着他。另一封电子邮件则是一份请愿书,要求亚辛公开谴责"世界上任何直接或间接支持恐怖主义的组织",敦促他放弃毕业典礼演讲。据报道,约有5千名学生、老师、家长和校友在这份请愿书上签名。

有人用蓝山电子贺卡给亚辛发了一封恐吓信,拿死亡来威胁他。电子卡片上一只聪明伶俐、逗人喜爱的兔八哥掀开把自己盖住的帽子,钻了出来。"看来你是想要死得更早些才做这么一个拍圣战的马屁的演讲,"电子贺卡上的这只可爱的兔八哥说道,"你可以和你的宗教信仰好好上别处去快乐吧。'9·11'之后,对你的警告就是:如果你继续一意孤行,你就会有生命危险。你从哪里来,就给我滚回哪里去。美国不欢迎穆斯林。你这个笨蛋,该死的马屁精!"

这张电子贺卡的署名是"一枪一个"。警方追查到这张贺卡发自

---

* 连锁信要求收信人看过信后复写一定份数,再分寄给其他人,以不断扩大收信人的范围。——译者注

科罗拉多的一个小镇,但是仍然无法确定是谁发的。

另一封电子邮件则提及:"你们哈佛大学允许穆斯林团体在校园内举办募捐活动……与恐怖分子的支持有关联。同时你们不允许军队的预备军官训练团在你们哈佛的校园里存在,因为你们不喜欢他们在同性恋问题上所采取的'不予理睬'的政策。看来你们哈佛已经跟美国的时代精神格格不入。别再落伍了,快跟上潮流吧!你们要么跟我们站在一边,要么就和我们为敌。"

亚辛人本来就瘦,这段时间里体重不断下降,变得更瘦了。他老是无法入眠。毕业典礼上需要穿戴的学士帽和学士服也老是放错地方,亏得弟弟塔里克在哈佛念本科二年级,他一直在帮亚辛找这两样东西。校庆典礼委员会的委员们告诉亚辛,萨默斯深信亚辛会劫持毕业典礼——在这个特别重要的日子里,亚辛将走上讲台,在数万名听众面前扔掉手里的演讲稿,然后发表一篇火药味很浓的支持巴勒斯坦的反美演讲。这样的传言极大地激怒了亚辛,因为他在这篇演讲稿上花费了很多的心血,他根本没有打算抛弃自己所写的这份讲稿。不过,这也或多或少地让他有些消沉。他从来都未曾想到会招致如此刻薄的话来。

因此他妥协了,把演讲的题目从"我的美国圣战"改为"论信仰与公民的职责和权利——我的美国圣战"。"我想得太天真了,"亚辛说,"当我想出这个标题的时候,我完全没有意识到其他的含义——这个题目是有点煽动性的味道。同时,我无论如何也不能去掉标题中的'圣战'一词,因为要是这样的话,那我所做的让步也就太大了。"然而,在某种意义上,这个招致非议的字眼已经被去掉了。哈佛大学毕业典礼的程序表上以及每一种哈佛的正式出版物里都删掉了这篇演讲的副标题。

5月29日,大约在毕业典礼前一个星期,萨默斯发布了一份与这次争论相关的声明。声明内容如下:

> 扎耶德·亚辛经由正式任命的教师委员会评选,被选为今年6月学生毕业典礼的演讲人。他所准备的毕业典礼演讲近期受到了各界的关注。在我们现在生活的这个时期里,不难理解的是哈佛内外的许多人都在担忧着在中东发生的一切事件以及这些事件可能对美国生活造成的种种影响。然而,尤其是在一所大学的

环境里，对于我们来说最为重要的就是要继续保持开放的心态，彼此之间相互聆听，要从整体上去理解和对待对方所讲的观点。我非常高兴地看到，有很多人针对亚辛的演讲可能会在我们这个社会中产生一些潜在的分歧发表了许多具有建设性的谈话。

最后，我被告知，亚辛先生最近收到了一封来历不明的恐吓邮件。对个人的人身进行直接的威胁应该受到谴责，我们所有信仰哈佛大学的价值观的人都将用最强烈的语言谴责这些恐吓性的行为。

对于亚辛的支持者来说，萨默斯的这份声明远非是对大学环境里宽容与言论自由的价值观的强有力保护——更不用提这个学生没做错任何事了。"它根本上就像是在说，'只要你不杀死亚辛，那就不会有错'。"有个教师如是说。第一段就像是在安抚那些愤怒的人们，而那行关于亚辛"经由正式任命的教师委员会评选，被选为……"则显然是萨默斯撇清干系的典型做法。

"那个声明谈不上有什么可取之处，"亚辛说，"特别是当你考虑到他并不是那种说起话来吞吞吐吐的家伙。声明里根本就没有一处是替我说话的，也根本没有提到我演讲的内容。整个的声明中只提及了'建设性的谈话'，但事实上自始至终都没有过任何建设性的谈话。"事实上，萨默斯甚至根本就没有与亚辛谈过话，或是给他打电话。在整个的争论过程中，哈佛大学的这位校长从没有对这位被围攻的本科生毕业典礼演讲人说过只言片语。

在6月5日这天，也就是哈佛大学毕业典礼的前一天，萨默斯在哈佛大学预备军官训练团的启程仪式上对哈佛的学生发表了简短的致辞。"你们知道，"他说道，"言论不受限制，对不同的观点进行探讨和争论，自由地表达我们的个人观点，在我们这所大学里是应该崇尚的。因为，它们在我们今天的生活中以及在我们应当过的生活中都是至关重要的。然而，一旦需要，我们也必须尊重和崇尚鲜明清晰的道德立场。……"萨默斯的这些话似乎摆明了萨默斯的同情心在哪边。

6月6日那天上午，天刚破晓，一切都还是灰蒙蒙的，并夹带着冷意。但毕业典礼的现场就已经有大约三万人在等待着毕业典礼的来临。自哈佛建校以来，哈佛的毕业典礼开幕式按惯例应该演奏的是反映哈佛主题的音乐。但这一天,在萨默斯的强力主导下,将要演奏的是"星条旗永不落"。"本就该演奏这首歌",萨默斯曾告诉参加预备军官训练团的哈佛学生,而且他还加了一句,每当听到这首国歌时他都会"非常激动,非常兴奋"。

安全防卫措施非常严密。有史以来第一次来宾必须先经过金属探测器的检测才能进入哈佛园。至于亚辛,其安全保护就更为严格了。整个上午,哈佛大学警署的一个警官就寸步不离地跟在他身边,以防那些恐吓、威胁会真的发生。当他要上台演讲的时候,他是如此的紧张不安,罩在学士礼服下的两条腿都在颤抖。除此之外,他也有一点气愤。向着人群看去,他可以看到那些抗议者身上缠着红白蓝三色相间的绸带。由于早就预料到这一点,他自己也缠上了一条红白蓝相间的绸带。没有人能将他的爱国精神夺走。他没有忘记,萨默斯认为他会扔掉自己的演讲稿——这件事依然让他觉得自己受到了侮辱。他所经历的整件事,亚辛后来说,"扯下了蒙在哈佛之上的虚伪的文明外衣,我看清了这层虚伪的外衣竟然是如此之薄,而隐藏在它下面的则是赤裸裸的权力政治"。

根据毕业典礼的惯例,本科毕业生在演讲之前应该转身面向大学校长鞠躬。由于萨默斯心里存有猜疑,因此亚辛也就临场即兴发挥了一下。就在他转过身来面对着校长行鞠躬礼的时候,亚辛朝萨默斯做了个很快的、但却显而易见的眨眼动作。这似乎是在说,我知道你想我会做什么……或许我不会像你所想的那样去做,但我也许会像你所想的那样去做。萨默斯坐在校长的主席位上,看上去好像没有任何的反应。

当然了,亚辛并没有做即兴的演讲。按照自己原先所写的演讲稿进行演讲已经成为他引以为傲的一点。"哈佛的毕业生有责任在这个世界留下自己的印迹。"亚辛铿锵有力地演讲道。这时天空中已经开始下起了倾盆大雨,但他绝不让自己的声音被这雨声压过,他要让每个人都听到他的心声。"让我们努力奋斗吧!让我们留下我们的印迹吧!我希望,同时我也祈祷着,我们的子孙后代,以及将来接替我们位置的人都能以我们所做的一切而骄傲。"

由于所有带雨伞的人都撑开了他们手中的雨伞,因此,在演讲的时候,在场的每个人面部会有什么样的反应已经无法知道。但是,亚辛的演讲刚一结束,绝大多数人似乎都起身为亚辛大声喝彩。

然而，萨默斯既不为之动容也不开心。在毕业典礼过后的几天甚至几个星期里，萨默斯曾好几次在晚宴和鸡尾酒会上提到亚辛的这件事和他的那个眨眼的动作。据亲耳听到萨默斯描述的人说，每当提及此事，萨默斯总是称呼亚辛为"那个小狗屎"。

在他担任哈佛大学校长的第二年，萨默斯将确保这种令人不快的事件不会再次发生。

第六章 拉里·萨默斯与他的
天字第一号讲坛

在萨默斯担任哈佛校长的第二年之初,整个哈佛大学处于一种动荡不安的状态。萨默斯改变了现状。但极少有人说得清这种变动到底是让整个的哈佛变得更好,还是使局面变得更糟糕,或者只是为了改变而改变,以便我们的这位萨默斯校长宣称这种变化的存在就是他在哈佛所取得的一项成就,同时也是哈佛本身的一项成就。有意地或者无意地——人们认为这两者兼而有之——萨默斯所做的每一件事都给哈佛大学造成了内部的分歧与对立。在通常的情况下,相互对立的一方是萨默斯和哈佛董事会,另一方则是除此之外的每个人。然而,董事会只是个不露面、不具体参与动作的机构而已,因此和每个人对立的也就只剩下萨默斯一个人了。

训斥科尔内尔·韦斯特就是其中一个典型的例子,当然了,像这样的典型事例并非绝无仅有。要求预备军官训练团重返哈佛校园以及重申爱国精神也同样在哈佛的师生中造成了分歧。首先,萨默斯似乎并不在意军方对同性恋者的歧视这个问题。每次谈及预备军官训练团时,他通常都回避提及这个问题。这个问题尽管只是"越战"时期遗留下来的问题,现在却成了哈佛大学不让军方在哈佛校园内招募人员的主要原因。他对爱国精神的强调也让哈佛的教师们大为吃惊,给大家一种反智的印象。哈佛的使命是探求真理,却不管这一真理在报纸专栏作家和华盛顿的政治家心目中是不是爱国。把华盛顿政界的那套领导风格以及混迹于首都华盛顿的政治掮客们的做派移植到哈佛来，更是与哈佛的"学校重于校长"的文化相抵触。甚至萨默斯令人不快的举止以及咄咄逼人的谈话风格也让校园中的人们产生了分歧。萨默斯的支持者们辩解说，他的行为折射出了一种与众不同的率直，你所看到的全然是真的。批评者则回应说，萨默斯显然缺乏一种对下属们的尊重，这完全是一种傲慢自大者欺凌和摆布弱小者的做派。

所有的这些争论都不是那么轻易就可以解决的。部分原因在于，萨默斯的成就能够让人看得见的几乎为零。虽然他常谈到在奥斯顿那里建设新校区的重要性，然而在那片新区上却没有什么有目共睹的重要进展，有的只是一些幕后的规划。吹得天花乱坠的课程审订连个框架也没有。教师们——除了萨默斯之外——已经在尝试着通过有效控制2005届毕业生中优秀毕业生的人数来抑制分数膨胀的问题。（在这一政策下，每届毕业生中只有50%的学生才能获得优秀毕业生的荣誉。）虽然萨默斯在预备军官训练团的事情上吹得天花乱坠，多次成为全美的头条新闻，但在预备军官训练团真正重返哈佛校园这件事情上，我们的萨默斯校长实际上可是什么事情也没有做。因为，这事要通过哈佛大学全体教师的投票表决才能做出决定。然而，在反对歧视同性恋者的问题上，教师们似乎比萨默斯更严肃认真。因此，萨默斯不想拿自己的政治资本来为一个他可能会失败的投票表决下赌注。相反，他在预备军官训练团毕业典礼上发表讲话，并说服《哈佛年鉴》的编辑允许毕业班的学生把预备军官训练团列入他们的活动简介表里。（在过去，学生只能在简历中列出经由学校批准同意的活动。）

当然了，人们只指望一位新任校长在就任的头一年时间内把时间花在对这所学校的了解上，而萨默斯在担任哈佛校长的头一年里也确实是把时间用在了解哈佛的各项相关事务上。在这一点上，就是那些对他百般吹毛求疵的人也对他肯定有加，赞扬他全身心地投入哈佛日常工作的每一个具体细节上，加快了研究生学院的运转效率，并且也在处理本科生的事情。他每天的工作日程总是安排得满满的，工作任务之多叫人看了都会被吓倒。萨默斯甚至还千方百计地挤出时间前往中国、日本和伦敦等地进行访问，这既提升了哈佛在全球的影响，同时也迅速地提升了萨默斯本人的国际形象。

在另一个极为重要的方面，我们的萨默斯校长也取得了进展，那就是：往哈佛大学高层的学术位置上安插自己的亲信。2001年10月，萨默斯提名斯蒂文·海曼担任哈佛的学术副校长。斯蒂文·海曼原是一名哈佛大学精神病学方面的校级教授,同时也是深受敬重的全美国家心理卫生研究所的负责人。学术副校长通常被认为是一所大学在学术方面的首要负责人,其在一所大学里头的角色大致和美国的副总统这样的角色相当。就是说,他的权限究竟有多大很难说清楚,而完全取决于校长授予他多大的权限。对此,海曼自嘲说,他的工作就是"去干任何拉里不想干的活"。通过任命海曼,萨默斯表达了自己重视自然科学的决心,尤其是重视生命科学,诸如生物学、神经生物学与生物化学的立场。他深信,上个世纪 90 年代的高科技淘金热使斯坦福大学财源广进,而哈佛大学却错过了这一良机。萨默斯常说,生物医药学将是下一个科学前沿领域,它集科研、拯救生命的新发现于一身,并能够带来丰厚的利润,这一次哈佛不会再错失这样的良机。

对海曼的任命同时也是对另一个具有影响力的科学家杰里米·诺尔斯从萨默斯的行政管理部门中流失所进行的补偿。杰里米·诺尔斯是位化学家,原担任哈佛大学文理学院的院长。2002 年 5 月,诺尔斯辞去了他的院长职务。他在辞去院长职务的同时告诉他的同事,新校长上任后满一年是自己辞职的最好时机。诺尔斯辞去院长职务后,萨默斯任命了威廉·科比接替这一位置。科比是个研究中国史的历史学家,曾担任过历史系的系主任一职。通过任命科比为哈佛文理学院院长,萨默斯表明了自己希望哈佛大学关注全球,而不是只盯着美国一个国家的满腔热情。"历史告诉我们,各强国之间的关系决定了每一个时代,而美国与中国之间的关系将决定即将来临的时代。"[1]在任命科比为文理学院院长之前,萨默斯这样说。而且,科比长期以来都在倡导到国外求学,这正与萨默斯的另一项与全球化相关的优先项目不谋而合。

此外,也有一些人认为,萨默斯之所以会选中科比来接任文理学院院长一职,是因为萨默斯认为科比这个人比较听话。

传统上,哈佛大学文理学院院长一职是个颇有实权的位置,他能自主安排自己的议程,而且校长没有办法削弱他的权力。作为院长,其主要职责就是担任学院的学术领头人。不管他自己本身的专业是什么,他肩负着提升自己所辖的 700 名左右学者的学术价值和兴趣的任务。为了做到这一点,他在学术上必须尊重这些教师。毕竟,他所领导的这个学者群体或许就是我们这个世界上最伟大的学者群体了。

哈佛文理学院的院长能够有效地行使自己的权力。因为,一方面,他有很多钱,而且他手上的钱比哈佛校长的还要多。哈佛所募集到的捐赠中,文理学院所占的份额最大,哈佛目前所获得的230亿美元的捐赠总额中,约40%归文理学院——这些数字会有变动。文理学院的资金预算由该学院的院长来安排,其每年预算金额达10亿美元。文理学院的院长坐在其位于哈佛大学堂的办公室里,给下辖的各个部门和教师安排办公场所,同意并批准给教师加薪,帮教师的配偶找工作——当然他也可能不给他们办公场所,不同意给教师加薪,不帮他们的配偶找工作。他对终身教授的提名人选具有否决的权力。事实上,终身教授的提名尚未送达校长做最后审批前就被否决掉,是教师的学术生涯中最严重的伤害,因为这显然意味着他或许要考虑另谋生路。

向文理学院院长捐款的人主要是毕业于哈佛学院[*]的校友,他们对自己的母校十分忠诚,而且在总体上也很有钱。募集资金所带来的益处不仅仅在于钱,一个有手腕的院长可以通过募款活动和校友们建立起密切的联系,培养自己的铁杆支持者。与哈佛大学其他学院的校友比起来,哈佛学院的校友对自己的母校更为忠诚。因此,哈佛学院的校友对哈佛大学内部的各种争议具有很大的影响力,他们可以通过捐款达到他们想要达到的某些目的,否则便威胁说将不再给母校捐款。

拉里·萨默斯领导下的文理学院院长在理论上拥有一项更重要的权力:他有权为哈佛学院制定一套新课程。审订本科生的课程是一项自我评估的行为。哈佛每25年就要进行一次这样的自我评估,从学术上讲,所有的课程都有待评估。哪些课程是必修的,而哪些课程的重要程度却降低了?教授们应该多上一些课还是少上一些课呢,而这会给他们的科研造成怎样的影响?哪一种教学技能最有价值——是生动有趣地为几百名学生上大课的能力呢,还是组织一个富有学术含量的小型研讨班的能力?

一套新课程的结构以及优先开设的课程、必修的课程关系到哈佛学院每一个教授的地位、他们的学术影响力的大小、他们的声望以及他们经济上的收入。作为学院的领导者,文理学院的院长在传统上是

---

[*] 哈佛大学的文理学院下辖哈佛学院、文理研究生院、工程与应用科学学院、继续教育部。——译者注

课程审订的负责人。他所主导的这项课程审订工作将对学院中每个人的未来造成影响。所以,教师们会在教师会议或是其他一些会议场所中反对他的议程,或者干脆就不予接受,让他的这项课程审订工作难以展开。教师们的冷漠已充分地向院长表达了他们的反对态度。

在课程审订过程中,作为院长,他拥有另外的两大优势。首先他——之所以用这个"他"字是因为哈佛大学的文理学院还从未有过女性院长——可利用课程审订的机会在那些关注哈佛课程修订的新闻媒体上宣传自己。如果院长本人在高等教育方面具有更高的抱负的话,那么这些自我宣传对他的将来大有裨益。此外,他还可以以课程的审订作为一种募集资金的工具。也就是说,他可以与校友一起开会讨论他所优先考虑开设的课程——需要更多的师资、创新性的新课程以及其他诸如此类的事情——并恳请他们予以资助。动员哈佛校友们掏出支票本捐款的行之有效的手法就是,告诉他们,哈佛需要资金来提高本科教育的水平。每个哈佛校友都希望,自己的子女将来要上的哈佛将是一个比他们当年求学时更好的哈佛。

科比的前两任都证实了哈佛的文理学院院长这个角色的重要性。博学、圆熟的亨利·罗索夫斯基曾在1973至1984年间,后来又在1990至1991年间担任过该职,他在两次任职期间都深受广大教师的欢迎,因为他能够保护好教师的特权,而且能够巧妙而周全地指出他们的短处。罗索夫斯基与德里克·博克之间的密切配合也给了他很大的帮助。他很少公然挑战博克的领导权威,因为他们两人极少有意见相左的时候。出身名门的博克从来都不担心自己的大权会旁落,他甚至有着一种矛盾的复杂心理,他并不反对将自己的权力拿出来与大家共享。20世纪60年代脱颖而出的博克深知,只要自己给大家一种大权独揽的感觉,就会招致不满和反抗。

陆登庭时代担任哈佛文理学院院长一职的是英国人杰里米·诺尔斯。他是个睿智而又富有魅力的学者,被认为是学院政治的精明实践者。陆登庭在自己的身体垮下来之后,几乎没有对自己下属的院长们的权威性发起任何的挑战,每个人都知道这一点。因此,诺尔斯也就从对权力的领悟中受益,因为这有助于让他能更切实地行使自主决定权。诺尔斯有个特点,就是他懂得拣人们想听的话讲,因此人们并不能充分地信任他。但当他觉得陆登庭校长在侵犯他和文理学院教师们的主权时,他能够,而且也确实勇敢地起来反对陆登庭。"他是教师主权的强烈捍卫者。"诺尔斯的一个同事回忆道。为了进一步巩固他的地位,诺尔斯与哈佛董事会保持着非常好的关系。哈佛董事会的董事,曾担任康宁公司首席执行官的詹姆斯·理查森·霍顿对诺尔斯深有好感,因此当诺尔斯辞去文理学院院长一职后,霍顿便任命他为康宁公司的董事。

至于比尔·科比,人们打心底里对他放心不下。

科比长着一张娃娃脸,戴着一副方形的眼镜,一头蓬乱的花白头发几乎剪成了小平头,整个人看起来就像是20世纪50年代美国联邦调查局的探员。他的幽默有时也让人觉得有点陈旧。当他与哈佛的校友们交谈时,他喜欢开玩笑说当他还是一名达特茅斯学院的本科生时,他认为"出国访学就是周末的时候去韦尔斯利学院"。当谈到访问这所离剑桥不远的女子学院,有时科比还要补充一句,"我在那里与那些和哈佛的男生约会的女生约会"。[2]

没过多久,科比自己也变为一名哈佛男生了,他的入学申请被这所位于剑桥的大学接受,来这里攻读历史学的研究生学位。1981年,他获得了哈佛的博士学位。紧接着,他在圣·路易斯城郊的华盛顿大学执教了11年时间,直至1992年被母校哈佛大学聘回去任教。在学生们的眼中,他是一位尽职而又富有激情的老师。1995至2000年在担任历史系主任期间,科比因重建了由于长期内讧以致严重颓败的历史系而广受赞誉。

不过,一些在年龄、背景等方面和他相差不大的人则认为,科比向上攀爬的欲望或许过于强烈了。他总是非常乐意去做一些费力不讨好的工作,譬如,主持挑选哈佛图书馆管理员的工作,在哈佛大学出版社董事会中任职,等等。这一切都在传递着一个信号:这位教授非常希望能被拔擢为院长。诸如此类的一些活动必然会挤占科比从事学术研究的时间,然而这些活动也向他的同事们发出了明白无误的信息,那就是科比的抱负——当然,不是科比在学术上的抱负,因为,在哈佛,教授具有学术抱负是件再寻常不过的事情了;而是他个人对行政管理的权力具有很强的欲望。拉里·萨默斯显然已经嗅到了这种味道,他心里也完全清楚选择一个对院长之位梦寐以求的人来担任院长会有多么大的好处,因为这样的人将会接受种种不合理的要求和负担,甚至是大材小用,而这是其他不是那么强烈地想得到这个位置的人所不能容忍的。

诺尔斯的好多同事都认为诺尔斯之所以选择辞去院长一职是因为他已经意识到风向已经改变。有人说,拉里·萨默斯对那些不愿为他效力的人比对那些愿意为他效力的人更为尊重。毫无疑问,在萨默斯担任哈佛校长即将届满一年之际,萨默斯想对本科教育进行事无巨细的管理、想要削减文理学院院长职权的意图已是昭然若揭,这其中最突出的一例便是科尔内尔·韦斯特这件事情。然而,比尔·科比也许并不觉得萨默斯有这样的意图,或者他根本就未察觉到这样的一些征兆,要不然就是他选择了忍气吞声,对萨默斯越俎代庖的行为装聋作哑。

萨默斯所要关注的不仅仅是新的学术副校长和文理学院院长的任命这两个人事问题。在他担任哈佛校长的第二年中,他希望能确保不会有任何一位教师离开哈佛大学,但行政管理人员则可以。

6月底,萨默斯会晤了斯基普·盖茨,就盖茨的去留问题交换了意见。这位非裔美国人研究系的系主任已经在公开场合对自己是否继续留在哈佛表现出犹疑不决的态度。他已经失去了韦斯特和阿皮亚这两位搭档,他不敢确定萨默斯是不是要他继续待在哈佛。一些知情人回忆说,在他们的这次会面过程中,盖茨要求萨默斯对本系的一些小型项目给予资助。在陆登庭担任哈佛校长期间,这样的一些要求很快就会得到批准。然而,让盖茨大感意外的是,萨默斯拒绝了他的请求。这一拒绝对盖茨来说只能意味着一件事,那就是,萨默斯并不在乎他是否留下,或许希望他离开也未可,这样便可以一切重新开始了。

斯基普·盖茨享受着他的劳动果实:豪华的办公室、许多名人朋友、丰厚的薪俸以及频繁的出国旅游。他喝的是法国葡萄酒,穿的是意大利服装,开的是德国豪华轿车。但他想要的不仅仅是这些物质享受。也许更重要的是,他需要那种别人需要他、重视他、少了他就不行的那种感觉。尽管他早已是自己所在领域中的权威,但他还是喜欢人们恭维他,这就是他为什么多次换工作的一个原因。然而,萨默斯却从不喜欢承认自己需要某一个人——无论是向自己承认,还是对那个正被讨论的人承认。显然,斯基普·盖茨需要一个人来奉承他,而这个人偏又觉得奉承别人就是在贬低自己。

因此,当意识到萨默斯并不准备给自己所需要的东西时,盖茨也就打算离开哈佛了。他预想自己或许可以去普林斯顿大学,或许也可以去发展势头良好的纽约大学,于是他开始在纽约的哈莱姆区*找房子。如果他不得不离开哈佛的话,他向往能够生活在一个充满智慧的、大家能紧密合作的,且备受媒体关注的地方——这才是他内心真正向往的。他也一直在考虑着作为一个受过高等教育、在事业上取得成功的黑人应该承担起责任来,为那些运气没他好的非裔美国人树立榜样,并重新融到黑人社区中去。在哈莱姆地区购置房产就是将他日益觉得重要的这个念头转化为实际行动的行为。

7月份,盖茨在他位于橡树断崖的避暑别墅度假。橡树断崖位于马萨诸塞州的玛莎葡萄园岛上,是一个面积不大的非裔美国人社区,住的都是些富裕的非裔美国人。就在这个时候,他接到了避暑别墅的邻居弗农·乔丹打来的电话。乔丹是位在华盛顿执业的律师,1992年曾担任过比尔·克林顿总统的过渡团队的主席。盖茨和乔丹已经相识多年,由于他们两个人都是美国最著名的黑人——像他们这样身处美国学界、商界和政界最上层的人彼此都互相认识——因此他们的认识也就不可避免。

乔丹打这个电话来并不是为了和盖茨聊聊夏季的天气。他是应鲍勃·鲁宾的请托打这个电话的。而鲁宾之所以会有这个动作则是因为他对拉里·萨默斯再了解不过了,说不定还是应拉里·萨默斯的请托。乔丹想要了解盖茨对哈佛有什么看法,是想在哈佛继续待下去还是准备离开哈佛?

盖茨告诉他,自己打算离开哈佛。他说,萨默斯不想要他。校长不支持非裔美国人研究系,当然也就不会努力来挽留盖茨。

乔丹说,盖茨想要离开哈佛似乎可以理解,但也许还是不走为好。盖茨应该谨慎行事,以免有人觉得他贪婪。一旦有人认为是盖茨挑起了哈佛大学与普林斯顿大学之间为争取他而进行了一场价码大战,那么最终会损害盖茨的名誉。他最好不要给人一种唯利是图的感觉。

盖茨认为自己是不会改变主意的,但他同意对此事详加考虑。当然了,他想要更多的钱。他认为,就算是萨默斯同意了他所提的条件,那也是他应得的。但是,他不想让别人误以为他的动机就是为了钱。

---

* 纽约市一地区,位于曼哈顿北部,傍依哈莱姆河和东河。1658年彼得·斯图佛逊在此建立起荷兰人寄居地——新哈莱姆区。自1910年以来,迅速增大的黑人居民使该地成为美国最大的黑人聚居地。20世纪20年代,黑人艺术及文学的兴起被称为"哈莱姆文艺复兴"。——译者注

盖茨最愤怒的就是,两位离开哈佛的同事恰好是他最要好的朋友。他花了十年的时间才搭建好这么一个学术班子,萨默斯却一意孤行将它拆散了。

大约两天后,乔丹再次打电话过来,告诉盖茨,萨默斯想要和盖茨本人亲自谈一谈。更糟糕的是,萨默斯还情愿屈就前来玛莎葡萄园岛。这下子盖茨几乎很难拒绝了。

于是,8月初的一个早晨,萨默斯登上由海角航空公司所经营的一架赛斯纳飞机。赛斯纳飞机是一种轻型的飞机,飞波士顿至玛莎葡萄园岛航线。盖茨亲自前往机场,把萨默斯接到自己的家里。在接下来的三至四小时中,两人进行了一场激烈而又充满着情绪化的会谈。萨默斯说盖茨误会他了,其实他非常希望盖茨能留下来。当谈到萨默斯与韦斯特会面这件事情时,盖茨告诉萨默斯:在那次与韦斯特会面的45分钟里,你几乎把我用了十几年的时间和心血建成的一切给毁了。

他们俩彼此都觉得自己满腹委屈。萨默斯得到小道消息说,盖茨多次称他为"屁眼",因此他希望盖茨不要再在哈佛校园内到处散播这种影响严重的话——他的这种不恭使萨默斯的工作难度增加了不少。对此,盖茨则回应说,"屁眼"这个词他才不会去用呢,若是真要有所称呼的话,他会叫萨默斯"臭不要脸的日娘贼"。没错,他很有可能会这么称呼萨默斯的。我就这么叫你又怎样?谁叫你萨默斯把我的两个最要好的朋友赶出了哈佛?在赶他们走的时候,你早该意识到人家会骂你。盖茨还真没料到萨默斯的脸皮居然这么薄。

除此之外,盖茨生萨默斯的气还有他自己的原因。盖茨认为,马萨诸塞厅里有人向《纽约时报》泄露了一份普林斯顿邀请他去任教的文件。由于这份文件中包含了薪水的具体数目,因此把这个文件捅给新闻媒体的目的在于让人们产生这样一个印象:盖茨谈论科尔内尔·韦斯特所遭受的伤害其实并不是在为韦斯特打抱不平,而是借着这层烟雾做掩护,想为自己捞到更多的钱。尽管盖茨知道萨默斯一直以来向记者们讲了许多的背景信息,但他认为萨默斯并不是那个把这份文件透露给新闻媒体的人——这位校长为人十分聪敏,是不会直接参与这事的。不过盖茨也深信,若非得到萨默斯的同意,恐怕没有人会把文件泄漏出去。

盖茨与萨默斯都知道自己需要对方。哈佛承受得了科尔内尔·韦斯特的离开,并能恢复元气,但失去斯基普·盖茨将给萨默斯带来长期的损害，毕竟各种主要的新闻媒体对盖茨的追捧是韦斯特所望尘莫及的。而盖茨本人十分清楚，哈佛依然是学术界中最崇高的天字第一号讲坛，如果他现在离开哈佛，那么他这十多年来苦心经营的非裔美国人研究系将会滑坡。最后这一次会晤在正午前后结束，两个人达成了谅解：一切取决于进一步的协商，如果协商取得成功，那么盖茨将继续留在哈佛任教。

萨默斯和盖茨两人在这之后的几个月中都未谈及他们这次会晤所达成的一致意见，在公开场合他们俩都不曾谈到任何的细节。但在11月初，当盖茨在他位于弗朗西斯大道那座装潢考究的家里举行一年一度的秋季狂欢会的时候，他俩和好的种种迹象也就再明显不过了。当大多数客人到来后，盖茨宣布萨默斯也将出席今天的这个秋季狂欢会。当时就有几个人发出嘘声表达不满。"盖茨高高地举起了他的双手说道：'大家别这样！大家别这样！我们还需要和这个家伙一起工作，他也正在努力与我们达成谅解呢。'"一个出席宴会的人回忆道。不久萨默斯来了，"他不仅没有打领带，衬衫也没有扣好"，另一个聚会的常客评论道。盖茨陪着萨默斯，把他介绍给自己的每一个客人，萨默斯看起来确实也在努力与他们交好。有不少的客人还对萨默斯赞誉有加，因为他明知今天的这个场合里人们对他充满敌意，但他还是毅然闯了进来。

他们之所以给予萨默斯这样的赞誉，部分原因在于，他们每个人都知道盖茨还没有就去留问题拿定主意。盖茨之所以在这一年一度的秋季狂欢节的宴会上招待萨默斯，可能只是在为自己以后体面地离开哈佛铺平道路。学生们已经开始了陈情活动，强烈要求他留在哈佛，而《哈佛深红》则以给盖茨的一封信的形式发表了一篇社论。"《哈佛深红》的全体人员希望您留在哈佛。"文中写道，"如果少了您，我们哈佛将变得更加贫瘠。"[3]

在新学年开学之前，还发生了另一起引人注目的人事变动。哈佛大学的典礼官理查德·亨特宣布他将在今年8月中旬退休。"我做出这个决定似乎有点突然，不过对于退休这件事我已经考虑很久了。"[4]亨特告诉《哈佛深红》的记者。他的离开意味着哈佛的文化记忆以及哈佛的各项传统的宝库的流失。亨特从1956年便来到了哈佛并于1960年获得了哈佛的博士学位，在接下来的40年的岁月里，他一直在哈佛执教和工作。他见过并了解自詹姆斯·科南特以来的每一位哈佛校长，还曾经与人合写了一本百科全书式的《彻头彻尾的哈佛》（*Harvard A to Z*）。

多数的校园评论认为，亨特的引退，与萨默斯对扎耶德·亚辛事件大为光火有着直接的因果关系。虽然萨默斯并没有解雇亨特，但萨默斯让亨特工作起来很不愉快。因此，作为哈佛的典礼官，亨特已没有继续待下去的兴趣。"他仅仅是借此来表达对言论自由以及自由表达等价值观的支持而已，因为他认为哈佛应该是这些价值观的象征。"扎耶德·亚辛评论道。但是亨特已经不再年轻，他一直在考虑退休这条路，他没有与这位新校长对着干的意愿。

亨特的离开无论如何都不会成为一条全国性的新闻，因为他的地位不够显赫，还不值得受到这样的重视。他自知永远成不了声名显赫的学者或开拓性的学者。或许是因为有这种自知，他也就更加佩服哈佛这所大学里的那些天才人物，而自己则心甘情愿地把一切都奉献给了学校。每一所著名的大学都拥有，也都需要有这样的一些人。虽然他们常常被忽视，他们的价值也常常得不到充分的认识，然而他们却使他们所在的大学的传统薪火相传，使大学充满人性，并能处于一种稳定的发展状态。正是他们所做的这些默默无闻的奉献，才使得那些较常人智高一筹的人能安心从事自己的工作并获得荣耀。

对许多哈佛人来讲，亨特的引退不仅仅使他们少掉了一个同事，更重要的是，哈佛校园里就此逐渐丧失了对礼仪和尊严的感知能力。"里克*代表着一种高雅与仁慈的张力，这对我们哈佛而言是非常重要的。"一位与亨特关系要好的哈佛教授说道，"在扎耶德·亚辛这件事情上所发生的一切给了他深深的伤害。"

萨默斯的支持者们对亨特的离开并不觉得有任何一丝的遗憾。他们认为，亨特的离开标志着一个新时代的来临，从今以后，人们要么选择站在萨默斯校长这一边，要么就让开。在犹太文学教授鲁思·威斯看来，亨特为扎耶德·亚辛辩护是政治正确与道德相对主义的典型表现，萨默斯不能容忍他的这种行为一点也不过分。"这位典礼官的职位很快就被罢免了，"她说道，"每个人都知道这就是前因和后果。"

在一份官方声明中，萨默斯说道："里克在哈佛所担任的是一个集高雅举止与高度的智慧于一身的角色，这个角色是其他人很难取代

---

* 里克是对理查德的昵称。——译者注

的。"[6]他宣布,哈佛很快就会采取行动,甄选一名合适的人选来继承他的这个职位。但在接下来的16个月里,萨默斯却一直没有找任何人来接替这个空缺出来的职位。因此很明显,以后的毕业典礼的学生演讲人(commencement orators)就必须经过萨默斯校长本人的同意了。除了哈佛与耶鲁之间的校际橄榄球赛外,毕业典礼可能是哈佛大学最大规模的公共活动,如今就由萨默斯亲自来挑选毕业典礼的演讲人(the commencement speaker),监控学生演讲人的演讲内容,并强行改变典礼例行仪式。萨默斯正把毕业典礼变成他个人的天字第一号讲坛。

与此同时,"9·11"事件之后的美国,政治气氛十分浓烈,一场新的学生运动悄悄来临,在各个高校中蔓延开来,这场运动的目标就是要求各所大学从以色列撤资。在一些高校,譬如耶鲁、普林斯顿、哥伦比亚等大学的校园里,这场刚刚兴起的撤资运动的组织者们声称,以色列政府粗暴地对待巴勒斯坦人,严重地违反了人权。尽管有许多国家的政府侵犯了其统治地区的居民的人权,但以色列是一个特殊的例子。因为美国与以色列的关系非常密切,并且每年给它提供几十亿美元的援助,因此,以色列这个国家"可以算得上是美国的第51个州",支持这场撤资运动的哈佛教授、人类学家洛兰·马托雷解释道,"他们是我们自己人,因此我们才要对他们进行更猛烈的抨击"。

许多和马托雷具有同感的教授和学生都认为,就和上个世纪80年代对待南非一样,美国的大学通过从以色列撤资这种分道扬镳式的行动对以色列进行道义上的谴责,就能扮演一个具有建设性影响的角色。如果这一趋势得以风行,也就将真正地对以色列的经济造成损害。好极了,这将给以色列政府施加压力,迫使其改变对待巴勒斯坦人的政策。即使这么做不能奏效,这些从以色列撤资的大学也可以对外宣称,他们在这场与政治恶魔的斗争中已经尽了自己的本分。

在剑桥,这场呼吁从以色列撤资的运动——其实,与其说是一场运动,还不如说是一种不和谐的声音——源自2002年春天的一个网站(www.HarvardMITdivest.org.),以及由哈佛和麻省理工的几名教授共同发起的一封在线的请愿信。这封请愿信发出了从以色列撤出投资的呼吁,信中说道:"作为哈佛大学和麻省理工学院的成员,我们坚信,我们这两所学校应当运用各自的影响力——政治上的和财政上的影响力——来鼓励美国政府和以色列政府尊重巴勒斯坦人的人权。"[7]

这个运动并没有像一场暴风雨那样袭击剑桥。到6月底时,大约有五百个人在这封请愿信上签名,这其中包括大约一百名哈佛与麻省理工的教师。签名的人中有许多是中东人、南亚人的后裔以及穆斯林人士,不过也有非常多的犹太后裔也在这上面签字。然而,这场呼吁从以色列撤资的运动推动得并不尽如人意,几乎不可能达到最基本的人数要求。与此相反的则是一份反对从以色列撤出投资资金的请愿书,[8]在上面签名的人数大约是前者的十倍,其中仅仅是哈佛大学就有四百多名教师在这份请愿信上签名。暑假的来临减弱了呼吁从以色列撤资的请愿所应有的势头。

虽然这种要求从以色列撤资的呼声非常弱,却让萨默斯感到忧虑。他担心这是全球反犹情绪浪潮的一部分。同时,他非常不希望自己或者哈佛大学卷入到这一旋涡里去。8月底他打电话给肯尼迪政府管理学院的教授、卡尔人权政策中心的主任迈克尔·伊格纳季耶夫,希望他对玛丽·鲁宾逊这位爱尔兰前总统、联合国前人权事务高级专员进行背景调查。即将在9月份举行的肯尼迪政府管理学院的竞赛活动中,按照日程安排,将由萨默斯来为大家介绍玛丽·鲁宾逊。然而,在2001年的9月,鲁宾逊负责主持了在南非的德班市举行的联合国反种族主义大会。其中引起各方面广泛注意的一个事件就是,会议压倒性地认为犹太复国主义是一种种族主义并加以强烈的谴责。萨默斯想了解鲁宾逊是否与这次会议上的那些反犹团体存在同谋关系。

"萨默斯问我,鲁宾逊是否与她所组织的德班会议上所形成的决议——犹太复国主义就是种族主义——有关联。因为如果有关联的话,那么萨默斯就完完全全地不想和她打任何的交道。"伊格纳季耶夫回忆道,"我说玛丽·鲁宾逊与那个决议没有关联,不过我认为作为校长,萨默斯问这样的一个问题是无可厚非的。"后来萨默斯向大家介绍了玛丽·鲁宾逊。

萨默斯原先从没有对反犹主义产生特别的忧虑之心,而且他也从未获得过一个就这个主题发表看法的讲台。但他无论是在理智上,还是精神道义上都在牵挂"9·11"事件以及之后的一系列事件。在这样一个重要的历史时刻,他为自己没待在华盛顿而感到非常沮丧。他认为反犹主义并不只发生在国外,你甚至在哈佛也能感觉到反犹主义的存在。

  他或许也一直在思考着这个问题,因为他的新女朋友非常在乎她自己的犹太血统。萨默斯的女朋友名叫艾丽莎·纽,大家都叫她丽莎。艾丽莎长得漂亮,为人热情,有着一头卷曲的黑发,脸上常常挂着一种若隐若现、微微有些腼腆的笑容。她和萨默斯约会已经将近一年时间了。作为一名英美文学教授,艾丽莎·纽深受"二战"后美国犹太文化的影响。她的孩提时代是在首都华盛顿长大的,上的是犹太人学校,因此她后来把自己描述成"其中的一个受磨难的犹太女孩……一个热爱传统却厌恶规章制度的女孩"[9]。后来,她进入布兰德斯大学读本科,这是一所把自己宣传成全美唯一的一所由犹太人创办、没有宗教派别之分的大学。艾丽莎·纽1980年本科毕业,1988年获得了哥伦比亚大学的博士学位,之后在宾夕法尼亚大学执教了10年,1999年又应聘来哈佛大学任教。她的身上切实地融汇了放纵与严谨这两种截然相反的特性。《哈佛大学报》在描述她解读诗歌时,称她是"一个规则的破坏者……她一方面敬畏准则这一概念",但"同时是追寻快乐的人"。艾丽莎·纽会给人一种心不在焉的印象,有时人们还可以听到她很响的呼吸声。当她谈及诗歌的时候,她的言语之间经常带有十分欢快的语调,仿佛她是独自一个人站在高高的山巅上朗诵诗歌。但她其实要比表面上看起来更为坚强,在学术问题上坚持己见毫不退让,而且对大学的管理也非常感兴趣。虽然校园里的一些人只看到了她和萨默斯之间的不同之处,实际上他们两个人还有许许多多的共同点,远非乍看之下的那么少。

  与自己属下的一名教师约会随后将给萨默斯带来麻烦,不过哈佛人无疑还是认为,作为校长的伴侣,艾丽莎·纽比劳拉·英格拉哈姆要合适多了。艾丽莎·纽是个知识分子,而不是狂热地进行煽风点火的人。跟萨默斯一样,艾丽莎·纽也是个离过婚、有孩子的人——萨默斯有一对双胞胎女儿和一个儿子,艾丽莎·纽则有三个女儿。纽45岁,仅比萨默斯小三岁,不像劳拉·英格拉哈姆与萨默斯之间的年龄差距那么大。纽不可能穿着印有美洲豹的迷你裙,矫揉造作地摆个姿势上某一家全国性的杂志的封面,她喜欢穿长而飘的女装。

  然而,尽管在个人生活方面他们两个人有着许多相似的地方,但在犹太民族的文化、宗教信仰等问题上,萨默斯和艾丽莎·纽的表现却有着天壤之别。犹太教在萨默斯的个人意识中并不占有多大的分量,之所以这么说不仅仅是因为他在神殿里打瞌睡。例如,曾经有个犹太裔的学生问萨默斯,当他在做一个重要决定时,是否曾经向《摩西五书》*求助。听到学生的这个问题,萨默斯脸上的表情显得十分的惊讶,仿佛这个想法从来没有在他脑海中浮现过,然后他断然予以了否认。虽然他处于金融界与学术界这两个深受犹太人影响的职业环境中,但萨默斯对自己身份的另一面的探索却几乎全无兴趣。宗教语言对他来说十分陌生,他所鼓吹的是经济学这一门世俗的宗教。

然而,犹太文化仍是艾丽莎·纽生活中的主旋律。当她和萨默斯相遇时,她正在写一本关于犹太人从东欧移民到美国港口城市的书。之所以想到写这本书,部分原因在于,她从其家族历史中得到了灵感。纽的曾祖父在1914年以一名社会党党员的身份竞选美国的国会议员。纽一直以来都以为自己的曾祖父移民自澳大利亚,直到有一天,她发现了一根属于她曾祖父的手杖。手杖上刻有几个位于立陶宛的城镇的名称,而澳大利亚的地名却一个也没有。这一新的发现让纽感到震惊,她觉得自己应该重新考虑自己家族的血统。

艾丽莎·纽是否在反犹主义问题上影响了萨默斯的想法,这一点我们并不清楚,因为他们两个人谁都不会将他们之间的关系详细地告诉别人。但就在2002学年的开学初,萨默斯下决心要就他所认为的这一越来越严峻的问题做一个演讲。他将在哈佛纪念教堂的讲道坛上表达他反对国内外反犹主义的心声。就在他担任哈佛校长的第二年仅仅刚过两个星期,他的言论又一次引发了另一场论战,这场论战证明了当哈佛大学的校长选择某一个公众性的重要问题发表演讲时,所拥有的听众究竟可以达到多大的规模,特别是当他那逐渐形成的种族意识成为这个问题的核心时。

经过20世纪的发展,随着犹太人进哈佛求学人数的增加,哈佛大学在接纳犹太学生的问题上走过了一段从容忍到接受的非同寻常的坎坷不平的历程。换句话说,哈佛大学最先是容忍了犹太学生,然后又是歧视他们,最后是欢迎他们——直至最后,哈佛大学发现犹太人对学校是如此的至关重要,对学校的影响力是如此之大,再歧视他们不仅仅在精神道德上是令人难以容忍的,而且在实际上也已经是不可

---

* 犹太教律。——译者注

能的了。

犹太学生第一次大规模地进哈佛求学是在19世纪末以及20世纪最初的10年,在查尔斯·威廉·埃利奥特担任哈佛校长期间。正如从他废除必修课课程上所看到的那样,无论是在学术上还是在社交上,埃利奥特思想开明,心胸宽广,不愿受制于各种条条框框的限制。犹太学生——主要是从德国移居到其他国家的犹太人的孩子或者是生活在波士顿地区的犹太移民者的孩子——都发现,埃利奥特的哈佛是一个出奇地受欢迎的地方。在埃利奥特快要从他的校长之位退下来时,犹太裔学生约占了哈佛本科生人数的20%,这在当时可是个非同寻常的数字。

埃利奥特的继任者是艾博特·劳伦斯·洛厄尔,他的思想不像埃利奥特那样开明。作为一个富有的波士顿人,洛厄尔的家庭社会地位显赫,因此,他不太认可犹太人——当然,也不太认可黑人、天主教徒以及其他不属于社会名流阶层的人。他认为犹太人懒惰,不思进取,粗鲁庸俗,缺乏道义感,没有是非观念。他坚持认为,犹太裔学生缺乏一种像他所属的社会阶层所具有的那种荣誉感。不过他也许最关注的还是犹太裔的学生,因为他们对如何进入哈佛大学似乎特别内行。"如果一所教育机构在接纳学生入学时,不对犹太裔的学生人数加以限制的话,那么这所教育机构将很快就会没有任何空间可以接纳其他的学生了。"[10]洛厄尔警告说。

1922年,洛厄尔提议设一个限额,将犹太学生人数限制在学生总人数的12%。出于对一项正式的政策的谨慎,哈佛的教师拒绝出台成文的限额制度,但他们成立了一个特别委员会来考虑如何限制犹太人,只做不说,不让外人知晓。到1930年,入学的新生中,确认自己的身份为犹太裔的学生人数已经从1924年占新生总人数的25%下降到10%——不过,这一数字下降的部分原因可能在于,由于当时整个校园氛围和地缘政治学事件的影响,越来越多的犹太学生出于戒备心理而不愿承认自己是犹太人。

1933年接任校长之职的詹姆斯·布赖恩·科南特要比他的前任好,但也只是勉强好一点而已。科南特早期曾支持过限额政策,他是那种不会发出任何反犹言论的人,但别人这么做他也并不反对。在上个世纪的30年代以及一直到后来的第二次世界大战期间,他几乎没有为流亡的犹太裔学者和犹太裔学生提供过帮助。在他担任哈佛校长期间,哈佛大学的学生宿舍楼的舍监们制定了一项政策,在犹太学生的名字旁边加上星号。按照这种方法,可以对犹太人进行跟踪监控,可以确保没有任何一位舍监在他所管辖的屋檐下容纳太多的犹太人。

同时,科南特强烈主张,哈佛大学应该告别它培养来自新英格兰地区预科学校的年轻人的历史,而成为一个培养知识界精英的学校。所以,虽然科南特一方面完全没有对犹太裔学生施以援手,但另一方面科南特决定,那些具备进入哈佛大学资格的犹太裔学生应该受到欢迎。"二战"结束后,随着希特勒对犹太人实施种族大屠杀的骇人听闻的事件大白于天下,对犹太裔学生加以种种限制的观念变得令人十分不快。此外,任何一所希望能保持和提高其竞争力的大学,都会像哈佛那样,必须意识到那一大批逃离欧洲的犹太移民中蕴藏着杰出的智慧财富。哈佛大学聘任了非常多的犹太裔教授,这不是因为他们需要聘这么多的犹太裔教授,而是为了防止他们被那些具有竞争实力的大学抢先弄走。

到20世纪50年代,对这种曾被某位哈佛的官员称为"滚雪球般越滚越大的纽约分遣队"[11]的现象的担心实质上已经不见了。哈佛大学的反犹主义已经基本上得到了控制,只是没有完全根绝,偶尔还会爆发一下而已。其中的一场是发生于1948年,涉及拉里·萨默斯的伯父保罗·萨缪尔森的那场终身教职的争斗。另一次则与哈佛的纪念教堂有关。哈佛纪念教堂是座公理会教堂,自1932年起就有基督教徒在这里举行婚礼,但在1953年这一年,管理这座教堂的牧师委员会的主席威拉德·斯佩里却不让犹太人在这里举行婚礼。这项禁止犹太人在这里举行婚礼的禁令实施了5年之久,直至1958年,《哈佛深红》发表社论,抨击这一项禁令。然而,时任哈佛校长的纳森·马什·普西却支持这项禁令,不过,在哈佛董事会的反对下,普西放弃了他原来的主张。

在接下来的数十年里,有关妇女地位、黑人地位以及同性恋者的地位的斗争纷至沓来,远比反犹主义的斗争来得更为频繁。在20世纪60年代之后,哈佛大学的教师和学生中白种盎格鲁萨克逊新教徒(WASP)已经不占主体,而且这个比例还在一天天地下降,而犹太裔可能反而成为哈佛中势力最为强大的种族团体。迄今为止,反犹主义的问题早已退出人们的视野。正因如此,当萨默斯成为哈佛的第一个犹太裔校长时,也就几乎没有人对这件大事加以评论。

直到萨默斯自己提出了这个话题。

2002年9月17日那天是星期二,是哈佛开学上课的第一天。在当天上午的8点50分左右,萨默斯来到哈佛纪念教堂,他走进位于教堂前端的那间温馨祥和的阿普尔顿礼拜堂,在它那不大不小的讲坛上针对反犹主义发表了演讲。只有区区数十个人坐在讲坛一侧褪色的木制靠背长凳上。他们大多数是经常来做礼拜的信徒,也有少数几个人出于好奇,进来听听萨默斯校长究竟要讲些什么他非说不可的话。在晨祷时进行演说的人通常是引用圣经的一段话,对发生于哈佛生活中的某个方面加以论述,或者仅仅是尝试着从宗教的角度探讨日常生活问题。一年前,萨默斯就是在晨祷时谈论了通过忘我的学习来治疗"9·11"事件给人们所造成的恐惧与悲痛。然而事实表明,这场演说并没有达到预期的疗效。

"我今天在这里并不是以一个校长的身份向你们表达我的一些观点,而是作为一个关心我们这个社区的一分子谈论一件事。这件事便是反犹主义问题,我从来没想到过我会为这么一件事而如此地忧心。"萨默斯开始了他的演说。

"我是个犹太人,但我几乎不是个虔诚的犹太人。在我的生活中,反犹主义似乎离我的生活非常遥远……"事实上,克林顿的金融管理团队中包括萨默斯本人、鲁宾、格林斯潘以及贸易代表沙琳·巴尔舍夫斯基女士,他们都是些"举足轻重"的犹太人,但他们中从来都没有人提起过这一方面。

"但今天我有点不满。"萨默斯说道,"我之所以有点不满、有点难受是因为有个令人不安的迹象,那就是全球性的反犹主义的回头,而且这一反犹主义的回头与发展正在日益逼近我们的国家,逼近我们的哈佛校园。"

萨默斯谈起了好几起发生于欧洲的犹太教教堂纵火案、法国和丹麦反犹主义的政治候选人以及他曾经向迈克尔·伊格纳季耶夫咨询过的那次联合国反种族主义大会。"这样的例子不胜枚举,我完全能够再继续举例下去,"萨默斯说道,"但我想把眼光投向国内,投向我们哈佛校园。当然了,学术界应该是,也常常是一个允许自由表达各种观点的地方。而且中东问题和以色列的外交与国防政策也的确是备受争议,尤其是后者的合法性更是值得质疑。然而……种种极端的反以色列的观点却不断地在我们这个提倡进步的知识分子的圈子里得到支持。"

事实表明,萨默斯下面的这一句话尤具争议。

"一些严肃而深思的人",萨默斯说道,"即使他们在主观上并没有,但在客观实际效果上,却正在鼓吹反犹并采取了一些相应的行为。"

与此同时,那些责备国际货币基金组织的抗议者以及那些谴责全球化的抗议者纠集在一起,"他们越来越频繁地对以色列进行猛烈的抨击",萨默斯说。而且问题不仅仅限于群众性的示威活动。"甚至在我们哈佛以及其他大学的校园里还发生了诸多学生组织在为政治倾向可疑的组织募集资金的事件,这其中还有数起后来被发现是在支持恐怖主义……"

萨默斯说的这句话措辞谨慎。他指的是哈佛伊斯兰教协会在扎耶德·亚辛担任会长期间所举办的那次募捐活动,但所说的与事实并不相符,因为那次的募捐所得最后是给了红新月会。

最后,萨默斯继续说道:"我们哈佛有些人……要求学校仅仅从以色列一个国家撤出投资,认为哈佛所获得的任何捐赠都不宜投资于以色列。我想马上就告诉大家的是,我们哈佛是绝对不会接受这样的建议的……

"但愿我的这些担忧只不过是杞人忧天,"萨默斯最后总结道,"我最大的希望与祈祷便是日益高涨的反犹主义的观念终将被证实是一个自我否定的预言——一个带有欺骗性的谎言。但所有的这一切完全取决于我们每个人。"[12]

萨默斯以一个简明扼要的宣言结束了他的评论。

如果萨默斯的这一演讲只是被当时在场的那些人听到的话,那么他的这篇哀诉布道或许只是引起少数人的注意而已。然而萨默斯希望人们注意他的演讲,所以当天上午稍后,他的一名工作人员打电话给《哈佛深红》,想确认《哈佛深红》的记者是否知道这个演讲,并暗示说,萨默斯认为应该对这份演讲进行报道。平常,这份哈佛的校园报纸想要报道萨默斯的活动总是会遭到萨默斯本人的阻止。

《哈佛深红》也的确报道了萨默斯的这个演讲,接下来《波士顿环球时报》的帕特里克·希利也对此进行了报道,随后《纽约时报》在《波士顿环球时报》的这篇文章的基础上又进行了跟踪报道。不久,萨默斯就全球性反犹主义的死灰复燃发出警讯便成为了一条全球性的新闻。——就跟科尔内尔·韦斯特事件一样,多数的评论再一次对萨默斯的言论予以了肯定。这也是人们期待大学校长所应有的作为:在重要的公众议题上表达自己的立场。当然,萨默斯的这个演讲取悦了众多的犹太裔校友,他们对此感到满意,不过支持者远不仅仅限于犹太人。他们这些人中有许多人认为大学校长应该是一个公共知识分子,也有一些人则认为从以色列撤资的想法是个错误的想法,还有一些则是政界的保守派人士,例如,《国家评论杂志》的所有人威廉·弗兰克·巴克利,他们厌恶对以色列政府进行严厉谴责的政界左派。

这篇在哈佛园以外的地方被视为一篇具有高度的道德感的演说,在哈佛园里却备受争论,难以有个明确的评判。那些依靠对文本进行解构,以及那些靠对DNA进行分析谋生的学者们将他们所掌握的各种批评方法应用到萨默斯的这一演说词上去,他们中有些人终于觉察到,其实萨默斯校长除了对反犹主义是真正的关注外,还存在着其他几个并不是那么高尚的意图。一些熟悉萨默斯想法的知情者表示,萨默斯还在为三个月前扎耶德·亚辛在毕业典礼上的演讲而耿耿于怀,并想籍此向犹太裔校友赔罪。这些犹太裔校友已经告诉萨默斯,他们对亚辛被选为毕业典礼的学生演讲人以及他的演讲题目备感侮辱。现在萨默斯希望能亲自纠正这一错误。

其他人则认为,他选择的这个演讲地点本身就很能说明问题。在某些特定的圈子里,人们认为萨默斯对于哈佛园的正中央矗立着一座基督教教堂以及这所大学以新教的传统为中心的理念很不以为然。无论是在确切的字面意义上还是在象征意义上,这两者都使他觉得不自在。经常去做礼拜的人认为,萨默斯看来对基督教的宗教仪式和白种盎格鲁萨克逊新教徒的传统觉得不自在。他的这种不自在由他在其就职典礼上的明显的局促不安便可见一斑。这是他不能参加的俱乐部,无论他取得多么重大的丰功伟绩也加入不了。

此外,纪念教堂在哈佛大学里也算是个独立的机构。它拥有自己的基金、自己的社区、自己的校友关系网,所有的这一切无疑都对想要在其任期内实施集权化管理的萨默斯构成了挑战。那些在纪念教堂社区中的活跃人士认为,如果让萨默斯有权选择的话,那么萨默斯恐怕早已将这座教堂转变成为某种不具有任何宗教色彩的社区中心了。

他们之所以这么说并非是空穴来风,他们指出的一个事实便是,萨默斯在其就任哈佛校长的那一天跳过了彼得·戈梅斯牧师为其安排的一项宗教仪式——对于自己的这一行为,据说萨默斯本人已做了解释:"我要是这么做的话,我妈妈永远都不会原谅我的。"

萨默斯和彼得·戈梅斯牧师之间的关系完全可以用紧张这个词来形容。(戈梅斯同意就哈佛的历史和文化的话题接受我的采访,但他谢绝了就这一问题发表看法。)尽管戈梅斯在犹太人的节日期间,非常乐意地敞开教堂的大门供犹太人使用,但他强烈主张保持哈佛纪念教堂最基本的基督教特性。部分原因在于,他认为这正是这座教堂的根本点所在,另一部分原因则在于,任何对这座教堂的基督教首要地位的削弱都意味着相应地减少了他自己的权力。因此,尽管戈梅斯的年龄要比萨默斯大 12 岁,他却很喜欢告诉自己的朋友,在哈佛,自己将比萨默斯待得更长久。戈梅斯通常情况下是一个很有教养的人,但却很难抑制得住对萨默斯的强烈反感。至少有一次,在上哈佛历史这门课时,当提及萨默斯时,打扮得衣冠楚楚的戈梅斯模仿校长在服饰上的不修边幅的样子,解开了衬衫,拉扯自己的领带。

戈梅斯所担心的不仅仅是萨默斯明显缺乏对宗教问题的兴趣,而且还担心萨默斯的政治立场以及这位校长似乎在让哈佛站在支持布什政府的军事目标的一边。早在 6 月,扎耶德·亚辛的毕业典礼演讲之前,萨默斯就已经发表公开声明,表示大学一方面固然敬奉言论自由的信条,然而,"在维护我们民族的安全和保卫我们国家时,一旦需要,我们也必须尊重和崇尚鲜明清晰的道德立场"[13]。

在 10 月 6 日的一次布道过程中,戈梅斯讲了一些指责性的话,其矛头似乎直指萨默斯。"我们如何能够就当今最危险的政治话题进行一次充满智慧的谈话,而不会被扣上一顶诸如卖国贼、自我厌弃的美国人、反对爱国之心的人,或是对民主政治态度软弱者等诸如此类的帽子呢?"他诘问道,"……我们听到了他多次提及'鲜明清晰的道德立场'的言论,但对于我来说它听起来更像是道德上的傲慢自大,而且这种道德上的傲慢自大定然不会遭遇道德的缄默。"戈梅斯自己后来一直都不承认"道德上的傲慢自大"一词是针对萨默斯的,但哈佛校园内外的听众都是这么解读的。

有一件事与戈梅斯牧师所料想的分毫不差:萨默斯确实是很想挫一挫他的威望。但是与一个活跃的黑人牧师较量肯定将冒犯整个教区里各种各样的居民,特别是在科尔内尔·韦斯特这一场风波之后。即便如此,根据一个与萨默斯接触密切的知情者的说法,校长想给戈梅斯一点刺激。他知道有过那么一次不允许犹太人在哈佛的纪念教堂举行婚礼的抗争,当然,他也意识到戈梅斯坚持认为那个教堂是属于基督教徒的空间,所以他出于挑衅而选择在纪念教堂发表他对反犹主义开战的演说。

这些平静的水面下湍急的暗流,预兆着哈佛的发展方向与这所大学原有的、传承了数百年的传统之间将不动声色地展开一场权力之争。校园里有许多人对萨默斯的这一演讲感到不安,其中的原因显而易见。尽管萨默斯的演讲在哈佛之外赢得了广泛的赞誉,人们为一位大学校长履行其作为公共知识分子的道义与使命而欢呼喝彩,但哈佛里的这些非难者们认为,作为一名大学校长,萨默斯发表这样的一篇演讲其实是不合适的。在他们看来,萨默斯精心准备了这一场演讲不是为了鼓励辩论,而是为了压制它。这恰恰就是一个大学校长就当前的局势畅所欲言的错误所在。

其中最令人关注的是,萨默斯声称自己不是以一个哈佛大学校长的身份,而是作为"我们这个社区的一分子"来发表他的演说的。对很多人来说,这个身份上的区别是根本站不住脚的,最明显、最令他们难以忍受的是,他们不相信,恐怕连萨默斯自己都不会相信自己讲的这句话。没有人会在听萨默斯讲话的时候认为自己不是在听哈佛的校长讲话,特别是当他让哈佛的职员去宣扬他的演讲并将演讲的内容挂在哈佛的网站上时。你不能够每次心血来潮时,仅仅是脱下自己的权袍,便伪称自己只是一个普通的公民。哈姆雷特和亨利五世可以乔装打扮,混入普通百姓中,但这时的他们几乎无法在一个公众的讲道坛发表演讲,也不能指望他们这个时候说出来的话能带来多大的影响。诚如哈佛大学科学史系的讲师卡尔·皮尔森在其写给萨默斯的一封信中所指出的:"当你对从以色列撤资的要求做出回应时,你说,'我想要立马就告诉大家的是,我们哈佛是绝对不会接受这样的建议的……'你自己似乎已经意识到这点了。"的确,作为财政部的前任部长,萨默斯最不经意的一句评论都可能会造成全球性的金融波动,他本应该知道,像他这么一个身居显赫之位的人的身上自然而然就具备了一种内在的权力。甚至连吁请萨默斯解雇那些在请愿书上签名的哈佛教授的鲁思·威斯教授也承认:"他本就应该以一个校长的身份来发表这篇演讲的,而且事实上,人们觉得他本来就是在以一个校长的身份发表演讲的。"

这当然也就大有关系了。因为哈佛大学校长的话是有分量的,并且具有重要的意义,况且拉里·萨默斯称呼每个在请愿书上签名的人为反犹主义者,这其中包括了近七十名哈佛的教授。

这一点,至少是那些在请愿书上签名的人们的想法。萨默斯本来并没有想把他们这些人称做反犹主义者,他原先只是说他把他们这些人的行为视为反犹主义的行为而已。但是根据他自己的逻辑,即便他在主观上并没有这样的意图,在客观上却导致了这样的后果。好几个在新闻报道中被提及名字的教授立即受到大量的带有敌意的电子邮件和匿名电话的大肆攻击,说他们是反犹主义者和纳粹分子,甚至连为自己辩护、坚持说自己不是反犹主义者的这种行为现在都被视为反犹主义的行为了。马丁·佩雷茨旗下的《新共和党人》杂志上刊登了一篇关于这个演讲的不署名文章,提出了一个问题:"为什么那些并非反犹主义者的人们会惧怕一篇反对反犹主义的演讲呢?"

"我在请愿书上签名是因为我认为(以色列总理)阿里尔·沙龙的政策非常可怕而且走进了误区。"从事西班牙文学研究的布瑞德利·埃普斯教授说道,"我在那上面签名时就有点担心会引发这样的反应,担心这样的行为会被人简化为反犹主义的行为。我并不是一个反美主义者,也不是一个反犹主义者,也不是反以色列主义者。萨默斯往我们每个人的身上贴上这么一些标签是完全不负责任的行为。"

这个话题在校园里被炒得沸沸扬扬,日渐两极分化,因此很多人最后不得已只能拒绝谈论此事。"在萨默斯演讲之后,我感到极度的不安,因为他的这篇演讲将起到极大的离间作用。"另有一位曾经在那份请愿书上签了名字之后,但立即又请求删除自己的签名的教授说道,"任何一个人要是敢说,萨默斯的这番演讲并不会导致哈佛校内那些批评过以色列的人,现在不论在对校长,还是对自己的同事说话时,都会深思熟虑、谨慎措词,那么他便是在自欺欺人。"

法学院的教授艾伦·德肖维茨则极力支持萨默斯。他争辩说,校长是绝对没错的:世界上具有违反人权之嫌疑的国家有那么多,却只以以色列一个国家为目标,这难道不是反犹的表现么?"仅仅只是针对以色列这个犹太国家……那便完全是种纯粹的、不加任何掩饰的偏见了。"德肖维茨在其写给哈佛校园报《哈佛深红》的一封信中说道,

"那些在这份要求从以色列撤资的请愿书上签名的人应该为他们自己的行为感到羞耻。如果他们不感到羞耻的话,那就等别人来羞辱他们吧。"[14]德肖维茨毅然挺身而出做这么一件事情。于是他向一位在这份请愿书上签名的人发起了挑战,要与这个名为保罗·汉森、从事中东研究的教授进行公开的辩论。保罗·汉森同时还是哈佛的一位舍监,负责温思罗普学生宿舍楼(Winthrop House),由于他担心这场公开的辩论将演变成最后由公众投票来决定他是否是一个顽固派,因此他婉言拒绝了这一场辩论。但这之后德肖维茨公然再次发出了挑战:"他汉森要么出席,要不我就在为他准备的空座位上放上有他的签名的那份请愿书,让那份请愿书替他说话。"[15]在某种程度上,正是由于德肖维茨的这番话,温思罗普学生宿舍楼在毕业典礼时充满了火药味,十分令人不快。有个犹太裔的学生甚至拒绝接受由汉森授予的毕业证书,因此汉森也就觉得自己再也无法履行舍监的职责。在辞掉舍监的职务之后,他立刻便离开哈佛休学术假去了。

穆斯林和中东的学生为萨默斯的演讲惶惶不安、垂头丧气。他们中有些人是支持这场从以色列撤出投资的请愿运动的。事实上,他们所有人都主张大张旗鼓地对中东问题进行争辩,可他们却不知道究竟是哪些言论使得他们被贴上了一张反犹主义的标签。难不成质问以色列的政策的行为就构成了反犹的事实了?三个自称具有中东血统的学生在《哈佛深红》上撰文道:"批评一个国家的行为和法律与因为宗教信仰、民族、种族的原因而攻击某些人完全是两码事。"[16]

学生们认为,萨默斯的演讲不是在陈述道德规范,而是在炫耀其犹太民族的势力。对他们来说,萨默斯的演说其实就是一种身份政治的实践,然而当其他人也在进行同一类型的种族政治活动时,萨默斯却蔑视他们。在他们看来,犹太人在哈佛里是强大的,哈佛董事会的成员中有犹太人,院长中有犹太人,当然了,还有一个犹太人校长。校园里刻有犹太人的名字的建筑物随处可见。然而,穆斯林在哈佛显然没有任何势力。作为一个新近才出现在哈佛校园里的民族,这些职位没有一个是属于他们的——院长的位置没他们的份,董事会成员也没他们的份,教师也近乎没有,至于校长嘛,明摆着,他们也没份——穆斯林的学生人数也明显地少于犹太学生。因此,以他们目前所处的极其低微的地位来看,萨默斯的演说完全意味着是一个犹太裔领导者利用自己的权势压制那些与之相左的观点。此外,他们中的很多人都知道和了解扎耶德·亚辛,对萨默斯是怎么对待亚辛的他们都依然非常愤怒。

一些穆斯林学生离开了独裁的国度来到一所他们可以自由地发表言论的大学。然而,他们现在都不敢自由地发表言论了。毕竟,在"9·11"事件之后,即使是在哈佛,穆斯林学生也已经在为他们引起人们的注意而忧虑。然而,在目前这一情况下,在哈佛,他们就更是忧心忡忡了。

的确,萨默斯在阿普尔顿小教堂的这一演说提出了一些合情合理的问题。哈佛社区的许多自由主义者之所以没有在那份请愿书上签名,就是因为担心这么做会被反犹主义者所利用,并令人不安地鼓吹一种似乎是将以色列等同于南非的种族隔离制度的策略。有谁会怀疑在"9·11"事件余波未平、伊拉克战争即将来临之际,反犹行为和反犹主义的鼓吹者在不断地增加,特别是在美国境外呢?

然而,通过暗示那些主张哈佛从以色列撤资的人是反犹主义者,萨默斯使用了带有侮辱性的标签来区隔哈佛社区的少数人,也就是那些在请愿书上签名的人,以及人数甚至更少的少数族群——穆斯林和中东的学生。在这一过程中,萨默斯提高了他在哈佛之外的知名度,赢得了许多学术权威和政客的交口称赞。但与此同时,他也让校园内越来越多的人进一步深信哈佛校长利用自己的权力犒赏支持他的人,惩罚那些与他意见相左的人。

他的演说取得了预期的效果。然而,针对这篇演讲的争论越来越激烈,而关于是否撤资的争论却以失败告终,并且这个话题很快也就不了了之。当要求从以色列撤资的运动搁浅后,校园内正在进行的各种有关以色列对待巴勒斯坦人的政策的辩论大多也都戛然而止了。"在我们哈佛,近一段时间以来,不受欢迎的观点变得越来越不受欢迎了,这让我十分担忧。"彼得·戈梅斯在萨默斯的演讲之后不久说道,"我们似乎已经失去了一种机制,一种在一个多元化的社区中,各种不同的、有价值的观点可以大胆地说出来,并进一步加以论述的机制。"[17]

在他的经济学讨论中,萨默斯一直都是主张就各种不同的观念进行激烈的竞争,提倡学术精英主义。但是现在,他却是在哈佛校长这个天字第一号讲坛上,不是靠其论点、论据的优势赢得这场辩论,而是靠他手中的权力来支持他说的这些话的分量,从而赢得这场辩论。这些结果都是可以预料得到的。萨默斯早已疏离了非裔美国人学生,现在穆斯林和中东的学生也感觉到哈佛的校长不是他们的校长。

至于他自己,萨默斯已经不再纠缠于这件事情了。除了偶尔三两句话以及对别人的询问做出回应外,他很少再提起反犹主义这个话题——多年后,他仍然坚持"也许在主观上并没有这样的意图,但在客观实际上却导致了这样的后果"的观点。当他举行就职典礼的时候,他并不希望自己被视为哈佛的"第一位犹太裔校长"。他对人们这么称呼他感到不安。现在他不希望自己被认为是"哈佛的犹太人校长"。他也心知肚明,只要自己做出回应,便可能被扯进无休止的争论之中。尽管萨默斯喜欢辩论,但他觉得陷入这么一个泥潭委实没有必要。

因此他对此没有公开做出任何的评论或加以澄清。晨祷时的演讲自可阐明其中一切,无须另费口舌。

"(有关他的这一演讲,)我给萨默斯写了三封电子邮件,"布瑞德利·埃普斯说道,在此之前他曾就其他问题与萨默斯有过电子邮件往来,"可这三封电子邮件他都没回复。迄今都还没有回复,恐怕永远都不会回复了。"

但是在年底之前,反犹主义的问题再次出现了,其出现的方式完全出乎萨默斯的意料。这表明了,一个大学校长想就公共话题畅所欲言,就难免与本校的活动发生冲突。

2001年的2月,一个名叫汤姆·波林的爱尔兰诗人,写了一首题为"死于交火中"[18]的诗歌,刊于一份名为"观察者"的英文报纸上。诗歌写道:

> 随着一个巴勒斯坦小男孩
> 身着牛仔裤和白色的T恤
> 倒在犹太复国主义党卫军的枪口下
> 我们被灌输了一个无力的
> 珍馐般的谎言
> 到底是谁先开的枪
> ——我们却无从得知——异邦人已经无语
> 我们只能品味着那含糊其辞的字眼
> 交火

托马斯·尼尔森·波林是牛津大学哈特福学院(Hertford College)

的教授，以其极具煽动性的政治观点而闻名。他1949年出生于英格兰，是在北爱尔兰的首府贝尔法斯特市长大的。在爱尔兰，像波林这样在政治上倾向共和党人的新教徒十分罕见。文学批评家认为他是一个严肃的诗人，而且很多人崇拜他的作品。在得到英国政府的实质性的资助下，他正在创作一部关于第二次世界大战的史诗，这部艰巨的、具有挑战性的多卷本史诗的书名叫"入侵手册"。然而，尽管他的多产给人留下深刻的印象，但波林在英国之所以闻名遐迩，最重要的原因则是他在英国广播公司（BBC）的第二套播出的"晚间评论"栏目上频频出镜，这是一档非常活跃的关于人文学科的对话栏目。在其中的一段对话中，波林称那些参与了1972年星期日血腥屠杀的英国士兵为"堕落的种族主义者的私生子"。这种在公开场合中的肆无忌惮的言论使得他从一个诗人变成了一个受到某些左翼团体欢迎的高智商的坏男孩。一个赞赏他的新闻作者赞誉他是一个"非常具有吸引力的、爱吵架的家伙"。一个小有声望的英国流行乐队甚至以他的名字将自己的乐队命名为"汤姆·波林"*。

不过也有不少读者认为"死于交火中"一诗已经跨越了界限，成为反犹主义，特别是他将以色列人等同于纳粹党人。之后，在2002年4月，一份埃及出版的英文周刊《金字塔周刊》刊登了一篇对波林的专访。在这篇专访中，诗人表达了他对巴勒斯坦人的同情以及他反对以色列政府的立场。那些从纽约的布鲁克林移民到以色列犹太人定居点的犹太人都"该枪毙"，波林在接受采访时说道，"我认为他们都是纳粹党人，都是些种族主义者。我对他们只是憎恨"。[19]

这一访谈报道在英国当即激起了一场喧嚣，一些评论家要求牛津大学解除波林的教职。诗人写了一封信给伦敦的《每日邮报》，在信里诗人怒气冲冲地为自己辩护。"我的观点已受曲解。"他写道，"一直以来，可以说在我的一生中，我都一直对反犹主义持反对的立场。同时，我也始终如一地支持巴勒斯坦国。无论在什么情况下，我都不支持任何对以色列平民的攻击。"[20] 确实，波林曾公开严厉谴责一些文学评论家，他们替1948年诺贝尔文学奖获得者艾略特（T. S. Eliot）的反犹主义立场开脱，大事化小，小事化了。不过波林并没有主张说自己的观点被《金字塔周刊》错误地引用，他也没有解释自己反对杀害平民的观

---

* 在英文名字中，汤姆是托马斯的绰号。——译者注

点如何能与他的犹太定居者"该枪毙"的提议相一致。

波林的这些言论所引起的争论在美国很少有人提及。只有几个美国作家注意到它,至于对此做出评论的则更是少之又少。这寥寥数人中有一位便是马丁·佩雷茨,他在《新共和党人》杂志上撰文道,"一个恶心的著名诗人""朝着以色列喷着毒液"。[21]这句话的前一部分尚存在争议,但后一部分则是不争的事实。

没多久,汤姆·波林的反犹主义的问题变成了哈佛的问题。就在"死于交火中"一诗发表之后到《金字塔周刊》刊发对他的专访之前的这一段时间里,哈佛大学英语系邀请波林前往哈佛主持一年一度的诗歌朗诵会——莫里斯·格雷讲座。2002年11月,大约是在萨默斯针对反犹主义问题发表演讲之后的七个星期,关于汤姆·波林的争议终于波及哈佛大学。

有三位教授曾推荐波林作为这次讲座的贵宾。这其中一个是海伦·文德勒,她或许可以称得上是美国诗歌批评界的老前辈,同时就跟科尔内尔·韦斯特一样也是哈佛大学的一位校级教授。另外两个推荐邀请波林的都是诗人,他们俩的名字分别是约里·格雷厄姆和彼得·萨克斯。格雷厄姆和萨克斯不仅在生活中是一对伴侣,而且在政治上也是一对伙伴;他们是哈佛校园里偏左翼的一对情侣。不过他们这三位教授后来都坚持说,他们原先在邀请波林来做讲座时并不知道"死于交火中"这首诗,也还没有读过或听说过关于《金字塔周刊》的一些评论。

不过,有人却知道波林对以色列的种种感觉与情绪。这个人是哈佛大学的一名讲师,她的名字叫做丽塔·戈德堡。当她收到一封电子邮件邀请函,邀请她参加波林的讲座时,戈德堡感到十分震惊,邀请函上根本未提及波林有争议的背景。尽管戈德堡在哈佛的校园里不具有显著的影响力——讲师只是个没有终身教职的教师,聘任的期限仅为三年,以填补课程任课教师的师资缺口——但是她嫁给了一个名叫奥利弗·哈特的教授,而哈特后来担任了哈佛大学经济系的系主任。在11月7日,星期四,也就是按计划波林将来哈佛讲座的前一星期,戈德堡和哈特参加了经济系一年一度的宴会。经济学是哈佛大学最为热门的本科专业,作为经济系富裕与地位的象征,这场宴会在哈佛大学宏伟的福格艺术博物馆举行。拉里·萨默斯也在场,戈德堡硬是缠住了校长,把一些有关这位应英语系之邀,即将来哈佛校园做讲座的诗人的有关情况告诉了校长。"太糟糕了。"戈德堡回忆萨默斯当时说的话。[22]她向萨默斯建议，英语系要么取消邀请波林，不然就应该把波林有关以色列的评论公之于众。萨默斯警告她说，要是反对这件事情的话，就会带来诸多言论自由方面的争议。

第二天，戈德堡采取了一个通常是在向校长提出抗议之前所采取的步骤。她发了一封电子邮件给劳伦斯·比尔，他是一名从事美国超验主义*研究的学者，是哈佛大学英语系的系主任。在其电子邮件中，她向劳伦斯·比尔表达了她对波林朗诵会的不满。"我想那些推选波林的人……知道他最近为自己所赢得的名声。"戈德堡写道，"不管是在英国，还是在美国，在许多有识之士的心目中，波林的恶毒攻击已经超越了文明的言语行为的界限，成为一种更具恶意的言论。你至少应该在这一朗诵会的布告上附上一则警告性的标示。"[23]深受大家爱戴和尊敬的比尔回复她说，自己并不了解波林的背景，并表示将会就此展开调查。

但局势已经发展到比尔不能控制的地步。戈德堡也给哈佛犹太教联合会的联系人发了一封内容大致相同的电子邮件，而后者又将这一邮件转发给其他对此感兴趣的团体。11月11日，通过电子邮件的往来，波林的问题终于在互联网上爆发了。在英语系内部，人们随即关注起这个刚刚浮现的公共争论以及萨默斯对此事的反应。汤姆·波林正是校长在这之前要他们多加警惕的，他显然是欧洲的左翼知识分子的典范，这些左翼知识分子往往在极其别致的宴会上从容地发表反犹的言论。

或许不可避免地，有几个教授问艾丽莎·纽，她的男朋友对此有何想法。在谈论到波林的事情时，只要艾丽莎·纽在场，同事们总是格外谨慎，生怕她会在枕头边把他们的这些议论告诉萨默斯。不过这次他们决定，与其避而不谈这个话题，还不如直截了当去问她。他们的这一请求使艾丽莎·纽十分尴尬，她不想充当同事与男友之间的传话人。她说："如果你们想知道拉里·萨默斯的想法，你们应该问拉里·萨默斯本人。"[24]

---

* 超验主义，一种文学和哲学运动，与拉尔夫·沃尔多·爱默生和玛格丽特·富勒有关，宣称存在一种理想的精神实体，超越于经验和科学之外，通过直觉得以把握。——译者注

第六章 拉里·萨默斯与他的天字第一号讲坛

11月11日,星期一的早上,拉里·比尔*操起电话,按照艾丽莎·纽所言,直接打电话问萨默斯这件事情。

给哈佛的校长打电话,询问他对一个有争议的讲座有什么样的看法,这对一个系主任而言并不是一件通常该做的事。毕竟,哈佛已经接待过许多产生争执的人物,从1966年的罗伯特·麦克纳马拉到1993年的科林·鲍威尔。(授予鲍威尔荣誉学位受到了抗议,因为他在这之前不久公开声明,反对允许同性恋者服役。)汤姆·波林的讲座与其他事情相比,根本算不上什么大事。当一个相对不知名的诗人,一个还拿不准是不是一个反犹主义的煽动者即将抵达哈佛校园的前四天,拉里·比尔特地与萨默斯联系,可见校园里的氛围早已变得何等的紧张。比尔情愿征求萨默斯的意见,哪怕这意味着本系的自治权有所受损,也远比冒险惹萨默斯生气要好。

据传在这一通电话里,萨默斯告诉比尔,要是他自己拿主意,他肯定是不会邀请波林的,至于如何处理这次访问,他会遵从英语系的意见。显然,萨默斯认为撤回邀请将会有损哈佛的脸面,而且他在晨祷时的演讲将会被视为妨碍了校园里的言论自由。不过他也考虑到,英语系应该明确地撇清和波林之间的关系。

第二天上午,海伦·文德勒打电话给正在哥伦比亚大学执教的波林——波林由于正在享受牛津大学准给他的休假年,因而有机会来哥伦比亚大学执教。她把目前的事态以及英语系所受的压力告诉了波林。她建议,或许应该采取某种形式的小组讨论或者增加一段问与答时间,以便讨论人们对他的反犹主义的指控。不知是否是因为他发现邀请不够真诚,还是他不想参加这样的讨论,波林婉言谢绝了。

当天晚些时候,拉里·比尔在英语系网站发了一个帖子,说汤姆·波林的诗歌朗读会"将不举行"。此外,他还写道,英语系深感遗憾的是,"这次的邀请导致了各界广泛的惊愕",事实上,"英语系最初完全是基于波林先生长期以来在诗歌方面所取得的成就,于去年的冬天做出这一邀请决定的"。[25]

如果萨默斯原先就不想让自己与这件事情扯上边的话,那么他完

---

* 拉里·比尔,即劳伦斯·比尔(Lawrence Buell)。"拉里"是"劳伦斯"的昵称。由于比尔对拉里·萨默斯(Larry Summers)唯命是从,缺少作为学者与系主任应有的独立人格,所以作者称其为拉里·比尔(Larry Buell),也有戏谑的成分在里面。——译者注

全可以置身事外，因为事情明摆着：哈佛英语系不想与汤姆·波林有任何干系。然而，我们的萨默斯校长却发表了一项声明："我的态度是，这一切应由系里来决定，而我认为系里做出了一个适当的决定。"

之后，一件意想不到的事情发生了。"适当的决定"这句话激起了与最初的邀请决定几乎不相上下的争论。有些人怀疑，英语系后来取消邀请波林的决定是在萨默斯的压力下做出的。一旦校长表明了他的看法，也就给比尔下了一个暗示性的命令。还有一些人则认为，取消波林的来访失去了一次进行言论自由教育的机会。法学院教授查尔斯·弗里德则投书《哈佛深红》，对取消波林的诗歌朗诵会表示痛惜。在这封信上联署的还有查尔斯·弗里德的同事艾伦·德肖维茨以及宪法学学者罗伦斯·特赖布教授。"真正危险的是撤回邀请的这一前所未有过的先例……"弗里德写道，"现在，波林可以洋洋自得地躲在他牛津大学的老巢里，对美国人长期以来所炫耀的言论自由的传统大加嘲讽。"[26]

认为英语系屈服于萨默斯的压力的不仅仅有法学院的教授们。英语系的许多教师都认为，尽管最初的邀请是一个失误，但也应该给予尊重。他们提出，既然所教的作品中有许多都曾经是禁书，有的迄今还是被审查的对象，因此文学教授们对言论自由的问题应该特别敏感。波林前来讲学，对英语系来说本是一次机会，可以把它所宣扬的付诸实践，然而这么一个机会却被它在不经意中错过了。

11月19日，星期二——也就是原定的波林来开讲座的日期过了几天之后——整个英语系的教师们被召集在一起讨论所发生的这一切。拉里·比尔主持了会议，而海伦·文德勒则草草地向全系教师讲述了事情的经过。原先最强烈推荐波林的彼得·萨克斯为自己在这件事情上的不够细心而道歉。但是会议的要点是，英语系一贯推崇的言论自由似乎已经屈从于政治压力，这一状况该如何对待。斯基普·盖茨除了在非裔美国人研究系任教外，也在英语系授课，他特别提到，哈佛大学在此之前也曾邀请接待过白人至上主义者、三K党领袖戴维·杜克和黑人种族主义者、五六十年代美国著名民权运动领袖马尔科姆·X等人，为什么就不能邀请波林呢？

于是，他们就此事进行了投票。虽然有两个教授弃权，但其他的教师——包括丽莎·纽——都投票赞同再次向这位诗人发出邀请。在宣布汤姆·波林将不会来哈佛的两天后，拉里·比尔又贴出了另一份通告，说英语系正在请波林回来。但是邀请一点都谈不上热情。"英语系绝对不会认可波林先生那些冒犯性的言论。"比尔写道，"我们很高兴的是，其实波林先生已经对自己的那些不当言论表示了歉意，并强调它们并不代表他真正的观点。"[27]但是，这些实际上并不完全是波林说过的话。

萨默斯很快便发出了自己的声明，声明的开头是"哈佛各系的邀请通常由各系自行发出"。他的语言表达十分拗口，用的是被动语态，因为这句话意在提醒读者，他与邀请波林这件事毫不相干——就像他希望人们知道他与扎耶德·亚辛的事没有任何关系一样。

接下来，萨默斯又继续道："只要我们大家共同坚定地致力于言论自由，这其中就包括校园里的各个团体有权自主邀请那些观点有争议的人来进行演讲，哪怕他们的观点让我们哈佛人深恶痛绝，那么，我们的哈佛终将更加强大……

"在其他场合，我已经清楚地表明了我对可能被视为反犹主义者提供慰藉的言论的关心。"

这段话是他对自己原先的演讲进行的一个微妙的修正，在晨祷的演讲中，萨默斯没有预先就提到那些言论是"为反犹主义者提供慰藉"——他原先的所作所为仅仅是为了谴责那些他认为是反犹太的言论，而他这一新的说明只是将自己原来的观点的论调稍加降低而已。

"我希望，"萨默斯说道，"决定出席这一计划中的诗歌朗诵会的人能够尊重那些愿意听演讲的人的权利。我还希望，持不同看法的人能够以负责任的态度自由地表达他们的观点。"[28]

拉里·萨默斯关于汤姆·波林的朗诵会所发表的声明十分微妙，而且意义重大。对重实效的萨默斯来说，将一个颇受争议的演讲者请进哈佛是件可以容忍的事情，因为大学必须是个宽容的地方，但从根本上说，这些事情只会导致大学的工作分心，因而它们不是大学教育的重要组成部分。人们阅读了萨默斯的这份声明，就不难明白这位校长对待受争议的演讲者来哈佛的真正态度。

最终，汤姆·波林没来哈佛。在结束了在哥伦比亚的休假后，他重返牛津大学，从事创作和教学工作。他婉言谢绝了采访他的请求，说道："我现在不想谈论尤利西斯。"但是在 2003 年 1 月，波林的确发表了一首诗，似乎是在对哈佛的这一事件做出回应。这首诗的题目是"被发到一张反犹主义的牌"。其中有这么几句：

> 尽管节目的目的
> 在于批评以色列
> 每天却被某个蠢货
> 刻意说成在不断地
> 追求反犹主义
> 只为了让你
> 闭上该死的臭嘴[29]

这一段小插曲对萨默斯来说却是意外收获。早在9月份,他就对反犹主义发出过警告,可多数人并不认为反犹主义在哈佛存在。然而,英语系对汤姆·波林来哈佛演讲的邀请,就让萨默斯显得很有预见力。更妙的是,波林并没有真的来哈佛。萨默斯得到了他想要的结果——每个人都知道他要的结果是什么——却不费吹灰之力。

然而在校园内,人们却普遍觉得,正是由于害怕拉里·萨默斯的缘故,英语系先是背信在先,而后又胡扯什么要邀请一个颇受争议的演讲者。由于惧怕萨默斯校长到了如此严重的程度,因此萨默斯校长仅仅是稍加暗示自己的不悦,那些教授们就畏缩了。

权力之所以成为权力,就在于你对自己手中权力的了解和把握。在汤姆·波林事件之后,拉里·萨默斯的权力比以前更大了。

然而,他受欢迎的程度却又是另一回事。

萨默斯担任校长之职尚且不到一年半的时间,广大教职员工中就已经充满期待地议论说他不会在哈佛待太久。在教师中至少有两拨不同的群体,他们各自聚在一块儿,直率地讨论着萨默斯是否会被革职。当然,他们的讨论并不会有任何的结果,因为唯一有权革除萨默斯校长职务的是哈佛董事会的董事们,而他们是不可能这么做的——毕竟,当初就是他们选中了萨默斯的。如果要说有什么变化的话,倒是由于鲍勃·鲁宾成了哈佛董事会的一员,萨默斯与董事会的关系更加牢固了。

教师们交谈中有关萨默斯将被革去校长之职的推测其实完全是基于他们一厢情愿的想法而已,根本就是件不可能的事情。不过在人们的交谈中,还有另一种说法认为,萨默斯可能会提出辞职——他再也忍受不了哈佛的文化氛围,因此提出了辞职。他是如此的没耐性!

在言谈举止中,他多次明确表达了他觉得哈佛改革的步伐犹如冰川融化般地缓慢,他似乎还对自己工作的某些方面感到枯燥乏味,比如人们总是认为向他询问有关学生生活的一些琐碎小事是理所当然的,似乎他这个校长除了这些琐事就再也没有别的更重要的事情可干了。一次,有个学生告诉萨默斯,哈佛应该有个世界上最大的钟。萨默斯告诉这个学生,等你募集到铸造这口钟的资金再来谈这个问题。有好几次,他表达了自己的失望之情,似乎没有人愿意听他对这场迫在眉睫的伊拉克战争的看法。

此外,萨默斯似乎十分在乎自己的形象,以至于令人很容易就联想到他正在为另谋他就做准备。当年秋天,他为自己聘请了一位名叫露西·麦克尼尔的英国女性担任他的新闻秘书,她年仅二十来岁,长得十分迷人,但对哈佛大学几乎一无所知。她的工作就是宣传萨默斯。这并非总是轻松的事儿。就在那年秋天,当萨默斯拜访《波士顿环球时报》的编辑委员会时,他叫该报负责采访报道哈佛大学的记者帕特里克·希利去给他拿一罐无糖可乐。接着,他说道:"非常高兴来到这里,但是我希望你们的记者少关注我一点,而你们这些编辑要对你们的记者多关注一点。"这可并不是面对新闻界的最佳方式。

在麦克尼尔的建议下,萨默斯同意与《纽约时报》和《60分钟时事》*合作,拍摄人物访谈节目。但是他的一些顾问却认为,做客这种调查性质的新闻节目并不是一件明智之举。不过,他们后来认为,在《60分钟时事》节目的采访片断中有许多吹嘘性的片段,纯粹是在吹捧萨默斯。同时,哈佛人也在心里纳闷:所有这些宣传活动的目的到底是什么?萨默斯是不是想竞选马萨诸塞州的参议员?难不成参议院中代表马萨诸塞的约翰·克里和特德·肯尼迪两个人中有人要放弃自己在参议院的席位?或者他是在觊觎美国联邦储备委员会主席的位置?难道艾伦·格林斯潘想要离任?

谣言在哈佛广场的"这里有好吃的面包"的便餐连锁店里传播着……在教授们偶遇时传播着……在校园行政管理人员的电子邮件往来中传播着……在学生们居住的宿舍里传播着。有关萨默斯的种种闲言碎语层出不穷。关于他冷漠的说法——即使他和你同处一屋,甚至是正在和你谈话,也看起来仍是离你很远——就使人们更想知道

---

* 美国老牌电视新闻节目。——译者注

他这个人。尽管这些闲言碎语只是纯粹的印象、捕风捉影以及主观臆断的结果,但却让大家日渐怨恨起萨默斯来。因为这些为哈佛工作的人认为担任哈佛校长可谓是天下第一美差,但现在他们的校长有时看起来像是迫不及待地想要弃哈佛而去。

　　人们怀疑他是否过得快乐。首先,他从来都不曾让人觉得他放松过。即使是打网球,他也散发着一种紧张的气息,他是个输不起的人。尽管他有盟友、支持者——通常是男性,大多是经济学家,有时是一些他曾经讨好过的教授,还有的便是他的职员中的一些年轻人——但很难说出这些人中有几个是被萨默斯视为朋友的。多数人不想跟他交往。有人透露了一段令萨默斯颇为尴尬的插曲:"萨默斯曾有一次应邀去参加一项活动,却被同是去参加这项活动的一群人当面关在电梯外。"有个对这件事十分清楚的知情人说道,"他们只是不想让他来参加这项活动而已。"

　　他可能觉得孤独。在周末,他经常离开哈佛校园去华盛顿看望他的孩子们。(哈佛为他支付一切往来的交通费用并提供一套位于华盛顿的公寓,以便他去那里看望他的几个孩子。)有时候孩子们也会来剑桥。有一次,萨默斯还带他们去听他在哈佛商学院所做的一场讲座。

　　在这一年春季,萨默斯和一群攻读经济学学位的研究生们一起出去,在当地一家叫做格拉夫顿街的饭馆一起就餐。这群学生邀请他出来一起吃饭聚餐已达一年之久,而萨默斯也终于在他的日程表里挤出了时间。学生们决定在吃饭之前先开个小小的玩笑。他们告诉萨默斯,他们很想谈谈经济系的那台最好的打印机是怎么不见踪影的。萨默斯校长顿时脸露厌烦之色。"好吧,说出来我听听吧。"他说道。看到他的这副表情,他们赶紧告诉他,这只是开个玩笑而已。他们真正感兴趣的是经济学,所以他们问他,什么经济问题是他感兴趣并想去研究的。

　　萨默斯想了一会儿,然后就谈起了微观决策制定的过程。譬如,他为什么决定与他们一起就餐。虽然这只是件无足轻重的决策,却也同样需要考虑到多重的因素。是否值得花这个时间?是否十分需要去做这件事?自己可以从中得到什么?也或许会失去什么?是否要与几个毕业生一起吃饭这么一件小事竟然牵涉到如此之多的因素。不仅如此,决策的过程也很重要。萨默斯经常谈到一个事实,人们在购买一本书时,用于考虑如何省钱的时间往往与他们在购买一辆轿车时考虑如何省钱所用的时间几乎相差不大,尽管够买一辆车时所能节省的钱款远高于购买一本图书所能节省的钱款。如果这些微观决策过程能够加以分解并做进一步的分析的话,那么人们也就学会了如何更加有效地利用时间。

萨默斯又回忆起他在美国财政部时,他常常问鲍勃·鲁宾,为什么你能制定出某个不同寻常的决策,或是以某种不同寻常的方式来处理一件事。这时鲁宾便会说,我也说不清楚,只是觉得好像就该这么做。每次的回答都无一例外,而且鲁宾甚至连想都没想过这个问题。他有一种凭着自己的本能或第二天性就做对事情的天赋。究竟他是怎样获得这种天赋的呢?

有些人或许会对他们的客人就接受邀请与他们一起吃饭也要进行这么一种临床解剖般不带感情色彩的分析感到扫兴,但这些经济系专业的学生却早已习惯了这种不带感情色彩的语言,而且他们非常有兴趣了解萨默斯的思维运转。他们谈了几个小时,这些经济学专业的学生尽情地享受每一分钟。萨默斯是如此的敏捷,如此的睿智,对他们想要说的话题十分感兴趣。而且,令人惊讶的是,他还有点伤感。他说他希望能够有更多的这类交谈,学生们马上回答说:"好啊,我们再找个时间一起吃饭吧。"萨默斯苦笑了起来。"也许要等秋天了。"他说道,"说不定还要等到明年的春天。这接下来一整年中我也许连一个晚上的空闲时间也没有。"

毋庸置疑,丽莎·纽的帮忙才使得校长工作起来不会那么孤单。萨默斯带她去参加各个学院的聚会,出席各种文化活动以及观看波士顿红袜队的比赛——他得到了极好的座位——他们两个人在一起时似乎非常开心。当丽莎和萨默斯在一起的时候,至少会有一个人挑起闲聊的话题来,或是能履行一些有助于更好地进行社交活动的礼节。丽莎似乎让他的男朋友变得具有人性。不过人们还是经常在深夜——十一点,甚至是午夜——收到萨默斯发来的电子邮件,这样子看起来好像不是很浪漫。维多利亚·佩里在与萨默斯结婚后就抱怨过萨默斯有工作狂的倾向。

但没多少哈佛人有机会看到萨默斯不那么令人望而生畏的一面。他们对他的主要态度是厌恶中夹杂着一种不信任。当然了,还是有极少数人对以各种稀奇古怪、拐弯抹角的方式来公开表达他们的厌恶与不满感到惬意。有个人写了一封深具寓意的信给一份当地的周刊《剑桥新闻》的宠物顾问专栏——"向爱狗女士请教"。这封信的开头写道:"亲爱的爱狗女士。我们有一条罗特韦尔牧犬,我们都叫他拉里。自从几年前的一个夏天,我们把他从华盛顿弄到剑桥以后,他就十分好斗,对周围的小孩子很不友好,对工作人员就更凶了。他攻击任何靠近他的东西。……他还养成了一些坏习惯:无论到哪儿都淌着口水;他吃东西时很邋遢。请问,如果阉了他是不是能缓解这些症状呢?"来信的署名是"卡尔"。[30]

专栏的作者莫尼卡·柯林斯回复说:"卡尔,从你的来信看,你的那条狗似乎是民主党的成员,因为他的这种焦虑的症状始发于他从华盛顿被撵出来之时。你只需让他放心,情势到2004年时有可能好转。哦,对了,爱狗女士衷心地向你推荐阉割手术。目前拉里的荷尔蒙分泌紊乱,阉割后肯定就会安静下来。"当有人指出这封信所具有的显而易见的寓意时,柯林斯强调说,她并没有意识到这是有人在开玩笑。

萨默斯现在已是大权牢牢在握,但是他也正在不断地激起一股愤怒的源泉,一旦他有什么不慎的话,这股愤怒的源泉就将喷涌而出。他需要喘息一下,而且这次他竟然从一个预想不到的源头——非裔美国人研究系得到了一个喘息的机会。

2002年11月4日,斯基普·盖茨宣布他已拒绝了普林斯顿大学为他提供的职位,将继续待在哈佛大学。他解释说,与其选择离开哈佛大学,让非裔美国人研究系就此一蹶不振,还不如选择留在这里,重建一个非裔美国人研究系。"由于我与安东尼·阿皮亚和科尔内尔·韦斯特之间珍贵的友情,这项选择对我来说是一项在感情上异常痛苦的抉择。但这与对我以及对非裔美国人研究系的资助完全不相干。"盖茨在接受《波士顿环球时报》的采访中说道。他告诉《时代周刊》的记者说:"任何的加薪都取决于一个人的业绩,这次的加薪与以往的几次加薪并没有什么不同之处。"

从表面上看,盖茨的回答或许与事实完全相符,但是这些回答并没有道出事情的全部真相。做出留在哈佛的选择给他带来了丰厚的回报——盖茨所负责的校级学术研究中心威廉·爱德华·伯格哈特·杜波依斯非裔美国人研究学会得到了一笔100万美元的捐款。事实上,盖茨之所以决定留下来,部分原因就在于这笔捐款。

第六章 拉里·萨默斯与他的天字第一号讲坛

这笔捐款的捐赠者是哈佛的一名校友,名字叫做格伦·哈钦斯,是哈佛最有钱的校友之一。他是哈佛学院77届的毕业生,并于1983年同时获得了哈佛商学院和法学院的学位。毕业后,哈钦斯在他的一篇为其毕业25周年重返母校参加校友聚会而作的文章中叙述道:"我抵制住华尔街那十分具有诱惑力的召唤,开始了我的创业生涯。最后我签约受聘,协助另一位哈佛毕业生……成立了一家从事融资买入业务的企业,这是一项被忽视、处于停滞状态的金融业务。"作为一家名为"银湖合作基金"的投资公司的四个主要发起人之一,"由于具备扎实的专业数学基础使我减少了犯错误的概率,我做错的时候要比做对的时候少,因此尽管我从事这个行业已经将近20年,但我还坚守在这个岗位上"。

哈钦斯非常谦虚,他在自己所从事的领域里取得了巨大的成功。到2002年,他的个人财富据估计已有好几十亿美元。他在政治方面也十分活跃,20世纪90年代初,他曾在一段很短的时期内担任过克林顿政府的白宫助理,其间他结识了拉里·萨默斯。据几篇报纸上的报道说,他是一个具有很强的社会道德意识的好人。哈钦斯是美国对外援助合作组织(一个国际援助和发展组织)的理事,而且他还捐了许多笔巨款给他认为值得捐赠的机构。

这其中的一个机构便是哈佛大学,2002年6月,随着毕业25周年重返母校参加校友聚会的日子的临近,哈钦斯决定捐赠100万美元作为该届毕业生的礼物来回馈母校所给予他的一切。(这就是哈钦斯作为一名捐赠人,以其"典范性的领导才能和非凡的成就"被迅速授予哈佛大学第27届"理查德·T.福勒德奖"的一个原因。)

据十分可靠的知情者披露,这次捐赠活动后不久,拉里向格伦·哈钦斯求助。在斯基普的去留问题上,萨默斯正处于紧要关头。他希望能尽一切可能来挽留住盖茨,他也清楚盖茨正与普林斯顿大学讨价还价。要是盖茨也离开哈佛的话,那将会使萨默斯的处境变得十分窘迫,而且至少会对非裔美国人研究系造成损害。如果萨默斯要格伦·哈钦斯把他那笔巨额的捐款捐给实际上由盖茨所负责的杜波依斯非裔美国人研究学会,哈钦斯会不会不高兴呢?

经过一番思考之后,哈钦斯明确表示自己不会因此不高兴。如果这确实是哈佛所需要的,他乐意提供帮助。此外,在一定的程度上,由于他也在为美国对外援助合作组织工作,他对非裔美国人研究也有兴趣，希望该系能取得成功。"格伦是个通情达理的人，"一个了解他的哈佛大学校友说道，"他的这 100 万美元是给哈佛的，因此，假如拉里对他说'如果我把这笔捐款用于……的话，你会不会介意呢？'那么这件事也就差不多解决了。"

于是，2002 年的秋天，杜波伊斯非裔美国人研究学会就收到了格伦·哈钦斯的这 100 万美元。这笔款项指定归斯基普·盖茨以及已经离开哈佛的安东尼·阿皮亚使用，用于支付《非洲与非裔美国人历史百科全书》的编辑费用。这部多卷本的著作将于 2004 年春由牛津大学出版社出版。当然这笔钱盖茨不能用于买跑车或是去巴黎旅行，但这笔钱可以用来支付编辑这部百科全书所需的一些相关的费用。

对于这则报道，斯基普·盖茨予以了否认。他说，在萨默斯担任哈佛校长之前哈钦斯就已经有意把这笔钱捐给杜波伊斯非裔美国人研究学会，而他之所以做出继续待在哈佛的决定纯粹是复兴非裔美国人研究系的责任使然。"我选择继续待在哈佛是因为我必须在两者之间做出一个选择，要么前往普林斯顿大学与我的两位最亲密的朋友——阿皮亚和科尔内尔·韦斯特一起工作，要么继续留在哈佛，保护好我的朋友们与我一道建立起来的这一重要的系，特别是在它脆弱的这一段时期里。"他说道，"而我最终还是下了决心留在这里，这点非常重要，因为我觉得如果我一走，那么我在这里所做的一切将毁于一旦，因此我完全相信自己留下来是一个正确的决定。"

但其他人并不苟同他的这个说法。盖茨的一个同事说："毫无疑问，这笔赠款的目的就是为了想让盖茨留在哈佛。"

一年多以前，拉里·萨默斯就任哈佛校长伊始，就训斥了哈佛大学里级别最高的一位教授。这一事件导致了该教授离开哈佛，让萨默斯动辄受到种族主义者的指责。斯基普·盖茨对自己的影响力有一定的了解，他利用了萨默斯的弱点来提高自己的职业地位。在接下来的几个月里，他履行了自己在这一次交易中的角色，一次又一次地公开称赞拉里·萨默斯，称萨默斯将会是哈佛最伟大的一位校长。没有人能够完全领会为什么盖茨会如此赞美萨默斯。而盖茨究竟是怎样的一个人，这经常把人们难倒，因此有时人们只能重新考虑这个问题。在这一回合完成之后，萨默斯一次又一次地公开宣称他为盖茨能留在哈佛而感到十分高兴。

第六章 拉里·萨默斯与他的天字第一号讲坛

在这盘正在进行的棋局中,斯基普·盖茨似乎已把他的对手拉里·萨默斯将死了。不过,在与盖茨的对弈中,人们通常都被盖茨牵着鼻子走,完全由他来主导棋局的发展,而到最后双方却都可以宣称自己一方获胜。因此,每一个和盖茨交手的人都认为自己赢了。

尽管这一场比赛在表面上似乎已见分晓,然而,事实上它远未结束。

第七章　哈里·刘易斯的突遭撤职

2002年12月6号下午三点左右,住在温思罗普学生宿舍的一个大学三年级学生坐在自己的电脑前给一个朋友发了封电子邮件。这个学生名叫玛丽安·史密斯,她的父亲是荷兰人,母亲是索马里人。她长得非常漂亮,深褐色的皮肤,披着一头乌黑的卷发,一双明亮的眼睛闪烁着笑意。史密斯不仅相貌出众,而且学业十分优秀。由于学的是人类学专业,因此她会说六种语言。不仅如此,她还因时尚的着装而闻名。她总是穿着一身高档时装或者是从"救世军"*商店淘来的二手服装。从表面上看,这位年仅19岁的史密斯似乎得到了上苍的一切恩宠。

但是出乎意料的事情发生了。在写给朋友——另一名学生——的电子邮件中,史密斯坦言她要自杀。她可不是说着玩的,在点击了"发送"按钮之后,她显然就喝下了那致命的酒精和药物的混合物。仅仅不到一个小时,她的朋友就收到并阅读了这封电子邮件,而且立刻与哈佛警方取得了联系。警察迅速赶往史密斯所住的房间,但一切都太迟了。虽然警察在4点之前就已到达,但仍救不活史密斯。

在哈佛校园里,自杀并非一件鲜为人知的现象。虽然哈佛校方不愿意透露具体的数字,但自杀人数却是逐年略增。由于缺乏各高等院校学生自杀人数的数据,各高等院校之间很难做比较,不过哈佛大学的自杀率看来要高于全美大多数的大学。2001年《波士顿环球时报》

---

* 救世军(The Salvation Army)是一个成立于1865年的基督教教派,以街头布道和慈善活动、社会服务著称。其国际总部位于英国伦敦维多利亚皇后街101号,在全世界有几千个分部,分布在七十多个国家。据称有成员两百万人,其中以美国较多。——译者注

的一份调查报告[1]发现，12所被作为研究对象的高校当中，麻省理工学院高居榜首，自杀率远高于其他的11所院校，从1990年迄今已发生了11起的自杀事件，即每10万名学生中就有大约10.2人自杀，是迄今为止自杀率最高的学校。哈佛大学位居其次，从1990年迄今已发生15起自杀事件，即每10万名中就有7.4个学生自杀。（哈佛大学的在册学生人数远远高于麻省理工学院，这就是它的自杀人数虽然多于麻省理工学院，但自杀率却比较低的原因。）相比之下，密歇根州大学每年在校生人数近4万名，但自杀率仅是十万分之二点五。当然，还有些哈佛大学生是属于自杀未遂的（有些时候因为他们并不想真的杀死自己）。在2001年1月至2004年1月期间，哈佛警方对14起企图自杀的事件做出了反应。

心理健康问题对任何一所大学来说都是一项挑战，然而这一挑战究竟有多严峻却很难估计。首先，现在心理健康意识的增强使得心理问题似乎比过去几十年更加突显。一个大学的文化是否会促使学生产生抑郁情绪，这个问题也还很难确定；每个人初次感觉到抑郁症状的平均年龄是在18～19岁，这也恰巧是大多数人进入大学的年龄。相比过去，由于发现更早，以及更准确的诊断与治疗，现在有更多罹患心理疾病的年轻人都能够上大学。各大学在受益于他们才智的同时，也应部分地担负起治疗其心理疾病的责任。"9·11"恐怖袭击事件加重了学生的抑郁症和焦虑感；世界突然变得更加充满压力。

哈佛大学学生自杀问题的严重程度之所以难以界定，部分原因就在于这一问题在哈佛很少被论及。当然，学生的自杀是令人痛惜的，而学校在心理保健方面也投入了相当大的财力。但自杀仍被普遍认为是个悲惨而又难以避免的现实。这是因为哈佛长期以来就有一种"沉浮全靠自己"的校园文化。如果你有能力被哈佛录取，这套理论便开始运行：一旦你进了哈佛，你根本就不需要有很多人来帮助你。这所大学里面成绩优异的学生俯拾皆是，他们早都习惯了独自一人孤独地朝着自己的目标刻苦学习。哈佛的学生指导体系长期以来都是学生们抱怨的焦点；哈佛大学的权威人士们大多要么太忙，要么位尊势显，要么就是太自以为是，甚至是这三者兼而有之，因而他们根本不屑于将很多的时间用于向学生讲授学习课程和个人问题。事实上，从某个角度上看，其他落后于你的人的存在表明了你个人的成功，证明了你在这所世界顶级大学的人生竞赛中领先。然而，有些学生则注定要半途掉队。

对于那些正在奋斗中的人来说,向别人请求帮助会使他们觉得沮丧。不管是有意还是无意,哈佛助长了一种残酷的个人本位主义氛围。在这种氛围的影响下,学生为遮掩自己感觉到的弱点或是实际存在的弱点而感受到了压力。无怪乎这些年来拉尔夫·沃尔多·爱默生的随笔《论自立》成为向哈佛新生推荐的必读读物之一,这绝不是出于偶然。

如果校园内学生的这种非正常死亡事件仅仅只是一两起而已,那么也就极少有可能会促使哈佛人去了解和质疑他们自己。1995年,一个年轻的埃塞俄比亚女生西内杜·塔德西谋杀了其在邓斯特学生宿舍的室友——一个名叫庄芳瑚的越南移民,往她身上刺了45刀。当一个来探访的朋友边跑边尖声喊叫"救命"的时候,塔德西在浴室里用预先准备好的套索上吊自尽。这起意外事件是如此的骇人听闻,同时也因为这两名女生的移民背景,一时间在表面上也闹得沸沸扬扬,顿时成了全美诸多报刊报道的重大新闻事件。然而,也正是由于这两位女生的移民背景,这一事件受到的只是象征性的谴责,最后便不了了之。为之震惊的学生想要弄清楚到底发生了什么事,而哈佛行政管理部门的反应却是试图压制公众对这起谋杀而后自杀的案件的议论。哈佛官方拒绝透露基本的信息,阻止学生以及这两名学生的家人向新闻界谈论此事,甚至阻碍大多数合法的记者对此进行报道。因此,人们无法断定他们更为关心的究竟是对学生的保护还是对学校自身形象的维护。

1995年的这起谋杀而后自杀事件是如此的离奇,使得人们很容易将之视为一起极其可怕的意外事件。但是,玛丽安·史密斯之死似乎将对学生们的心理健康问题的关注明确化了。因为尽管哈佛在处理学生心理健康问题上与别的大学有一些共同之处,但哈佛也面临着一些直接根源于其竞争型、成功导向型校园文化—压力的特殊问题。有人认为,拉里·萨默斯的哈佛愿景只会使这种压力进一步加剧。正当拉里·萨默斯开始加紧对哈佛的控制之时,玛丽安·史密斯的自杀事件却引发了人们对许多学生和一些老师的日益关注。

据《哈佛深红》报道,2003年3月,一项由哈佛大学健康事务部门所做的调查显示,"在上一学年中,哈佛学院的学生中有将近一半的人觉得抑郁,此外还有将近10%的本科生报告说他们曾经考虑过想要自杀"[2]。这促使了该报刊登了由四个部分组成的有关哈佛大学"心理健康危机"[3]的系列报道。其结论如何呢？对心理健康的关心需要得到高度重视，需要投入巨额的资金，因此，对学生的心理健康仅仅采用"流水作业的方式"加以解决是远远不够的。"结果，一些学生的心理健康状况……由于体制的失控而失去控制。"哈佛2003级学生总干事克里希南·苏布拉马尼扬解释道，"在哈佛，有很多人觉得自己不幸福，他们不停地忙于手中的事务，从未停止过，也不懂得爱护自己。哈佛的学生很少坐下来歇一歇。在这样一个大家都在不停地快速奔跑的状态下，有谁会停下来问一句'你好吗'？"

实际上，这个问题在学生进哈佛学习之前就产生了。跨进哈佛门槛的压力使他们筋疲力尽。如今的学生若想赢得哈佛的青睐，自己的入学申请能否为哈佛所接受，仅凭他们的父辈是哈佛毕业生或者他们在寄宿学校的良好表现是不够的。每年哈佛的本科招生数只有1600名左右，却有约2万名的学生向哈佛提出入学申请。竞争太激烈了，因此有抱负的学生必须在越来越小的年龄阶段就开始做准备。如果哈佛愿意的话，它可能只需招收那些在学术能力测试中取得1600分的满分成绩并在高中毕业典礼上做告别演说的毕业生。哈佛每年大概接受约2000名学生的入学申请（入学申请为哈佛所接受并最终选择来哈佛就读的学生的比率，即"实际入学率"，在全美高校中是最高的）。在2001—2002学年中，哈佛收到3100名在高中毕业典礼上做告别演讲的毕业生的入学申请书。

仅凭成绩好是不够的。哈佛的入学申请者还必须是世界一流的音乐家、科学神童以及那些足迹遍及全球各地的体育明星——这些体育明星们如果不是在世界各地比赛的话便是往往会在当地的医院里做义工，或是管理学生会，或者组建自己的公司。一位哈佛女校友在对入学申请者进行面试时说道："我明显地察觉到他们这些人从9岁起就开始在为申请就读哈佛做准备，这确实令人不舒服。"

当他们进入哈佛之后，他们必定会感到不适。对于许多进入哈佛的学子而言，哈佛是他们长期以来梦寐以求的目标。他们的孩提时代，从略微懂事的那天起，大多的时间都在为实现这一目标而奋斗。但当他们来到剑桥，有好几件事会动摇他们的信心，动摇他们对哈佛的信心以及对自我的信心。他们会发现，他们每个人在中学里，无论是印地安纳州、密苏里州或得克萨斯州的中学里，都是佼佼者，可现在他们身边都是些比他们更有才华、更加成竹在胸的同学。"许多人都会觉得'哈佛这里的每个人都比自己聪明'。"一个名叫罗希特·乔普拉的2004年毕业生说道,他曾在三、四年级时担任本科学生自治委员会的主席。"这里有一种'我必须在某方面成为最优秀者,否则我就是个失败者'的文化。但是在这里要在某方面成为最优秀者并不是件容易的事。"

2003年9月,哈佛文理学院的院长比尔·科比给刚进校的新生做演讲时试图提及对这一问题的忧虑。"你们中有些人可能会担心自己错误地来到这里;担心自己无法在这里学习下去;或是担心只是因为自己在入学申请的短文中写了什么所以才被录取的。"他说道,"我知道这一切其实完全是一种毫无根据的忧虑。我之所以知道这一点是因为,哈佛在这方面拥有最称职的招生人员。我们完全没有犯错。你们将会在今后的四年时间内向我们证明这一点。"[4]

哈佛充满竞争性的生活使学生们时而精力充沛,时而筋疲力尽。本科生们为了各种分数、荣誉、奖学金、津贴、奖励、学生社团的领导地位等而相互竞争。就像哈佛大学,其自身作为一个整体总是想要成为第一,每一方面都想做到最好,于是不断地给它自己施加压力。哈佛的学生们也是如此。因此,他们中有很多人即使并没输也总觉得自己输了。有一个微小却发人深省的例子:哈佛大学心理健康部门2003年的一项研究表明,49%的哈佛学生都有过性生活。然而,61%的人认为每个普通的学生在过去的一年里至少和两个人发生过性关系。事实上,符合这一描述的学生实际人数只有23%。换言之,一个典型的哈佛学生并不是经常过性生活或者是和很多人发生性行为,不过他们都深信,除了自己之外,其他每个人都经常过性生活或者是和很多人发生性行为。

"这里每个人的头脑里都存在着这么一种根深蒂固的想法,那就是,除了自己外,其他的每个人都非常棒。"哈佛大学心理健康部门的负责人理查德·卡迪森博士说道,"在调查中,学生们总是说,他们认为其他人都比自己更快乐、更健康并且有过更多的性生活。"或许这就是为什么每一年里,四年级的本科生都要举办一次春季狂欢会,称之为"最后一次机会的舞会",其用意自是不言而喻。2004年的这个一年一度的舞会就在波士顿的一家夜总会举办,他们把这家夜总会整个包租下来,在楼上,一对对男女躲在各个不起眼的角落里,亲吻、抚摸,并发生性行为。在跳舞的人并不多；相反，每个人都在努力玩这种寻欢作乐的游戏。

哈佛学生对他们的学校缺乏一种团体意识表示失望。在这里，他们所说的团体意识指的就是一种互助、和谐的氛围。他们欣赏那种经由哈佛的竞争文化所造就的卓越，但他们也希望能够用一种不至于这般不和谐的方式来获得它。数量惊人的哈佛学生会告诉你，他们不喜欢他们的学校，但他们感激它，尊重它。他们感谢哈佛为他们提供的机会，但是他们并不喜欢哈佛。这里的氛围太冷漠，太孤清。（这里的天气也一样，阴沉而寒冷刺骨。波士顿的冬天通常持续半个多学年，从而加重了校园里的精神健康问题。）

由于哈佛的学生是如此的不平常，因此，学校虽曾一度希望他们能通过致力于社会的利益而净化自我的心灵，为了成就一个更大的集体的利益而牺牲他们个人的成就。然而，这一切又谈何容易啊。毕竟，这与他们当初为了能被哈佛接纳而做出的种种努力相矛盾。"每个人都明白，为了进哈佛自己要付出怎样的努力。"克里希南·苏布拉马尼扬说，"怜悯之心并不能帮助你进入哈佛。"而且在你进入哈佛之后，这种怜悯之心你也难得一见。"是否会交际和有没有同情心在哈佛完全是可有可无的事。"2003届毕业生凯瑟琳·巴斯在毕业纪念日的演讲中对数千名的听众说，"我们大多数人已经孤独、拼命和痛苦地……完成了哈佛的学业。"巴斯的演讲应当是风趣的，因此出席这场毕业典礼的父母们都笑了，但却笑得紧张不安，而出席这场典礼的学生的笑则是一种心照不宣的笑。

许多哈佛学子对这所坐落于查尔斯河河岸、历史悠久的红砖大学*长期怀有种种理想化了的憧憬，然而，他们的期望值与现实的哈佛之间的差距给他们出了一道难题。作为一个年轻人，从你才开始有点懂事，知道哈佛到底是什么的那天起，你便为将来能进哈佛而拼搏，而牺牲。然而有朝一日，你却发现自己并不喜欢哈佛，这时你又该怎么办呢？

有些学生通过改变自己的期望值或寻找其他令自己得以满足的

---

* 红砖大学(the red-brick university)这个术语最早是对于维多利亚时期创立于英格兰工业城市，并于"一战"前后得到大学特许的6所市立英国大学的称呼。这里的"红砖大学"指哈佛，因为哈佛的建筑多为红砖。——译者注

事物来适应这个差距。常常听到哈佛的学生说,尽管他们不喜欢这所大学,但他们还是会珍惜他们在这里所建立的各种友谊,珍视他们的各种课外爱好。而其他的一些人则变得更加务实,他们认为来哈佛的目的并不是为了享受,而是为了掌握各种技能和建立各种关系,以备毕业之后所用。也有其他人断定,他们不快乐的原因不可能在于学校。他们之所以觉得不快乐,想必是因为他们在某个连自己都弄不懂的神秘方面失败了,是他们自身能力上的不足。正是这样的一些学生可能会去仿效玛丽安·史密斯的行为。

学生们对哈佛社区的抱怨经常是围绕着校园的社交生活的。依照法律,哈佛大学一年级的本科生是不能喝酒的,因此他们的社交活动也就只能局限于同年级的学生之间。由于他们在大一结束之前必须住在学校为他们安排的学生宿舍里,所以他们与高年级的学生很少有交往。虽然学生们多年来,甚至可以说几十年来一直在争取,可是迄今哈佛还没有一个让来自不同年级、不同宿舍楼的学生可以聚会的学生活动中心或者公共场所。学院规模的社团非常少,而且即使是这为数不多的学院规模的社团也常常是让学生大失所望,并不能提供他们所期待的那种更典型的、具有更多乐趣的大学生活。"州立哈佛"社团是个最近才创立的社团,其招徕会员的口号是"加入我们的行列吧,你会觉得自己上的只是州立大学"。然而这个社团有时不免会受到指责,被人认为带有一种势利的涵义。但是事实上,"州立哈佛"其实并非傲慢自大的心态的折射,其真正折射的是一种羡慕、一种渴望,甚至是有点缺乏安全感的心态。有时候,哈佛的学生只是想以他们想象中的其他学校的学生的方式来寻求快乐。

由于上述的种种原因,在哈佛的社交生活中便存在一个真空,这个真空便由一种独特的哈佛现象——也就是众所周知的终极俱乐部——来填补。

在哈佛,私营的男学生俱乐部的传统可以回溯到1791年,当时成立的珀赛琳(Porcellian)俱乐部至今仍是哈佛最高层级的俱乐部。现在哈佛共有八个这类性质的俱乐部,而且迄今仍只有男学生才可以加入,譬如飞翔(Fly)俱乐部、狐狸(Fox)俱乐部、凤凰(Phoenix)俱乐部和德尔斐城(Delphic)俱乐部。这八个俱乐部的会所散落于哈佛广场周围的黄金地段,从外表上看并没有什么惊人之处,但实际上这几座多层建筑物的内部设施却布置得十分雅致。从整体上说,这几所终极俱乐部据说是剑桥镇第二大的业主。哈佛十分希望能买下它们的土地,却做不到;每个俱乐部都是它的毕业生的私人财产。多年以来,这些俱乐部通过共用各种公用设施,如供电系统和电话系统等,与哈佛联系在一起。不过在1984年,由于对这些俱乐部的歧视性政策所带来的法律后果感到不安,哈佛对自己与这些俱乐部之间官方的关系持十分谨慎的态度。尽管哈佛的行政管理部门或许对这几个俱乐部的消失与否并不在意,但它却无法令它们消失;甚至在某些方面,它也承受不起这么做的后果。加入这些俱乐部的哈佛校友都是有钱有势的校友——他们的权势可能比非俱乐部会员的哈佛毕业生的权势大得多——要是他们的母校敢对他们采取任何不友好的行为,他们是不会善罢甘休的。

耶鲁大学的秘密团体(诸如骷髅会)的活动内容是不对外公开的,其活动的目的是为了增进成员间密切的关系。与此不同,哈佛的终极俱乐部在本质上却是个社交团体。(之所以得名"终极俱乐部",是因为在哈佛的所有俱乐部中,它们的级别是最高的。)每年,俱乐部主要从大学二年级学生,其次是三年级的学生中招收新会员。要想成为该社团的新会员,就必须参加一系列竞争性的社交活动,在此过程中,有许多参与者要被淘汰。这些俱乐部的入会要求条件甚至比进哈佛严格得多,最后每个俱乐部大约会有二十名男生过关斩将,成为该俱乐部的成员。"成为某个俱乐部的会员拥有许多的社交优越感。"有个凤凰俱乐部的成员在得到保证,其真实姓名不会被公开的前提下解释道。(俱乐部的会员们是不允许谈论他们的俱乐部的。)在被俱乐部接受之后,他说,"那些从未与我交言的女孩在大街上会走过来向我道贺"。加入终极俱乐部还有个额外的好处:那些已经毕业的俱乐部成员所建立的关系网将帮你在毕业后找到工作。

当然了,俱乐部的成员可以在校园里享受到一些最豪华的设施。每个俱乐部的会所都有图书室、餐厅、书房、纸牌室、酒吧等设施,就像是过去的年代里某个富裕的贵族家庭的遗迹。虽然当地的规定禁止人们在俱乐部住宿,但多数俱乐部都设有卧室以备不时之需。每个星期都有专门的厨师为这帮年轻人准备几次饭菜。在这么奢华的地方居住的居然是一些年轻人,让人看了未免会有一点奇怪,就像是孩子们乘他们的父母不在城里时接管了整栋豪宅似的。哈佛历史学家塞缪尔·艾略特·莫里森曾经在无意中轻描淡写道:"俱乐部并不是为你将来在一个民主社会中生活做准备的最佳场所。"而事实上,它们也无意于为你在民主社会中生活做准备。相反,其所起的作用就是阻碍英才教育的进一步扩大,是一种进一步巩固已有的特权地位的手段。

在周末,这些俱乐部敞开它们的大门,举办各种聚会和各种喧闹的酗酒狂欢会,接待那些受邀请的和那些未受邀请的学生。这些活动支配了学校的社交生活。因为俱乐部并不对所有的人开放,通常只有那些名字被列入宾客名单上的学生才得以进去,当然了,这些被列入名单的宾客往往是俱乐部会员的一些同性朋友以及哈佛校园里最漂亮的女生。(例如,凤凰俱乐部允许每个成员邀请 17 个女性朋友。)尽管许多学生说他们对这个淘汰过程十分反感,而且这也与他们当初被哈佛录取的那种以优秀为基础的方法背道而驰,但是那些受到邀请的学生还是会去的,这是因为他们缺乏其他的活动,而且俱乐部会提供酒水。由于大多数哈佛学院的学生都未满法定的 21 岁的喝酒年龄,剑桥的酒吧通常要求学生出示年龄证据。不过,终极俱乐部则没有这个要求。它们之所以没有这方面的要求,最根本的原因就在于,如果它们提出这一要求的话,那么它们自己的会员大多也就不能喝酒了。剑桥这地方的酒吧在凌晨一点关门,终极俱乐部则不然。一些聚会都有特定的主题。飞翔俱乐部每年都要举办"了不起的盖茨比"狂欢会;猫头鹰俱乐部则每年都会有"天主教的女学生"聚会,出席舞会的女性客人按要求必须身着与主题相应的服装。多数俱乐部只允许女性从后门进入,并且还规定她们只能待在一些特定的房间里。

终极俱乐部的聚会一直以来都是学生(尤其是男生)寻找性伙伴的中心。由于这里女性学生的比例通常远高于男性学生,这里也就成为他们猎艳的中心。同样可以预见的是,这些场所已经成为男女之间先是约会,而后发生性强暴行为的地方。每一年都会产生一些新的传闻,说又有女生深夜醉酒后在这里楼上的房间里被强暴了。"长期以来,在终极俱乐部里不断发生性强暴事件早就已经不是什么新闻了。"《哈佛深红》的专栏作家马德琳·S.埃尔芬拜因在 2003 年 5 月的报纸上写道。如果受害者想追究责任,她可以将问题交给大学的管理委员会,也就是人们口头上常说的管委会,该部门是处理学生违纪行为的。(当然,她们也可以向剑桥当地的警方报案,不过很少人会这么做。)令人沮丧的是,要指控这种男女之间在约会过程中发生的性强暴很难举证,也就无法定罪。当然,同样难以否定的是,学校正在努力寻求它的

第七章 哈里·刘易斯的突遭撤职

解决方法。然而,由于哈佛无法控制终极俱乐部,因此在如何解决这个问题上校方几乎无能为力。

然而,这些俱乐部最广泛的影响是使得校园里的那些参加俱乐部的以及那些受邀参加聚会的学生与那些没有参加俱乐部的或是没有受邀请参加聚会的同学之间的关系两极分化。假如你是一个大学三年级的男生,当你星期六晚上在校园里闲逛,心里纳闷着所有最可爱的女生都去哪儿时,她们很可能就在终极俱乐部里,正和那些社会地位似乎要比你高的人跳舞喝酒。不可避免地,社会地位的不同将导致朋友、室友之间关系的紧张。具有讽刺意味的是,那些与终极俱乐部有关系的人,无论是俱乐部的成员还是那些受邀请的客人,几乎没人会为这种社会地位上的差别而感到十分惬意。"我理想中的哈佛是不应该有这些俱乐部的,"凤凰俱乐部的一个会员说道,"但是这里又没有其他找乐子的机会。"

在哈佛,处处都存在着竞争:各种申请,学术,课外活动,社交生活,性行为。当然,从某种程度上来说,任何一所大学都是这样的,生活本身也是如此,但是哈佛中的竞争却四处蔓延。因为虽然这些学生处在金字塔式教育系统的顶端,但他们仍然年轻,情感的成熟仍然有待于进一步发展,只有这样才能够提高自身的判断力,才能承受得了各种压力的考验。最高层次上的竞争与少年初长成时所面临的各种心理和情感上的压力和挑战结合在一起,给他们带来了无尽的苦恼,有时甚至更为糟糕。

许多学生与哈佛之间似乎存在一种爱恨交加的关系。他们尊重哈佛的历史,尊重它的传统,尊重它的影响力。当他们告诉那些没有进哈佛求学的人他们在哪上学时,他们觉得就如同"投放了一颗H弹"。但他们也为哈佛大学过去的影响力而深感压抑。他们所在的这个学校鼓励他们去追求个人的自立,然而这个学校自身辉煌的历史却常常被人们提及,湮没了他们个人的重要性。有时他们渴望着叛逆,然而,他们发现自己周围的人都是因顺从而获益的:权势、财富和名望都归那些遵循哈佛规则的人所有。此时,叛逆似乎就显得是非常不明智的了。

尽管如此,学生偶尔仍会有一些破坏性的行为。最能说明问题的是,根据哈佛的传统,有三种仪式是每一位哈佛学生在他们毕业前会尽其所能去一试的。这三种仪式对哈佛的妄自尊大提出了抗议,它们提醒哈佛，其神圣的殿堂会因为缺乏有血有肉的人类的声音而显得空洞。

第一种仪式就是在灯光昏暗、堆满书籍的怀德纳图书馆里，在数百万册布满灰尘的书籍与那些独自一人埋头苦读的研究生们常摆满书本的阅览架之间发生性行为。这么做并不容易，因为两个人在一起干这种事情又不被发觉的机会十分的短暂，而且是难以预测的。图书馆的人员经常会重新整理书架上的那些书，而且还有那些到了午夜还在挑灯夜读的研究生。当然了，这样的冒险会让性行为的整个过程变得格外刺激。同样，在一个堆满着已故者的令人敬畏的作品的地方尝试疯狂的非理性的生活，感觉亦是如此。这是一种更健康的、同时也可能是一种更富喜剧性的反智冲动形式。正是这种反智的冲动形式导致了20世纪60年代学生争取民主社会组织（SDS）扬言要烧掉怀德纳图书馆的目录卡。

第二种仪式被称为远古的尖叫。每个学期，每逢考试的前一天晚上，午夜时，数以百计的男、女学生会一丝不挂地在哈佛园里绕着哈佛园的边界奔跑。这是需要勇气的，不仅仅是因为其他数以百计的学生和一些教师会聚集在这里观看，而且还因为秋季这一学期的期末考是在1月份进行，按理是美国新英格兰地区一年中气候最冷的一个月。学生们只穿着运动鞋，一边高声叫喊，甚至是尖叫着，一边冷得身体直打战，绕着大约五六百码的哈佛园飞跑。它既不是与性有关的示威，也不是体能的炫耀。没有人在裸奔时会给人以美感的！这其实是一场人性畅快淋漓的爆发！这群哈佛学生的行为摆脱了人类天性固有的谦逊和故意伪装出来的愚钝。在哈佛，这种"远古的尖叫"活动是哈佛里少有的集体行动。即使在漆黑的深夜只持续那么几分钟，它也会让人感觉到他们或多或少具有一些人类的性质，也有一些人性的特点——就跟学生们占据马萨诸塞厅时在哈佛园中冒出的星星点点的帐篷村落一样。

第三种仪式则涉及坐落在哈佛园里的哈佛大学堂前屹立的约翰·哈佛的铜像。上面雕刻着：创始人约翰·哈佛，创建于1638年。这座1884年铸造的铜像是旅游团必停的一个驻足地，旅游团的导游们把它称为"三大谎言之像"。首先，约翰·哈佛并不是这所大学的创建者，而是它最初的巨额捐助者。其次哈佛创立的年份也并不是1638年，而是1636年。此外，由于约翰·哈佛没有任何的画像留世，

第七章 哈里·刘易斯的突遭撤职

因此雕塑家丹尼尔·切斯特·弗伦奇根本就不知道约翰·哈佛长什么模样,所以他把一个1882年从哈佛毕业、长相英俊、名叫谢尔曼·霍尔的年轻人作为他的模特。这就是所谓的三大谎言。

由于它构成了一道独特的拍照留影的背景,所以约翰·哈佛的雕像可能是哈佛最吸引游客的景点之一。在秋天和春天,几乎每次散步你都可以看到大批的参观者站在雕像前互相拍照留影。通常他们还参与另一个习俗——摸它的左脚以求好运。因此多年来成千上万的人都来摸那只脚,使得它由深暗的青铜色磨成了耀眼的金黄色,比铜像的其他部分明亮了许多。

但是,铜像的那一部分之所以会变成金黄色还有一个不为游客们所知的原因。哈佛大学的本科生们多年来的第三个成年仪式就是往约翰·哈佛的左脚上撒尿。这种行为包含了一些竞技的色彩,因为铜像安放在一个高架的基座上,任何一个想要把尿撒在它的这只脚上的人,无论男女都必须爬上去。但凡周末深夜散步经过哈佛园的人都能看到学生们正在兴高采烈地用他们的尿为约翰·哈佛施洗礼。当然,这种亵渎只会发生在黑暗里。当太阳升起的时候,这种叛逆就消失了,而抛光又重新开始了。

"在每周一早上,我看见这些参观者都急切地要摸这尊铜像的左脚。"一位导游说道,"我真想告诉他们真正摸到的是什么,但是我不能那样做!"

哈佛的文化以及哈佛的学生对这种文化的反应都很重要,其原因有二。其一,哈佛让自己的学生了解了这个世界的真实面目。诚如萨默斯所言,学生具有可塑性。在四年的学习中,他们深受教诲,明白了只有凭个人的努力,经过残酷无情的竞争才能在生活中占据领先的地位——的确,竞争是生活的本质。他们毕业后走出校门,走上社会,每年都有大约1600位强者进入银行、律师事务所、企业、新闻媒体和政府部门的领导层。他们将哈佛教授的课程付诸实践。正如哈佛塑造他们那样,他们也在塑造世界。当然,这并不会使他们觉得幸福,也不会使这个世界变为一个更加理想的生活场所,但足以让他们获得成功。而这常常使他们变得十分富有,因此他们也就能够反过来回报哈佛,帮助它保持其领先地位。

其次,哈佛的文化十分重要,因为拉里·萨默斯对哈佛未来的憧憬并没有设法解决或改善哈佛学生过人的才智与他们的不满情绪之间的紧张状态,相反,却进一步加深了这种紧张状态。

2003年底,萨默斯为哈佛制定的各种详细而明确的待办事项已经十分明了——课程改革;加大力度发展自然科学;哈佛的全球化;大规模地扩大哈佛校园,跨过查尔斯河,进军奥斯顿。各方面都在取得进展。例如,作为全球化努力的一部分,文理学院院长比尔·科比直接掌管了出国学习管理办公室。该办公室意在鼓励学生到其他国家学习,这在过去的哈佛是不受赞成的,因为国外的学术课程不符合它的标准。科比还设立了四个不同的委员会来研究课程审订方面的各种问题。而且哈佛还在竞标购买奥斯顿地区的另一大片土地。

但这一渐进的发展在萨默斯看来还是太慢了。他总是没有耐心,想让事情变化得更快些。那些为他做事的人议论说,萨默斯多么希望自己能创造出"一份遗产"留给下一任的校长。他已经在考虑自己将会位列哈佛历任校长的先贤祠中而流芳百世,或许他已经在考虑担任哈佛校长之后他的下一步又该做什么了。果真如此,那么他也就没有多少时间可以用在实现这份留给后来者的"遗产"上了。每件事都必须尽快去完成。

耶鲁的校长理查德·莱文曾经写道:"在耶鲁的时间表中,一天(至少在平日)中可以分为四个部分:上课、课外活动、自习和休闲活动,总的说来按照这一顺序依次进行。尽管有时(我希望不是太经常如此)休闲活动的部分会在傍晚提前开始,甚至取代白天的学习部分。但每天周而复始的每个部分都是耶鲁学习生活经历的一个基本要素。"[5]

如果拉里·萨默斯知道这一点的话,他会对莱文的这种时间分类法的价值提出质疑。他不希望他的大学变得更悠闲或是变得更内省;他希望让它变得更"严酷"一点,这是一个被他视为箴言的词。正如全球化意味着经济竞争和文化一体化步调的加快,萨默斯要根除哈佛落后、古老和传统的习惯,代之以更快、更强和更富竞争力的风格。"一个大学最大的危险是自满和安逸。"萨默斯解释道,"我已经在努力抵制这样一种观念,那就是,既然我们以前都是这么做的,那么我们现在就应该继续这么做下去。"[6]

实际上,萨默斯的信条通常意味着,一件事情只要是按照传统的方式来做的,他就会出于本能地加以反对。为了在21世纪保持领先地位,哈佛就不得不比以往更积极进取。忘掉"休闲活动"——萨默斯早已觉得哈佛的学生花太多的时间在课外活动上了,比如说为《哈佛深红》撰稿,或是舞蹈表演和戏剧表演。他对培养全面发展的毕业生没有多大的兴趣;他想要的是在特定专业领域中十分优秀的学生,这样的学生将会有新的发明创造,不断创出新高,赢得最高的荣誉。他认为,许多学生把更多的精力投入到课外活动中而不是放在学业上。他的这种观点也许是对的,然而,并非所有的人认为,自由地发展自己的特长就是一件坏事。

萨默斯的这种说法的确不假,而且情况确实严重,但是他的这种表达却不够婉转圆滑。在他任哈佛校长第一年时,在与学生的宿舍导师们,也就是各个学生宿舍的管理负责人见面的一次会议上,萨默斯在讲话中强调,他渴望学生们学习更努力一些,他说:"我们不希望把哈佛这个地方变成哈佛度假营地。"[7]《哈佛深红》报道的这一说法激怒了许多学生,这些学生把大量的时间耗在图书馆里,连最基本的睡眠时间都难以保证(这是造成心理健康问题的另一个因素)。可能对哈佛学生最大的侮辱就是称他们为懒鬼。他们一向以自己有能力在学术和课外活动之间保持平衡并且都达到高水平而感到自豪。

尽管萨默斯从未改变过其关于哈佛度假营地的想法,但是他再也没有发表过类似的评论。在他担任哈佛校长的第二年,一位《哈佛深红》专栏作家问他这件事。他支支吾吾地说:"我并不觉得自己曾经用过这个词,(不过)我的确曾经使用过'度假营地的顾问'这种说法来指学生宿舍导师的某些作用。"[8]尽管如此,"哈佛度假营地"这件事还是让学生们耿耿于怀。在他担任哈佛校长的第三年,有一次当萨默斯校长到亚当斯学生宿舍吃比萨饼,并和住在这里的学生们交谈时,有位学生就向他问及此事。"我不记得自己曾经说过这话,"他回答道,"这简直就跟天方夜谭一样。"但其他人则持不同的看法。"虽然拉里现在否认,但我记得他就是这么说的。"一位当年在场的高级管理人员说道。

体育是哈佛学生的最大课余爱好,对此萨默斯却是疑虑重重。哈佛有41支大学运动代表队,是全美大学生体育协会第一类学校中运动队数目最多的一所大学。哈佛各运动队的水准参差不齐。男子划船队和女子曲棍球队长期以来都是全国冠军,但是哈佛的橄榄球队与篮球队的实力却不高。当然了,尽管每支校运动队的强大与否和学校在体育方面财力投入的多寡息息相关,但长期以来,哈佛都把体育看成是博雅教育的一个重要部分。然而,萨默斯却认为,哈佛体育运动的扩展是在浪费钱财,同时也让学生们无法很好地利用时间。更糟糕的是,他确信,那些高智商的学生之所以被哈佛拒之门外,就是因为哈佛必须为那些智力较低的运动选手腾出位置。在公共场合,他极力赞扬哈佛的体育运动的发展,因为他知道,在所有的哈佛校友中,那些在哈佛读书时从事体育运动的校友一直是哈佛最铁杆的捐赠者。但是在私下,他极力推动一项计划,把每年橄榄球队吸收的新成员人数从35人降到30人,并制定了一个强制性的停训期:在没有赛事期间,所有的运动员都必须停训七个星期。这项计划最终为常春藤盟校所采纳。如果进一步降低每年招募的运动员人数,萨默斯也不会介意。甚至当他试图要表现出是在支持哈佛的体育运动队时,也无法做到令人信服。当他出席2002—2003赛季女子曲棍球比赛的时候,他转身对坐在同一张长椅上的某个人问道:"那么,我们队有没有一点胜算呢?"而当时,哈佛的女子曲棍球队名列全美第一。

萨默斯偏爱自然科学。他抓住每次机会谈论哈佛学生提高自然科学修养的必要性。他说,哈佛已错失了互联网的淘金热机会,这一次,它不应该错过生物医学所带来的机遇。他一次又一次地讲到人类基因组的重要性和哈佛学生理解它的重要性。萨默斯提出,长久以来,一个大学毕业生只需通晓文学传统、一门外语以及一定的历史知识,尽管他对于自然科学近乎一无所知,却会被视为一个受过很好教育的人。然而,当今这个发明创造的时代却使这种科学盲不再吃香。萨默斯预言,在不久的几年内,每个人仅需花上大约两千美元就能够对他/她自己的基因组进行排序。"基因组的研究具有惊人的潜力,它可以帮助我们进一步了解疾病,从而有可能找到科学的治疗方法。"他说道,"……在接下来的25年中可能会有意义深远的进步。我猜想,我女儿她们这一代人的平均寿命可能达到100岁,并且这个平均寿命将继续保持上升趋势。"[9]

再过200年,萨默斯一再问道,未来的历史学家会认为我们这个时代最显著的成就将是什么?他的答案是:基于人类生物学的科学革命。这是势在必行的,萨默斯强调说,"要创造一种文化,在这种文化中,不知道基因与染色体的区别就跟说不出莎士比亚五部剧本的名字一样令人难堪"。

萨默斯对自然科学的热情与他对人文学科的不感兴趣是成比例的。他从来没研究过文学、艺术、语言、历史或哲学；他承认自己没有阅读过严肃的小说。他是一位应用经济学方面的学者，其所在学术领域的验证标准是它可能产生的实际效果。他认为各种事物不应是为研究而研究或者为保存、了解过去而被研究，他反复质问某些小的系科以及研究领域存在的必要性。为什么非得有斯拉夫语言文学系不可？为什么要有梵语语言与文学系？既然都已经没有人研究德语了，为什么怀德纳图书馆还藏有那么多该语种的书籍呢？甚至连一些社会科学也逃脱不了他的怀疑。他高声地质疑，有什么社会学能回答的问题经济学无法回答得更好？他与科尔内尔·韦斯特的冲突就是这方面的例子。人们认为，要是萨默斯重视非裔美国人研究的话，他也就不会痛斥韦斯特了。

"经济学是门支配性的学科，"在很多问题上与萨默斯有过交流的一位法学院教授说道，"这在许多方面透露了他的想法。他完完全全相信有些学科有存在的必要，有的学科则没有存在的必要。因此，对他来说，科尔内尔·韦斯特也就是个不必要有的教师了。"

事实上，哈佛并不是唯一一所人文学者处于守势的学校。由于"二战"后自然科学研究不仅展现了其重要性，而且展现了其盈利的潜力，人文学科的影响力和地位在美国大学中就开始持续下降。近年来，随着政府资助日益不确定以及对自然科学的投资回报的不断增长，这种趋势变得更加明显。例如，在2004年，斯坦福大学少不了从互联网搜索公司Google那儿获得资助，初步公开的就有几亿美元，因为许多给Google带来创新的研究都是在斯坦福大学主持下进行的。自然科学不仅可以带来巨额的利润，而且也能带来巨额的捐赠。富有的捐助人拿出数千万美元的资金来建设新的自然科学实验室。但在人文学科方面，哪怕像斯基普·盖茨这样的著名学者能从像时代华纳这样的大公司拉到赞助，其数额也还是相对较小的，也许只是几百万美元而已。自股票市场在2001年崩盘以来，获得近乎神话般的十亿美元的捐赠——这一大学募款的最高目标——的话题就渐渐地平息了下来。但是在将来的某一天，肯定会有一笔金额高达十亿美元的捐赠产生——但无论是捐给哈佛或是捐给其他任何一所大学，这样的一笔捐款肯定不可能捐给历史系。

此外，萨默斯对人文学科的公然蔑视使在哈佛大学从事人文教学与研究的人感到沮丧。确实,他们的工作并没有创造出诸如化学和生物学学科那样有形的成果。在文艺评论中,近乎不存在那种"我找到了"的瞬间。但是,历史、文学、艺术等学科的教授并不认为一个领域的价值是由其实际应用的次数来决定的。几乎没有人文学者认为博雅教育的意义非常有限,而且很多科学家也不会这样认为。也许人文学科的研究不能够像基因组的分析那样帮助你延长寿命,然而它可以提升你的人格,提高你的生活质量。它可以增强你的道德意识和你的智慧,促使你进行自我反省并变得更加谦逊。它可以告诉你,与这个世界上的其他人交往该采取何种方式——不管你是否怀着宽容、理解和好奇心看待他们,或者是否采用一种更具竞争性、等级界限更为森严、更加霸道的方式。

实际上,萨默斯对人文学科并不太感兴趣,这使一些教授对其才智的广博与精深产生了质疑。"他并不是一个有学识的人,"一位名叫布瑞德利·埃普斯、从事拉丁语系诸语言研究的教授认为,"他是一个统计学家,一个能干的掮客。但是,他并不是一个有学识的人。因为,任何一位有学识的人都知道怀疑的力量。"尽管其他人极少在公共场合说这样的话,但哈佛的许多人文学者都持有与之相同的看法。他们承认,萨默斯很聪明,甚至在一些方面说得上是才华横溢,但他根本就算不上睿智。

或许萨默斯会回应说,他的观点符合这个世界的真实本质,我们的这个世界是一个充满着艰辛的世界,是一个必须对危及生命的问题做出慎重回答的世界。他经常提及经济增长和科学发展的好处。科学和经济能使数百万人摆脱贫困,消灭疾病和延长人类的寿命。难道有人可以郑重其事地说,研究过去比解决现在和未来所存在的问题更重要吗?

那些对萨默斯的未来愿景持怀疑态度的人有两层看法。首先,他似乎只是把他自己的学识经验强加在哈佛上。他对人文学科的轻视和对自然科学的提倡,所反映的是其个人的知识兴趣,而不是某种更客观的判断。他反对体育活动多半是因为他在大学期间从未当过运动员;而在中学阶段,他则是那种备受运动员们捉弄的孩子。他反对课外活动,因为除了参加过麻省理工学院辩论队,他没有参与过其他课外活动。哈佛的一位教师说,"拉里想要使哈佛变成那种愿意接受他的本科入学申请的学校",一所只注重智能的学校。

第七章 哈里·刘易斯的突遭撤职

这个指控直接导致了另一个批评。因为沿着查尔斯河顺流而下一英里左右就有一所只注重智能的学校。令师生们气愤的是,哈佛的新校长想要把哈佛转变成另一所麻省理工学院——一所体育无关紧要、以自然科学和经济学为主导学科、课外活动无疑居于课堂教学之下的学校。

2003 的 4 月份,一位名叫诺亚·麦考马克的学生在哈佛的校园周刊《哈佛的独立》中提出了一个观点。"哈佛不是麻省理工,"麦考马克在这篇文章中写道,"我们不会在这儿举杯庆祝死亡,我们不是狂热地迷恋数学的书呆子。……我们是哈佛人,拉里·萨默斯似乎并不明白这一点。"

麦考马克继续阐述他的观点:令哈佛与众不同的是哈佛学生的多样性以及他们所取得的成就。而这些大多是在课堂之外取得的。正是这些"为我们提供了出路,也使我们结交了朋友。(校长萨默斯应该注意这一点,因为在哈佛他近乎孤家寡人。)如果拉里管理一个学校只是为了培养用功的学生,而不是使生命和灵魂得到满足,那么他干得不错。只要沿着查尔斯河再往前走一小段就可以了。"

尽管有越来越多的人不约而同地表达这种担忧,然而萨默斯的地位和权势却愈发地稳固,愈发地强大起来。渐渐地,他打败了一切反对者。一点一滴地,他长期掌权的各种基础都得到了巩固。

自哈佛建校几百年来,人们一直觉得哈佛校长几乎没有多大的权力,其中的一个原因是这个职位相对比较穷。2002 年,哈佛的校级管理部门可以支配 20 亿美元的捐赠款(这其中归校长支配的部分不对外公开,只占其中的一个小零头),比文理学院的院长比尔·科比所支配的 90 亿美元的 1/4 还少。校长手里所掌握的资金少,因为传统上校长募集资金只是为了帮助不同的方面。他被认为应当为整个学校而不是为他个人可以自由支配的资金而去募捐。此外,每个学院掌握着校友的人脉。然而,校级管理部门却无法从毕业生那里筹到供自己支配的款项。所以,校长可能会为了哈佛文理学院的捐助而会见一个富有的从哈佛学院毕业的校友,也可能为了促成商学院的一笔生意而会见一个商学院的毕业校友。校长代表自己来筹款的能力是有限的,因此他资助自己的优先项目——奖学金、学术创新、跨学科工程——也同样受到限制。

为了弥补这一切,哈佛对各个院系所获得的捐款进行提成。每个院系都要将其获得的捐赠的3％上交校级管理部门——捐款的校友们几乎普遍不知道这个事情。但萨默斯还不知足,他想通过更多的途径得到校友捐款并对这些捐款拥有更多的支配权。所以,他说服比尔·科比同意变更一条很不起眼却又相当重要的规则,以削弱哈佛学院与它的捐助者之间的紧密联系。

正如许多大学那样,哈佛的筹资是建立在对所属年级忠诚观念的基础之上。大学本科生可能并不会对他们所毕业的学院有多大的忠诚,但他们对自己所在的年级却有很深的感情。早在他们还是一年级新生时,在被分配到不同的学生宿舍楼之前,他们在一起度过了近两个学期的美好时光,从那时起他们就有了这种集体的认同感。然后,在他们大学四年级那年的春季,他们纷纷参加各种年级活动——一起组织买票观看红袜队的比赛,组织参加各种各样别出心裁的舞会,举办什么"大四沙滩节",等等。这一切形成了一种非常强大的凝聚力。哈佛的学生通常对自己所在的年级比对自己的学院更有感情。

哈佛的大学生拥有如此强烈的年级观念使得它的筹资者可以利用这一点。哈佛的本科生在读大四时就首次被要求给学校捐赠,那些受指派的同学会敦促他们为"毕业班献礼"捐款。这种捐款不需要拿出巨大的数目,其主要目的只是意在让学生养成捐赠的习惯。因此,学生筹资者一般倡议十美元左右。最重要的是学生们参与的水平;每个年级都想要打败往届毕业生所创下的纪录。因此,尽管每一届的"毕业班献礼"的金额通常只有一万多美元,不过募集到这笔数目相对微不足道的捐款却是件非常重要的事情。比尔·科比给这些劝募者演讲鼓劲,最近几年刚毕业的毕业生给他们传经送宝,教他们如何想尽办法从同学那里弄到捐款。

毕业后,哈佛学院会通过举办盛大的校友聚会以及其他的各种聚会、宴会和讲座来进一步促进每一届毕业生对自己所属年级的忠诚。参加活动的毕业生们被河流般流淌着的美酒环绕着,他们几乎被淹没在各种印有哈佛标志的个人用品的海洋之中——运动衫、水杯、T恤衫、帽子等物品。这些精心安排的、人气极旺的聚会,在随后的校友捐赠中不仅能收回成本,而且能大大地获利。接下来,在毕业典礼第二天下午的会议上,校友代表自豪地大声宣读本年度聚会中各届校友所捐赠的数百万美元的数额,只要有可能,他们准保使用上"新的纪录"这个措词。让各届校友彼此相互竞争,看谁募集到的资金最多,这个

第七章 哈里·刘易斯的突遭撤职

主意似乎过于拙劣,难以实施,但是校友们都把竞争看得很重,并且都众志成城,希望自己这一届的捐款能超过之前和之后的年级。

每年,哈佛学院都会印制《哈佛学院基金年度报告》,在这上面会按年级登记所有捐赠者的姓名和大致的捐赠金额。仅仅为了让自己的名字能列在这个报告上,每个校友就要捐赠至少1000美元。哈佛校友的这笔捐款数额之大,堪与《社会名流录》(这是唯一的一本列示有一定社会声望的富人和成功人士的名册)上的名流捐给哈佛的款项相媲美。哈佛的校友之所以捐款给母校,其中的一个目的就是想让自己的名字印在这本小册子上,好让同一届的同学瞧见。

在过去,如果校友们是把钱捐给哈佛的其他部门,而不是捐给哈佛学院,那么他们的名字就不会出现在《哈佛学院基金年度报告》上,并且他们的捐赠也不会计入该届校友的捐资总额中。这就导致了两方面的结果。首先,他们同一届的同学就不知道他们有多么的富有和多么的慷慨大方。其次,他们的捐赠不会帮助他们这个年级的捐赠数额超过其他年级。一位熟悉这一过程的行政管理人员说道:"如果某个人的捐赠没有计入这一届校友的捐赠总额中去,那么同一届的同学可能会对他十分恼火。"这种名字不被记入年度报告、赠款也不计入该届校友的捐资总额的威胁有助于哈佛学院能够确保校友们将钱捐给自己,而不是捐给哈佛的其他部门,譬如说,捐给校长。

因此,萨默斯说服比尔·科比同意变更捐赠政策。简而言之,新政策规定,凡哈佛学院的校友个人捐赠25万美元以上(含25万美元)给哈佛大学其他部门的,这笔捐款的金额依然记入该届校友的捐款总金额。萨默斯提出的这项改变是为了鼓励捐赠者把钱捐给哈佛大学的几个较穷的专业学院:设计学院、神学院、教育学院、政府管理学院和公共卫生学院等。这几个学院长期以来一直都难以募集到资金,因为它们的校友并不富有。而经济学院、法学院和医学院却不在此列。这个改变意味着,巨额捐资的捐赠者们既可以把他们的钱捐给哈佛校长,同时又可以照样给所属的这一届毕业校友赢得荣誉。

知道这项规定的人似乎不多,但它的影响却很大。萨默斯原先就已经能够接触到这些巨额捐款的捐赠者,因为那些有能力捐赠25万美元的人往往想与他会面。而且,当然了,自打萨默斯在财政部任职的那时起,他就结识了许多富人。在过去,哈佛大学的校长实际上只能鼓励那些有捐赠意向的捐赠者把钱捐给其所毕业的院系。现在,他则能与重要的捐赠者会面并说:"如果你把钱捐给我的办公室,你的名字也将与你同届的捐赠者的名字放在一块儿登出来,并且你的捐款金额也计入你这一届校友的捐赠里。"如果捐赠者有意把钱捐给譬如肯尼迪政府管理学院而非哈佛学院,那也是可以的。

萨默斯还可以鼓励有意给母校捐赠的人把钱捐到校长的账户上,再由校长把这笔捐款分配给各个院系。这就意味着,为了得到这笔资金,各个学院的院长们不得不来到萨默斯跟前,恳请他,向他解释,他们为什么需要这笔资金。萨默斯可能有附带条件地拨给他们这笔资金,或者也可能拒绝他们的要求。虽然单笔金额达25万美元的捐资可能相对较少,然而,重要的是确立了这样一个规则:哈佛大学的校长可以掠走潜在的哈佛学院捐赠者,抽干哈佛学院的财富,而这些捐赠者仍然名列哈佛学院的捐资者名单。在此之后,哈佛学院所能获得的校友捐资额随时都有可能减少。已经有许多迹象表明了这一点。而就目前而言,萨默斯破天荒地使哈佛校长拥有了自由支配资金的权力。

这一规则的变更必然意味着比尔·科比权力的削弱。这位文理学院的院长正逐渐地丧失其对哈佛学院的校友的控制权,而这是其他院长都未曾放弃过的东西。因此,科比为什么会顺从萨默斯的这项要求,委实令人费解。也许他仅仅是想顾全大局,因此也就促成了这一让哈佛大学里较贫困的学院能受益的改革。曾有一次,科比说道:"我一直认为,我们文理学院的全体教师也是整个哈佛大学的一部分。"规则的改变"只不过是使那些有意为母校捐资的人可以有更多的选择"。[10](这当然是整件事的关键。)然而,由于这一规则的变更是在科比刚被任命为院长不久之后平静地做出的,没有引起什么风浪,因此有些人也就有了各种不同的推测:首先是萨默斯要求科比接受这一规则变更,并以此为条件任命科比为院长,而科比则因非常想得到这个职位,所以接受了萨默斯的条件。无论哪种说法属实,结果都在意料之中:在比尔·科比的权力被削弱的同时,拉里·萨默斯的权力增强了。

任命院长的权力给了萨默斯这种优势。在其担任校长职务的第二年,他所安插的学院院长的人数增加了。除了比尔·科比外,萨默斯又新任命了原纽约大学的埃伦·康得利夫·拉格曼教授为哈佛教育学院的院长。最近,萨默斯又任命了威廉·格雷厄姆为神学院院长——威廉·格雷厄姆是位从事伊斯兰教历史研究的学者,他将取代即将离职的天主教神父 J. 布赖恩·赫尔。在法学院,萨默斯让自己从前在克林顿政府任职的同事埃琳娜·卡根教授接替辞职的院长罗伯特·克拉克的职位。卡根担任白宫国内政策委员会副主席期间曾与萨默斯一同从事与烟草相关的立法工作。"拉里很特别,和他一起工作是一段不错的经历。"卡根提到萨默斯时说。

萨默斯对这些院长的任命有几个共同点。他们全部都是完全合乎资格的候选人,尤其是卡根,更是一个深受欢迎的选择,她是这个具有 186 年历史的法学院里的第一位女性院长。在每一位院长的甄选和任命过程中,萨默斯弄出一套程序来,让师生们共同参与其中。然而每一次,师生们总是抱怨,萨默斯并不理睬他们的建议,所谓让师生们共同参与甄选,充其量只是出于公共关系的目的。最后,也是最重要的一点,每一位新任命的院长所得到的权力和自主权总比他们的前任要小。

例如,卡根在被任命为院长后不久,法学院就宣布萨默斯从现在开始将出席该学院的特别会议。在这之前,哈佛校长从未出席法学院的特别会议;而法学院终身教授人选的任命由院长正式批准,这是个由院长一人独享的特权。一个强有力的、立稳脚跟的法学院院长可能会阻止这种剥夺法学院自主权的规定。一个新院长,尤其是想要得到这一职位的人,很可能会以失去自治权为代价,以换取萨默斯的任命。

并且卡根确实有多方面的动机想要得到这个职务。她一直希望能够重返华盛顿,她在那里的工作被中断了。克林顿总统曾提名卡根出任美国首都华盛顿的联邦上诉法院的法官,但由于参议院中的共和党参议员们对克林顿的司法提名人选的阻挠,卡根的法官职务泡汤了。然而,一旦民主党将来执政,作为哈佛法学院院长的埃琳娜·卡根将立刻成为司法部长这一职位的强有力的人选,或者可能在联邦最高法院谋得一个位置。

萨默斯不仅仅对各学院院长的控制力越来越大,而且他对哈佛董事会的影响力也在不断增强。罗伯特·斯通是董事会中最资深的董事,在哈佛校长的甄选过程中,他被看做是李·博林格最强有力的支持者。他宣布,自己将在 2003 年的年底辞去董事一职。作为哈佛大学 1945 届的毕业生,斯通确实是老了,他的辞职并不是因为萨默斯的缘故。但是这确实给了校长任命其他与自己关系密切的人进哈佛董事会的机会,而且他也这么做了。接替斯通位置的罗伯特·赖肖尔,是哈佛1963届毕业生。赖肖尔在某些方面天生适合担任哈佛董事会董事。他与哈佛大学有着很深的渊源：他的父亲,埃德温·O.赖肖尔曾担任哈佛大学的日本史学教授达数十年之久。而且罗伯特·赖肖尔本人在1996年至2002年6月期间曾是哈佛监事会的成员。

但是赖肖尔的入选却不啻为一个异乎寻常的选择,因为他不像斯通和詹姆斯·理查森·霍顿那样极其富有,也不像汉纳·霍尔本·格雷那样是一个声名显赫的学者。但是他具备了其他让萨默斯感兴趣的特点。他是经济学的博士。他的职业生涯中大部分时间是在首都华盛顿度过的,这是他与萨默斯相似的地方。从1989到1995年,赖肖尔担任美国国会预算局主任。1995年后他成为布鲁金斯学会的会员,然后担任一个名为城市研究所的公共政策智囊团的主席。他住在马里兰州的贝塞斯达,距离萨默斯和他的妻子、孩子们居住的地方只有一英里左右的距离。罗伯特·赖肖尔与拉里·萨默斯有许多共同点。

哈佛董事会一直以来都是萨默斯在哈佛大学最强有力的支持者。但是它对萨默斯的支持并不是无条件的。现在,随着鲍勃·鲁宾和罗伯特·赖肖尔被委以董事之职,拉里·萨默斯日渐用这种和他同属一个社交圈子、社会背景相似、观点相近的人来占据这一机构。哈佛董事会长期以来总是那样的神神秘秘,缺乏多样性,而且无须对任何人负责。在萨默斯的领导之下,更是有过之而无不及。

渐渐地,萨默斯把自己的团队安插就绪,并按照他自己的想象来重造哈佛。但是,校园里仍然有个人,也许是仅有的一位在位的掌权者,他不仅打心底里厌恶拉里·萨默斯,而且总是不加掩饰地说出来。

哈里·罗伊·刘易斯是哈佛学院的院长。他中等身材,性格谦逊。有着一头稀疏的棕色头发、一双明亮的蓝色眼睛和一张和蔼可亲的脸。他的一位同事描述道,他看起来"就像一个着装和举止都十分得体的哲人"。他是一个非常随和的人,一点都不像萨默斯那么冲动和引人注目。他的这种从容与悠然,简直令人无法看出他思想的深邃以及才智的广博。

截至2003年的1月份,55岁的哈里·刘易斯大部分时间都是在哈佛度过的。他在位于马萨诸塞州波士顿郊区的韦尔兹利长大。他的家庭是个新美国人家庭，一家人中既有乌克兰血统，也有俄罗斯血统，还有德意志血统——刘易斯喜欢开玩笑说，他的家庭是"埃利斯群岛的刘易斯一家"*。他的外祖父曾经是密歇根州大瀑布城的一个磨坊工人，他的祖父曾在工人阶层聚居的东波士顿拥有一家小型的食品杂货店。虽然刘易斯的祖父母和外祖父母都没有上过大学，但是他的父亲却是在一种十分强烈的意识中长大的，那就是，教育可以帮助一个人成为真正的美国人。哈里·刘易斯的父亲上的是波士顿大学，但这并不是他的首选。成年后的哈里·刘易斯在整理家里的地下室时翻到了一叠哈佛与他父亲之间的来往信件。这些信全部都是来自哈佛的拒绝函。这些信函一次又一次地拒绝了刘易斯的父亲的入学申请，让他父亲放弃自己的梦想。

但哈里·刘易斯的父母仍然为自己创造出了一个很好的生活。毫无疑问，他们比哈里的祖父母生活得更加富足。刘易斯的父母都是医生，刘易斯的母亲后来还成为一所弱智儿童学校的负责人。她和刘易斯的父亲认为，年轻的哈里将进一步受益于美国的种种有利环境。事实上，他的确受益匪浅。

刘易斯就读于非常著名的若克斯百瑞（Roxbury）拉丁学校，这所学校创建于1645年，几乎和哈佛一样古老，因其教学的卓著而闻名。学校十分重视清教徒的传统，在其办学宗旨的声明中说道："我们努力帮助我们的学生认识和致力于解决人生中最深奥的问题。我们努力帮助他们认识他们自己，让他们知道他们一生中要做些什么。在帮助学生们找出他们生活的意义和目的的过程中，无论最后得出的目标和价值观是否就是完全正确的宗教目标和宗教价值观，我们的教师都认为，它在致力于我们清教徒先人们所注重的'神学修养'。"长年累月地发问并让学生们努力去回答这些人生中最深奥的问题，这一方法刘易斯总是铭记在心。后来，他作为该校理事会的成员回到了若克斯百瑞拉丁学校。

与拉里·萨默斯一样，刘易斯读完了第11年级之后从中学毕业了。不过，与萨默斯不同的是，他中学毕业后进了哈佛，实现了他家人

---

* 埃利斯岛（Ellis Island）又称为眼泪岛，也就是所谓的"大移民时期"所有到美国的移民必须经过的移民通道，大概有超过40％的美国人祖先都曾经在这个27.5公亩大的小岛上居住过。1892—1924年，约有一千六百万名移民在埃利斯岛上停留，等待移民局检查通过。——译者注

的愿望。1968年,他以最优等的成绩从哈佛毕业,并获得应用数学学位。毕业后没几天,他和高中时代就认识的同学玛琳·麦格拉思结婚了。麦格拉思的母亲居住在蒙大拿州,在后来的几年当中,刘易斯夫妇尽可能地常去蒙大拿州的荒野游玩放松。刘易斯喜欢旅行;他喜欢驾驶他那辆1991年的道奇捷龙穿过这个国家的广阔大地,接触来自社会各行各业的美国人,欣赏现存于美国的各种荒凉的、充满着远古之美的地方。"我不敢相信,这些荒凉的、诡异的地方竟然令我如此的心驰神往。"刘易斯在1999年晨祷的演讲中谈到,"在这些地方,我发现了某种精神上的东西。也许,它就是一种启示,即,我以及我们中的每个人,在进行着一个终生的自我发现之旅。"

刘易斯在美国公共卫生署工作了两年,又去海外游历了一年。之后他于1971年重返哈佛攻读研究生学业。1974年的年中,也就是说仅仅过了三年,他便取得了应用数学博士学位,这使他成为前景喜人的新兴学科——计算机科学领域的一名顽童。1981年,比萨默斯还要早一年,刘易斯获得了哈佛的终身教职,这对于一位资历很浅的教师来说是一件非常罕见的事。(玛琳也在哈佛工作,1987年她担任了哈佛学院的招生办负责人。)1995年7月,时为文理学院院长的杰里米·诺尔斯任命刘易斯为哈佛学院的院长,负责管理学院校园生活中除教学之外的各个方面的工作,从学生的宿舍管理体制到各种各样的课外活动以及管理委员会,等等。

传统上,哈佛学院院长一职就是一个没有权力的职位。以前的院长们都是职业管理人,对教师几乎没有影响力。而刘易斯却是个终身教授,获得诺尔斯的授权,负责处理一些有争议的问题。诺尔斯知道,哈佛学院需要改革,而一个缺乏权威的院长是不能胜任这项工作的。

刘易斯院长所做的各种决定并不总是受到欢迎。1995年,他修改了学生宿舍的管理制度,新生入学后的宿舍安排由原先的学生们自己选择改为由院方统一安排。这就使新生们不能自由选择自己要住的宿舍,只能接受院方的随机安排。伴随着这种随机化选择的改革,刘易斯打破了学生以往由于自由挑选住处而产生的自我隔离现象,比如亚当斯宿舍楼是艺术类学生的宿舍,马瑟楼则是运动员们的宿舍,等等。但在短期里,这项改变却引起了哈佛本科生们的高声抗议,他们更喜欢过去的体制。

住宿的随机化选择并非刘易斯唯一的一个引起争议的决定。在

2002年秋,刘易斯禁止学生携带桶装啤酒参加哈佛大学与耶鲁大学体育比赛前的野餐派对。他表示,带桶装啤酒去野餐会使学生们喝起酒来难以节制。愤怒的学生们回应说,假如他们真的缺乏自制力,想要把自己灌得醉醺醺的话,让他们喝桶装啤酒总比让他们一瓶又一瓶地喝一品脱装的伏特加要好些。相比之下,再怎样地豪饮啤酒也比灌烈性酒醉倒用的时间还要长。这一争议促使《哈佛深红》刊发了数十篇标题类似于"撤销禁止饮用桶装啤酒"的文章和社论。

2001年,刘易斯领导的委员会对哈佛的性侵害政策进行修改,做出了一项更具重要性的决定。根据这项新的政策,如果有学生想要指控其他学生犯有强奸罪,那么提出指控的这名学生就必须出具"充分而可靠的证据"——比如说一篇有关此嫌疑事件的日记或是一次与舍友之间有关此嫌疑事件的谈话。做此改动的意图是想要摆脱"他或她讲过"这么一种进退两难的处境。但这一政策的改变也激怒了一些女性学生。她们宣称,这样的政策修改是在试图阻止女性们告发强奸罪。接下来,一个由一位女教授领导的委员会决定缓和这一措辞,并且聘请一个"真相调查小组"来负责调查每一例的指控。这一举措缓和了学生们对此政策改变的担忧。

尽管学生们并不总是喜欢哈里·刘易斯的每一项决定,但是他们却自始至终都喜欢他。他为他们的大学生活所做的贡献是显而易见的,但学生们感到有一点惊奇——他们不习惯于一个高层的哈佛管理人员对他们竟然这般的感兴趣。刘易斯致力于完善哈佛本科生的辅导员制度,因而他激怒了经济系的负责人,他们似乎对这件事并不太关心——经济系把本科生的辅导员工作统统交由一帮研究生来负责。2004届毕业生约翰·穆尔表示说:"刘易斯院长的确非常关心学生。""我的辅导员对我根本就不关心,因此,当我把这事告诉刘易斯院长时,他便提出做我的非正式辅导员。"

刘易斯平易近人,并且很有责任心,他会在当天回复学生发给他的全部电子邮件。为此,他喜欢开玩笑说,他常常都不能满足学生所提出的要求,他能做的也就只有尽快地回复他们了。他做事公开透明,这在哈佛的管理中是难得一见的。如果《哈佛深红》记者们问他一些问题,他会给报纸一个诚实的答案。与此形成鲜明对比的是,比尔·科比一直都喜欢让新闻秘书代为接受《哈佛深红》的记者们的采访——这就是《哈佛深红》采访比尔·科比的真实情形。在哈佛,无论是在什么情况下,教授们对与记者谈话越来越感到紧张,因为他们知道,如果说错了什么将会招致校长办公室的严惩。

哈里·刘易斯非常关心、爱护学生,这一点学生们全都知道。在2000年3月,一个大学四年级的学生因罹患癌症而即将不久于人世,这时,刘易斯与杰里米·诺尔斯和尼尔·陆登庭共同努力,以保证那名学生能早些收到毕业证书。虽然在收到通过特快专递寄来的毕业证书的两天之后,这名年轻人便过世了,但这位学生的父母十分感激,刘易斯的这种关爱使得他们的儿子在弥留之际得到了极大的满足。

但在刘易斯看来,他只是做了自己应该做的事。他认为,作为哈佛学院院长,他的任务不仅仅是为学生的课外活动团体寻找空间或是为壁炉的使用制定政策,而且要帮助引导学生从青年走入成年,从哈佛学院走入茫然而又令人振奋的未来。在他位于哈佛大学堂第一层的办公室里悬挂着三张不同时期的美国地图。他最喜欢的是1750年的那一张地图。它粗略地勾勒出美国的东海岸线,以及贯穿美洲大陆大部分地区的河流与定居点。但是这幅地图的一部分,也就是后来为人们所知悉的太平洋西北区,却被标注上"尚未发现的领域"。刘易斯十分喜爱这么一个隐喻。"这是正确地反思我们灵魂的方式,"他在另一次晨祷演讲中说道,"因为真实的地方就在于那些暂未被发现的地方。"

刘易斯总是在不停地写着。他为晨祷的演讲写稿,为《哈佛深红》写社论,就大学的学习和工作给院长们、教授们和学生们写冗长的电子邮件。杰里米·诺尔斯后来对刘易斯的信件大加赞赏,他毫无夸饰地指出,刘易斯的这些邮件"虽然看起来有点长,但措辞清晰而优雅"[11]。备忘录那件事让萨默斯得到教训,让他懂得了不要把真实的想法付诸文字;而刘易斯则与他不同。他认为对自己所做的决定加以解释是一种道德责任。他相信,学生们会从他是如何做出决定的过程中有所收获,哪怕他们对他所做的决定有不同的看法,但至少他们会明白他为什么会做出这些决定。刘易斯认为,这就是达成共识的方法,而达成共识则至关重要,因为,如果你想把自己的决定强加于他人身上,他人肯定是不愿意的。整个哈佛社区都会抵制它们。

不可避免地,哈里·刘易斯将与拉里·萨默斯发生冲突。在某些方面,这两人惊人地相似——自以为是,固执己见,听不进不同的意见。然而,他们的相似之处却只能进一步加大他们之间的冲突。"很早以前他们之间的分歧就已明朗化了。"刘易斯的一位同事说道,"哈里会大胆地抗拒拉里,你知道这么做是不会有什么好下场的。起先,我们都在议论怎么和马萨诸塞厅方面妥协,哈里却说:'这将会很有趣。'我认为他并不知道事情将会多有趣。"

他们两个人在哈佛学院的教学上有不同的看法。萨默斯加入反对分数膨胀的呼声之中,刘易斯则对是否存在着分数膨胀的问题持怀疑态度,或者即便有分数膨胀的问题存在,这对那些有意聘用哈佛毕业生的人来说恐怕也未见得有多大的差别。对于哈维·曼斯菲尔德的观点,也就是分数膨胀是反歧视行动所造成的恶果,刘易斯提出了质疑,而且在后来的晨祷演讲中他还进行了进一步的阐述。他认为,分数膨胀问题只是有些人小题大做,并非那么严重,分数其实只是用来鉴别哈佛学生的一种最肤浅的形式而已。"我们只是用我们的毕业证书证明我们的学生符合了最低的用人标准而已,而我们的消费者并不会仅仅按照分数这个标准来挑选我们的毕业生。"刘易斯说,"因为,他们完全清楚,在很多情况下,每一门功课的分数并不是界定一个学生的最重要的因素。哈佛常谈论的是勇气、抱负、毅力、正直、同情心、力挽狂澜的能力以及让世界变得更加美好的期望等。这些才是现实生活中至关重要的东西。平均分数值的改变根本就无关紧要。"

对于全球化与大学的关系这个话题,刘易斯与萨默斯也存在着意见分歧。萨默斯在谈及哈佛应该拥护、支持美国的预备军官训练团并在爱国上应该有所作为的同时,也在积极推动哈佛大学的国际化,希望能招收到越来越多的外国留学生。哈佛如果真的被打造成一所"真正的全球化的学府",那么这岂不是与萨默斯所力主的在哈佛的毕业典礼仪式上演奏美国国歌"星条旗永不落"相矛盾吗?萨默斯既没有意识到这一点,也不曾承认这一点。刘易斯担忧萨默斯要减少哈佛大学的美国学生人数,除非学生总数增加,否则只能减少美国学生的人数。他担心,在"9·11"事件之后的美国社会,尤其是在课程审订的背景下,萨默斯的这一全球化主张生不逢时,对于一所大学来说没有多大的意义,不值得探讨。"由于美国在当今这个世界上的地位是如此地备受争议,因此'9·11'事件发生后人们对美国的看法也就必然发生很大的变化。"刘易斯写道,"在意识到哈佛所赖以依存的这个特别的'自由社会'是建立在美国人将继续引以为豪的理念之上,他们将捍卫它,保护它,那么哈佛大学的教师们又将怎么平衡美国是当今这个越变越小、联系越来越紧密的世界中的一个国家的事实呢?"[12]《哈佛深红》发表社论认为:"刘易斯将美国价值观引入到这一场争论中来,随即便与萨默斯和科比所强调的主题形成鲜明的反差。"[13]

两个人对哈佛大学究竟宽容言论自由到什么程度也看法不一。在刘易斯尽其所能地为毕业典礼演讲者扎耶德·亚辛辩护之后,萨默斯要刘易斯闭嘴。2002年9月11日,刘易斯致函《哈佛深红》,对"9·11"事件恐怖分子袭击纽约与华盛顿之后这一年进行了反思:"在这一场关于本科毕业典礼演讲人的争议中,我听到美国的犹太人与美国的穆斯林人被称为'那些人'时,我丝毫都不为我们的文明感到骄傲。"

萨默斯抨击从以色列撤资的运动是反犹主义也使得刘易斯深感不安。2002年9月23日,就在萨默斯对反犹主义发出警告的10天之后,恰值刘易斯去阿普尔顿教堂做晨祷演讲。他演讲的主题是哈佛课程审订与美国人生活事件之间的辩证关系。他以《圣经·列王纪》里的一句引语作为开场白:"所罗门索要了这个,这使上帝感到很高兴。接着上帝对他说:'看哪!因为你索要了这个——你没有为自己索要长寿或富贵或我们敌人的生命,而是索要了辨别是非的理解力——我现在就按照你的话去做。看,我给了你们智慧和具有识别力的思维。"

如果在场的听众中有人认为刘易斯可能是在借引用《圣经》对哈佛的这位新校长加以评论,那么他接下来的话则很可能证实了他们的猜疑。"我们刚刚走过了一年,在这一年里,美国人终于回过神来,意识到自己并不能置身于这个世界之外,也意识到自己最基本的自由和平等的价值观并没有被普遍接受。"刘易斯说,"在这所古老的大学里,我们比任何地方都依赖于这些自由,特别是言论自由和理性辩论的自由。在这种辩论中,我们尊重不同的观点,避免滥贴标签。"

刘易斯没有打电话给《哈佛深红》要求发表自己的言论,但他对萨默斯的反驳却是显而易见的。每个人都知道他所提到的"滥贴标签"指的是什么。

刘易斯和萨默斯对课外活动的重要性,尤其是体育运动的重要性也有不同的观点。学生运动员们都知道哈利·刘易斯支持他们的努力。1999年的冬天,他甚至飞到明尼苏达州去观看女子曲棍球队争夺全美冠军的比赛,并在她们夺冠后,还应邀摆了个姿势和她们一起拍照留念。不过刘易斯认为,哈佛体育运动的真正目的不在于取胜,而是学会和其他人一起合作。"我们的毕业生只有少数人要继续进行

第七章 哈里·刘易斯的突遭撤职

学术研究的工作……而在大多数学生所从事的职业中,团队合作比个人成就更重要。"刘易斯说。在教室里哈佛没有很好地让学生们懂得团队合作,在课外活动和体育运动里它却做到了。而且刘易斯还毫不犹疑地指出,那些曾加入过哈佛大学校队、代表哈佛参加各项赛事的男校友往往都是哈佛最忠诚的、与母校关系最密切的毕业生,更不用提他们长期以来始终如一地向哈佛捐款了。"以他们毕业25年后的那一次回母校聚会为界,从那年起每一年的返校聚会,大多数哈佛毕业生对他们的朋友,他们的一些老师,他们的教练、艺术指导者和其他导师的记忆比他们在大部分课程中所学到的知识的记忆更为深刻。"他说道。很显然,他认为这不是一件坏事。"在许多大学校园,运动员通常是个最不安分的群体,"刘易斯说,"但在我们哈佛这里并不是这样的。"

和萨默斯一样,刘易斯也担心哈佛学生将来的作为。但是当他们提及这个话题的时候,两个人的观点却似乎有着很大的差异。萨默斯注重个人成就而刘易斯强调团体利益。在一次2000年的晨祷演讲中,刘易斯提及了哈佛学者罗伯特·普特南的书《独自打保龄球》。这本书提到,与20世纪中期的几十年相比,美国人同他们的朋友和邻居的社会交往已经明显减少了。刘易斯认为,哈佛必须尽其职责来矫正这一问题。"我们要思考如何让哈佛不仅仅培养更优秀的学者、更杰出的领导者和更优秀的社会活动家"——萨默斯从来都不想让哈佛培养社会活动家——"而且要培养更优秀的和更有责任感的普通公民。"他说道,"我们需要思考的是如何教育我们的学生懂得与自己的同辈一起努力,而不仅仅是个人的一枝独秀,从而为我们美国的长远发展尽我们哈佛自己的职责。"

萨默斯和刘易斯两人都认为自己在课堂内外都是老师。他们都想要影响他们所负责的学生的发展,但他们对怎样才是恰到好处的影响却有着截然不同的看法。他们两人在观点上的冲突又以他们在"放慢速度"这个问题上的歧见最为明显。

每个学年的开学初,刘易斯都要给每一位即将入学的新生发一封冗长的信,信的标题是"放慢速度——在哈佛少做多得"。这封信鼓励新生要谨慎思考他们在哈佛的学习生活节奏。刘易斯建议,哈佛的学生不要在每件事情上都试图胜过他人,而应该把注意力放在自己的选择上。当然,哈佛要学生保持卓越,而正是因为这种卓越他们才被选中并进入哈佛。但是,"如果你参加一些活动纯粹是为了乐趣,而不是为了得到一个领导职务(你希望这一职务或许能成为你毕业之后就业时的一份与众不同的证明),那么你可能就会更好地平衡你的生活"。刘易斯说,"大学是一个过渡阶段,我们当然会给你们分数和成绩报告单来证明你们在哈佛所做过的一些事。但是,你们所做过的许多事,包括你们所做的许多最重要、最有益、影响最深远的事情,根本就不会记录在你们所拿到的成绩报告单上,它们只会印在你们的脑海与灵魂里"。最后,刘易斯用一个简朴的忠告总结道:"这就是你们的生活,即使是在哈佛,你们也要享受它。"

萨默斯既不太信奉"放慢速度",也不大推崇"放慢速度"。萨默斯做事情一贯都是风风火火,冲劲十足。他所取得的诸多成就中没有一个是得益于自省、反思、磨磨蹭蹭、放慢速度或者细细回味成功的美好滋味的。在他的几份简明的个人自我介绍中,他毫不犹豫地指出了这一点。

在2002年星期四的毕业典礼之前,也就是同一个星期的星期二,在给毕业生所做的告别讲话中,萨默斯对这些即将毕业的学生讲述了他对毕业后生活的看法。他既不强调共同体也不强调自省。

萨默斯鼓舞他们道:"想想吧,牛顿与爱迪生在20岁这一年龄段时就对物理学进行了最重要的思考;亚历山大在30岁时就已经征服了已知世界的绝大多数国家,莫扎特则在你们这个年龄就谱写了他的小提琴协奏曲。当然了,到我现在这个年龄时,莫扎特已经过世14年了。"[14]

萨默斯继续说道:"因此,你们尽可相信刘易斯院长的慢慢来!但要是相信我,那你们就在这个星期接下来的几天里好好地玩玩,举办一个盛大的毕业庆典,然后到了星期五,迅速行动起来吧!"这就意味着,毕业生从他们毕业的第二天起就应投入到新的工作中去。

时隔三个月之后,萨默斯对刚刚步入哈佛的2006级新生提出了几乎一样的要求。只是最后一句话稍有不同:"不要给自己施加太大的压力——享受新生这一周接下来的时光,然后迅速行动起来吧!"[15]

这次他没有提到刘易斯。

比尔·科比则一向喜欢用与中国历史相关的趣闻轶事作为他演讲的开头。在2002年秋天的一次晨祷时,他便是循着这一模式开始了自己的演讲的:"在中国历史上——这正是我所研究的领域——秋天是执行处决的时节。但对我们来说,秋天恰是一个复活的时节。"[16]

显然,在剑桥这里,春季是执行死刑的时节。

2003年3月5日的下午,科比告诉哈里·刘易斯,他想做个改变。科比正在重组他的行政管理模式,准备将哈佛学院院长(the dean of Harvard college)的职责和与之职务相当的本科生教育教务长(the dean of undergraduate education)的职责合二为一。刘易斯被免职了,在担任了八年的哈佛学院院长之后。尽管按照聘约,他的任职期限还有两年多的时间,但他却不得不在这个学期的期末之前离职。

刘易斯几乎不能相信这个事实。"哈里对自己竟然被如此免职感到非常震惊。"一位熟悉详情的行政管理人员说道。科比告诉他,取代刘易斯的人选将会是现任的本科生教育教务长,一位名叫贝内迪克特·格罗斯的数学家。科比是在这个学年年初聘用了格罗斯的,主要是为了负责即将开始的课程审订工作。迪克·格罗斯*于1971年获得哈佛的文科学士学位并于1978年获得哲学博士学位。他很受学生的尊敬及喜爱——"他是少数懂得社交技巧的数学家之一。"一位修过贝内迪克特·格罗斯所教课程的数学专业的学生说道。而且他还很有抱负——"他是我见过的最有抱负的人。"一位十分了解贝内迪克特·格罗斯的同窗这么评价他。

但格罗斯最重要的条件或许是他有一位高层朋友,也就是那位曾经希望自己能成为一名数学家的拉里·萨默斯。萨默斯不仅高度赞赏格罗斯的才学,而且每隔两个星期就会与格罗斯在一起打一次网球。随着格罗斯的任命,萨默斯不仅将文理学院院长置于自己的掌控之中,而且还有一个朋友将成为文理学院第二号最有权力的人物。从此,萨默斯就再也不用担心哈里·刘易斯了。

对于那些了解萨默斯在华盛顿的所作所为的人来说,这件事在他们看来似乎有种似曾相识的感觉。1999年,时任财政部部长的拉里·萨默斯显然策划了将持有异议的经济学家约瑟夫·斯蒂格利茨撵出世界银行的行动,但是他的手法是如此的巧妙,以至从未被人发现任何的蛛丝马迹。如今历史似乎重演了这似曾相识的一幕。萨默斯想让刘易斯走人,但是他永远不会承认这一点并且也永远不会对此事负责。

---

* 迪克是贝内迪克特的简称。——译者注

科比要刘易斯在他宣布这一人事变动之前对此事保密,届时他将发表声明,说刘易斯是自己提出辞职的。刘易斯拒绝了。科比有权解聘他,但是刘易斯不愿假装成是自愿离开的。尽管这个消息保密了近两个星期,然而其他部门的行政管理人员却开始猜疑是不是有什么问题,他们发现刘易斯突然不能答复他们的问题,并将这些问题提交给比尔·科比来处理。接着,在3月17日这一天,刘易斯主持召开了一个全体教职人员会议,在会上科比宣布了这一消息。文理学院院长说重组学院的行政管理体系是自己的设想,但是没有人相信他所讲的。"比尔拿出了新闻发布稿,"一位在场的人说,"但很显然他已经成为拉里的傀儡。我想要问他的是,'你对此的真实想法是什么?'"

"刘易斯被强行撤职。"《哈佛深红》3月18日整版的大字标题是这样写的。在一篇新闻发布稿中,科比说:"接下来我们将广泛地向师生员工们征求意见。"格罗斯则说他并不知道自己是否将接任这一合并后的职位。没有一个说法是可信的。

在接下来的几天里,接踵而至的跟踪报道、社论以及纷至沓来的读者来函有着各种各样的标题,诸如"同事们敬佩和尊重的院长刘易斯"、"一个通情达理的院长"、"(本科生)学生会为哈佛学院失去院长刘易斯的未来而担忧",以及"刘易斯的离开可能意味着学院工作重心的转移"。史蒂芬·M.森特的孩子正就读于哈佛,其本人也是哈佛1968届毕业的校友。他写道:"我觉得刘易斯长久以来都在卓有成效地倡导保障学生身心健康发展……我对当前哈佛大学堂所散发出的气氛觉得有点困惑,似乎他们在努力追求一种更为严格的学术训练,但任由情感的碎片随处抛落。"

虽然哈佛的学生通常对行政改组并不关注,但是他们对这件事却很在意;哈里·刘易斯是他们的辩护人,他们对刘易斯被免的普遍反应是感到沮丧。哈佛学院院长本来就是个超负荷的专职工作,将教务长一职所应承担的所有职责全都加在这个职位上,这必然意味着对学生生活的关注会更少。科比说他完全是按自己个人的意志行事,但没有任何一个人会相信他的话。《哈佛深红》上刊登了一幅漫画,画面上萨默斯被画成了一个操纵木偶的人,他提着系在比尔·科比身上的木偶线,而比尔·科比则往刘易斯的裤子上踹了一脚。

同时,据说科比和萨默斯因刘易斯不愿意否认自己是被"强行撤职"而大发雷霆。当然,萨默斯在《哈佛深红》上所做的声明并未给人留下深刻印象。"刘易斯院长在他任职期间为学院做了大量的工作。"[17]萨默斯说道。他并没有进一步阐明自己的评论。

萨默斯校长以更具胁迫性的方式表明了他的愤怒。4月3日星期四和4月4日星期五时,哈佛监事会的成员来哈佛履行其每年一度的职责。监事会的成员们必须和经过精心挑选的哈佛校友一起,对各系科以及哈佛学院的现状写出一份年度报告。虽然这一过程是根据1650年的哈佛特许状的指令行事,但在现代它却变得有几分闹剧的色彩。"视察委员会"的成员们是由学校的规划办公室和文理学院的院长们来确定的,一切以募集捐款为计议,设立这一视察委员会的真正用意则是让那些潜在的捐赠者们觉得自己秘密参与了哈佛学院的内部运作。在行政部门看来,这个欺骗手法是使这些特邀监事们觉得他们似乎参与到学校的行政管理中来,然而实际上根本就没有让他们介入。虽然这些视察委员会的成员都会尽他们的最大努力写出准确有用的报告,但是他们的评价报告却被扔进了字纸篓里——即使不是真的被扔进字纸篓里,但事实上也差不多。

4月3日,几位监事会成员以及哈佛学院视察委员会的成员向哈里·刘易斯问起比尔·科比对学院的行政管理部门的突然重组问题。校方的统一口径是这两个职位的合并是最符合各方面的最大利益的,但是刘易斯却如往常那样,说出了自己的真实想法。这两个职位的合并是一件大事,他说道,它是否应该这么做、是否可行尚有争议。一个必然的结果就是,他补充道,学生所关心的问题将不可能像以往那样得到学院高层官员们的重视。

这个星期的星期六晚上,监事会的成员与董事会的董事们一起就餐,他们中就有几个人提到了文理学院的这次改组,主要根据就是刘易斯的那些看法。第二天,按照惯例,董事会的董事们在洛布馆碰头。在星期一上午,其中的两位成员,康宁公司的董事会主席詹姆斯·理查森·霍顿和哈佛大学的财务主管D.罗纳德·丹尼尔通知刘易斯,他们想尽快和他见面。

当天下午,刘易斯从自己位于哈佛大学堂的办公室出发,步行前往洛布馆去见这两位董事会成员。之后他写了一封信给霍顿和丹尼尔,并把这份信件的抄送件发送给一些小范围内的相关人员。在这封信中,他详细描述了接下来所发生的事情。"你们俩都建议我要根据你们对视察委员会的报告中那些你们不满意的地方缓和我声明的语气。"他写道。丹尼尔力劝刘易斯,要他说重组"在几年后将会有良好的效果"。刘易斯回复说,他觉得这件事十分荒唐,哈佛的一个管理机构——董事会的成员竟然劝他向哈佛的另一个管理机构——监事会的成员撒谎,或者至少说是劝他对监事会的成员打马虎眼。接着,霍顿蛮横地说道,再继续制造与你的被免职相关的"噪音",并"不符合你职业的最大利益"。刘易斯把霍顿的这个声明解读为对他的威胁。"由于我即将回到专职教学的工作岗位……"刘易斯写道,"詹姆斯·霍顿的这个建议到底是希望帮我保护什么职业利益呢,这个问题我迄今也没弄明白。"

除了霍顿和丹尼尔外,刘易斯也致函萨默斯,因为董事会成员似乎并不是出自他们自己的意愿这么做的。毕竟,他们是在有萨默斯本人出席的董事会会议的第二天才召见刘易斯的,而且众所周知的是,萨默斯为刘易斯拒绝为他传递消息而感到愤怒。萨默斯急迫地希望能够掌控从哈佛行政部门到哈佛管理机构之间的信息渠道。然而,这三个人自始至终都没有给刘易斯任何答复。

几个星期后,比尔·科比参加了本科生学生会的一个会议。会上,一个学生向他问及有关免去刘易斯职务决定的秘密。"有些通知必须以某种适当的方式宣布,"科比回答道,"这次变动之所以行得通,就是因为刘易斯院长之前的工作是十分富有成效的。"这个学生似乎觉得难以信服。"有些通知必须以某种适当的方式宣布"?看来在政治语言上,比尔·科尔得到了自己老板的真传。

本科生学生会主席罗希特·乔普拉告诉科比:"人们普遍觉得文理学院缺乏独立性,完全受制于马萨诸塞厅。"

"(解聘刘易斯)是我的决定。"科比强调道。

4月4日,《哈佛深红》报道了科比已经任命格罗斯担任这一新的职位,该职位的名称就叫做哈佛学院院长。"行政管理部门甚至连假装向学生们征询一下意见也没有。"乔普拉说。

整个事件的过程中,科比一直都强辩说,这两个职位的合并将有助于课程审订。他宣称,教学活动与非教学活动的区分是不合理的,在进行课程审订之前合并这两个职位是非常重要的,而且他还指出,合并后的哈佛学院院长的工作负荷并不会过重,学生们无须担心在这件事情上会吃亏。

在这些问题中,科比至少在一个问题上错了。在接下来的几个月内，格罗斯显然难以担负起自己的这一双重职责的重任。[18]格罗斯承认："我（不得不）得雇个人来帮我分担这项工作。"于是，学院不得不开始找人来填补这一新的刚取名为"院长助理"的职位，而对此持有怀疑态度的行政管理人员很快就给这个职位取了个外号叫"狗助理"。这个职位似乎要承担哈利·刘易斯原先所承担的全部工作，却没有任何的权力和自主性——几乎没有什么吸引力，连一个较强的人选都没有。2004年6月，格罗斯宣布，一位名叫帕特丽夏·奥布赖恩的女性将担任这一院长助理的职务。帕特丽夏曾经是西蒙斯学院商学院的院长，西蒙斯学院是一所位于马萨诸塞州的波士顿市市中心的女子学院，规模很小。她同时也是哈佛学生宿舍楼卡瑞尔楼的一名舍监，而卡瑞尔楼另一名舍监则是她的丈夫小约瑟夫·巴达拉科，是哈佛商学院的一位教授。具有讽刺意味的是，他们俩正是由哈里·刘易斯任命的学生宿舍管理人员。

科比的办公室发布了一篇新闻发布稿，说奥布赖恩将"负责学院各个方面的活动"。奥布赖恩则宣布她将与副院长们、学校健康事务部门、注册主任、新生主任办公室及就业指导服务部门一起合作。

"我也希望和学生们一起合作。"她补充道。

第八章 战 争

哈里·刘易斯走了之后,几乎没有人会公开质疑拉里·萨默斯对哈佛大学的铁腕控制了。毫无疑问,再也没有任何一个具有影响力的人敢质疑萨默斯校长了。不过,还是会有一些人通过他们所举的例子和他们所教的课程向他发出质疑的。32岁的讲师蒂莫西·帕特里克·麦卡锡便是这其中的一个,他是哈佛文史学位评议委员会的一名成员。

2002年的春天,麦卡锡是讲授"英语176a"这门课程的教师之一,这门课程教授的是"从汤姆·潘恩到图帕克时期美国抗议文学"。与麦卡锡一起教授这门课程的另一名教师是个名叫约翰·斯托弗的年轻副教授。他是英语系的一个后起之秀,与麦卡锡一样具有进步的政治倾向。在与马萨诸塞厅相平行的哈佛大学堂的202室,麦卡锡和斯托弗在给近两百名学生上那门被他们冠之以"抗议文学"的课程。他们的教学大纲包括汤姆·潘恩的《常识》、哈里特·比彻·斯陀的《汤姆叔叔的小屋》、厄普顿·辛克莱的《丛林》、约翰·斯坦贝克的《愤怒的葡萄》,还有遭枪杀身亡的说唱音乐歌手图帕克·沙克的音乐。但是2003年3月18日下午2点,麦卡锡和斯托弗却是在谈论时事。他们偶尔会谈论这些东西。但今天这节课他们有一件特别紧急的事情:就在前一天,美国总统乔治·W.布什对伊拉克总统萨达姆·侯赛因下了最后通牒——必须在48小时内离开伊拉克,否则就开战。

斯托弗首先开口道:"这门课程就可以运用于目前的这一局势。"他还说,约翰·布朗、斯陀、马丁·路德·金等人都曾经试图去改变这个世界,根本就没有考虑他们的努力将会有什么样的结果。激进主义并不是科学研究,"因此不可能预测到抗议的结果"。但是,这种对于不可知的未来或对于失败的恐惧绝不应该使任何人停止按照自己的良心行动的步伐。

斯托弗和麦卡锡站在略高于地面的讲台上,讲台前一排排的长条木椅几乎是座无虚席——修这门课程的学生都喜欢听他们讲课,很少有人逃过课。此时的斯托弗几乎静默地站在听众席的左侧、讲台的后面。满头黑发、戴着眼镜的他与麦卡锡形成了鲜明的对比。此刻的麦卡锡浑身洋溢着活力,身体片刻也没有安静过。他来回地踱着步,眼睛盯着铺着地毯的地面。斯托弗的激情就像是一堆正在慢慢地燃烧的火焰,在不断地发出光和热,也同时耗尽了自己。他的身体瘦得令人吃惊,面容憔悴,脸颊深深地塌了进去,长得就像他这门课程的第二本书《汤姆叔叔的小屋》里的主人公,一位名叫约翰·布朗的废奴主义者。令人难以置信的是,当斯托弗还是杜克大学的一名学生时,他已是全国顶尖的网球运动员,拉里·萨默斯曾经邀请他一起打网球。但即使是在2003这一年,斯托弗将被列入哈佛终身教授的考虑人选之际,他仍拒绝了和萨默斯校长一起打球的邀请。然而一想到终身教授这一职位,他就觉得很不自在。他仍然觉得自己在明确表达自己的政治主张的时候显得要比麦卡锡拘泥一些。以激进主义知名的年轻学者在哈佛往往很难获得终身教职。

麦卡锡走回到讲台的后面,站在讲台的中央,他就像一位橄榄球运动员接到队友的传球一样接过了斯托弗的话题。"这门课程的一个主题就是激情,"他说道,"另一个主题就是信仰,第三个主题则是勇气。我们所读的这些书的作者都很有勇气。"

斯托弗表达了自己的看法,他说,如果伊拉克战争爆发,那就会导致全校范围的大罢课。学生会离开教室,聚集到约翰·哈佛的雕像前表达抗议。他和麦卡锡那天就不会来上课。他们将另找时间补课。但重要的是,他们想要表达他们此时此刻的感受。

麦卡锡说道,随着战争的临近,是该让学生为他们的信念而鼓起勇气了。"一旦我们美国开始轰炸巴格达,世界将会改变,人们也会死去。"他一边说,一边在讲台上来回地走动,而斯托弗则靠在讲台边上。"我们必须弄明白我们是不是赞同这场战争。我不会告诉你们该做些什么。因为你们全都是独立的个体,你们都是上帝的孩子。"

麦卡锡停顿了片刻,似乎对自己所该说的话、对自己接下来准备说的话没有太大的把握。接着，他开始讲述自己的一次经历。他说，就在昨天夜里，他和几个朋友去一个酒吧喝酒，一个令人厌恶的酒鬼上前来和他搭讪。"你是个同性恋，没错吧？"这个醉鬼说道。这令人觉得似乎有些不可思议，因为从外表上看，麦卡锡根本就不像是一个同性恋。他身材魁梧，穿着GAP*和香蕉共和国（Banana Republic）品牌的廉价服装，就像是预科大学的学生。一头褐色的头发剪得短短的，看起来有点像年轻时候的棒球明星米基·曼特。然而不知何故，那个酒鬼却知道了这些。"我要杀了你，你这个无耻的同性恋者。"那人对麦卡锡说道，"就像我们要杀死那些在伊拉克的狗杂种一样！"

麦卡锡告诉学生，他试图想和那个家伙谈谈，好让他冷静下来。但那个人嘴里一直在不停地念叨那个词：同性恋！同性恋！同性恋！他肯定说了有四十遍。麦卡锡和他的朋友们离开了那家酒吧，可那个男人一直追到外面，指着麦卡锡的脸辱骂他："我不想和你打架，因为你的血液会让我染上艾滋病的。"

"我真想和他干上一架！"麦卡锡说道，"但那只会带来永无休止的暴力。"暴力正充斥着整个世界，他继续说道。从发生在酒吧的这个事件到伊拉克即将来临的这场大屠杀，到底什么才是这些问题的关键？它们到底要达到什么目的？

"今天我就想和大家一起分享我的那次经历，因为我今天做得不好。"麦卡锡说道，脸色很沉重。"我今天没办法做好。"

偌大的教室里死一般的寂静。这种安静持续了有十秒钟，甚至可能有十五秒钟。然而，麦卡锡忏悔之后这么短的十几秒钟时间却令人觉得过了非常久。突然，坐在教室中间的一位年轻女子大声喊道："蒂姆**，我们爱你！"紧接着有人带头鼓掌，接着所有的人都在鼓掌。这阵持久的震耳欲聋的掌声对麦卡锡是个安慰，但也许它代表的还不仅仅是这些。教室里所有的人都激情高昂，欢呼着："我们会永远团结在一起。"

"谢谢，谢谢大家。"麦卡锡哽咽着说，"我也爱你们。"

---

* GAP 公司创立于1969年美国加州，迄今已发展成为全球最大的国际性品牌公司，员工人数超过165000人，全球年营业额超过1600亿，旗下的品牌有：GAP、Banana Republic 及 Old Navy，其中的 GAP 品牌在世界品牌实验室（World Brand Lab）编制的2006年度《世界品牌500强》排行榜中名列第106位。——译者注

** 蒂姆是对蒂莫西的昵称。——译者注

接着,再也没有其他的什么纷扰,他和约翰·斯托弗开始教授詹姆斯·阿吉和沃克·埃文斯的经典著作《现在让我们赞扬名人吧》(*Let Us Now Praise Famous Men*)。这也就是他们在课堂中进行的教学活动。要是相信过去与现在可以分开的话,于是你就教过去的,而你则教现在的——噢,这完全是个谬论。想把政治立场完全摒弃在课堂之外的立场本身就是一种政治立场。

蒂姆·麦卡锡在以往的学生时代里就有过非常时髦的记录。他是个被中产阶级家庭收养的孩子,1993年毕业于哈佛大学,并在哥伦比亚大学获得了美国历史专业的博士学位。他在中学读书期间是个运动员,身高六尺四寸,体重达两百多磅,不过经过这么一些年的努力,他的体重已经略有减少。他在读中学时就开始和女人们约会,一直到大学,甚至大学毕业以后身边都有女人,直至上了研究生院他这才公开承认自己是个同性恋者。虽然他拥有少年棒球联盟球员那样匀称的身材,但他喜欢在写东西、喝酒或者长途驾车时抽百乐门特醇香烟。麦卡锡是个极为严肃的人,他十分关注民权和社会正义。然而他很爱笑,而且经常笑得很大声——是一种发自肺腑的快乐的喊叫声。同时他在哈佛还是个备受争议的老师,有些人觉得他是个好教师,有些人却觉得他不好。存在两种不同的观点,这在哈佛是很少见的。他热情、负责、博学,然而内心脆弱,总会毫不犹豫地把过去和现在联系起来。在他的课堂上,知识分子、个人和政党之间的界限往往模糊不清。主张保持正统的知识分子——也就是那些认为不宜在课堂上流露自己的情感和政治观点的学者们——并不认可他的风格,但许多学生却表示赞同。他们喜欢麦卡锡。在任教哈佛期间,由于在教学和指导学生方面所取得的成就,麦卡锡曾四次赢得院方的奖励。和他一起走过哈佛园就跟和科尔内尔·韦斯特一样,五分钟的路程可能要花上半个小时,一路上许许多多的学生都开口和他打招呼。

他承认自己早年时是一个制造麻烦的人。

麦卡锡是在纽约州的首府奥尔巴尼附近长大成人的,是汤姆·麦卡锡和米歇尔·麦卡锡夫妇的养子。养父汤姆·麦卡锡是一个篮球教练,养母米歇尔·麦卡锡是所公立学校的老师。麦卡锡一直都不知道自己的亲生父母是谁,而且也从没想过要知道。汤姆和米歇尔夫妇待他似同己出,对他来说这已经足够了。尽管如此,麦卡锡的家庭观念早在他幼年被收养时便形成了。还是在上幼儿园的时候,老师曾经要求班上每个同学画一幅生日聚会的画。"我基本上把我所认识的人都画进去了,"麦卡锡说,"坐在车上把我带给我现在的父母的那个女人,糖果店里卖糖果的人,我的老师,我的朋友,爷爷奶奶,还有我的狗和猫。"从那时起,麦卡锡表示,他的家庭观念就不是什么基于血缘的概念,而是一个与社区相关的概念。

不管怎样,只要有人需要,汤姆和米歇尔可以是任何人的父母。汤姆具有爱尔兰血统,而米歇尔则是意大利裔。从政治上讲,他们是富兰克林·罗斯福和约翰·肯尼迪的支持者——属于那种基本生活稳定的中产阶级,政治上倾向于支持民主党。他们俩都是虔诚的天主教徒,但对自己的信仰保持低调,他们更倾向于做好分内的事而不是夸耀自己。他们从不喜欢在公开场合炫耀自己的虔诚,就如电视上的某一个橄榄球运动员因触地得分而感谢上帝。米歇尔是三年级的老师,她性格温和,很有耐心;在她执教生涯的最后15年中她都是在同一间教室勤勤恳恳地度过的,蒂姆也曾在那个教室上过三年级。汤姆是个篮球教练,也是吉尔德兰中学的体育主任。蒂姆就是在吉尔德兰上的中学,并且成为他父亲手下的一名篮球运动员。"那儿的队友有的连球鞋都买不起,也承担不起参加篮球集训营的费用,可他们似乎总是能弄到鞋,有办法去参加集训营的训练。"麦卡锡说,"后来我才知道,原来都是我父亲在幕后操持着这一切。"每个圣诞节,汤姆·麦卡锡都会驾车到当地的酒店给学校的看门人和校车司机买瓶酒,因为他认为,正是这些人真正让学校保持正常运转。"在我的高中毕业聚会上,学校的看门人和校车司机都来了。"蒂姆说。

麦卡锡一家接纳了许多人在他们家里生活。这其中既有外国的交流学生,也有几个来自中国的寄养孩子,还有一个失去工作的朋友,因此蒂姆的同学给他家取了个绰号叫"麦卡锡旅馆"。但对蒂姆来说,最重要的来客是约翰·科庭哈姆,他是来自纽约布鲁克林贫困区非裔美国人家庭的小孩。约翰是通过"新鲜空气基金会"的安排来到麦卡锡家的。"新鲜空气基金会"是个慈善团体,它安排城里的孩子到乡村的寄宿家庭生活。"他第一次来时我六岁,最初他来我们这里就待了一到两个星期,后来每次来一待就是一个月。在很长的一段时间内,约翰都是我最要好的朋友。"麦卡锡回忆着,"约翰会告诉我和纽约有关的事情,还有他是美国洋基队的粉丝,他还告诉我他是什么时候失去童贞的——我自己是在大概12岁那一年。"在纽约的敦丝伯格镇没有多少黑人小孩。麦卡锡称之为"荒芜地带",或者有色人种时代的"荒芜地带"。那里现有人口约5800人,其中97.2%是白人,1%是美洲印第安人,0.8%是西班牙裔,还有1%是混血儿。但是麦卡锡从来没觉得约翰的存在有什么与众不同。他说:"我父母邀请他住到我们家,对我来说,这使得我们的关系看起来很正常。只有现在回想起来,我才觉得这是多么不同寻常的啊。"

年轻的蒂姆无论在课堂内外都是麻烦的制造者。他说:"我父母经常和老师交换意见。我很叛逆,我想成为被关注的焦点。如果我惹了祸,那就意味着我是有价值的。"小学二年级时,麦卡锡的成绩单里的成绩都是优秀的。但是他的老师却在评语里写着:"蒂莫西话太多了。"他的父亲回复道:"确实是这样的。"汤姆总是喜欢开玩笑说,蒂姆是用留声机的针头打过预防针的。九岁时,也就是在他所在的班级进行了一次核辐射的防护练习后不久,蒂姆写了封信给里根总统并主张核冻结。白宫的某个人物给他回了封信,这封回信里有里根总统的亲笔签名,同时还有一张里根总统亲笔签名的照片。但这封信并没有改变麦卡锡的任何看法。几天后,麦卡锡所在的学校举行了一场总统选举秀,年轻的蒂姆组织学生投票反对里根。

差不多就在那时,麦卡锡的老师决定让蒂姆和肖恩·佩奇做搭档。肖恩是个患有先天痴呆症的男孩——先天痴呆症是由于染色体异常所导致的生理和智力发育受阻。但由于学校的刻意安排,他和蒂姆被分配在同一个班级。蒂姆愿意和肖恩在一起,尽可能地在功课上帮助他并照看他。虽然麦卡锡没有兄弟姐妹,但他有肖恩。

这个任务给麦卡锡一种别的孩子所没有的使命感,他认为这便是责任感。他试着教肖恩读书;总是挑选肖恩和他同队一起玩儿童足球游戏;他去参加肖恩的生日聚会,却发现没有几个孩子在场,而基本上是大人参加。肖恩的母亲非常感谢他的到来,但麦卡锡并不觉得他应该得到什么特殊的感谢。可能是他在帮助肖恩,但其实肖恩也在帮他,因为和肖恩一起学习能让他平静下来。

在上初中时,肖恩被安排在一个特殊教育的班级。就这样,两个男孩也就失去了联系。麦卡锡继续奋斗成为一个顶尖的学生,一个在吉尔德兰深受欢迎的学生。他也是一个在篮球、橄榄球和田径等方面都很有才华的运动员,达特茅斯学院和哈佛大学因而对他大有兴趣。虽然麦卡锡从没有想到自己会成为哈佛人,但哈佛接受了他。他是在

1989年秋天进入哈佛大学深造的。

从某种意义上讲,对蒂姆来说似乎每件事情都十分完美。在中学阶段,无论是根据哪一种标准来衡量,他都取得了成功。他很聪明,也很受欢迎,而且有一个女朋友。中学毕业时,他的女朋友被选为最优秀、最漂亮的女生,而他本人则被选为最能代表学校精神和最具成功潜力的人。但麦卡锡的生活并不像表面上看起来的那么简单。九年级时,他就和最好的朋友发生了同性恋关系,但他们两个人从来都没有向别人提及此事,两个人都是赫赫有名的运动员,其社会角色与他们的真实身份相冲突。不过,他们两人之间的这种性关系断断续续地持续了将近十年之久,尽管在这期间麦卡锡有过多位女友,而且偶尔也和一些男性私下有过纵情欢乐。

对麦卡锡来说,哈佛是个陌生的世界。刚去哈佛时,他总担心自己适应不了,害怕有一天,在某个地方,有人会拍着他的肩膀,告诉他,对不起,招生办公室不慎将本应寄给另一个叫蒂莫西·麦卡锡的人的入学通知书错寄给了你。当然这一切没有发生,而麦卡锡几乎是继续按照他在中学时代的方式生活着。他善于交际,很受大家喜爱,每天都十分忙碌,沉醉在哈佛为他提供的一切之中。他甚至加入了一个终极俱乐部——凤凰俱乐部。这事情后来让他有点尴尬,因为他对这些唯我独尊的俱乐部里的诸多政策感到不适。但他确实鼓动过凤凰俱乐部接纳女生,尽管最终没什么结果。不过,他不得不承认,对于一个从偏僻的纽约州一路闯过来并获得成功的年轻人来说,这是件很自豪的事。这个不敢确信自己属于哈佛的家伙正在进入哈佛最核心的圈子里,而他本人也爱上了它。教授,同学,学术机遇,社交活动——麦卡锡深深地沉醉在哈佛为他所提供的一切之中。毕业时,他受推举担任了自己所在年级的干事(the secretary),这是个终身职位,让他可以与哈佛保持联络。

然而,他并没有忘记他来自哪里以及他的信念是什么。在他大学二年级刚结束的时候,麦卡锡回到了吉尔德兰中学去参加一个朋友的毕业典礼。当毕业生的名字被一个个读出来时,麦卡锡突然听到了肖恩·佩奇的名字。看着老朋友戴着学位帽、穿着学位服走过毕业典礼台前,麦卡锡忍不住流下了眼泪。同时他在想:我教会了他读书。

作为一个住在昆西楼的哈佛本科三年级的学生,麦卡锡主动提出去参加一个叫"从头做起"的活动,辅导一个年仅四岁的非裔美国人小男孩马尔科姆·格林。那个男孩的爸爸经常不在,因此马尔科姆很快就喜欢上了麦卡锡,而麦卡锡也同样很快就喜欢上了年幼的马尔科姆。在接下来的几年中,这两个人亲如兄弟;两个看起来几乎没有共同点的人,实际上却又很多的共同之处。"马尔科姆和我没有一点点的血缘关系,但我们却心灵相通,会异口同声地说出对方心里想说的话来。"麦卡锡说道。他们喜欢开玩笑说他们能透彻地理解彼此,能读懂对方的心思。当纳尔逊·曼德拉1998年在哈佛演讲时,麦卡锡带着马尔科姆一起坐在了第八排。在那之后,他问那个男孩是否理解那天的重要性,还有纳尔逊·曼德拉和南非解放之间的奇迹是什么。马尔科姆回答说:"我不确定我都能理解,但我确实知道民主是个好东西,对吗?"

麦卡锡尽自己最大的努力帮助马尔科姆解决困难,帮助他学习功课,并且每当要做重大决定时,麦卡锡都会和马尔科姆的妈妈坐在一起,谈论怎样才是对这个男孩最好的决定。甚至麦卡锡1993年从哈佛毕业,前往纽约市和哥伦比亚大学,师从当时该领域中最出名的埃里克·方纳和曼宁·马拉布尔研修美国和非裔美国人历史时,他们的友情还一直持续着。

研究生院的日子麦卡锡过得十分艰难。他没有从哥伦比亚大学得到津贴和资助,因此一直处于捉襟见肘的境地。唯一的娱乐活动便是在运动场右翼的露天看台最便宜的位置上为洋基棒球队加油欢呼。在研究生院,研究生为了能得到教学岗位,为了助学金津贴而钩心斗角,他们跟教授套近乎,彼此诬陷。这已足以使他看透学术界内部那令人沮丧的尔虞我诈。他和一个女子有了认真的关系。她曾经是一个网球明星,现就职于国际发展署,她明白无误地向他表达了想和他结婚的心愿。他爱她,并在心里告诉自己,他将是幸福的。但同时,他又在想,要是他们真的结婚了,总有一天,他这个有着快乐的男欢女爱的婚姻生活的男人,会被当场发现正在和另一个男人同床共寝。于是他觉得自己越来越压抑,拼命地想换个环境。他打电话给自己本科时代就认识的,此时任哈佛大学英语系系主任的拉里·比尔,表达了希望能在哈佛执教的愿望。他终于如愿以偿。1998年秋,在他还没有完成他的学位论文前,蒂姆·麦卡锡就回到了哈佛,任教于哈佛大学的历史和文学系。

回到哈佛虽然对麦卡锡有好处,但麦卡锡的性问题仍未解决。他的女友从华盛顿迁来波士顿和他一起生活,但最后麦卡锡却和她分手了。这是一次十分棘手、带有欺骗性的分手,是他一生中最大的遗憾之一:麦卡锡告诉她,必须分手的原因在于,他们之间的关系不够融洽。从此以后,他极少锻炼,并开始大量酗酒。依然同性恋,依旧觉得压抑和伤心。他编了很多理由来说服自己,试图隐藏自己同性恋的性取向。马尔科姆13岁了,在剑桥的林奇和拉丁中学读书。麦卡锡认为自己该为这个男孩做个好榜样,他一直将其看成是自己的弟弟。他们俩每周都一起去教堂。同时,麦卡锡也担心大部分黑人礼拜者看到一个白人同性恋者整天和小马尔科姆在一起会觉得不舒服,所以他全身心地投入到教学中去,而不去想这个问题了。只有这样,他才能继续生活下去。另一方面,他的博士学位论文的写作完全停了下来。

正是马尔科姆的帮助使他排除了压抑。一天放学后,马尔科姆去麦卡锡重返哈佛任教后居住的昆西楼做作业,并在那里过夜。那天,剑桥的林奇和拉丁中学邀请了一位演讲者,他是位人权律师,恰巧也是个同性恋者。就是他使马尔科姆想起了蒂姆。因此,当麦卡锡正在收发电子邮件时,他的这位13岁的小弟弟转过来跟他说:"蒂姆,你是同性恋者吗?"麦卡锡支支吾吾地不知道该说什么好。最后,马尔科姆说:"蒂姆,这是个简单的问题。如果你问我是不是黑人,我会说是的。"

就这样,麦卡锡把真相告诉了他。等第二天醒来,他觉得自己整个人都轻松了起来,得到解放了。于是,他把这事告诉其他还不知道真相的朋友,也告诉了他的学生,因为他知道他们当中有许多人,不论是不是同性恋者,都因为性方面的问题而正忍受着痛苦的煎熬。在哈佛的教师中,没有几个同性恋者对外公开坦诚自己的同性恋身份,而麦卡锡认为他能帮助学生们。在哈佛求学的学生中,有许多学生来自于那些视同性恋为奇耻的家庭,如工人阶级家庭背景的孩子、天主教家庭背景的学生,还有运动选手、黑人孩子等。麦卡锡和他们都交流过。

向父母坦诚是最难的事。在他们心中他几乎一直是成功的典范,他们的养子一直以来都没干过什么错事。但现在他恐怕要让他们失望了。好些年来他一直没有告诉他们,因为那时他甚至还想等到社会宽容地对待同性恋之后再讲出实情。麦卡锡企盼外界的推动,可等到的却是布什政府修宪禁止同性恋婚姻。麦卡锡为此十分愤怒,因此也就对自己没有将实情告诉家人而感到羞愧。但当他最终在2004年春天与汤姆和米歇尔一起坐下来闲聊时,就像往常一样,他们再次让他大吃一惊。他们根本就没有责难他,反而是表示接受和理解。"嗨,我早就感觉到了。"他的母亲说道。

在与马尔科姆交谈之后,麦卡锡的生活开始有条不紊起来。他又继续写他的博士学位论文。他与一位名叫约翰·麦克米兰的研究生一起着手编写一本书名为"激进主义读者:美国激进主义传统纪实"的作品集。他开始在波士顿的贫困地区多尔切斯特给一个低收入的成年人班级授课。从2001年开始,他带领一群学生从事一项他称为"特殊春假"*的志愿者活动。麦卡锡越来越关注频频发生于南部的黑人教堂纵火案。当其他学生启程前往牙买加或巴哈马群岛度假时,麦卡锡带领十五到二十位学生前往阿拉巴马和北卡罗来纳州,在一座曾经差点被某个胆小鬼纵火烧掉的教堂工作。麦卡锡一年的收入是四万二千美元,但他却没有任何积蓄和投资。而且正如他自己所说的那样:"欠了一屁股的债!"直到最近,他仍然符合条件有资格领取由政府发放给低收入者的食物券。而他在哈佛大学教书却一直都有工资收入,这真是件不可思议的事。

此外,麦卡锡在政治上越来越活跃。他曾参加过维生薪资运动,这也是他为什么在2001年8月份与拉里·萨默斯会面的原因。在那次会议上,萨默斯羞辱了一位弄错一个事实的大二学生,直到麦卡锡插嘴才罢休。这让麦卡锡很是担忧。一方面,他很感激萨默斯能从百忙之中抽出一个小时的时间与维生薪资运动的支持者见面。然而萨默斯的语气,还有他对那些敢于向他挑战的学生所表现出来的敌意,真的令人担忧。"我觉得他在那次会议上的行为真的是差劲得令人生厌。"麦卡锡说道。

虽然麦卡锡认为尼尔·陆登廷不支持维生薪资运动是错误的,但他一直都很喜欢和敬佩这位前任校长。他曾经给陆登廷写了一封信,对哈佛的种族多元化的重要性进行了反思。之后他收到陆登庭的两页亲笔回信。"我完全理解你所详述的哈佛种族多元化的体验对你和

---

* 春假是一个较短的假期,通常大学生们会在这期间去海滩晒太阳或是趁此机会补习功课,但近年来越来越多的大学生利用春假的时间参加各种志愿性的社区服务活动,称为alternative Spring Break,即"特殊春假"或"另类春假"。——译者注

你的舍友的意义,"陆登廷在信中写道,"以及这样的体验如何能演变成一段可贵、永恒的友谊。但是,如果我们不以某种方式改变法庭、立法机关以及其他部门的态度,这种体验就会丧失。"

当拉里·萨默斯被选为接替陆登廷的人选的消息公布时,每个人都说他的当选震动了整个哈佛。蒂姆·麦卡锡希望哈佛对反歧视行动的支持不会成为这一次震动的牺牲品。

接着就发生了"科尔内尔·韦斯特事件"。这不仅仅是让麦卡锡闷闷不乐,而且可以说是极其不满。他对韦斯特并不是很了解,却对他十分崇拜,同时也很感激他。当麦卡锡和麦克米兰正在努力寻求出版商出版他们所编撰的论文集时,韦斯特帮了他们的忙,给出版商打电话。正是他促成了这位出版商与他们达成协议。在出版界,并不是有很多的教授愿意花大力气帮助两个年资尚浅的学者出书的。对一个为哈佛社区的建设付出如此之大的心血的学者——不,是一个尽心尽力将哈佛建设成为一个社区的学者,萨默斯居然会予以抨击,这种行为似乎叫人难以理解。对于萨默斯的这种行为,麦卡锡似乎觉得只有一个理由可以解释得了,那就是——种族歧视。但他希望自己的想法是错的。因为他不相信哈佛大学的新任校长会是那样的一个人。

同时,麦卡锡也对萨默斯的爱国主义观念感到不安。麦卡锡相信,一所大学的职责不在于一味地盲从政府的主张,而是去分析和质疑政府的各种举措。特别是在"9·11"事件之后,当白宫试图用恐怖分子袭击为各方面的政策辩护时,这种思想显得尤其正确。在2001年9月20日的和平大会上,麦卡锡谴责政府过于草率地发动战争。"我强烈谴责那些没有经过认真思考就开口、花言巧语、废话连篇地进行煽动和部署军队的人。"麦卡锡说道。他认为布什政府是在利用"9·11"事件的后续影响进一步实现其帝国主义的意图。

在这之后不久,麦卡锡的名字就被列入一张由美国受托人与校友委员会(the American Council of Trustees and Alumni)所收集编写的117位不爱国学者的名单,这个委员会是由副总统迪克·切尼的妻子琳内·切尼所创立的一个保守主义智囊团。切尼太太的这个智囊团已发表了一篇题为"捍卫文明:我们的大学是怎样背叛了美国,我们能对此做些什么"的报告。这份报告强调说,"'9·11'事件在主流公众的反应与我们知识界精英的反应之间划下了一道很深的鸿沟。"许多大学教师不是集合在布什总统的身边,而是"和布什总统唱反调,对布什总统的言论和决策持异议和反对意见。有些则不愿发表意见。许多人主张以宽容和多元化作为消除邪恶的手段"。报告最后论断道:"道德相对主义已变成这个国家里学术生命的主题。"

这份报告的言辞与拉里·萨默斯的花言巧语有些许的异曲同工之处。但是,无论这些观点是来自哈佛校长还是来自副总统的妻子,麦卡锡都不能苟同。他不认为自己是知识界的一名精英。他仅仅是个公立学校教师的儿子,而且他肯定不是一名道德相对主义者。在对错问题上他绝不含糊。他是个虔诚的教徒,有着坚定的道德信念,积极而充满热情地参与社会工作和社会活动。所有这一切完全不是琳内·切尼或者拉里·萨默斯所评论的那样。

随着萨默斯校长任期的持续,麦卡锡对萨默斯所营造出的氛围越来越怀疑。他认为,哈佛大学并不需要一位只会使其变成一个充满竞争与个人主义的地方的校长,而需要一个能使哈佛变得更有人情味、更具崇高精神的校长。玛丽安·史密斯的自杀更加证实了他的担心。就在她过世的几天之后,麦卡锡带领一批来自昆西宿舍楼的学生去观看迈克尔·摩尔的纪录片《科伦拜恩的保龄球》。史密斯自杀的真相才浮出水面。麦卡锡注意到,尽管哈佛对她的自杀并没有做出任何正式的声明——校方没有告知学生到底发生了什么事——但是这批学生中的每个人都知道发生了什么事,并对这场悲剧感到极其难过。其中一些人早就认识史密斯,并且,当他们回忆起这位已故的朋友时泪水便不由自主地要流出来。

"我开始问他们:'你们认为她为什么会这么做?'"麦卡锡回忆道,"有一个学生说,她能理解玛利亚·史密斯为什么外表看来是如此开朗而内心却如此抑郁。我就问他们:'你们这些人也有这样的感觉吗?'他们的回答是:'是的,也许没有那么糟,然而哈佛大学就是这么一个地方,你每天都得装出十分开心、轻松自在的样子,而实际上你每天都过得十分紧张忙碌。'"

因此,在看完这一部纪录片之后,麦卡锡坐在电脑前,写了一封电子邮件给拉里·萨默斯。电子邮件的内容大致是这样的:"我知道你工作成堆,十分忙碌,但高层管理部门也应该有个人出来就玛利亚·史密斯的自杀事件发表一个声明,其实也不过就是说一些'当一些诸如此类的事情发生时这总是一个不幸',或者'她曾经是个多么活泼、充满活力的人啊!'之类的话。只要这样,学生就会觉得学校里还是有人在关心这件事。"

麦卡锡知道,萨默斯对那些通过电子邮件发给他的建议,只要是喜欢的,他就会给予回复。因此,对于萨默斯没有回复这份电子邮件麦卡锡并不觉得惊奇,而是觉得失望。可以肯定的是,萨默斯不会根据他的这份建议行事。

尽管没有得到回应,但他并没有就此气馁。麦卡锡决定开始把自己当做学生的代言人。在哈佛校园,学生的代言人本来就少,现在,随着哈里·刘易斯的离开,也就愈发寥寥无几了。麦卡锡知道人生会有多么艰难与复杂。学生们明白他懂得这一切,因此他们会向麦卡锡求助。曾有一次,一个本科三年级的学生深夜打电话给麦卡锡,这个学生被一个家庭问题搅得心烦意乱。事情似乎很糟糕,因为这个学生已经开始考虑是不是要辍学离开哈佛。但和麦卡锡谈完话后,这个学生感觉好了些,也坚强了一些。最后,这个学生想通了,妥善地解决了这个问题——而他也给了麦卡锡极高的评价。

"这只是一件微不足道的事情,这样的事情既不能放到我的个人简历中,也不能让我获得终身教职,"麦卡锡说,"但我怎么能不管呢?这些孩子,他们是那么的忧郁,这一切一直盘踞在我的脑海里,挥之不去。"

"我知道我并不完全属于哈佛这里。"他说。他爱自己的母校,但他越来越痛苦,因为自己能力有限,无法改变这个似乎不关心自己学生的学校。如果他太悲观或者太愤世嫉俗,那么他还能给他的学生传达什么样的信息呢?所以麦卡锡做了一个十分痛苦的决定。教堂山北卡罗来纳大学已经提出要为他提供一间办公室,并配备一部电话,让他撰写一本有关非裔美国人教堂纵火案的书,麦卡锡也已经接受了。他打算在这个学期期末就离开哈佛,这比哈佛给他的聘约所规定的任期提前了一年。哈佛正沿着蒂姆·麦卡锡所不希望的方向发展。他只能尽其所能试着去改变这种状况,但却发现自己已是疲惫不堪。是到了该离开这里的时候了。

"我认为拉里·萨默斯从没有考虑到我,哪怕仅仅是一分钟,即便他考虑到我,他也只会是宁愿不要我待在这儿。"麦卡锡说,"我只希望,如果拉里真的理解我所做的这一切,他就能正确地评价它。"

麦卡锡承认,对这一愿望他不抱多大的信心。

二月中旬,哈佛大学与其他六所大学向最高法庭提交了一份法庭之友*意见书，对密歇根大学的反歧视行动的抗辩予以支持。这份辩护状认为，反歧视行动的意义在于促进大学校园的多元化。"在理论上，这些出类拔萃的大学有着十分迫切的需要，希望能保证他们的学生能够拥有与构成我们这个社会的各种族与族群相处的经验与能力。"法庭之友意见书声明说，如果一个学生所上的大学不是一所由各种出身的学生组成的大学，那么这所大学就不能培养自己的学生充分适应当今全球化的世界。"通过创办这样的一个广泛的多元化校园环境，大学的招生政策有助于确保他们的毕业生为在这样一个日益复杂的多种族社会中取得成功做好准备。"

在以往，这种反歧视行动的倡导者力主，反歧视行动的目的在于对先前的种族歧视政策，特别是对非裔美国人的种族歧视政策加以矫正。但是随着时间的推移，这场讨论已经转变为这样一种主张：由于多元化本身就是教育的不可或缺的一部分，反歧视行动让每个人都获益，而不仅仅是这一措施的直接受益者。反歧视行动已经不再是着眼于过去而是着眼于塑造未来。我们不可能分清这些反歧视行动的支持者们是真的相信这种新的形势，还是仅仅觉得，在当前的政治形势下，以牺牲白人的利益为代价去提升黑人的地位是不可能得到广泛的支持的。而事实也是如此，多次的民意调查均表明，多数美国人对白宫反对反歧视行动持赞同意见，尽管他们仍然相信这个国家并没有消除种族歧视。

拉里·萨默斯在这个问题上的立场也有所改变。当他最初和非裔美国人教授见面时，萨默斯似乎对反歧视行动即使说不上是持反对意见，也可以说是持怀疑态度。但他现在却在这份支持反歧视行动的法庭之友意见书上签名，并且在三月份，他和他的宪法学教授罗伦斯·特赖布联名在《纽约时报》上发表了一篇标题为"种族永远不会中立"[1]的社论。这篇社论主要由特赖布执笔，社论重申了多元化有助于学生为"在经济全球化和多种族世界中生活和工作"做好准备。

这就是萨默斯所支持的一个观点。但他是否真的支持反歧视行动，认为它是达到多元化这一目的的一个手段呢？这一点仍旧叫人拿不准。在2001年夏季的那一次见面时，曾与萨默斯发生过冲突的那

---

* 法庭之友（amicus curiae, friend of the court），自愿向法院提供有关案件的法律问题或其他方面的信息，协助法院解决问题的诉讼外的人或组织。——译者注

位法学教授查尔斯·奥格拉特里认为,萨默斯这下已完全真正地醒悟过来了——而这在很大程度上要归功于奥格拉特里。在科尔内尔·韦斯特离开哈佛之后,奥格拉特里和萨默斯见了好几次面,在这个问题上他向萨默斯晓之以理。"在这一年多的时间里,我和他见了几次面,每次见面我们都争论得面红耳赤,但很有效果。我们谈论了(密歇根大学反歧视行动的案子以及)多元化的前景,而我们俩的心也从相距甚远走到了一起,"奥格拉特里说道,"拉里是个新校长,因此他犯了很多可怕的错误,但是在反歧视行动的价值问题上他已经摒弃了固执僵化的想法而变得更加富有人情味。"

并非每个人都这样认为。有两个非常了解萨默斯在这个问题上的想法的人隐晦地表示,萨默斯的态度其实根本没有一丝一毫的改变——他所改变的只是自己在公众心目中的形象而已。他们说,萨默斯之所以为反歧视行动辩护,更主要的是与维护哈佛的自主性相关——哈佛要有自主招生的权力,想招谁就招谁,想怎么招就怎么招,不受政府的任何干涉。此外,反对反歧视行动将彻底背离德里克·博克和尼尔·陆登庭两任校长的传统。萨默斯不想改变仍然健在的两位前任校长三十年来所秉持的传统。并且,当然了,在科尔内尔·韦斯特这件事之后,萨默斯对任何有可能令人联想到他对哈佛校园里的非裔美国人不友善的事情都异常敏感。

"在萨默斯的心思里,他对任何不是建立在优秀的基础之上的事情都深感怀疑。"一位曾经和他探讨过这一问题的教授如是说,"但是,他不能公开反对反歧视行动。这在哈佛已是个既定政策。特别是在科尔内尔·韦斯特离开哈佛之后,他更不能这么干。"

不过,萨默斯偶尔也会在一些场合流露出他内心的真实情感。2003年的春季,在一次与哈佛大学校友联合会的理事们见面时,在无意间就扯到了2004年毕业典礼演说者的话题,有人提名时任国家安全顾问的康多莉扎·赖斯。萨默斯当时的反应很快,生气地打断说:"我不会基于反歧视行动来选择毕业典礼演讲者。"

同样,萨默斯还觉得,哈佛的高层管理层没有必要实施反歧视行动,甚至连废除种族歧视也没有必要。他根本就没有谈及教师多元化的重要性。在他任哈佛校长的头三年里,其所任命的终身教职中女性的比例从尼尔·陆登庭任哈佛校长最后一年时的36%下降到13%。当然,这不全是萨默斯的错——终身教职的任命首先必须由各个院系来提名,但是它说明了萨默斯从未提及这个问题,并且各系的负责人也显然认为萨默斯并不关心这一点。在这个问题上,萨默斯并没有选择其先前在处理其他事情时所惯用的先发制人的做法。

此外,在他担任哈佛校长的前三年时间里,萨默斯从未任命过非裔美国人担任哈佛大学的高层职位。他的管理团队几乎是清一色的男性,而且极为醒目的是他们多为白人。(一个例外就是助手科琳·理查兹·鲍威尔,也就是萨默斯和学生们见面时那位做记录的妇女。)虽然萨默斯为了促进哈佛学生结构的多元化不得不勉强地做出让步,接受反歧视行动,但他似乎并不认为这一同样的措施也可以应用于他的管理部门。当年在哈佛的经济系和美国的财政部工作时,他都是与那些与他同质的群体一起工作,如今虽然已是哈佛的校长,但他仍将复制这一模式。

2004年的春季,萨默斯在哈佛俱乐部的一次餐会上发表讲话,一个校友问他对反歧视行动有什么看法。"我的的确确觉得反歧视行动很有价值,"萨默斯回答道,"原因已经陈述在哈佛所提交的法庭之友意见书上了。……但在未来,真正重要的问题并非仅仅是今天学校招生中的反歧视行动,而是我们该怎样做来消除美国教育中存在的这种教育发展的不平衡?"[2]

萨默斯的这句话所要表达的意思是,他能够容忍反歧视行动的存在,但他更倾向于将反歧视行动的考虑范畴从种族的差异转到阶级的差别上来。萨默斯对收入与教育的关系更感兴趣,这两者之间的关系自然是个重要的研究领域。一个贫困家庭出身的学生,无论其肤色怎样,都要比那些家境富裕的学生进哈佛求学难得多,因为他们缺少进好学校和接受其他方面教育的机会——音乐课、出国旅游等。问题是,要帮助这些学生常常就意味着必须降低标准,因为他们缺乏训练,也缺乏各种资源来追赶那些家境富裕的学生;而降低标准又是萨默斯所不喜欢做的。他希望哈佛能更严格些,这样哈佛就能够发现一些不仅在学业上有天赋,而且能吃苦,能在哈佛完成其学业的贫困学生。

萨默斯校长对反歧视行动的公开支持是经过精心考虑的,但却并非完全出于真心。事实上,他之所以借重哈佛的影响力来为反歧视行动辩护,是因为这其实是他唯一的较现实的选择。与此同时,他将推动自己所领导的这所教育机构少担忧种族歧视问题,多操心美国的阶级不平等。

在他担任哈佛校长的第一年期间,萨默斯已经十分坦率地表达了他的这一主张。然而,他已经认识到,有些时候最好还是将自己的看法深藏不露,或者至少是尽最大可能深藏于心。这样做要比说出来的好,因为他有时无法将自己的真实情感完全抑制在自己的心里,不免会以这样那样的方式流露出来。而且他也认识到,一件事情你可以在公开场合这么说,在私底下却那么说,并可以避免自相矛盾。就像当《纽约时报》要求他对一篇关于"怎样才是一个积极的、以事业为重的现代学生"的文章加以评论时,萨默斯给了他们这么一句引文:"我的确担忧。不知是为什么,我的确希望学生们能少费点劲就能尝到成功的滋味。"[3] 他在这里所提到的"成功的滋味"实际上与他在校园里以口头或书面的方式对学生所提的要求格格不入,自相矛盾。这便是我们的这位反复要求学生"迅速行动起来"的萨默斯校长。然而,《纽约时报》却没有了解上下文便不加质疑地引用了这句话。因此人们可以推断,萨默斯在心里会认为新闻媒体是能够被糊弄的。

萨默斯对新闻媒体把他的公共评论限制于仅与哈佛有直接关联的事件上感到十分恼火。萨默斯强烈支持这场即将来临的战争,他坚信伊拉克给美国构成了真正的威胁并且美国先发制人的军事行动是正义的。但是,作为哈佛的校长,没有特别的理由让他在公共场合说这样的话。而且令他失望的是,校园里那些向他提问的人中几乎没人要他对这件事发表看法。他觉得十分痛惜,学生更感兴趣的是和他谈论有关课程选修预登记的那场争论——比尔·科比试图缩短学生们选课的时间,但失败了——而不是他对这场战争的看法。

当然了,有件事让萨默斯处于一个十分引人注目的位置上,这件事就是反犹主义。在这个问题上,他所做的一切几乎让他陷入难以应付的境地。

当然,哈佛大学校园也有许多人坚定地支持萨默斯抨击从以色列撤资的倡议。这其中就有一个名叫雷切尔·菲什的年轻犹太女性,她深受萨默斯的演讲的鼓舞,并按萨默斯所说的付诸行动。菲什是哈佛神学院的二年级学生,她深信萨默斯所说的左翼反犹主义在哈佛神学院盛行。"神学院对种族、性别、妇女权力等问题非常敏感,"她说道,"然而,它似乎根本就没有意识到任何的反犹情绪。"

当然,哈佛神学院长久以来就以政治激进主义而闻名,这就是萨默斯不喜欢它的一个重要原因。他认为,哈佛神学院是一个使学生对激进主义产生兴趣的温床,而不是一个让学生对学业感兴趣的温床。另一种可能性是,许多对神学和宗教事务感兴趣的人对促进社会的公平也感兴趣。反之亦然。但不管是哪种原因,毫无疑问的是,神学院倾向左翼。2002年神学院举行的一次常规性的讨论会就包括了如下这些主题的讨论:"妇女对妇女的不人道行为"、"宗教暴力的根源"、"父权制的遗产:解开性别之结"和"人类的暴力是不可避免的吗"。

尽管神学院最主要的目的在于培养基督教牧师,但它欢迎许多其他各种宗教信仰的学生,他们中许多人从来都没有成为牧师,而是从事社会工作或是政治运动,为妇女、同性恋者、儿童和其他受压迫的群体争取权利。神学院的学生中有一些,也许还为数不少是受压迫的巴勒斯坦人。

雷切尔·菲什相信,有些人对巴勒斯坦人持同情、支持之心,他们的情感已经越过界限,成为反犹主义。她已经协助组织了一个名为哈佛大学研究生以色列之友的团体。她的下一个行动是在2002年的12月份举办一次有关全球反犹主义的会议。她邀请了一些相关专家在神学院的一间教室里召开了一次座谈会,会议由鲁思·威斯教授主持。虽然这次座谈会是在一个刺骨的寒夜里举行的,但出席这次座谈会的却约有四十人。菲什认为,这样的出席人数还是相当令人满意的。不过,那天晚上她从其中一个发言人那里了解到的一些事情使她非常哀伤。

2000年的夏天,神学院收到了一笔金额高达250万美元的捐赠,捐给了一个伊斯兰研究专题讲座。神学院一直是哈佛大学里最贫困的学院,250万美元对它来说是笔数额极其庞大的资金。(神学院所获得的捐赠款项总额约为三亿五千万美元,大约是哈佛所获得的捐赠款项总额的2%。)这笔捐赠来自一笔潜在的巨额预期收益,然而这笔捐赠在道义层面上却令人存疑:这笔捐赠来自阿拉伯联合酋长国(以下简称"阿联酋")的谢赫·扎耶德·本·苏尔坦·阿勒纳哈扬。谢赫·扎耶德生于1918年,自从1971年以来就一直担任该国未经过选举就产生的"总统"职位,2003年已是八十多岁高龄的谢赫·扎耶德身体还十分硬朗,依然是中东地区一位大权独揽的人物。菲什得知谢赫·扎耶德一方面捐资给哈佛,以促进阿拉伯文化的研究,另一方面却在自己的国家运用其所拥有的巨额财富支持反犹主义。这就使得菲什纳闷：一所由校长公开抨击反犹主义的大学怎能接受一个为反犹主义提供资金支持的人的数百万美元的捐款呢？

雷切尔·利·菲什并非长得特别像是一个斗士。她生于1979年，是一个漂亮娇小的女子，有一头金色的头发和一双棕色的眼睛。她说起话来是那样的温柔，从她的声音里是感觉不到她的果敢而坚毅的性格的。然而，她所受的教育却赋予了她激情和勇气去捍卫信念。菲什的父亲是个儿科医生，母亲是个家庭主妇。在她父亲从越南战场退役后，他们把家安在田纳西州的约翰逊城。约翰逊城是个大约有五万人口的中等城镇，但却很少有像菲什家这种情况的。"约翰逊城以及它周围的六个城镇，仅有约六十个犹太人家庭，"菲什说，"但我们彼此都熟悉。"

生活在约翰逊城的人们想当然地认为他们的邻居全是基督徒。当菲什开始上小学后，学校的每一天都以基督徒的祷告开始，然而当其他同学在教室里低头做祷告时，菲什却只能坐在教室外面。她将此事告诉了她的父母，他们一起去见学校的老师和学校的董事会成员，最终，祷告被取消了。当然，不久后全校几乎每个人都知道了事情的真相，而且菲什班上有几个同学还认定最合适的解决办法是想法子让她皈依基督教。"他们的想法并非出于恶意，"菲什说，"只是无知而已。"

有些行为尤其显得无知。在她上六年级的时候，有个同学在她储物柜的上面刻了一个纳粹党的党徽"卍"。老师打算勒令那个同学休学，但是菲什认为那只能使问题更糟。这个孩子的家庭情况并不好，尽管已经上六年级了，却还认识不了几个字。让他休学只会使事情变得更糟糕，所以菲什提出了另一个建议：她愿意在每天放学后教那个男孩识字。"要是他知道那个纳粹党所用的'卍'的意思，他可能就不会那样做了。"接下来的四个月，她每天放学后都教那个男孩子识字。"我原先不理解他为什么不识字"，菲什说，"后来他让我明白了，他的家人是多么的不愿意抚养他。"

中学毕业之后，菲什进了位于美国首都华盛顿哥伦比亚特区的乔治·华盛顿大学求学，同时兼修犹太研究和中东研究两个专业。大学三年级时，她前往耶路撒冷的希伯来大学求学。犹太人的身份对她来说很重要，并且在她大学毕业后，她想继续从事中东宗教的研究。哈佛神学院似乎顺理成章成为首选。哈佛神学院所培养出的毕业生中包括了诸如拉尔夫·沃尔多·爱默生和先验哲学的大师西奥多·帕克这样激励人心的人物。"哈佛是所当之无愧的大学,"菲什解释说,"它是一所人们可以实现自身价值的学校。"她喜欢神学院申请表上所写的那句话——学院渴求那些能给世界带来变化的人才。"'真理'的理念吸引着你去那里。"她说。

当菲什更进一步了解到谢赫·扎耶德的钱的其他用途时,她十分气恼。谢赫·扎耶德的妻子在1998年资助了一个名叫罗格·加罗迪的法国作家五万美元,这位作家写了一本名为"以色列政治的奠基神话"的书,书中主张纳粹对犹太人的大屠杀根本不曾发生过,那些犹太人是在"二战"中死于疾病和饥荒。1999年,谢赫·扎耶德创立了扎耶德政策协调中心,意欲成为由22个国家组成的阿拉伯国家联盟的官方智库。谢赫·扎耶德的儿子,阿联酋的副总理,担任该中心的负责人。

在接下来的几年时间里,扎耶德政策协调中心先后邀请接待了许多外国的政要,这其中包括曾担任过美国总统的吉米·卡特、前美国副总统的阿尔·戈尔和前美国国务卿詹姆斯·贝克。但是,它也参与了一些不怎么体面的活动,包括出版反犹文学作品,指控以色列是"世界霸权力量"的工具。该中心还为诸如"犹太人控制着美国政府及媒体"这类话题的项目提供资助。其负责人还曾经在某一次会议上公然宣称"犹太人是所有民族的敌人"。该中心的一位客座教授,沙特的乌梅马·贾拉哈马教授则宣称:"犹太人必须得到人类的血液,只有这样,他们的牧师才能为他们准备节日的油酥皮。"该中心还出版了法国作家蒂埃里·梅桑的一本想法古怪的书——《惊天大骗局》的译本。该书指控美国政府在9月11日那一天通过自己袭击自己,通过遥控让飞机去撞击世贸中心,目的在于为出兵攻打阿富汗和伊拉克寻找正当的理由。菲什说,读扎耶德中心所出版的作品,"就像是在阅读纳粹分子所写的历史"。

哈佛的全球化也面临着新的挑战。当哈佛在全球范围内扩大其势力时,它也在全球范围内寻找资助者。这个办法很有意义。在许多国家,哈佛的名字比在美国更受人崇拜。对于富有的外国人来说,能与哈佛这块牌子发生联系太有吸引力了。对于哈佛来说,问题就在于要调查国外捐赠人的钱是怎样赚来的,他们的钱又是怎么花的,这可是比调查一个美国的捐赠者钱从哪里来,又是花在什么地方要难得多。譬如,在1993和1994年,沙特阿拉伯的本·拉登组织捐赠了两百万美元给哈佛大学的法学院和设计学院。"9·11"事件后,本·拉登的这几笔捐赠就成了一个难题,不过哈佛的高层管理人员却坚持认为这件事与奥萨马·本·拉登本人无关,如果有人指出这笔钱来源不干净,那么哈佛一定将这些捐款退回去。当然,解开本·拉登家族的经济来源之谜是美国联邦调查局和司法部门的一项具有挑战性的任务,而哈佛大学似乎并没有非常努力去做这件事。哈佛所采取的唯一的公开动作就是从哈佛的网站上删去了有关本·拉登家族捐赠的一些详情。而且,如果真的发现这几笔捐赠与奥萨马·本·拉登本人有关联的话,那么哈佛方面(而且,毫无疑问,换成其他的大学也是如此)的看法极有可能是:骗子、暴徒、杀人魔们把他们的钱捐给大学总好过用这些钱来干坏事。至少接受捐款的大学会用好这些钱的。

雷切尔·菲什却不这样认为。她十分严肃地对待所有这一切与事实真相相关的花言巧语。如果哈佛可以把自己的名字租给任何人,却不管那人是多么的声名狼藉,那么哈佛的名字又象征着什么呢?"哈佛为如此之多的大学定下调子,"她说,"它立了先例。"3月19日,菲什拜见了哈佛神学院的院长威廉·格雷厄姆,力劝威廉·格雷厄姆说哈佛应该把谢赫·扎耶德的捐款退回去。毕竟,拉里·萨默斯都已经在纪念教堂的布道坛上谴责了反犹主义。她确信这位哈佛校长一定会站在她这一边。

菲什的执著把格雷厄姆逼到了一个极端尴尬的窘境。作为一个研究中东宗教历史的学者,格雷厄姆是一个和蔼可亲的北卡罗来纳州人,自1973年起就一直任教于哈佛。尽管自2002年1月,当J.布赖恩·赫尔神父辞去了哈佛神学院院长一职后,他就一直担任神学院的代理院长,但是他却不想负责神学院的管理工作。他曾经是乔治敦大学和教堂山北卡罗来纳大学的院长之职的有力人选,但最后却无功而返。现在,他所感兴趣的是哈佛大学文理学院的职位。多年来,他在文理学院一直都尽心尽责,自愿担任各种枯燥无味的委员会的委员并承担出力不讨好的管理工作。他曾经是哈佛卡瑞尔宿舍楼的一个十分尽责的舍监,以资助学生而闻名。但是,神学院院长处境尴尬,要捐款没多少,属下的教师个个难以驾驭,而学生团体的政治活动更是层出不穷。格雷厄姆希望得到一个更好的职位。

然而,这样的职位并不能很快就到手。因此,格雷厄姆还是应萨默斯之邀，接受了神学院院长的职位。"比尔*或许认为他自己有机会使神学院成为一个真正的非宗教的学术机构。"一个很了解他的同事说。这项任命在某些地方却遭到了质疑。格雷厄姆将成为神学院中第一位没被任命为牧师或是神父而成为院长的人，这一点证实了人们的推想：萨默斯希望能弱化神学院作为牧师培养平台的功能，而使之成为一个宗教学研究的中心。正如2002年9月份萨默斯在神学院的一次演说中讲到的那样——尽管有点闪烁其词："基督教究竟在何种情况下具有特权，在何种情况下没有特权，要回答这一问题首先是要认可这个学院的传统、实力以及所需关注的焦点，同时也要考虑到日渐增长的宗教多元化。"听众能从他的言语之中悟出一些东西来。

人们对格雷厄姆就任神学院院长一职还存有另一个疑问。2002年的春天，格雷厄姆在呼吁哈佛从以色列撤出投资的请愿书上签了名。大约过了一个星期，他改变了主意，要求把他的签名划掉。"当我发现请愿活动的组织者将请愿书放到网络上时，我要求把我的名字删去。"格雷厄姆解释道。根据格雷厄姆的说法，这一请愿活动的网站所链接的其他网站中"至少"有一个他认为是反犹太的网站。（而请愿活动的组织者则否认了这一说法。）

格雷厄姆的改变理由显然不能叫任何一个人信服。当萨默斯宣布他选择了格雷厄姆担任神学院院长时，无论是反对从以色列撤资的人还是支持从以色列撤资的人都怀疑，格雷厄姆之所以从请愿书上撤掉自己的名字，是因为萨默斯要求格雷厄姆放弃对这次请愿的支持，并以此作为任命他为神学院院长的条件。格雷厄姆否认了这一说法，他说："关于这件事的始末你们得去问拉里。是他任命我担任院长的，他完全清楚我已经告知他我在这份请愿书上签了名。"

虽然他是在2002年8月才正式成为神学院院长的，而谢赫·扎耶德捐款给神学院几乎是两年前的事情了，在当时格雷厄姆就对这笔捐献表达了欢迎之意。他告诉《哈佛大学报》："这笔捐赠可是一件最受欢迎的礼物。"但当雷切尔·菲什告知他有关谢赫·扎耶德的本职以外的活动时，格雷厄姆很焦虑。他承诺会去调查这件事。后来，他告诉记者，如果指控属实的话，神学院会把这笔捐款退还给谢赫·扎耶德。然而，当菲什提到她将把她所有的调查结果都送一份给萨默斯

---

* 比尔是威廉的昵称。——译者注

校长时,格雷厄姆坚持认为她没有必要这么做。"他说,'我会把这一切都告诉拉里的'。"菲什回忆道。

菲什回应说,她无论如何都会坚持把自己的调查结果送到萨默斯的手上。她说道:"我正给你机会去重新获得神学院的道德威信。"

这是一场在校园内非常紧张的时刻所进行的一次非常紧张的会面。当天夜里10点30分,也就是巴格达时间3月20日凌晨5点30分,美军的飞机开始在伊拉克上空投放炸弹。战争打响了。

第二天中午刚过,12点30分,一场和平集会开始了,大约一千名学生、教师和剑桥当地的居民聚集在约翰·哈佛的雕像之前。这一天的天气非常糟糕,又冷又潮湿,天也阴沉沉的。冬天的积雪已经开始融化了——然而更多的雪将很快飘落下来——这就使得哈佛园里一片狼藉,处处泥泞不堪。这一切不由得令人想起17世纪时这里曾是又脏又乱的猪圈。抗议者们小心翼翼地走着,以防泥泞把他们的鞋子黏住而拔不出来。有些人则站在他们原先打算拿在手里挥动的标语牌上。

当哈佛的警车沿着哈佛园里碎石铺设的人行道悄然转悠着,宁静地停靠在哈佛园各个角落时,一群抗议者不断呼喊着:"不要伊战!""权利法案!""撤回军队!"这群抗议者旁边有个男子,举着一块"只要啤酒,不要征兵"的标语,有一个学生挥动着一个标语牌,上面写着"哈佛的学生需要和平",这些字潦草地写在亚马逊在线购物网站的一个商品包装箱的背面。当地教堂的教友给他们送来了燕麦条。

与此同时,也有一群与他们持相反意见的年轻人,他们理着光头,穿着迷彩军服,他们的牌子写道:"我爱布什和拉姆斯菲尔德"和"如果你想抗议,就到法国去"。他们看起来是如此的年轻,不可能是哈佛的学生。他们在抗议的人群边缘游走着。然而,大约有一半的抗议人群看起来只是好奇而已,他们四处乱转,到处闲谈。事实上,在哈佛,关于战争并没有达成一致意见。绝大多数对这场战争持支持态度的人,他们的支持态度也是有保留的;与此同时,绝大多数对这场战争持反对意见的人,同时又承认他们的想法也许是错的。像1969年那样明确的反战意识已荡然无存了。

在离此几百米远的地方,就在哈佛大学纪念堂,大学一年级的学生正在接受他们大学第二年的宿舍分配,只听见他们时而发出嘀嘀声,时而高声抱怨着。他们发出的喧闹声太大了,以至于当地的新闻工作人员误认为这群喧闹的一年级本科生是群反战者并播出了一些他们的连续镜头。在哈佛园的另一边,几乎是在约翰·哈佛铜像的正对面,一个彪悍的警官站立在马萨诸塞大厅的前门。迄今尚没有任何人威胁到校长的办公室,但是哈佛已经做好了周全的应对之策。每个人都知道萨默斯是怎样看待抗议者的。

一个名叫迈克尔·热特兰的学生站在麦克风前。他告诉大家,就在几天前他做了个艰难的抉择,撤回了加入美国海军的申请。他的父亲跟他的伯伯曾参加过"越战",他们一家人对服役非常重视。然而,这场战争"所象征着的我们的外交政策使我不愿参战。因为这场战争只会使我们美国远离我们多年来所致力的全球化共同体的目标"。热特兰的表情看起来有点不安又有点失落。

紧接在热特兰之后的演讲者是个名为布赖恩·帕默的宗教系教师。38岁的布赖恩·帕默身材瘦小纤弱,留着一头蓬乱浓密的黑发,戴着一副镜片非常厚的眼镜。他的声音太软弱无力了,以至于听起来好像他在十分吃力地呼吸。帕默所教的课程也是最受哈佛学生欢迎的课程之一——"个人的选择与全球的变革",这个学期有大约五百名学生选修了这门课程。就跟蒂姆·麦卡锡一样,帕默知道自己是一个还没有获得哈佛终身教职的教授,他的政治活动对自己继续受聘于哈佛没什么好处,但是他也明白许多学生极其渴望教授能够把课堂与现实社会联系起来。"新闻媒体是不会对这场战争的真实情况如实报道的。"他郑重地说道,"美国有线新闻网络会播放伊拉克人民在大街上载歌载舞但不会播放那些被烧焦、被碾碎、被炸得七零八落的尸体。"这句话为他赢得了赞同的喝彩声。

在帕默身后的右侧,站着的是蒂姆·麦卡锡。麦卡锡身上穿着一件卡其布衣服,外披一件黑色的防风衣,左手臂上别着一个白色臂章。他在约翰·哈佛铜像前大踏步地前后走动着。他显得很不耐烦,似乎有什么东西在胸腔里需要宣泄出来,而且好像再也憋不住的样子。他再也不愿等下去了,帕默刚一说完,他就从帕默的手里一把抓过扩音器。抗议的群众一见到他就热烈鼓掌欢呼了起来。有许多人似乎认识他,当然了,认识他的原因不仅仅是因为有些人选修了这个学期他所教授的抗议文学课。

麦卡锡开始时情绪十分激动,但声音却非常小,几乎叫人听不见,因此人们不得不安静下来。"今天我来这里是为了谈谈两件事——持异议者与上帝。"麦卡锡说道,"我们生活在一个真正的历史性的时刻……此时此刻,持异议者遭到了诋毁,而上帝则被用来为我们人性中最邪恶的冲动辩护。我们的领导人告诉我们,持异议者不是真正的美国人,上帝爱我们美利坚合众国甚于爱地球上的任何其他国家。我们这些持异议者应该保持缄默并祈求上帝能够继续庇佑我们美国。但我今天要在这里大声说出反对这一场战争的心声,并为和平而祈祷。"

抗议人群中所有人都点头表示赞许。

"今天我们走出教室,停下手上的工作来表达我们反对布什政府的对伊战争。"麦卡锡继续说道,"我们已经决定鼓励我们的学生与我们一道走出课堂,因为我们不满足于仅仅是阅读和研究美国抗议文学作品,不满足于把我们的学习和研究工作局限在课堂讨论上。……我们深信,如果我们,也就是你们的老师,没有实践我们所教授的东西,那么教育就没有任何的意义。

"我们正处于战争之中,"麦卡锡说,"我们必须尽可能大声而且清楚地把我们对现任当权者的不满明确地表达出来。布什政府制造借口对伊拉克发动了战争……他们想让我们相信'9·11'恐怖袭击事件和伊拉克有关。

"但这两者根本就没有关系。

"他们想让我们相信本·拉登基地组织和萨达姆·侯赛因有关系。

"但这两者根本就没有关系。

"他们想让我们相信萨达姆·侯赛因拥有核武器,对美国的安全构成了威胁。

"但萨达姆并没有核武器。"

麦卡锡知道自己在做什么。他借用了像耶西·杰克逊和马丁·路德·金等演讲家的演讲节奏和重复的方式,还借用了非裔美国人音乐和祈祷当中的首唱与唱和方式。参加这场抗议活动的群众在低声表示赞许。麦卡锡成为众人关注的焦点,他的脸颊涨得通红,他的音量也在不断地提高,直到近乎于吼叫。他和听众正紧紧地联系在一起,进一步激起了他们的热情,他让他们相信,当他们觉得沮丧和无助的时候,事实上他们并没有失去勇气,也并非无依无靠。

"我不由自主地在想,上帝一定对我们眼前的这个世界不满。"麦卡锡继续道,"上帝不可能对我们的贪婪和无知以及我们对他的子民的极度漠视感到高兴。但我们还是可以挽救我们的世界。正如亚伯拉罕·林肯在我们国家的另一次重大危机的时候呼吁全体国民所做的那样,我们必须拥抱'我们的天性中天使般善良的一面'!

"兄弟姐妹们,我们正处于战争状态。这次大危机将是对我们这一代人的第一次考验。愿我们找到道德的勇气去抵制这场非正义的战争;愿我们找到力量去成为和平的倡导者。愿上帝保佑我们所有这些生活在美国以及世界各地的致力于和平的人们,以便我们能够及时拯救我们的灵魂。"

麦卡锡结束了他的演讲,群众欢呼着表示赞赏,接着示威活动改变地点,走上马萨诸塞大道,朝着麻省理工学院和波士顿学院进发。此时,站在马萨诸塞大厅前面的那名警官双手背在身后,一动不动、面无表情地看着游行队伍渐行渐远。

在见了格雷厄姆院长一周左右后,雷切尔·菲什把她对谢赫·扎耶德的调查结果送到劳伦斯·萨默斯的办公室。隔了几天之后还是没有得到萨默斯的回复,于是她打电话过去确认劳伦斯是不是已经收到了她的调查报告。校长助理克莱顿·斯宾塞告诉菲什,萨默斯已经收到了她的报告,叫她不必"惊慌"。萨默斯校长已经完全知道这件事,不过他希望由格雷厄姆院长去处理它。

与此同时,格雷厄姆聘请了一个研究生来调查核实菲什所做的控诉,并说他会在四到六周内给她回复。菲什很是怀疑。"他非常客气,"她说道,"我觉得他也许认为我就要离开哈佛了。"毕竟时间站在格雷厄姆这一边;菲什将于六月初毕业。毕业之后学生们通常就会将这些事情搁置一旁,再也不去管它。他们离开了哈佛,他们得到了工作。至于那些在校园里看起来似乎十分重要的事情就自然而然变得不重要了,然后也就渐渐地被淡忘了。

都过去好几周了,菲什并没有接到任何的反馈消息,但她也并非完全闲着。她和校园里其他的犹太裔学生和犹太组织一起传播有关谢赫·扎耶德的捐赠这件事,一旦哈佛校方对这个问题不闻不问,他们就可以对其施压。同时,比尔·格雷厄姆也在尽其所能地调查菲什所主张的这一切。他与驻阿联酋的美国大使以及前阿联酋驻美大使联系。"当我们得到有关这个活动中心的信息时,我们都十分吃惊。"格雷厄姆说道,"在这么一种情形下,很难找出是谁在操纵着什么,又是谁在关注着什么。在阿联酋有数千个被命名叫做扎耶德的东西。我的意思是,你可以在各家名叫塔可钟的墨西哥快餐连锁店找到谢赫·扎耶德的名字。"格雷厄姆当然赞同菲什对扎耶德活动中心的判断。"这个中心在制造令人非常不快的反犹主义的东西,"他说,"这些东西是我们无论如何都不想要的东西。"

目前的这种情形,不论对哈佛还是对美国政府都十分棘手。就是将扎耶德中心所做的这一切考虑在内,阿联酋仍是中东地区最温和的亲西方国家之一,并且它正将自己打造成一个全球性的商业中心。像美国有线电视新闻网和微软这样的公司都把它的地区性的总部设在那里。它还是美国的一个重要的盟友。在中东国家中,阿联酋是唯一一个拥有足够大的码头来停靠航空母舰的国家,并且它允许美国把航空母舰停靠在它的码头上。对于哈佛来说,退还谢赫·扎耶德的捐款将会引发一场国际事件,尤其是在这个美国需要争取每一个所能争取到的中东盟友的当口,它将损害美国和阿联酋的关系。

哈佛自己也正和阿联酋建立联系,这笔捐给哈佛神学院的金钱或许可以说是这其中最为次要的问题。四月份,来自阿联酋的政府官员参加了在哈佛设计学院举行的会议。在会上,哈佛设计学院的院长彼得·罗赞美构成阿联酋的七个"微型王国"之一的迪拜*是联系东、西方的一条重要纽带。与此同时,哈佛医学院的代表正在迪拜拜会有关官员,讨论哈佛医学院与一家名为迪拜健康保健城的阿联酋联合企业建立合资企业的事情。在这个合资项目中,哈佛将设立一项医学教育项目。一个在那里举办的哈佛医学会议,预期参加人数 300 人,最后竟接待了 1300 人。

哈佛和阿联酋的牢固关系将会促进劳伦斯·萨默斯实现他的哈佛大学全球化的目标,最终也将给哈佛带来巨大的利润。如果哈佛将谢赫·扎耶德所捐的款项退还给谢赫·扎耶德的话,不仅会损害哈佛和谢赫·扎耶德的关系,而且会损害哈佛与所有阿拉伯领导人的关系,因为任何一位阿拉伯领导人可能都不能忍受一所美国大学侮辱一

---

* 迪拜是阿联酋东部的一个城市和酋长国,濒邻波斯湾。——译者注

位阿拉伯国家领导人,而这将使哈佛疏远一大批财富多得简直数不尽的潜在捐赠者。

八个星期过去了,菲什没有从格雷厄姆那里得到任何消息。5月10日,星期五,菲什接到了一个《波士顿环球报》记者的电话,这个记者已经听说了这个争议。菲什给格雷厄姆发了封邮件,说想再次和他见一次面,还打算和那个记者谈一谈。第二天,气急败坏的格雷厄姆给菲什回了信,在信中他说:"亲爱的雷切尔,就在我正要给你写信安排我们见面的时间时,我接到了一个《波士顿环球报》打给我的电话,说你已经跟他们谈过这件事了。"格雷厄姆写道:"如果报社告诉我的是事实的话,我想我就不能再给你提供多少帮助了,而且我们也没有见面的必要。……我本来很有诚意和你一起处理这件事情,然而,你的不负责任和不情愿的行为让我觉得再也不能和你一起具体处理这件事了。……我预期会在五月底之前,把整件事情的来龙去脉完完全全地告诉哈佛的广大师生员工,我想你或许只能和其他人一样一起等待我的这份报告吧。"

菲什不愿意毫无作为地就这么等待这份报告的出炉。《波士顿环球报》在5月11日这一天刊登了一则报道。这一则报道激起了媒体的极大关注。美国国家公共电台(NPR)、哥伦比亚广播公司的(CBS)的晚间新闻节目、《洛杉矶时报》(Los Angeles Times),以及其他的新闻机构都为这个争论刊登了特别报道。菲什认为,在一个这样的体系当中努力并不能有任何的效果,于是她接受了新闻专访,上了访谈栏目,并在《哈佛深红》上刊登了一篇评论文章。"或许我的想法可能比较幼稚,但我真的在想,一旦这件事交由格雷厄姆来办,那他恐怕得去和阿联酋的总统联系,而且向他声明说'其实我自己是不想和这件事有任何干系的'。"她说,"我之所以对他的意图产生怀疑,是因为他在处理这件事的过程中拖拖拉拉的,这令我觉得不安。"

菲什后来了解到,大约五月中旬的时候,格雷厄姆就已经把调查的结论提交给了劳伦斯·萨默斯。萨默斯心里也早就有了定见,他觉得这件事十分敏感,涉及方方面面的攸关得失,自己还是别去理它为妙。而菲什根本不可能从新闻媒体的报道中了解到这些。萨默斯拒绝提及此事,他既不回复记者的电话,也没有让他的发言人露西·麦克尼尔提供任何模糊的评论。这种谨慎是萨默斯对待新闻媒体的惯用伎俩:如果有什么好事发生,他希望得到赞誉;如果有什么导致争议的，他就让他的属下来承担责任。在这件事情上，萨默斯根本就不想让这一没有任何胜算的争论毁掉名声，毕竟这笔捐款是在他担任哈佛校长之前的事情，况且这笔款项还是捐给一所他并不看重的学院。他在华盛顿任职时便是时常这般操纵新闻媒体的。然而，在哈佛校园里越来越多的人注意到，在处理那些对校长的声誉有可能造成些微损害的事情时，他们的萨默斯校长总是一拖再拖，不愿出面处理。这就表明，萨默斯更多的是关注他自己的形象而不是哈佛的形象。

但萨默斯从来都没有向外界公开表明谢赫·扎耶德这笔捐款的事情现在已经交由他，而不是交由比尔·格雷厄姆来处理。这就意味着，尽管在公众看来这件事情和格雷厄姆有关，但他其实根本无权处理这个问题。一个对萨默斯校长和格雷厄姆院长之间的关系非常了解的教授说："萨默斯可把格雷厄姆坑苦了，他就像一个让自己的士兵为自己承担过失的军官。"

尽管正如雷切尔·菲什所揣想的那样，媒体的关注正在产生影响，但是她还是没有接到劳伦斯·萨默斯办公室的任何反馈，也不知道在马萨诸塞厅和自己所在的神学院的布景之后正在发生什么。她开始对自己当年所选择的这所大学不再抱幻想了，当年她之所以选择上哈佛是因为她信仰哈佛大学的校训——或者说，她认为哈佛是相信它自己的校训的。即使对这笔捐款做出恰当的反应非常棘手，但哈佛难道连发表一篇谴责反犹主义的声明都做不到吗？难道这不该是一所著名的大学所该具备的道德行为吗？既然拉里·萨默斯在此之前发表了这么一篇有原则性的关于反犹主义的讲话，那他这个时候怎么能躲到替身的背后呢？

菲什对哈佛校方的道德意识的模糊感到悲哀，她对萨默斯校长深感失望。正是萨默斯校长的演讲激发她采取行动。她还是像过去一样执著，时年23岁的她依然坚信这么一个信念：一个人只要有理想和毅力，就能改变这个世界，或者说至少可以改变哈佛。由于比尔·格雷厄姆和拉里·萨默斯都未就这件事和她谈话，她开始怀疑哈佛只不过是希望她毕业走人不管此事，于是她开始计划着在毕业典礼时进行抗议。

这个学期的最后一次抗议文学课，也是蒂姆·麦卡锡的哈佛教学生涯的最后一次课。这次课的课题名称就叫做"美国梦的代价"。5月1日这一天,约翰·斯托弗的这堂课从美国的财富和全球化这两个话题谈起——这两个话题一直以来都是这门课程的主题。学生们正在阅读芭芭拉·艾伦赖希(Barbara Ehrenreich)所写的《金钱社会》,这本书揭示了最低工资的工作的真相;还有凯文·贝尔斯的《可以用后即丢的人们:全球经济下的新奴隶》,这是本揭发当代新奴隶问题的专著。随着这门课的视点从过去向现代推进,美国经济中的不公平和全球化的主题不可避免地聚合在一点上了。

"仅占美国人口1%的人拥有整个美国财富的50%,"斯托弗手扶着讲台说道,"全美最富有的前5%的人占有了整个美国财富的90%。"这种财富的集中,其影响力早已越过了美国的国界。"美国的富裕导致世界其他国家和地区比以前更加贫穷。"斯托弗说道,他显得比平常更为激烈。

接下来,麦卡锡把话题转入他今天的主题:作为抗议文学作品的嘻哈音乐(hip-hop music)。麦卡锡和斯托弗都有自己的研究领域,他们在各自的领域里游刃有余,而嘻哈音乐恰是麦卡锡的领域。"只有把嘻哈音乐和全球化,即和国与国之间的资金、文化和信息的流动联系在一起,我们才能理解嘻哈音乐。"麦卡锡说。他用几分钟时间谈论了一支女子嘻哈组合——胡椒盐嘻哈组合(Salt'n'Pepa),正是由于她们在20世纪80年代对性关系和艾滋病的坦率表达,促进了同性恋者、黑人、艾滋病的辩护者和公共卫生组织之间的联系。而且,麦卡锡还提到十年前有一支名为"两个活着的水手"(2-Live Crew)的嘻哈合唱组合被指控犯有猥亵罪时,斯基普·盖茨为他们出庭作证辩护。麦卡锡不露声色地轻笑了一下,说:"我们不会把这件事告诉劳伦斯·萨默斯,因为我们不必让更多的人跑到普林斯顿大学去。"

麦卡锡的父亲汤姆今天也来了。他在教室的后头,坐在角落的一张椅子上十分专心地听着。他满头白发,穿着宽松的长裤和一件大衣,还打着领带。马尔科姆也在这里,麦卡锡的母亲米歇尔由于这一天必须上班因此不能来。

轮到斯托弗时,他说他不得不讲一会离题的话。"作为一个完全的局外人,你就没有权力,"他说,"但是同时你却拥有了某种自由。……有效的抗议并不是为了赶时髦,装酷,或是随大流,而是要讲原则,根据我们内心坚定的信念采取行动。用詹姆斯·鲍德温*的话来表达,'我爱美国胜过于爱世界上的任何国家,也正因如此,我永远有批评她的权利'。"

斯托弗停顿了一下,清了清嗓子说:"我所认识的人中没有一个比蒂姆更具有这种思想。"

全班的同学都知道这一刻的重要性,他们都站起来鼓掌,同时兼任这门课程助教工作的研究生们——他们中有一个英国的白人女性、一个黑人女性、一个黑人男子还有一名亚洲男子——都走向讲台,拥抱麦卡锡。麦卡锡激动得有些说不出话来。"蒂姆一直以来都是我的指路明灯,是我灵感的来源,是我的亲密朋友。"斯托弗说,"我们在许多方面有很大的差别,但是我们常常最后达成一致意见。从今往后,我的哈佛将变得和以往不同。我在哈佛之所以觉得愉快,在很大程度上要归功于蒂姆·麦卡锡。"

斯托弗从讲台上走下来,似乎他无法相信自己还能继续说下去。

麦卡锡深吸了一口气。再过几星期,他将前往北卡罗来纳,在那里着手撰写他的那本关于教堂纵火案的著作。他穿着卡其布裤子、蓝色的衬衫和泡泡纱夹克,打一条色彩鲜艳的领带,显得更适合在教堂山北卡罗来纳大学给大学预科生上课,而不是在此上抗议文学这门课。

他问学生们在他开始讲课之前是不是可以先听点别的什么,接着他按下教室视听设备案板上的一个按钮。教室里弥漫着图帕克·沙克的那首《改变》。伴随着轻快的鼓点和选自布鲁斯·宏斯比的那首"这就是路"的钢琴旋律,沙克为美国种族关系的现状而悲叹。"早上醒来我问自己/活着是否有意义?/我是不是应该诅咒我自己?……警察狠狠恶骂着一个黑人/扣下扳机/杀掉一个黑鬼/他是一个英雄……"

然后,合唱部分,沙克提高了音调,将这首歌从绝望转入希望。"我们将做出改变,"他唱着,"让我们改变我们的生活方式/让我们改

---

* 美国黑人作家,著有著名的散文集《没有人知道我的名字》、《下一次将是烈火》、《他的名字,在街上也不存留》等。鲍德温也写作剧本和小说,较优秀的长篇小说是其第一部长篇小说《向苍天呼吁》。此外,他还著有政论、文艺评论、回忆录、随笔、游记、报告文学等多种作品。——译者注

变对彼此的态度。"

麦卡锡站在讲台上,低着头,尽量让自己平静下来。当"改变"这首歌结束之后,他显然已经努力使自己冷静了下来。

"我想用片刻时间回应一下沙克。"他缓缓地说道,"'9·11'事件之后,在那些高楼大厦倒塌之后,我们之间的关系在接下来的几小时里,在接下来的几天里都改变了。我们在刹那间的第一反应便是毫不犹豫地去帮助那些消防人员和其他的工作人员,去拥抱他们。……人们顾不上各自的宗教信仰与身份聚集在一起互相帮助。

"然而从那一幕过后,我们便生活在恐惧中。布什总统利用我们的极度恐惧、偏见和无知,建立了一个充满着恐怖感的国家,迫使我们驯服,让我们对他的政策保持沉默,甚至与之沆瀣一气。

"在哈佛的校园里也存在着类似的恐惧,"麦卡锡说道,"我们也常常必须接受发生在我们校园里的这一切。我对我们的这种自满感到担忧。我们这里还存在一些做错的事情。在我们哈佛这里,仍然有人赚的钱不够抚养他们的孩子。我们有一位对巩固自己手中的权力很感兴趣的校长。我们需要质问,为什么像科尔内尔·韦斯特这样的人不得不离开哈佛?我们需要质问,为什么这个大学对于一个年轻女子的自杀竟没有做出任何反应?我们需要质问,为什么生活在哈佛的人不快乐?为什么我们不对我们的教学更负责一点?你们每个人都应让你们的老师负责任。因为你们渴望学习,因为你们热爱知识。"

学生们知道这是他们将永远难以忘怀的一刻。对于他们很多人来说,最初正是这样的一种理想主义把他们带到哈佛。可是在所有获得终身教职的大师们或是在哈佛校长的身上,他们并没有找到他们所期待的真理。但是,他们认可了这一位年龄31岁、尚未获得终身教职的讲师的激情。而且他们也十分清楚,他们之所以对麦卡锡怀有如此深厚的敬重之情,是因为麦卡锡不惜牺牲自己的学术成就,无私地献身于教学和学生们的幸福。然而令他们心酸的是,正是这种无私奉献的精神却使得他在哈佛无法立身,这是多么大的讽刺啊。这样的教师,他们关心学生更甚于关心自己的成就。然而,学校竟在耗干了他们的心血之后唾弃他们。这就是麦卡锡这么早就要离开哈佛的原因。然而他却永远也无法不爱自己的母校。

"我对自己在哈佛的这段时光充满了感激。"说到这里,麦卡锡开始哽咽了,"哈佛将我从卑微的草根阶层拉了出来,给了我这个世界。

所以每当我批评哈佛时,也正是出于我对哈佛的爱。"

整间教室每一个角落的学生们都开始流泪了,他们甚至不想抑制自己,而是任由泪水往外流淌。并非只是少数个别学生,而是有数十个学生,他们东一个西一个地抽噎着。有一些学生则在不停地将这一幕拍摄下来。

"在这里我们拥有极大的公民基本权力,我们用不着害怕。"麦卡锡继续说道,"我们必须与那些威胁我们、想要毁掉我们的道德观的恐惧感和自满相对抗。……因此,当大家觉得孤独无助的时候,要记得去读詹姆斯·鲍德温的作品,读《独立宣言》,读马丁·路德·金和贝蒂·弗里丹*的作品,那么你就会意识到你将永远不再孤单。"

麦卡锡不知道该怎么继续往下讲了,他紧咬着自己的上唇尽力克制自己的情绪,说不出话来。但这没关系,学生们已经看到他现在需要帮助,因此他们站了起来并报以热烈的掌声,久久不愿意停下来。

2004年春天,麦卡锡离开剑桥大约一年之后,这个班级的一个学生在劳伦斯·萨默斯的办公时间去拜见萨默斯,和萨默斯谈论哈佛的教学问题。在萨默斯的办公室里,那个学生坐在长椅上,而萨默斯坐在一张皮质的单人靠背椅上,双脚放在一张玻璃咖啡桌的上面。他的脚边放着一个小盒子,里面装着三粒彩色的弹力球,通过挤压这种弹力球可以缓解一个人的焦虑感。(而萨默斯确实挤压过这些弹力球:在之前的一次与另一个学生见面的时候他就挤压过这些球,那次萨默斯接见的是个名叫埃玛·麦金农的学生,是维生薪资运动的支持者,哈佛大学2005届毕业生。当时萨默斯竟然挤爆了一粒弹力球。)

这个学生告诉萨默斯,他非常失望,因为他和大多数教授几乎没有什么接触。他想知道为什么在大学里没有更多像蒂姆·麦卡锡这样的教师——像他那样真正与学生打成一片,对自己所教的教学内容以及教授这些内容充满热情的教授。

当萨默斯听到麦卡锡的名字时,"他的脸有点扭曲了,他把手放到嘴边,一边点头一边望向远处",这个学生回忆道。

"他主要说的是,我们选择来哈佛只是因为这里有最优秀的学者,

---

* 贝蒂·弗里丹,生于1921年,美国女权主义者,她写了《女性的奥秘》(1963年)一书并建立了国家妇女联合会(1966年)。——译者注

而如果你想去那些关注本科教学的大学,那你应该去像阿姆赫斯特或斯沃斯莫尔这样的学校。"这是两所极好的文理学院,只是规模相对来说比较小而已。哈佛必须聘请"最优秀的物理学家"或"最优秀的莎士比亚学者",哪怕他们在教学上并不是最优秀的,而只是平庸而已。

萨默斯的坦然相告让这位学生感到震惊,他抗议道,哈佛可以改变这一切,只要我们真的想要改变这一切……

"不",萨默斯说,"不,我们不能做这种改变。"

一时之间,他的这句话让人失落不已。

"对于我们哈佛而言,今年可以说是令人十分满意的一年。"[4] 6月5日的下午,萨默斯对着大约三万人的听众说道。这是他在今年的大学毕业典礼致词的第一句话,毫无疑问,他完全有理由觉得满意。对他来说,2002—2003学年确实是个好年头。

诚然,在萨默斯任校长的第二年里,各种混乱与不安并不能完全避免。他针对反犹主义所做的演讲、汤姆·波林事件、哈里·刘易斯的被撤职等,都引起了争议。但所有这些争议并没有像第一年中所发生的科尔内尔·韦斯特事件那样威胁到他在哈佛的立足,而且现在这个令他觉得耻辱的失败也正在慢慢地被人淡忘。每毕业一届学生就意味着了解这一事件的学生又少了一拨。萨默斯站出来支持反歧视行动也减轻了韦斯特事件所带来的伤痛——特别是在6月23日,法庭对密歇根大学一案做出了裁决,在很大程度上支持了包括反歧视行动在内的各项大学招生政策。

盖茨的事看起来也大体解决了。之所以说是大体解决了而不说是完全解决了是因为,还有人在私底下传言,对盖茨是否会继续留在哈佛还心存疑虑。这样的传闻并非空穴来风,尽管盖茨巧借韦斯特事件发力,提高了自己的地位,为他自己,同时也为非裔美国人研究系谋取了利益。5月间教师们投票,同意扩大非裔美国人研究系的研究领地,非裔美国人研究系扩编为非洲与非裔美国人研究系。对于盖茨来说,这是一个巨大的胜利。通过把非洲大陆研究这一块明确地增列入本系的研究范围,盖茨实现了非裔美国人研究的全球化——非裔美国人研究的范围得到了拓展,已不再仅仅局限于对美国黑人历史和文学进行研究。现如今的非裔美国人研究系已是今非昔比,新增了各种非洲语言的课程,从而建立起与非洲的学者和高校联系的桥梁,开拓了新的研究领域,可以有更多的资金,有更多的出外游历的机会,有更多的教授职位。并且,最重要的是,盖茨本人以及其所在的非裔美国人研究系拥有了更大的影响力。非裔美国人研究系的这一系列发展变化离不开萨默斯的大力支持,在5月20日例行的教员会议上,萨默斯和盖茨两人都不遗余力地赞颂了对方的功劳。

尽管如此,盖茨还是让人们觉得纳闷。本月初,他宣布自己将在2003—2004学年休年假。这次年假的事情他已计划了很久,但是他此次年假要去的地方却出乎很多人的意料:在接下来的一年里,盖茨将休假前往高等研究院(the Institute for Advanced Study)。这是一所位于新泽西州普林斯顿的爱因斯坦大道上的一个学术中心。虽然这所研究院是一所独立的研究机构,但它和位于当地的普林斯顿大学却有着密切的关系。科尔内尔·韦斯特和安东尼·阿皮亚在离开哈佛后便是在这所大学落户的,而且这所大学早在1990年便投票表决向盖茨提供终身教职。(有关盖茨休年假的消息很快就上了《纽约时报》的国内新闻版,有个对此感到困惑的同事揶揄道,"斯基普·盖茨即使明天早晨睡醒后好好地拉它一泡屎,《纽约时报》都会写篇报道刊登出来"。)

盖茨将前往新泽西州休年假的决定引起了人们的猜测,大家不由自主地想到盖茨正在诱使普林斯顿大学上舞场,向他发起一轮新的求爱。尽管盖茨强调他并没有这种动机,但几乎没人相信他的话。特别是在5月28日那一天,他宣布他已经将《女奴叙事》的手稿捐赠给耶鲁大学的百内基珍本和手稿图书馆(Beinecke Rare Book Library),这是第一部由黑人女奴所创作的小说。盖茨解释说,是耶鲁给了他学术起步的平台,而这是他表达谢意的方式。但人们对此举也有其他的解读。其中一个说法是,盖茨的举动是对萨默斯的警告,萨默斯强迫哈佛图书馆削减预算,导致图书馆减少开放时间,关闭一些出入口和裁员。另有一种更有可能的说法是,斯基普·盖茨不想让人们觉得他理所当然就该把这部手稿赠给哈佛的图书馆。

此外,哈佛的教师们和那些渴望独立自主、不受控制的行政管理人员依然在广泛地抱怨,表达他们的不满。在5月29日为哈里·刘易斯举办的派对上,彼得·戈梅斯站起来向这位即将离任的院长敬酒。他用洪亮的男中音谈起刘易斯是怎样信仰与哈佛息息相关的历史和传统,而不是任何个人权力和地位的提高。"哈里大体上信任体制,"戈梅斯说,"他是这个体制的产物。"戈梅斯将刘易斯比做8世纪西欧的皇帝查理曼大帝*,然后又谈到那些掠夺成性、对查理曼大帝的开明统治造成威胁的异教徒和野蛮人。查理曼大帝于814年过世后,戈梅斯巧妙地说道,他的帝位继承人中不乏一些无能之辈,诸如那个被称做"肥硕的查尔斯"的家伙。在场的75个人都哄堂大笑了起来,戈梅斯接着说道:"我把哈里看成我们的查理曼大帝,我为欧洲的未来担忧。"

萨默斯还在努力提高自身的形象,至少在新闻媒体上他就是这么做的。在他刚上任的第一年,他就赢得了"一头闯进瓷器店的蛮牛"的名声。哈佛外面的人喜欢这个比喻,哈佛校园内也同样有人喜欢这个比喻,但为数较少,而萨默斯本人不希望自己被说成这样。不久前,在一次接受《哈佛深红》的学年末采访中,当被问及"为什么在过去的这一学年中,对你的负面报道比上一个学年少"时,萨默斯校长的回答是,他不知道。他还说:"不同的人对不同的事有不同的看法,我想我的工作是提高学术水平,尽可能地使哈佛成为一所伟大的大学。"[5]

尽管这个回答没有明确答复学生所问的问题,但这一答案却也让人联想到一种可能性:萨默斯已经深谙一种避免负面新闻报道的战术,那就是,在媒体面前泰然自若地发表一些毫无实质内容的声明。他已经不止一次得到告诫,对每件事有想法并不代表每次都要表达出来。

这里再也不会有像"美国圣战"那样充满争议的毕业典礼。今年毕业典礼的学生演讲将是一个可靠的、没有危害成分的演讲,萨默斯完全确信这一点。下午毕业典礼的演讲者将会是埃内斯托·赛迪略,当萨默斯和鲍勃·鲁宾组织美国对墨西哥采取救援行动时,埃内斯托·赛迪略正是墨西哥的总统。赛迪略现在在纽黑文,担任耶鲁全球化研究中心负责人。尽管埃内斯托·赛迪略将要做的毕业演讲肯定不可能太精彩,然而萨默斯所做的这一选择一方面是对一位老友的尊重,另一方面也是在支持他所喜爱的学科之一。

除了毕业典礼外,萨默斯也在他其他方面加强了对这所大学的掌控。截至他任校长的第二年年底,他已任命了新的文理学院院长、法

---

* 查理曼是法兰克国王(768—814年)、罗马灭亡后西欧第一个帝国的创始人,他在艾克斯拉沙佩勒的宫廷成为欧洲文化复兴的中心,因加洛林文艺复兴而闻名。——译者注

学院院长、教育学院院长以及神学院院长。其所任命的这些院长中，特别是比尔·科比，似乎甘愿放弃自己的某些自主权，以换取萨默斯的任命。萨默斯也通过提高自己使用校友捐款的权力削弱了最有实权的那些院长们的权力；同时通过修改相关的规定，允许把捐给校长办公室的校友捐款金额也计入校友所属年级的荣誉，从而得以插上一杠，向校友募集资金。

他也开始着手改造哈佛的教授结构，聘用他自己所敬佩的学者，摒弃那些在他看来不值得钦佩的学者。对于教授人选，只要他觉得他们不够格，或是觉得其所要担任的职位十分重要，所提人选难以胜任，萨默斯便毫不犹豫地加以否决。在他拒绝了由肯尼迪政府管理学院提出的两位终身教授人选之后，"我们政府管理学院召开了一次会议，这次会议持续了将近两个小时，每个与会者都在谈论萨默斯"，哈维·曼斯菲尔德教授回忆道，"要是他知道这个的话（可能已经有人告诉他了），我想他将觉得非常满足，因为他已经引起了每个人的注意"。

萨默斯也延揽了一些他认为理应在哈佛大学任教的学者，而无视相关系科是否愿意要他们。这些学者中最为著名的有：麻省理工学院的史蒂文·平克，一位从事脑力发展研究的跨学科心理学者；纽约大学的路易斯·梅南，是位文学史研究专家，同时也是《纽约客》杂志的特约撰稿人，曾荣膺普利策奖。数月之后，萨默斯想方设法，终于又挖来了原任职于纽约大学的历史学家尼尔·弗格森，其关于大不列颠帝国的著述受到广泛的赞誉。尽管一些评论家认为弗格森过分夸大了 20 世纪不列颠帝国主义的善举，然而这些批评丝毫不为萨默斯所关注。

比尔·科比摒弃了先例，很少过问教职人员的聘用问题。传统上是由文理学院的院长来延揽新教授，比如说斯基普·盖茨主要就是由亨利·罗索夫斯基，而不是德里克·博克出面延揽来的。但是现在萨默斯却越俎代庖，自作主张地聘用了这些学界名人，然后直接指派，将他们安排到某些特定的系任教。如果这些系的负责人拒绝接受这些人选，那么该系就会失去由萨默斯掌控的教授职位。大多数系的负责人接受了萨默斯指定安排给他们的人选，这就意味着尽管他们自己完全有能力填补这些在他们看来十分重要的学术位置，却只能做出牺牲，把这样的位置拱手让给那些萨默斯感兴趣的学者。当然，这并不是说萨默斯所延聘的教授水平有限，萨默斯延揽到的这些人几乎全是各领域中的佼佼者。然而，如果哪个院系敢拒绝萨默斯安排给他们的这些学者，无论是出自何种原因，都可能会惹怒萨默斯。既然萨默斯可以把院系负责人的官位给你，同样也可以撤你的职。

在萨默斯的议程中，课程审订尤为重要。这次的课程审订在其担任哈佛校长的第三年里郑重其事地启动了，在毕业典礼的演讲中他将把自己对这次课程审订所寄予的期望公之于众。之所以如此，原因有二。其一，他强烈地意识到哈佛学院急需课程改革；其二，以此次课程审订为中心的资金募集活动即将拉开帷幕。他将呼吁捐赠人捐资给新项目，捐资招聘更多的教授，捐资建设新的教室，等等。萨默斯想要以这次毕业典礼作为募款的开端。

尽管已是六月，但哈佛所在的剑桥依然十分潮湿，天气还是让人觉得凉飕飕的。萨默斯的演讲大约持续了半小时，他畅谈了自己对这次课程审订所寄予的期望。他希望哈佛的学生能像满意"课外活动"一样满意自己的学术经历。学生既要会文学创作，会解读名篇巨著，也要能谈古论今，而且，"我们所有的学生都应知道——他们应在一定的基础上真正地了解——基因组秘密的破解正如何重新阐释科学的本质，经验主义的方法又如何能磨砺我们分析这个世界所面临的复杂问题的能力。"

听众们似乎很喜欢萨默斯的这一演讲。确实，每当哈佛校长谈到如何使哈佛的教育变得更好时，哈佛之外的人总是听得津津有味。但是文理学院的行政管理人员却很不安。在表面上，课程审订工作由比尔·科比全权负责，但是萨默斯却站在上万名听众之前对科比发号施令，要科比按他的要求去做。

校长以战斗的号令结束了演讲。"在某个层面上看，课程审订将意味着没完没了地召集会议，提出各式各样的要求，还需要历经种种的繁文缛节，"萨默斯说道，"……但在另一层面上，几乎再也没有比这更重要的事情了。这个世界是根据这个世界的领导者的想法来加以塑造的。而这些领导者就是在像哈佛这样的地方树立起他们的信念，形成他们的态度，培养他们的能力的。哈佛学院已经为这个世界服务了三百多年。在接下来的二三十年里，我们将尽我们自己的职责，继续为这个世界服务。"

在哈佛园的围墙外，雷切尔·菲什招募来的当地中学的学生正在分发揭发谢赫·扎耶德和扎耶德中心的传单。午饭时，在神学院草坪的一顶帐棚下,雷切尔·菲什从威廉·格雷厄姆那里领到了她的毕业证书。当威廉把证书授给雷切尔时,雷切尔递给了他一份130页的文件和一份陈情书,这份陈情书上共有1500人签名,要求神学院将谢赫·扎耶德的捐赠还给谢赫·扎耶德。菲什因此额外地得到了来自同班同学的一些稀落的掌声和一阵喝彩:"别泄气,雷切尔!"格雷厄姆没有反应,只是把文件和陈情书接过来放在桌子上。当天下午晚些时候,菲什把同样的一份材料递交给了马萨诸塞厅。

在拉里·萨默斯即将迎来其担任哈佛校长的第三年之际,对他不满的声音似乎变得越来越安静,而他本人似乎也变得越来越有信心了。唯一不确定的是,究竟是那些跟他这个校长作对的人已经被他制服了,或者还只是在暗地里酝酿着,等待着最终爆发。

第九章 这里的校园静悄悄

2003年8月24日星期天,《纽约时报》的读者一醒来就发现拉里·萨默斯的面孔在《纽约时报杂志》*的封面上目不转睛地注视着他们。封面上的短评赫然写着:"大学校园的鼓动者"。这张照片的镜头所对准的是哈佛校长那张绷得紧紧的冷酷无情的脸。这张面部特写占据了大约3/4的版面。显然这是一张引人注目、不招人喜欢的肖像。到这年的11月萨默斯就49岁了,皮肤开始有了斑点,嘴角和眼睛周围的皱纹越来越多,这些都在传递着其年龄的信息。他那一头精心梳剪的头发两鬓已经斑白。一道小伤疤从他左下巴伸到他下唇半英寸的地方。他的双唇紧闭,似乎是在警惕地怀疑或是在谨慎地判断着什么,他的下巴和喉结处的胡子已有些花白,犹如笼罩着薄暮时分的斑驳阴影。不过,萨默斯的双眼仍是那样的湛蓝,那样的清澈明朗,那样的炯炯有神,它正目不斜视地直盯着读者。他的眼神是那么的有力,让你不敢直视,唯恐避之不及。

紧接着这一封面照片之后的是新闻记者詹姆斯·特劳布所撰写的一篇题为"哈佛的激进者"的文章。这是萨默斯经由新闻媒体,为其改革进程先行热身所进行的宣传活动的一部分。美国老牌电视新闻节目《60分钟时事杂志》对萨默斯所做的人物访谈节目因伊拉克战争

---

* 《纽约时报》(The New York Times)是美国三大报纸之一,也是影响最大的报纸,在美国最负盛名,有"档案记录报"的美称。目前该报每日出版3至4次,时间为晚上9点、午夜和凌晨2点或3点,最早的一版在晚上9点就开始在纽约街头日夜售报摊上出售。报纸内容广泛,星期天更是五花八门,应有尽有,新闻学者把它比喻为"百货商店"。除了报纸以外,星期日版中还另附两个杂志形式的副刊:《纽约时报杂志》(The New York Times Magazine)和《纽约时报书评》(The New York Times Book Review)。——译者注

的爆发半途而废,而这篇文章,作为本年度较为理想的作品最终和盘托出。这篇文章认为,作为哈佛大学的校长,萨默斯"正在对这个强大的精英机构进行大刀阔斧的改革"。作者特劳布回顾了萨默斯的哈佛时光:从遴选成为哈佛的校长到就任校长初期的诸多风风雨雨。这其中自然免不了要描述科尔内尔·韦斯特事件,并对萨默斯在此事件中所受的委屈深表同情。在特劳布的这篇报道中,萨默斯校长的开场白就是萨默斯本人平时最喜欢的一句话:"我们的主张是对任何的观点都不应预设立场,"他告诉特劳布说,"但是我们的这种主张不该被解读为我们认为任何的观点都是合理的。"哈佛董事会的董事们,包括 D. 罗纳德·丹尼尔、鲍勃·鲁宾和汉纳·格雷等人在内均站在萨默斯这一边,为萨默斯说话。"我们都一致认为我们需要一个比尼尔·陆登庭更有闯劲、更有进取心、更加敢作敢为的人。"丹尼尔说道。

他们这种诋毁哈佛的做法委实令人觉得奇怪,萨默斯和哈佛董事会成员们所讲的话让人觉得他们似乎并不太敬重他们的大学。这也就不能怪读者们在心里怀疑哈佛是不是正经受着一种自身免疫系统紊乱的痛苦,那些口口声声宣称自己是哈佛捍卫者的人们不仅没有好好地护卫哈佛,反而是在糟蹋它。萨默斯所主张的"并非所有的观点都同样合理"的观点便是个很好的例子。他的这句简练而又含蓄的话正迎合了那些惯于喋喋不休、说三道四的保守主义者的胃口。他们认为,哈佛是座道德相对性的堡垒,在哈佛,无论是在性问题上还是在政治和学术等方面,一切都稀里糊涂地将就着,几乎没有一个明断(或许,保守主义是个例外)。萨默斯在就职典礼上第一次说起,之后常挂在嘴边的、自以为是真理的这句话,其言外之意就是说,这样一种道德相对主义在哈佛园这个荒谬的世界中滋生蔓延着。

当然,事实却恰恰相反。在哈佛,想要找到一个认为任何一个观点都是同样合理的教授谈何容易啊。这么一种相对主义的概念源于 20 世纪的 60 年代,即使是在当时,持这种观点的也只是极个别人而已。然而,萨默斯校长却飞快地画了一个稻草人,而这其实是他基于对过去的那些挥之不去的痛苦记忆而臆想出来的丑化形象,但他却把它作为哈佛的真实形象向外界推销,而外界的人则购买它,因为它满足了这些人原有的先入为主的预想,在这些人的心目中,哈佛是 20 世纪 60 年代激进主义的最后的堡垒。因此,《纽约时报杂志》把萨默斯描述为一位当代的"大学校园的鼓动者"和"激进者"。套用过去的标准来衡量,其在表面上已称得上是一种新的激进主义了。拉里·萨默斯正在抛弃那些以往的嬉皮士,抛弃那些不具有学术活力者,抛弃那些助长高分低能者。他就是在做这样的一种暗示。

同样令人不解的是,哈佛董事会的董事们也发话了。按常理,哈佛董事会的董事们从不向媒体放话的。但他们现在却以贬低尼尔·陆登庭的方式对媒体放话。他们想要一个"更加敢作敢为"的校长。其言下之意无非就是,尼尔·陆登庭不是一个敢作敢为的校长。自从萨默斯被遴选为新一任的校长以来,尼尔·陆登庭就特别留意,不对自己的继任者进行任何评论。有个认识陆登庭的人说,在晚宴上,陆登庭只是听其他人在愤怒地抨击萨默斯,听他们绘声绘色地描述一些前所未闻的哈佛校长的言行举止,但没有发表任何意见,只是偶尔抬一下他的眉毛而已。对于哈佛董事会的董事们这种以贬低陆登庭的方式来谈论萨默斯的做法,哈佛读者深深感到他们这么做实在是太缺乏修养了。或许,这件事折射出这么一种暗示:他们是在为他们错误地选择了萨默斯进行辩解。

《纽约时报杂志》的这篇文章显然缺乏对萨默斯的批评,其作者特劳布解释说,那些对萨默斯有不同看法的人拒绝接受他的录音采访,唯一的一个例外是政治哲学家迈克尔·桑德尔,桑德尔在接受录音采访时说:"无论是从学术训练,还是从个人的性格上看,经济学家往往是些学术帝国主义者。他们自认为自己的理性选择模式能够解释所有的人类行为。问题的关键是,拉里是否能够不受这种偏见的影响,养成一种更加宽广的学术包容情怀(intellectual sympathies),而这种学术包容情怀是他成为一位伟大的哈佛校长所应具备的。"桑德尔的批评合情合法,或许只有桑德尔才能安全地评价萨默斯。作为哈佛的一名终身教授,桑德尔所教授的是"道德推理22:公正",这是长期深受哈佛学生欢迎的课程之一。此外,他的这个教授讲座即将得到一笔预计达四百万美元的资助。这笔资助来自罗伯特和安妮·巴斯夫妇,他们属于美国高等教育的最大捐款人之一的得克萨斯州的石油家族(Bass Brothers)。桑德尔接受了特劳布的新闻采访。

其他教授要么拒绝谈论萨默斯,要么不肯接受录音采访,要么说些赞美萨默斯的话,这样的一些赞美之词他们在几个月前连想都不曾想过。而斯基普·盖茨则一如既往地奉行其亲萨默斯的交际手腕,他宣称:"萨默斯没有被工作吓倒,他在学术上非常自信,他将成为一个伟大的校长。"

如果要说特劳布对萨默斯有什么担忧的话,那就是这位新任校长是否十分有必要与众人为敌呢。(特劳布是哈佛大学 76 届的校友,不过这一事情在他的这篇文章中并没有透露。)他的这篇报道以一个十分尴尬的片断结尾,在这里,特劳布告诉萨默斯:"我一直以来都在为人们居然会如此地厌恶你感到吃惊。"萨默斯解释说,这是因为人们拒绝变革。这是他回击那些批评他的人的一贯方式——不是因为人们对他的领导风格难以认同,也不是因为人们对他认为必须加以改革的想法难以接受,而是因为这些人是一些因循守旧者,他们反对他是想要维持现状。特劳布否定了萨默斯的这项说辞,他告诉萨默斯,不是你所解释的那样,人们不喜欢的是萨默斯你本人。"听到这,我很抱歉。"萨默斯"平静"地说道。或许"我为人一向敢作敢为,非常有挑战性。也许就是因为这样,有时候我做起事来雷厉风行,他们就觉得没有受到尊重。但我并无意冒犯他们"。说到此,萨默斯似乎意犹未尽,又说道:"我觉得,作为一个哈佛的领导者,我不必太在意自己是否深受大家的欢迎。"

正如特劳布在报道中所讲述的,我们很难不去同情萨默斯;几乎没有人乐意听到人们说他自己不招人喜欢。然而,与此同时,萨默斯的回答又是一种他所构想的二分法,似乎人们只能在要么"十分讨厌"、要么"深受欢迎"之间进行选择。如果还有什么可说的话,这一趣事表明了萨默斯的智力反应极快。哪怕是一件完全涉及其个体隐私的事情,他也可以随时应对自如,运用修饰手段,以一个对自己更有利的角度来为自己圆场。

这篇文章刊出两个星期之后,《纽约时报杂志》刊出了五封与特劳布这篇人物专访相关的读者来信[1]。这五封读者来信中没有一封是来自剑桥,但他们都十分仰慕萨默斯。其中最典型的是名男子——这人不是哈佛大学的毕业生——他在自己的信中写道:"谢天谢地,终于有人向哈佛挑战了。萨默斯可能不会赢得'最佳人缘奖',但他至少愿意去撼动这棵长在哈佛这所惯于自吹自擂的学校的因循守旧的智慧树。"除此之外,各方的反应也五花八门。萨默斯的母亲对自己熟悉的人谈及她对这篇报道的看法时,认为这篇报道,尤其是报道最后的那一部分对话对她的儿子太过苛刻了。不过萨默斯本人对这篇文章倒是挺满意的,他只是不愠不火地说了一句,可惜这些读者来信没有

第九章 这里的校园静悄悄

一封是来自剑桥镇，邮政编码为02138的。尽管如此，萨默斯的支持者们还是非常高兴。"《纽约时报杂志》的这篇报道本身就是一个胜利，"马丁·佩雷茨说道，"所有那些对萨默斯吹毛求疵的人都只会在背地里说三道四，不敢让别人知道他们自己是谁。"佩雷兹的意思是，那些反对萨默斯的力量在慢慢地减弱，越来越不敢公开表达他们对萨默斯的不满。

马丁·佩雷茨所讲的确是实情。《纽约时报杂志》的这篇文章在哈佛的全体教师中引起了微妙但却截然不同的反应，他们进一步意识到在剑桥之外的地方人们对萨默斯的印象，因此想要质疑萨默斯就得更加小心才是。他们心里十分清楚，萨默斯拥有在公共场合展示自我的舞台，他们却无法拥有，他可以接近和利用新闻媒体而他们却不可以；除此之外，萨默斯还拥有全美的观众，他们都在急切地想要了解萨默斯为他本人编造的，并卖给那些顺道拜访哈佛校园的记者们的故事情节。哈佛不是文章的主题，而是文章的对头。哈佛校长的这种所作所为委实令人费解，哈佛的教师们觉得自己被阉割了。一方面，萨默斯的这些评论进一步助长了长期以来存在于美国社会中的反智主义倾向。每当萨默斯谈到哈佛校园里存在道德相对主义，或是暗示哈佛不爱国时，他认可了那些奉行保守主义的美国人的反精英主义以及他们对哈佛的不信任，特别是在伊拉克战争和恐怖活动期间。另一方面，萨默斯已经攫取了解释"卓越"这一词的标准的话语权。在他把自己的对手加以丑化之后，他再向他们提供一个解决方法——他的解决方法。这就好比是先将某一个人打成重伤，然后又提出可以卖给他健康保险。

这种连环出击的组合拳是一种叫人觉得不可思议的反智策略，这么一种策略萨默斯可能在自己还是在麻省理工学院辩论队或是在华盛顿的政界时就已经学会了。如果这个策略的目的是为了压制不同的意见，从而推进他的改革进程的话，那么它已经很好地发挥作用了。除了斯基普·盖茨和其他为数不多的几个人外，哈佛的教授们并不精于透过媒体发表自己的看法，学者都不擅长原话录音报道。萨默斯已经制定了辩论的条款，因此每当他们对其计划提出异议时，他们的言行听起来似乎是在抗拒卓越。那些精于跟媒体打交道、对权力感兴趣的人很快意识到，与其在萨默斯具有明显优势的领域里与萨默斯对抗，还不如与萨默斯一起打球。确实，他拥有好几样优势——有个专职的新闻秘书,有长期与新闻媒体打交道的经验,校长职位的光环,有权有势者愿意为他说话,而且人们普遍都惯于不加思考地把他,而不是把哈佛的教师,视为哈佛的具体化身。任何一位哈佛的教师与哈佛的校长进行单打独斗都不会是一场公平的对抗。

因此教师们——绝大多数的教师,也就只能保持沉默了。

他们生来就不是想把时间花在公开论辩哈佛的未来的一群人,他们更喜欢把时间花在做研究和著书立说上。但与以往的教授相比,有许多教授对哈佛大学的忠诚度降低了,尤其是在现在,他们对学校的运作越来越没有发言权。此外,他们发现,批评校长的人受到惩罚,而那些讨校长欢心的人则得到了奖赏。斯基普·盖茨又拿到了一笔资金,他的非裔美国人研究系也拓展了新的研究领域,这一切皆因为他已经与新校长握手言和。(尽管几乎没有什么人知道事情的真相,但大家都普遍这么认为。)同年晚些时候,萨默斯又提名那位和他合作就反歧视行动撰写专栏署名评论文章的罗伦斯·特赖布为哈佛的校级教授,要知道校级教授可是哈佛教师的最高荣誉,科尔·内尔当年就曾荣膺这一称号。校长萨默斯近来延揽到的成员,诸如史蒂文·平克和尼尔·弗格森等人都相继在大学事务和海外校友的聚会上亮相。

从某些方面来说,今年的夏天是个风平浪静的夏天。8月底,阿联酋宣布将永久性地关闭谢赫·扎耶德中心。哈佛随后透露说,校方将会延迟至2004年8月之后才决定是否要将谢赫·扎耶德的那一笔捐赠返还他本人。学校"已经决定,这笔款项在接下来的这一学年中先暂由校方保管",露西·麦克尼尔说道,不过哈佛仍将继续遴选与这一教授职位相关的人选。哈佛校方的这一决定是在缺乏生机的夏季里发布的,它缓和了这一年多来的争议——事隔一年之后,关注这件事情的人已经大为减少了。"这一切表明,"雷切尔·菲什强调道,"经过一年的时间,当这些事情平静下来之后,他们就可以接受这笔款项,而无须再在舆论上做什么文章。"就跟扎耶德·亚辛一样,作为一名学生,雷切尔·菲什也卷入了一场与马萨诸塞厅之间的争论,而且她也同样从未听到从萨默斯嘴里冒出与此相关的只言片语,就是在哈佛将如何处理谢赫·扎耶德这笔捐款的相关声明中也找不出萨默斯的名字来。而且,也没有像菲什所期望的那样发表声明,对阿联酋国内所存在的反犹主义加以谴责。关闭谢赫·扎耶德中心是个进步,但你不能完全说,哈佛就是站在道义的立场上。

第九章　这里的校园静悄悄

与此相反，此时的萨默斯正不遗余力地推动成立另一个研究中心——布洛德研究所（Broad Institute），这一项目是在6月底对外宣布的。该中心由哈佛大学、麻省理工学院以及附近的怀特海生物医学研究所（Whitehead Institute for Biomedical Research）共同创立的。布洛德研究所致力于将人类基因的信息转化为医药上的应用研究。关于自己对这个新的科学中心的支持，萨默斯好像怎么谈也谈不够。在他担任哈佛校长两年之后，他的优先事项终于有一项呱呱坠地，让人们可以看得见摸得着了。

萨默斯对自己生活中更私人化的一方面非常满意。他和丽莎·纽的关系相当不错。当纽在他旁边的时候，他会感觉更放松，也没有那么强的对抗性，可以和人们更好地相处了。和他们这一对有交往的人都说他们相爱。纽告诉朋友们，萨默斯就像是一只大泰迪熊，一个脆弱的、几乎没有能力照顾自己的小东西。这个英语教授把越来越多的时间花在爱姆伍德这座校长的府邸上。当萨默斯的孩子从华盛顿来探望他们的父亲时，他们会和纽的女儿们玩在一起。纽告诉朋友们，她想学经济学，而萨默斯，尽管"在他的身体里压根就没有任何韵律感"，但他还是在努力去欣赏诗歌。

纽对萨默斯的影响不仅仅体现在学术方面。她和一个受雇于爱姆伍德校长府邸的佣人一起为萨默斯挑选和搭配好他该穿的服装。有了她们两个人的帮忙，萨默斯的着装也就和以前大不相同，仿佛换了个人似的。尽管他的吃相还跟过去一样难看，不过萨默斯已经开始把衬衫塞进裤腰里并扣紧纽扣，而且同过去相比，他穿的衬衫和领带也日趋与他的外套相配了。在纽的鼓励下，萨默斯也开始试着去减肥了；他继续吃碳水化合物和低糖食物，减肥很见成效。于是，我们看到，他的脸部变得轻松了起来，好像变长了些，也不再是那副鼓囊囊的样子。他的胸部和腹部缩了进去，相应地，他的着装不仅比以前更相配，而且更为合身了。没过多久，萨默斯用一张苗条多了的校长的新头像更换了他原来放在网页上的那张照片。

萨默斯在华盛顿学会了时而扮演坏警察，时而又装得很有亲和力，但这并不意味着他的议事日程或者他实现这些目标的方式已经改变了。

担任哈佛训导主任多年的阿尔奇·埃普斯于8月21日的那个星

期四突然过世了。66岁的埃普斯是个糖尿病患者,他的大动脉长了一个动脉瘤,于是住进医院并动手术。这次手术看起来很成功,然而两天之后,埃普斯却因肝功能衰竭而过世。

现在,几乎已经没有学生会知道阿奇博尔德·加尔文·埃普斯这个名字了,但是这位具有开路先锋色彩的黑人行政管理者有着精彩的一生。他毕业于阿拉巴马州塔拉迪加学院,这是一所由获得自由的黑奴于1865建立的小学校,后又就读于哈佛神学院。1964年埃普斯被任命为院长助理,他一直都是哈佛文理学院管理层中的成员,直至2001年退休。在这期间,他是哈佛管理层中职位最高的黑人。这个职位让埃普斯颇为尴尬,他总是在自己的公务与黑人学生的期待之间左右为难,每当与种族相关的敏感话题被挑起时,哈佛的管理层总是喜欢拿他说事。他的这种不安可以在其所出版的一本名为"马尔科姆·X:在哈佛的演讲"的作品集中表达得淋漓尽致。与斯基普·盖茨一样,埃普斯想成为哈佛这个强大的机构中的一名局内人。对于黑人来说,这不是一件容易实现的愿望。上世纪60年代,埃普斯是哈佛大学合唱团的一名成员。然而,当哈佛大学合唱团来到南方各州巡演时,白人种族主义者常常给合唱团施压,要求合唱团在演唱时不准他这位全团唯一的黑人成员上场参加演唱。合唱团屈从于这种压力,在表演时把他排斥在外。这一行为给埃普斯造成了极大的伤痛。与此同时,出于内心对哈佛的深爱,他又打消了去控告这个常常犯下错误的机构的念头。1999年,回想他的职业生涯,埃普斯说:"现在该是问这个问题的时候了,究竟我自己做过什么好事呢?我是不是自己顺着梯子爬了上来,随后把梯子也拉起来,这样其他人就无法跟在你后面,顺着梯子爬上来;或者你自己爬上来后,再把梯子放下去,让其他人也可以爬上来。"[2]埃普斯总是想方设法把梯子延伸下去,他心里从未有过仇恨,因为他心里容纳不下恨意。在他的记忆里,各种礼物都可以与他人分享,无论是在塔拉迪加学院还是在哈佛大学合唱团。

9月4日,星期四的上午11时,天阴沉沉的,间或下着雨,他的葬礼在哈佛的纪念教堂举行。当天上午,来教堂参加葬礼的大约有两百人,其中有很多是非裔美国人。通常,哈佛的活动中你很难看到有这么多的非裔美国人。他们也是一群哈佛历史的见证人和保管者。护柩者包括詹姆斯·R.普西,他是哈佛前校长纳森·马什·普西的儿子。哈里·刘易斯则担任了引宾人。(斯基普·盖茨也是这次治丧活

· 第九章　这里的校园静悄悄 ·

动的成员,但他自始至终都未在葬礼活动上现身。)祭坛后左手边的第五排,坐着从普林斯顿赶来参加葬礼的科尔内尔·韦斯特。他的身边围坐着朋友,他们向他点头问好或是轻声地问候他,然后挤坐在他身边的长椅上把他包围着。当葬礼仪式即将开始的时候,拉里·萨默斯一个人孤零零、急匆匆地走进教堂。哈里·刘易斯让他坐在第四排的右边,紧临着杰里米·诺尔斯。与韦斯特所坐的地方正好相对。一整排的长椅上除了诺尔斯、诺尔斯的妻子和萨默斯外,其他的位置都空着。

　　当管风琴音乐弥漫着教堂时,护柩者抬着埃普斯的灵柩沿着中间的过道走向祭坛前的一张桌子。这不是埃普斯第一次在哈佛的房子里被人抬着走。34年前,也就是在1969年,哈佛学生占据了哈佛大学堂,埃普斯拒绝离开他的办公室。他不愿舍弃他的哈佛,哪怕有的时候哈佛抛弃了他。因此,愤怒的学生毫不留情地把他们的训导主任抬了起来,抬出哈佛大学堂的大门,把他扔在外面的地上。现在,他再次被人抬着,去一个可以彻底休息的地方。不同的是,这次抬他的人不再是一群情绪愤怒的人,而是一群情绪悲哀和痛惜不已的人。难道还能有什么可以比这更确切地表明20世纪60年代的一切已经彻底过去了吗?

　　"他为哈佛所做的奉献远甚于哈佛为他提供的一切。"彼得·戈梅斯的颂词亦悲亦喜,夹杂着喜爱、敬慕与哀悼之情,"这一点我们大家都知道,甚至他自己也知道,但是这一切并没有让他觉得困扰,因为他并不像他的多数同辈人那样去看待哈佛目前的这一切,去看待哈佛目前的行政管理,去看待目前的这场危机。埃普斯不想对眼下哈佛的重重危机多加细说,他更愿意相信哈佛是座'建立在山上的城市'的理想;尽管这座城市并非总是符合这一理想,但这一理想已经值得他向往和珍惜。"

　　由于这是一个葬礼,因此,除了或许有所暗示外,都没有提及当前的种种冲突。然而在葬礼仪式的最后,却发生了尴尬的片刻。当参加葬礼的人们陆续走出教堂时,吊唁者三五成群地聚集在台阶上,他们互相拥抱、握手、低声寒暄。在台阶的右边,拉里·萨默斯向那些向他走来的人们打招呼,刻板地和他们握手,似乎这种场合中所表现出的温情和仁爱令他很不自在。在左边的台阶上,科尔内尔·韦斯特正在热情地拥抱自他离开哈佛就再也没有见过面的老朋友。他们的脸上充满着温和的微笑。诚然,这不是一个经济学家的葬礼,这不是拉里·萨默斯的生活环境。然而,无论是白人还是黑人不可能没注意到,围在科尔内尔·韦斯特身边的人数远比萨默斯身边的多出好几倍,而且比在拉里·萨默斯身边的人轻松自如多了。人们向拉里·萨默斯问好是因为,这是得体的礼节。而其他人则是在欢迎他们的朋友重返故地。

对萨默斯来说,尽管他努力想去实现,有些事情却没有顺理成章地来临。他不屈不挠地不断努力,直到改善为止。萨默斯不愿放弃改善自己与哈佛纪念教堂和非裔美国人圈子的关系。迟早,他所作的努力会如愿以偿的。

在9月15日,在彼得·戈梅斯做完祷告后,萨默斯校长发表了他的本学年度的晨祷演说。在今年的春季学期时,戈梅斯在哈里·刘易斯告别派对上挖苦萨默斯是"胖子查尔斯",这让萨默斯十分恼火。但是,萨默斯现在却破天荒地去称赞这个牧师。"每次当彼得·戈梅斯登上这个小讲台,都是在这里我们这些人的幸运。"萨默斯说道,"……对于在这里的我们每个人来说,他要是能像现在这样继续这么出色下去,那是再好不过的事情了,但这样却使得我很难在他的祷告之后发表我的晨祷演讲了。"[3]

在一个牧师所在的教堂的布道坛上奉承这个牧师可以说是个很少失效的谄媚,因此萨默斯的这番奉承话自然让戈梅斯很受用。

接下来,萨默斯开始讲经济学与道德之间的关系。随着他的演讲,一切都明朗化了起来。他的讲话是针对那些质疑他的怜悯、他的同情心、他的道德品质的人——从那些对那张世界银行的备忘录表达不满的人到那些指责经济学家对霸权的兴趣甚于对人性的兴趣的人——进行含蓄的反击。

"像我这样的经济学家极少出现在诸如此类的场合。"萨默斯说,"……许多经济学家不乐意做有关道德方面的演说,更不用说与宗教相关的演说了。"萨默斯继续说道,但这并不意味着经济学家没有考虑道德层面的问题,也并不意味着经济学领域缺乏解决大家所关心的这些问题的方法。经济学家是怀着对个人需求的尊重之心来考虑这个世界上所存在的各种问题的。他说,他们并不试图把他们自己的价值观强加于别人。因此,例如,当学生在对血汗工厂进行抨击并呼吁大家联合起来进行抵制时,一个经济学家可能会有这样的反应:"只要工人们是自愿受雇于这些血汗工厂,那么大家所关心的这一问题就必然存有某种道德力量。他们选择去这样的工厂上班是因为,这项工作是他们的最优选择。难道连限制个体自主选择的行为也算得上是尊重、仁慈,甚至关爱吗?由此看来,许多人所倡议的对这些血汗工厂生产的产品进口实施道义上的限制或是联合抵制购买这些产品,是根本说不通的。"

人们常常指责经济学家的理性是一种"自私"或者冷漠的理性,萨默斯说。(他并没有必要去补充说,这些正是那些严词抨击他的批评者对他所做的抨击。)但是这样的一些批评根本是站不住脚的。"最高的道德是尊重那些我们意欲向之提供帮助的那些人所做的选择以及他们自己的看法。"

萨默斯的演说得到了不同的反响。一些听众认为,萨默斯校长曲解了那些抨击血汗工厂的批评者们所提议的救济措施,其实这些抨击血汗工厂批评者们十分了解那些工人们需要工作,因此才对这些血汗工厂的产品进口商施加压力,想通过他们的订货,向这些血汗工厂施加压力,借以改善这些工人们的劳动条件。此外,萨默斯的话的大意是:假如让人们在在血汗工厂里打工与饿死之间进行选择,大多数人会选择前者。那些抨击血汗工厂的人们应尊重工人自己的抉择。然而,有些听众认为这是一个相当荒谬的二分法。如果这只是一种选择,那么它根本不是一个令人愉快的选择。只有在最严格的法律意义上,才会有人说这是自愿的行为。极力主张亚洲的血汗工厂的雇员们"自愿选择去这些工厂工作"充其量只是一种解释这种遭遇的幼稚方法,它甚至还是对霍布森的"选择是一种自愿的行为"的最麻木不仁的曲解。

不过,也有人赞赏萨默斯正在进行的对道德问题的讨论,并尊重萨默斯的主张。或许他并非总是如人们议论的那样麻木不仁,他也确实十分关注这些问题。他在哈佛发表了有关跟癌症作斗争的发言,发表关于非洲艾滋病问题的演说,以及有关努力扩大高等教育的受教育面,让来自不同收入阶层的学生能接受高等教育的演说。所有这些都证明了萨默斯并不缺少良知。人们可能不认同他处事的方法以及他的领导风格,但说他没有良心是不公平的。拥护他的人为他争辩,说他只是用一种与众不同的方式来表达自己的看法,毕竟,归根到底,萨默斯校长为穷人和病人所做的好事要比许多擅长抒发感情的评论家们多得多。

接着,在10月的第一个周末,萨默斯参加了一次由哈佛学院黑人学生联合会所组织的黑人校友聚会并发表了演讲。星期六早上,在被称为科学中心B的一间大教室里,他站在数百名观众前。这是一个十分微妙的时刻,科尔内尔·韦斯特事件发生之后的几个星期甚至几个月,萨默斯可能一直都没有受邀请在这样的聚会上致词。不过,由于他支持哈佛大学的反歧视行动法庭之友意见书,而最高法庭的判决结果对非裔美国人而言远比他与韦斯特之间的瓜葛重要,因此萨默斯在哈佛的黑人群体中的地位已经大为改善。当然,这并不意味着他们已经忘记了这一个事件,只不过是因为他们十分务实而已。

此外,斯基普·盖茨也站在萨默斯的一边,支持萨默斯。现在盖茨大部分时间都在纽约,住在纽约大学为他提供的一个小区,他的日程安排十分繁忙。到年底,他将完成一部书稿,并且他还常常在电视节目上出头露面,为IBM公司做广告,担任了一个有关遴选本国总统获选人的真人秀系列节目的顾问,与《纽约时报》和《波士顿环球报》协作,撰写和发表有关振兴其所负责的非洲与非裔美国人研究系的文章,为《纽约时报》撰写特约专栏文章,担任普利策奖评选委员会的评委,宣传布朗诉教育委员会案50周年,做客由丹尼斯·米勒主持的美国国家广播公司(CNBC)现场访谈节目,前往俄罗斯游历,推销他参编的一部新的名为"非裔美国人的生活"的百科全书。除此之外,他还有很多很多要做的事情。但即便如此繁忙,盖茨也还是记挂着拉里·萨默斯和哈佛黑人校友的这次会议。现在,每个人都知道他是在尽力地帮萨默斯。

"欢迎返校,"萨默斯对大家说道,"这里是你们的大学,是你们的科技中心。……你们今天下午所要参观的是你们的体育场。而且请允许我告诉你们,因为有了它,我们的大学将成为一所更加强大的大学。"[4]

萨默斯的演讲非常成功。当他说到非裔美国人对于哈佛的重要性时,他的演讲被掌声打断了十二次,此外还有两次人们站起来大声喝彩。萨默斯校长正在讨好他的听众们,他也在向他们发出一个信息,那就是他十分重视他们,他们是一群值得他去讨好的人。校友们十分感激哈佛校长在星期六的上午,在明知自己所将要面对的听众对他存有潜在的敌意的情况下来对他们发表演讲。经过这个周末之后，他们中有很多人在离开哈佛校园时都觉得，这个校长与那位痛斥科尔内尔·韦斯特的校长判若两人，远比后者谦逊。

但是在校友离开之后，多数依然留在校园里工作和学习的人却不敢苟同这样的看法。那些天天和萨默斯在一起工作的人们觉得，尽管萨默斯在公共关系的驾驭上有了很大的提高，但他其实一点也没有改变。持这种看法的人中包括哈佛另一个少数群体——哈佛同性恋组织的成员。自从萨默斯发起宣传，打算在哈佛校园里重启预备军官训练团后，哈佛社区的同性恋组织的男性成员中就有许多人对萨默斯感到不舒服，因为这个项目将损害他们这些被禁止服役的学生的利益。在2003年的秋天，萨默斯还可通过表达哈佛大学反对反同性恋歧视的道德立场来展示其人道主义的一面，然而，就跟谢赫·扎耶德的那起争议一样，他拒绝了。

这场论战在某种程度上始于一场战争，不过不是那场伊拉克战争。

杰拉尔德·所罗门曾在美国海军部队服役，是个参加过朝鲜战争的老兵。他是个保守的共和党人士，1978年从美国纽约州的东北部当选为美国国会议员。作为一位有着炽热的爱国之情的人，所罗门强烈地倡议一条禁止焚烧国旗的宪法修正案，而且他还高声抨击联合国。曾有一度他还提出应该"用马鞭来抽打"联合国的领导者科菲·安南，他甚至可能还说过"用手枪来打"安南，这是因为所罗门讨厌枪支管制甚于讨厌联合国。在1996年众议院的一场辩论中，当来自罗得岛的众议员帕特里克·肯尼迪提到枪支泛滥使他的家庭付出了代价时，所罗门勃然大怒起来。"我妻子一个人独自住在纽约州北部的一个乡下地区，"所罗门气得七窍冒烟，"年轻人，你可别忘了，当我不在家的时候，她有权利保护她自己。"所罗门还问肯尼迪，是否要"出去"解决他们之间的分歧。[5]（肯尼迪谢绝了他的邀请。）

所罗门是在2001年过世的，在他1998年从国会退休之前，他主要以两项立法追求而闻名：一是他不遗余力地支持在他所在的选区建有制造工厂的通用电气公司，所罗门也由此赢得了"通用电气的议员"的绰号；另一则是，他再三地试图通过一项立法，迫使那些接受联邦资助的大学协助军方进行人员招募。从1983年开始，所罗门便开始多管齐下，要那些接受联邦政府资助的大学的学生报名应征，否则就将失去联邦政府的奖学金和贷学金。在接下来的几年里，他把这一原则扩大到所有的大学。1996年，他起草了军队拨款法的修正法案，迫使那些接受联邦资助的大学允许联邦军队在大学校园内招募人员。要是哪所大学不允许这样的招募活动，联邦政府将终止对这所学校的所有资助，不论这些资助是否与军方有关。

克林顿政府从未实施过所罗门的这项修正案，这其中的部分原因是，它并不像军队对同性恋的禁令那样，另一部分原因则是，修正案似乎与一些不相干的政策联系在一起。（毕竟，许多从政府那边得到比如医疗补助、救济金、社会福利等津贴的美国人，也照样没有登记参加服役。）但是，自从布什2001年当政以来，特别是"9·11"恐怖袭击事件以来，五角大楼就开始逐步强制执行《所罗门修正案》。一个很大的原因是，军队中需要有律师作为作战保障支援兵种，为他们的军法项目服务。然而，大部分著名的法学院都不允许军队在它们的校园里招募人员。这与其说是上个世纪60年代的抗议活动所产生的副产品，还不如说是当代对军方歧视同性恋者的关注所产生的结果。哈佛大学与大多数十分关注人权的法学院都不允许实行歧视政策的雇主——任何一家实行歧视政策的雇主，不仅仅是军方——用他们的就业管理办公室来招募学生。

五角大楼想改变这一政策。由于有了《所罗门修正案》，五角大楼就有了一根强有力的杠杆来撬开这扇大门了。在2002年的春季，五角大楼知会哈佛法学院院长罗伯特·克拉克，哈佛法学院违犯了该项法律。如果哈佛不允许军队从它的学生中招募律师，哈佛大学将失去从政府得到的每一元钱——在2002—2003财政年度，哈佛得到了联邦政府约4.12亿美元的资助。这笔金额绝大多数用于自然科学和医学方面的研究。五月份，克拉克发表了一份新闻稿，表示法学院别无选择，只能彻底改变其政策，允许军方的招募人员进入校园面试其学生。克拉克解释说，法学院承受不起由于坚守自身的原则立场而危及整个哈佛大学的资金募集。

许多哈佛法学院的学生，无论是异性恋者还是同性恋者，都为他们所在的法学院仅仅因为这么一则不太起眼的声明就屈从于军方的压力而极度愤怒。这的确关系到一笔巨额资金的得失，不过法学院就真的没有任何其他合法的选择了吗？然而，随着克拉克的离职以及新任院长埃琳娜·卡根的上任,哈佛法学院的管理层并没有选择和政府进行对抗。2003年4月,在"和院长会面"的论坛上,当有位学生问卡根,法学院是否提起上诉以阻止《所罗门修正案》的强制执行时,卡根支支吾吾地回答说:"据我个人所知,我们还没有任何重新审议这个问题的计划。"她接着又往下说道:"我个人的观点基本上和克拉克院长的一样——〔《所罗门修正案》〕是个不道德的政策,但是当学校的资金筹措处于危机状态时……"

"但我们有没有考虑提出起诉呢?"那个学生问道,"当政府只是说'这是法律,这是你们必须做的',而法学院则说'好吧,那就这样做'。这看来实在是太糟糕了。"

"这要取决于反对《所罗门修正案》的法律依据。"卡根回答道。同时她也公开承认,自己对这件事还不是非常精通,不好妄加评断。当一个学生发问者抱怨,在自我宣传方面,商学院做得比法学院好时,论题也就改变了。

哈佛大学并不是唯一一所受到五角大楼高压政策影响的大学。到2003年的秋季,其他许多所大学的法学院都在准备与《所罗门修正案》进行抗争。9月底,一个由多家法学院和法学教授组成的、名为"学校与研究所的权利论坛"(the Forum for Academic and Institutional Rights,简称FAIR)的联盟,将对五角大楼提起诉讼,指控《所罗门修正案》具有歧视性,因此涉嫌违犯了联邦宪法。但哈佛法学院并不是FAIR的成员。埃琳娜·卡根解释说,加入该联盟将会降低哈佛大学的灵活性,但是许多哈佛法学院的学生和教授认为,卡根把自己卡在一个两面不讨好的困境之中——一方面,这位刚就任不久的法学院院长个人对《所罗门修正案》深为不满,但在另一方面,人们普遍认为任命她为法学院院长的萨默斯校长却在这个问题上和她存在分歧,因此,她在这个问题上只能左右摇摆,力求平衡。两个星期后,有两个耶鲁法学院的学生团体也对国防部提出了类似的诉讼。哈佛法学院的同性恋学生团体——拉姆达的成员们对哈佛大学落在其他大学的后头感到十分失望。尤其有个女生,她打定主意尽其所能去敦促校方。

这名女生叫阿曼达·戈德,来自弗吉尼亚州的里士满,是哈佛法学院二年级的学生。她身材娇小,生性文静,甚至有些腼腆,一头金色和棕色相杂的头发,戴着一副金属框的眼镜,但实际上她远比自己的外表坚强。她的这种倔强的性格部分地来自其父母。他们在肯塔基州的一个烟草种植农场劳作,生活十分穷困。戈德回忆道:"有时,我的父母亲对别人要他们干这干那会毫无理由地加以反对。"她的父母亲常常向她灌输接受教育的重要性,因此她自己便是一个好学的孩子;在1992年时,仅仅13岁的她就在一次全国性的拼读比赛中获奖(她赢得这次拼读比赛胜利的单词是 *lyceum* 一词)。这是一种压力。但她知道如何为自己辩护。她的母亲是个新闻迷,在戈德家里,每天吃饭的时候总是少不了谈论各种政治和时政议题。戈德回忆道:"这就使得你变得好辩,让你的思维变得敏捷。"

作为一个保守的南方城市里的女子,她很快就意识到自己是一个同性恋者,但她却很自信。就在这一年,当她去夏令营时,她平生头一次亲吻了一个女孩。尽管最终这个女孩实际上并不是个同性恋者,而是个异性恋者,但戈德和她仍然一直都是好朋友。在17岁时,她把自己具有同性恋的倾向告诉了父母。尽管她的父母很难接受这么一个事实,但他们最终还是对女儿表示理解和支持。

尽管如此,在传统上倾向于支持共和党的弗吉尼亚州,对同性恋并不特别宽容。在她成长和发育的那一段时间里,关于莎伦·博顿斯一案常常是当地和全美的新闻。博顿斯是弗吉尼亚州的一名妇女,是个女同性恋者。经过州法院几次开庭审理后,法庭的最终裁决使她失去了对自己亲生儿子的监护权。提起这一诉讼的是博顿斯的母亲,她主张同性恋者不适宜作为孩子的父母。这个案子在很长的时间里都是人们议论的话题。当这起诉讼被上诉到位于里士满的州最高法院进行辩论时,戈德记得当时自己九年级的老师们是怎么谈论这件事的:"这一帮患有同性恋的律师进城了。"州最高法院裁决维持原判,博顿斯没有拿回自己亲身儿子的监护权。面对这样的一种憎恨,她必须坚强。

当她还是个位于得克萨斯州的莱斯大学的本科生时,戈德便参加了为大学教员争取获得同性同居者家庭津贴的运动,并取得了成功。现在她人在哈佛,准备和《所罗门修正案》进行抗争。此外,她协助组织学生参与各种嘲弄军方招聘人员的面试。参加活动的学生们将报名,要求参加美国军队,从而得以和军方招募人员见面。他们将精神焕发、着装整洁地按时参加军方所组织的面试。然而,就在面试即将结束、军方招募人员表示对他们感兴趣时——毕竟,这些参加面试的都是哈佛的学生——让军方招募人员们瞠目结舌的是,这些学生将宣布他们是同性恋者。这些学生所说的其实有真有假,不过这些学生的目的是想要告诉军方,军方不仅想要招募那些聪明伶俐富有才华,但碰巧是同性恋的人,而且甚至无法分辨出他们这些人是同性恋者。

2003年春,萨默斯来参加法学院的师生员工大会,学生问他,哈佛大学是否考虑过采取法律手段对《所罗门修正案》进行抗争。据戈德所言,萨默斯说,他的律师已经告诉过他哈佛大学并没有对此提出起诉,不过如果学生们对此事进行调查研究并认为应该提出起诉的话,那么可以"再来找我"。

戈德可不是这么想的。"我们都知道,由于萨默斯的政见,他对此根本不感兴趣。"她评论道,"大概就在这一段时间前后,〔有萨默斯亮相的〕预备军官训练团的录像刚好出来。"一个为军方的广告而亮相的校长很可能不会有多大的兴趣来起诉五角大楼。

2003年秋季,戈德协助散发一份给萨默斯的请愿书,强烈要求萨默斯对《所罗门修正案》进行起诉或是加入诉讼《所罗门修正案》的行列。截至11月初,她把这份请愿书递交给萨默斯,近1100名哈佛学生在上面签了名。她也帮忙在哈佛教师中散发了一份内容相近的信件。法学院81位教授中有47位签了名。这是一个令人难以置信的结果——哈佛的法学教授们不会轻易在各种社会活动的请愿书上签名的,能让他们中的47位点头同意在上面签字是个很大的成就。而且,"有些人是因为怕萨默斯才没签的",戈德说道,特别是那些资历较浅的教师,"他们害怕会受到报复"。毕竟,萨默斯现在在法学院的终身教授的任命上是个非常关键的角色,而且在科尔内尔·韦斯特这件事情上他已经表露了他不赞成教授们参与政治活动,至少是不要卷入那些和他有冲突的政治活动。

10月22日,戈德和哈佛法学院拉姆达的其他成员们把请愿书递交给了萨默斯。萨默斯回信的日期是11月21日。在回信中,萨默斯写道:"我谨声明如下,根据最近对《所罗门修正案》的解释和应用来看,我个人认为,《所罗门修正案》是项经不起推敲的、具有危害性的公众政策。"此外,萨默斯在信中还补充了一点:"它损害了禁止歧视的理念和人格的尊严,使得人们极度忧虑,担心大学将失去联邦政府的资金资助……它援引了某种形式的制裁,其严重性和强制性似乎过于严苛了。

"与此同时,经过对各种客观形势的衡量,我认为,对《所罗门修正案》提出起诉并不符合哈佛大学的最大利益。尤其是从高等教育和联邦政府在许多领域存在着高度的战略伙伴关系来考虑,鉴于采取提起诉讼这么一种典型的敌对性的行为与政府对抗的后果,大学在相当大的程度上应当采取克制的态度。"

萨默斯在私下的反应则更为详尽。就在他给戈德回信的前一星期,他和法学院教授的代表们见了面。他对他们说,他反对歧视,但他认为,由于眼下共和党人同时控制着白宫和国会,在这个时候和《所罗门修正案》较量是不可能取胜的。对于军方在同性恋者服役问题上所秉持的"不予理睬"的政策,迄今并没有多大的反对声浪。如果这种反对声浪达到一定的规模,他会赞同由校方提出正式的异议。但他认为,局势不会很快就发展到这一步。相反,萨默斯说,校方将在幕后与五角大楼的官员进行私下的协商。早在数月之前的一次教师会议上,萨默斯就说过同样的话。当时,有教授问他,哈佛校方对《爱国者法令》有何反应——这项反恐怖主义的法令允许联邦调查局(FBI)监控图书馆的使用者——萨默斯的回答就是,我们将和联邦调查局的人员协商此事。然而,哈佛在华盛顿政府里的说客确实像萨默斯所说的那样已经向相关的政府部门游说过,但他们的游说却没有任何的结果,因此教授们怀疑,萨默斯说这句话只是想堵他们的嘴而已。

法学教授们向萨默斯建议说,哈佛的参与将促使公众改变对反同性恋歧视的看法,哈佛将成为这场抗争活动的领导者。然而,萨默斯却无动于衷。"他并不介意哈佛大学的教师以个人的名义起诉五角大楼,"当时在场的一位教授回忆道,"因为要是以个人的身份起诉的话,他的压力也就减轻了。不过他认为这是件不足挂齿的小事,不值得去做什么抗争。"

无须赘言,不愿意挑战联邦政府的大学校长也不只是萨默斯一人。不少大学的法学院参与了这起诉讼,而这些大学的校长中没有一人愿意自己的大学受这场官司的牵连。萨默斯的这封信,尽管含糊其辞,冠冕堂皇,却也将全美最负盛誉的几所大学所面临的新现实毫无遮掩地摆在人们的面前:它们早已十分依赖联邦政府的资助,难以摆脱了,因此它们无法在原则问题上挑战联邦政府的要求。哈佛多年来都是接受美国政府捐赠最多的学术机构之一,对它来说,情况尤其如此。这也就是萨默斯所指的大学和政府之间"在许多领域"是"高度的建设性伙伴关系"的奥妙。因此也就导致了一个令人遗憾的结果,即,哈佛这所全球最富裕的、最具影响力的大学心甘情愿地放弃了其不歧视的官方政策,因为它不愿意危及联邦政府对哈佛的资金投入。真理远不值4亿美元。

无论如何,萨默斯对包括科学研究等诸多领域的"建设性伙伴关系"的关心远胜过其对军方歧视同性恋者这一问题的关心。这就是他的话听起来具有一种非常奇怪的自我防护意味的原因。明明可以说"《所罗门修正案》是一项经不起推敲的、具有危害性的公众政策",偏偏要说什么"根据最近的解释来看",这项修正案经不起推敲,具有危害性;明明可以说"这是一项具有损害性和歧视性的政策",却说这项政策"损害了禁止歧视的理念和人格的尊严"。虽然两种表达之间的差别似乎非常小,但萨默斯已经给人留下一个深刻的印象:他生怕冒犯共和党人胜过歧视所带来的内心的不安。

尽管没人会说萨默斯支持歧视,但这个问题显然没有激起他的道德热情——其冷漠远超乎一个经济学家所惯有的冷静。他非常支持那些想加入预备军官训练团的学生,却特别不替那些有意参加服役却由于军方的歧视性政策而始终不能遂愿的同性恋学生考虑。萨默斯十分敬重权势,因此同性恋者既然不具备足够的权势,也就无法把这个问题强加在他的议事日程的优先位置上。他不想因为一项在他看来并不重要的政策而挑战联邦政府,并因此危及对科学发现的追求。

还有,萨默斯可能会这么想,与那么多要做的事情比起来,《所罗门修正案》太微不足道了。毕竟,正如他经常说的那样,两百年后的历史学家会记得我们这一时代发生过的哪些事情呢?——他的答案是:他们将记住的是我们在人类生物学领域的科学革命。很有可能,关心服役问题的同性恋者,以及关心遭受军方歧视的人,他们的人数要比受益于哈佛实验室的科学研究成果的人数还要少。或许挽救生命要比使生命不受屈辱和歧视来得更为重要!

然而,难道这两者之间真的是如此对立,他只能在这二者之间选其一吗?如果萨默斯真的关注这个问题,难道他就不能找到一个方式把它大声说出来吗?难道他除了费尽心机写这么一份闪烁其词的回信外就真的束手无策了吗?其实,他根本没必要采取和联邦政府对立的手段来处理这件事情,他只要带个头就行了。毕竟,他拥有一个哪怕称不上是全球也可以说得上是全美最为令人瞩目的讲台。在反犹主义的问题上,他倒是表现出十分愿意利用这个讲台来做一些他认为重要的事情。为什么他现在就不为另一个深受歧视之痛苦的弱势群体站起来发言呢？

萨默斯的立场"令人非常失望"，戈德评论说，"哈佛要是参与的话将会产生巨大的影响；没有任何东西可以像哈佛这样让新闻媒体青睐。然而在我看来，哈佛已经落后在其他学校的后面了。这说明哈佛不再是一所与时俱进的学校。哈佛已不再是个领路人，而只是一所跟在其他大学后面的大学"。

2004年1月12日，哈佛法学院的同性恋者组织拉姆达向审理FAIR（"学校与研究所的权利论坛"）联盟诉五角大楼一案的法院提供了一份法庭之友意见书。[6]几天后，法学院的54位教授，这其中也包括了哈佛法学院的院长埃琳娜·卡根在内，也向该法庭提交了一份他们的法庭之友意见书。然而，学生们仍然觉得十分失落。戈德说，他们有可能会在2004—2005学年对自己的学校哈佛提出起诉。她指出，学生来哈佛求学，往往认定他们已和校方有默契——在学校，他们是不会受歧视的。假如哈佛大学不保护他们的这种不受歧视的权利的话，这些学生就将联合起来把学校告上法庭。

几个月后，萨默斯表明，他自己确实愿意和白宫政府较量。不过，这次是为了一个他十分关注的问题——自然科学。2004年春，萨默斯宣布哈佛将创建一所耗资数百万美元的研究中心——干细胞研究所，从事胎儿干细胞的临床应用研究。他是3月2日那天在纽约的哈佛俱乐部做此宣布的。"在这一领域，我们的国家放弃了自己应有的责任。"萨默斯说。

然而，由于某些反对堕胎的人士指控说，干细胞研究将会使堕胎人数增加，于是政治也就强加在科学研究之上了：2001年，布什总统宣布联邦政府只会资助现有的干细胞研究项目。但大多数这一领域的专家都认为，仅仅对现有的这些干细胞研究项目开展研究是不够的，而种种对干细胞研究的限制，将严重影响到对一些疑难杂症治疗的研究，诸如儿童的神经损伤——脑性麻痹，成年人的帕金森氏症、老年痴呆症等。"我们美国现在有一系列现行的政策，不允许我们通过传统方法来进行干细胞的研究。"萨默斯解释说，"正是由于这些政策，如果要开展这项研究的话，也只有像哈佛大学这样的高等院校才有真正的实力，可以取得有价值的决定性成果。"这所新成立的干细胞研究所的董事会成员将包括曾经严词抨击过萨默斯的迈克尔·桑德尔教授,还有一位则是20年前曾为萨默斯医治过癌症的大卫·斯卡登博士,要不是他的话,萨默斯可能早已活不到现在了。萨默斯任命大卫·斯卡登,的确有私人感情的成分在里面。

相反地,萨默斯做出创建干细胞研究所的这个决定并没有直接危害到联邦政府对哈佛的资助。事实上,干细胞研究所的设立让哈佛得到了许多来自私营企业的资金捐赠。然而,这一毫不掩饰、明确地冲着布什政府的指摘,与萨默斯对外公开宣称的不与《所罗门修正案》抗争的说辞截然相反:"从国会和职能部门的角度看,这个问题是个高度的政治问题。"诚如萨默斯本人3月20日在纽约的哈佛大学俱乐部的餐会上所言:"通过支持干细胞研究,我们将弥补我们美国政府的决策——在我看来这是一项错误的决策——所造成的失误。"(他的这句话获得了全场热烈的掌声,或许这可以含蓄地表明,干细胞研究的问题有别于军方在同性恋者服役问题上所秉持的"不予理睬"的政策,干细胞研究的问题获得了越来越多的人的一致肯定。)然而不可避免地,干细胞研究所面临着激怒白宫和国会当中的一些保守派人士的危险,这也毫无疑问将导致联邦政府对哈佛的资助的削减。但萨默斯愿意来碰一碰运气。

我们不能说拉里·萨默斯不会为自己认为是有价值的东西而战,但有充分的证据表明,他不会为哈佛社区其他人认为有价值的东西,以及这所大学长期以来所信奉的准则而努力。如果哈佛大学的这位校长会将其所统治的这所大学置于政府的对立面,那么只可能有一个目的——为他自己一个人的利益。毕竟他就是哈佛!

转眼间,萨默斯担任哈佛大学校长的第三年已经过了半载,这时的萨默斯对哈佛大学的信息流出的严格掌控已经达到了前所未有的程度。哈佛的所有新闻发布稿在对外发布之前必须经由马萨诸塞厅的审核批准,有时甚至还要经过马萨诸塞厅的修改。教师中已越来越没人愿意在媒体面前对任何事情多加谈论了,因为他们觉得不值得为此触怒萨默斯。"教师们普遍存有一种听天由命的感觉,一种无奈的消极情绪。"布瑞德利·埃普斯教授说道。他曾经和萨默斯有过冲突,因此也就不太在意再次和萨默斯发生冲突。只有寥寥无几的几位教授,诸如自然科学史教授埃弗雷特·门德尔松敢在教师会议上质问萨默斯,现在的哈佛教师会议颇有一点当年集权政府把持下的代表大会的那种气氛,不允许有任何偏离预先编排好的剧本的行为。当埃弗雷特·门德尔松还是个年轻的学者时,他曾经被约瑟夫·麦卡锡指控为共产党人。历经此劫而幸免于难之后,他不怕发表任何不同的意见。"教师们普遍觉得,各种重要的政策,无论是好还是坏,都没有经过充分商讨就制定了。"门德尔松道,[7]这个教授是一个很有教养的人,他有意轻描淡写地提到这个问题。

然而,多数的教授却是闭口不言,以免引火烧身。在科尔内尔·韦斯特事件发生的时间里,萨默斯似乎很容易受到攻击,他的前景尚难预测。现在一切都已见分晓,他不仅仅可以为所欲为,而且他几乎不能容忍任何不同的意见。如果有哪些教授想要站出来,站在他的对立面,那么他们就得等待机会,等到萨默斯哪天犯错误。不到那个时候,他们只能闭嘴不语。

哈佛大学的出版物则紧跟萨默斯的步调。《哈佛杂志》作为一份面向哈佛校友发行的杂志,向来是一份相对独立的刊物。然而,现在它却对与自然科学相关的各种事情深感兴趣。数月以来,其所刊登的封面文章都是有关自然科学问题的文章,与萨默斯本人的兴趣达到令人惊奇的相似,却全然不顾校园里大量不满的迹象。长期阅读《哈佛大学报》的读者觉得,每个星期的公告越来越像苏联的官方报纸《真理报》,犹如长年流淌的河流般连续不断地刊讨好这位新校长光辉形象的照片。萨默斯制定了一项不成文的规定:他只允许那些经过他同意的摄影师给他拍照,而且只有当萨默斯觉得自己可以获得平面传媒记者们的友善对待时,他才会和他们合作。这一年来,他同意接受《时代周刊》记者约翰·克劳德和华尔街日报的记者丹尼尔·戈尔丁的采访。他们两人均毕业自哈佛学院,是1993届和1978届毕业的校友——不过只有克劳德在他的这篇关于萨默斯的专访中透露了这个事情。他们对采访内容制定了一些不太难回答的问题,例如戈尔丁问萨默斯:"你能否说说,迄今为止你在哈佛取得的最大的成就有哪些?"

与此同时,萨默斯却伸直手臂把那些密切注意其言行举止的新闻工作者——哈佛校园报《哈佛深红》的记者和编辑们推开。他对这份学生报纸持有一种排斥封锁的态度,说他们的报道不负责任,总是对着干。其实,萨默斯的这套说辞实在是说不过去的。《哈佛深红》的作者和编辑们报道的是他们的学校,他们自己也是这个学校的一部分,因此他们的报道都是慎之又慎。尽管哈佛的管理者们有时把《哈佛深红》看做他们的眼中钉、肉中刺,但他们通常还是不得不承认它的专业水平以及它对学校的重要性。

然而,2004年1月20日,《哈佛深红》刊登了一则令人十分惊讶的社论,反映了这份学生报纸为萨默斯对信息的公开流通持敌意态度感到失望。"去问本科生们对他们的校长劳伦斯·亨利·萨默斯感觉如何,他们的回答不尽相同,既有各种各样极其尖刻的刻薄话,也有各种奉承赞美之词,当然也有各种不偏不倚、不咸不淡的评价。"社论评论道,"而且,尽管每一个学生都能对我们的校长进行一番评价,然而他们中的很多人却无法用具体的事例来支持他们的观点——因为萨默斯已经进一步强化了他对哈佛的掌控,他的行政管理部门已经表现出一种令人不安的倾向,总是喜欢事事保密,而不是保持适度的透明度,并且独断专权,不加协商。

"萨默斯的手法……隐约地透露出对哈佛师生们的轻视,"这篇社论得出这样一个结论,"为什么我们这座象牙塔仿佛已经被哨兵们给占领了呢?"

答案是,萨默斯在做决策时不想让大家共同参与。让众人参与决策从来就不是他的风格。无论是在世界银行还是在财政部任职期间,萨默斯无论是做什么决策从不曾征求大家的意见。他只与一小部分的精英交换意见,然后就把据此做出的决策强加在人们身上,甚至是某些国家之上,而这些人或国家是不敢有任何异议的。(万一有异议,他便会采取各种措施来压制他们。)由于他深信自己的主张是最正确的,因此萨默斯极不看重民主的程序,并且他的领导风格也让他们很难适应。在他以往的职业生涯中,最令他津津乐道的是20世纪90年代墨西哥金融风暴期间,他在财政部任职时力主援助墨西哥的那件事。他反复强调,大多数的美国人都反对这一援助计划,国会的议员们没有勇气去做这一件该做的事情。他以此暗指,哈佛社区在解决这些问题上也帮不上忙,因为哈佛社区本身就是个问题。确实,他所主张的解决办法一点也没错,但他对那些和他观点不一致的人缺乏耐性。为了缓和人们的不满,他采取了一些程序性的举措,任命组建了一些委员会并向他们征询建议,然而在多数情况下他根本不重视这些建议。有一个教授称之为"民主的布景"。萨默斯不需要学生的媒体——他不但有一个校内的媒体,而且还有与他交好的全美的媒体记者替他宣传他的作为,赢得校友们的信任,提升他在国内及国际的形象。而且他确信,那些为他效劳,并且想继续为他效劳的人,都采用和他一样的手段。

比尔·科比*效仿得比任何人都好,似乎与萨默斯如出一辙。

两个星期前,《哈佛深红》刊登了另一篇社论,谴责了科比的哈佛大学堂的透明度。"没有一个记者对提供给他(她)的采访机会以及信息感到满意……"即将离任的编辑大卫·H.盖利斯和凯特·L.拉科奇写道,"在过去的一年里……我们看到哈佛文理学院的管理决策过程严格保密,其严密的程度是我们前所未见的。信息控制已经成为哈佛行政管理层的定见,这可能会严重阻碍大家对有关哈佛大学发展的方针政策的制定进行有意义的探讨与争论。"以前那些理所当然可以采访到的日常事务信息,譬如2002—2003学年度的终身教授的任职名单,《哈佛深红》的记者们现在都得不到了。以前记者只需打个电话给管理层的成员,请他们就一些事情发表看法,现在《哈佛深红》的记者和编辑们却不得不通过新闻秘书这一层来进行,新闻秘书们就如一道垒得十分厚实的石头墙,阻碍了《哈佛深红》的记者的采访工作。学生们采访文理学院管理层的计划要么遭到拒绝要么就根本不被理睬。渐渐地,他们被允许采访的对象只有文理学院的新闻秘书罗伯特·米切尔了,他将给学生们提供一些毫无用处的简报。《哈佛深红》发出警讯说:"这种信息不透明的风气是自上而下形成的","哈佛的管理层似乎是在为控制信息而控制信息"。或许最令人气馁的是,学生记者们好不容易联系上想要采访的人,就感受到了被采访人紧张不安的反应。"当你把电话打给任何一位你所要采访的对象时,对方的反应往往大抵如此。"《哈佛深红》的编辑凯特·L.拉科奇在后来的一次采访中解释说,"那些与拉里·萨默斯一起工作的人一接到《哈佛深红》打来的电话就吓得要死。"

注意到这种信息管制现象的不仅仅是《哈佛深红》。2月13日的晨祷演讲中,已经卸任的哈佛大学本科生学生会主席罗希特·乔普拉对于哈佛大学中日益偏爱公共关系而不是基于诚实的辩论深感痛心。"以前从未见过哈佛需要这么多的公关部主任、发言人以及其他的公

---

* 比尔·科比,即前面所说的威廉·科比,萨默斯任命的哈佛文理学院院长。他是萨默斯的应声虫,故作者戏称他为"比尔·科比"。——译者注

关专家施以援手。"乔普拉说道,"……一些负面的消息不是平静地加以宣布,而是经常裹上一层美丽的包装,给人以希望,让我们觉得它是件礼物。有位聪明的朋友曾告诉我:'别吃发霉的奶酪,哪怕这块奶酪是放在银盘子上的,因为你吃了它就会生病的。'"

有一个虽然很小但却非常能说明问题的例子就是一件有关韩国妓女的事件。在谈到全球化和经济增长的积极意义时,萨默斯常引用一个令人吃惊的统计数字。他喜欢说,在1970年,在韩国的汉城有一百万的童妓,这是一个骇人听闻的数字。但是今天,经过几十年的经济增长之后,童妓"几乎没有"了。至少从2003年夏天起,他便一直对他的听众使用这一奇闻并取得了很大的效果。2004年7月,萨默斯给一个暑期研讨班的学员们演讲时又举了这个事例。然而,班上有一名学员显然是来自韩国,他比萨默斯更了解韩国。事情的真相是,1970年的汉城人口中,10至19岁的女性人口总共才68万人——也就是说,比萨默斯口中所宣称的童妓人数还要少32万人。可以理解,韩国人对此颇有微词。萨默斯的这个过失被刊载在好几家韩国报纸上,该国的卫生部部长公开谴责萨默斯,说萨默斯的言论"令人感到遗憾,坦率地说,令人十分不愉快"[9]。

这是个诚实的错误,其本意只是想借此说明韩国的经济经历了巨大的发展,而经济的这种增长毫不例外地改善了各种社会环境。但值得一提的是萨默斯在他的这个错误的陈述被人指出之后的反应。韩国的一家英文报纸《中央日报》的新闻标题是"哈佛校长向韩国道歉",然而这个标题所说的并不完全正确。萨默斯让哈佛的一个发言人对外发布了一份只有短短三句话的声明,其部分内容如下:"萨默斯校长承认他记错了1970年韩国童妓的粗略统计数据。……他愿意为因此而引起的不快表示歉意。"萨默斯从来不用第一人称——就如"我很抱歉……"——而是通过第三者的转述来表示歉意。对于萨默斯来说,哪怕是一个非常简单、显而易见应该道歉的事,他首先都要把它加以中性化的陈述,然后再由一名新闻秘书来转述。这在华盛顿可能是标准的操作步骤,目的在于将犯错者的尴尬最小化,但在哈佛,人们认为语言的表达应该精确、诚实,毕竟,他们的职业让他们觉得文字表达的精确和诚实至关紧要。

各种压力与胁迫,噤若寒蝉不能直抒胸臆,再加上被排斥在决策圈之外,所有的这一切都使教授们和管理者们心情沮丧、意志消沉。"每次做决定的时候,人们首先要问的第一个问题是:'拉里会怎样看待它？'"一个高层管理者说。从秘书到学院院长，每个人都明白，任何一个不能使萨默斯满意的决定都可能使他们面临被解雇的危险。里克·亨特、哈里·刘易斯以及其他人的事例都能证实这一点。在2004年春季，公共卫生学院的院长巴里·布卢姆惹怒了萨默斯，原因是，他宣布该学院获得了联邦政府一亿美元的资助而没有事先告知萨默斯，而且在相关的新闻发布稿中也没有把校长的名字罗列其中。据几个十分了解这一事件的知情者爆料，萨默斯十分恼怒，因此在后来他们两人都出席的一次晚宴上，萨默斯校长坚持坐在一个看不见布卢姆的地方。（当被问到对萨默斯的看法时，布卢姆说："我非常敬重萨默斯校长。"）

"我所待过的大学中没有一所像现在的哈佛这样充斥着低落的情绪和文过饰非的心理。"一位曾在多所大学工作过的管理人员说。持这种观点的人中也包括最接近萨默斯的内层圈子的人。甚至连学术副校长斯蒂文·海曼和文理学院院长比尔·科比也参与到这一略带调侃的讨论中来，看看究竟是谁更不称职。在那些没有终身任职保证的雇员中弥漫着"一种不安全感"，一位中层管理人员道："你不知道接下来会发生什么事。那些你以往常常认为是可以靠得住的人现在却再也无法让你信任了。现在，人们只有在他们刚做的项目上获得成功才能得到重视。"

通常似乎只有那些即将离开哈佛的人，那些在哈佛大学里最无足轻重的人，或者那些既无足轻重又即将离开哈佛的人才能无所顾忌地畅所欲言。由于他们没什么可以失去的，因此他们能够为他们的原则而战。布赖恩·帕默就是这其中的一个，他是哈佛宗教研究委员会的一位讲师。在哈佛，也许没有任何人能像帕默这样，对萨默斯所主张的每一件事都持相反的立场。在2004年春季，帕默和萨默斯终于在600名听众面前面对面地表达了他们的分歧。

对于39岁的布赖恩·帕默，人们首先注意到的是他那虚弱的身体。他身高5英尺11英寸，一顿大餐之后的体重大约是140磅。惨白的皮肤加上一头墨黑、短而直的头发，常常使他看上去刚刚熬了一个通宵。他戴着一副厚厚的眼镜，说起话来断断续续的，仿佛在喘气，他的声音非常小，小到仅能让对话着的两个人听见。即便是使用扩音器，如在2003年春季反战的集会上，他的声音也像失去浮力的氢气球一样，在人们的头顶上轻轻地飘过。就像是一支做低级滑稽表演的摇滚乐队的一名歌手，帕默并不是一个具有超凡魅力的人，他只是芸芸众生中再普通不过的一员。显然，并非帕默个性中的突出力量使他成为哈佛里的杰出人物，而是思想的力量、信念的虔诚和说出他内心想法的勇气使他成为哈佛数百名学子心目中一个带有书呆子气的英雄。

帕默生长于纽约的布鲁克林，他的父亲是个临床心理学家，母亲是个职业顾问。他的祖父母是菲律宾的卫理公会教派学校的教师。他的母亲则出生于一个来自布拉格的犹太家庭。"二战"期间，当纳粹对欧洲的犹太人实行种族大屠杀时，她被英国的贵格会*信徒所救。怀着感激之情，她后来改变信仰，加入了贵格教派。帕默在成长过程中也便烙上了该教派强烈的道德意识和和平主义的意识，同时他也具有激进主义的倾向。1982到1986年期间——正是里根时代的中期——作为一名哈佛的本科生，他参与创办了一本名为"哈佛公民"的揭露丑闻的杂志。

有好几个暑假，帕默为拉尔夫·纳德**工作。2000年，在哈佛完成了人类学和宗教研究的学业并取得博士学位后，他在哈佛得到了一个讲师的职位。他所要讲授的课程主要是关于伦理学、全球化以及"我们这个时代所面临的各种紧迫的问题"——核武器、全球气候变暖以及不断扩大的贫富差距。帕默注意到，在哈佛，许多课程是关于种族和性别问题的，但很少是关于社会阶层的。他通过阅读得知，在某种意义上，微软公司的管理人比尔·盖茨和史蒂文·鲍尔默所拥有的财富比整个非洲人所拥有的财富还要多。因此他提议，像开宗教课程一样，开一门关于资本主义的课程，但他的提议被系里否决了。

作为替代，帕默教授的是一门名为"宗教1592：个人的选择与全球性的变革"的课程。不过"教授"（taught）一词其实并不能确切地表达帕默在这门课程中所付出的，至少说该词的传统意义表达不了。用"主持"（hosted）一词或许更准确些。帕默很少给他的学生讲课。他认为大班课的讲课形式会把学生弄得无精打采，学生只是被动地接受"知识"。而他更愿意让他的学生和他互动。所以他邀请学术界、社会

---

* 贵格会（Quaker），亦称教友派，为基督教的一支，举行非正式集会而不做正式的教会礼拜仪式，反对在任何情形下使用暴力或诉诸战争。——译者注

** 拉尔夫·纳德，美国著名的社会工作者、左翼政治家。——译者注

活动界和政治界的来宾参与到他这一周两次的课堂中来。然后,经过简短的介绍之后,他就直奔主题。当帕默拿着麦克风在科学中心C这一教室里沿过道来回奔跑时,学生们会站起来做自我介绍,然后提问。前十个发问者的挑选只根据一个标准:男女交替发问。就这样,常常不愿意在很多人面前大声说话的女生都被鼓励着站起来提问。

几乎无一例外,帕默所邀请的嘉宾都是些自由主义者。2002和2003年间,受邀的嘉宾包括神学家哈维·考克斯、哲学家西塞拉·博克(德里克·博克的妻子)和"野兽男孩"乐队的歌手亚当·约赫。罗伯特·赖克[*]于2001年受帕默之邀来到他的课堂,并由此激起热情,决定2002年参选马萨诸塞州的州长。"一下课我便在心里盘算,马萨诸塞州实在太脏乱了,因此我必须出来竞选州长。"[10]他在当时就这样说。

即使学生们的想法和提问者的想法大体相同,帕默也要他们问一些棘手的问题,目的在于养成一种用怀疑的态度去思考那些权威人物的言行的习惯。帕默解释说:"学生们并不害怕向名人提问,但是他们一般不敢向那些权威人士提问。"他相信,所有的学识都在一定程度上与政治相关,免不了折射出作者的价值观和偏见。(这并不意味帕默觉得"所有的观念都是同样正确的"。)所以,他希望他的学生去质疑一切,不能因为拿着麦克风的教授告诉他们什么就接受什么。

帕默更直接的教学大多在课堂外进行,只要学生有需要,他随时都愿意为他们答疑解惑。每个月至少一次,他会准备一顿晚餐招待学生们,让学生们在进餐时边吃边讨论这一星期演讲者所提出的问题。在哈佛,"办公时间"这一名词通常被不恰当地解释为学生能够见教师的一个小时或者90分钟的时间,但帕默的办公时间实际上是,只要还有学生在等着见他就可以延续好几个小时。他对收到的每一封电子邮件都给予回复,而他收到的电子邮件有几百份。2003年春季,修他这门课程的约有500个学生,用电子邮件和他通信的学生常常收到帕默在凌晨一点、两点或三点钟回复的电子邮件。

另外,还有一些活动在严格意义上与这门课程并不相关,但帕默认为这些活动在人生观方面十分重要,比如应学生组织之邀担任学生

---

[*] 罗伯特·赖克(Robert Reich)是美国政治家、学者、作家、政治评论员,先后在哈佛大学、布兰迪斯大学、伯克利加州大学执教。——译者注

组织的顾问，在群众集会上为那些被解雇的大楼管理人员演讲——他是哈佛全体教职员工中唯一做这种事的人。帕默认为，这也是哈佛社区成员的部分责任。在学生们占领马萨诸塞厅期间，帕默会在半夜之后通过自己办公室的窗户朝外看，他看到星星点点地散布在哈佛园的一顶顶帐篷，听到学生们深夜交谈的声音。他说："那里有许多本科生、研究生，他们正在品尝生命的欢乐。"他对哈佛学生很少享受如此简单而又深邃的乐趣觉得十分惊奇。多数时候，他们太忙了，因此没有工夫去欣赏生活。

帕默称他也邀请保守派人士去他的课堂演说。但很显然，他并非真心相邀，因此那些得到他邀请的保守主义者也极少接受他的邀请。他觉得哈佛的学生早已被保守主义包围了——许多教师、绝大多数行政管理人员，以及实际上整个哈佛的风气，都深深地浸淫着保守主义。之所以这么说并不是因为，哈佛的教授们投票给乔治·W.布什或者反对堕胎；也不是因为，哈佛的教授，或许除了商学院之外，几乎没有人是共和党人。之所以说他们是保守派是因为，他们乐于教导他们的学生去敬畏权力、敬畏权威、敬畏金钱，很少激励学生去质疑哈佛传递给他们的那些价值观。帕默希望他的学生明白生活包括了很多选择，远不止哈佛所宣扬的那些东西。生活并非只有竞争、名誉、职业的成就、个人主义和物质所得——这些价值观实质上是美国资本主义制度的价值观。成功可以有不同的定义。如果哈佛愿意，可以把家庭、社会、友谊、社会责任、人与人之间的互信互助，以及一个更大的世界放在首位。想象一下，帕默觉得，要是哈佛毕业生在这样一种价值观的激励下离开剑桥，而不是像现在这样，譬如，在哈佛大学校长的迫切要求下以亚历山大大帝为榜样，那么，这个世界将会有多么大的不同啊！

作为一名讲师，帕默的聘用合同为期三年，在2003—2004学年结束时到期。他知道，自己所教课程的煽动性、自己的政治活动，还有自己将太多太多的时间花在教学上而不是用在追求学术成就上，这一切已经注定了自己在哈佛的前景，尽管自己的课深受学生欢迎。当然，许多教授对他的教学方式不屑一顾。他们对课堂上没有讲授而只是与学生进行对话的教学方式感到怀疑，在这种教学方式的课堂中教授已不再是传统上的权威人物，而只是一种主持人的角色，要兼顾着学生和嘉宾。所关注的主题不是学术方面的而是学术之外的。其他有些教授则推测，这门课之所以这么受欢迎是因为，学生们认为这是门简单的课程，很容易就可以拿到 A 等成绩；并且，尽管实际上学生们修这门课程所得到的分数并不比修哈佛的其他任何一门人文学科的分数高，有些学生选修这门课程很可能是因为他们发现这门课程不像其他课程要求的那么严，负担不像其他课程那么重。的确，帕默并不是非常看重分数，他觉得分数的主要功能就是对学生按等级进行分类以便让他们进入劳动市场，而且，"要是你根据某个东西给某个人打分的话，那么他们将不再重视这项工作的质量而是将注意力放在看得见的报酬上"。

没有分数的差别，学生实际上可能要学到更多的东西。然而，这样的想法在哈佛无疑是个异端的想法，因而是不可能实施的。但这种异端的想法也正是哈佛的学生们对帕默如此欣赏的原因。也正是这个原因，他在哈佛没有任何前途可言。"学校迟早会把我像一块咀嚼过的口香糖一样吐掉。"[11]帕默说道。他觉得对他来说这也许未尝不是一件好事，他其实几乎把自己自成年以后整个的生命奉献给了哈佛。但他知道自己会想念这个地方的。你不会再找到更聪明、更优秀、更尽责的学生了。并且自毕业之后，这些学生很可能会在他们所从事的任何领域居于领先地位，因此教会他们以有别于传统的方式来阐释和评价生命的价值似乎就尤为紧迫。

就在这一学年的春季学期，帕默迎来了他特别期待的一堂课，自萨默斯担任校长以来的两年里，他每年都邀请这位校长到他的课堂上演讲，但每次都被萨默斯婉拒了，推说在时间安排上有冲突。这次是第三次，他居然应承下来了。也许是他现在更有信心与那些潜在地对他持怀疑态度的听众进行交锋，抑或是他对这门有着 613 名学生选修、哈佛学院第二受学生欢迎的这门课感到好奇，或者也许只是因为他现在终于有空了。总之，个中原因帕默是不会知道的。反正拉里·萨默斯答应在 2004 年 3 月 17 日的下午三点去帕默的课堂，担任客座演讲人。

萨默斯当然知道自己将要上的是一门什么样的课程，会陷入什么样的境地。从课程大纲上他就已经了解到："本课程旨在将学生培养成重视伦理道德的全球性公民。个人在消费、事业以及在孩子的抚养问题上所做的选择如何影响一个更为广大的世界？男性和女性'追求卓越'的潜力如何？"所列出的演讲人包括：丹·马修斯，他是善待动物协会的负责人（实际上他从未在这门课程的课堂上进行演讲，原因是他发起了一场在哈佛广场里进行的裸体抗议活动并因此被捕);杰米·约翰逊,世界500强的跨国企业——强生公司的财富和企业的继承人,一个天生富足的宠儿,也是一个揭露超级富豪浅薄生活的档案袋;阿一琼英卓玛(Ani Choying Drolma),一位藏传佛教的尼姑;以及"拉里·萨默斯,经济学家"。帕默得到的演讲主题是"哈佛与对胜利者的膜拜"。要是正如萨默斯在晨祷时所宣称的那样,像他这样的经济学家确实是从道德的角度去分析这个世界的问题的,那么这倒是一个进行详细阐述的绝好机会。

这一天,萨默斯如期来到了课堂,只是迟到了几分钟而已。但这对他来说已经算早的了。他穿着一套深色的西装,一件浅蓝色的衬衫,打着一条略微暗一些的领带。一年过去了,他在去年好不容易减掉的体重又有所恢复,但他看上去仍然比他刚任校长的时候要瘦些。站在听众爆满的讲台前——学生们早已非常期待这堂课——他仍然显得那么自信。萨默斯喜欢这种问与答的形式。比起那种预先准备好的演讲,这更能体现他的实力。这是他的嗜好。回答问题就像打网球;他可以接发球,然后通过控制发球角度从而调动对手在场上东奔西跑。这是一个玩策略的游戏。他非常喜欢这种游戏。

帕默对萨默斯做了简短的介绍,然后第一个学生就站起来发问:"您做出哪些个人的牺牲才获得了您目前这样的成功与成就?您有没有因此而觉得遗憾?"

萨默斯略微有些惊讶。自他成为校长之后他在哈佛出席过几十场这种问答形式的会议,但他还是第一次碰到有人要他谈谈他成功的另一面。

也许这个问题问得全然出乎萨默斯的意料,因此他的回答便漫无目的地扯得很远。他说,人们的生活不可能完全事先设定好,然而,"当你在看人们的生涯或是在阅读传记的时候……总是会以为这些人有他们的人生计划和打算"。但对他而言却并非这么一回事——他的成功与成就受益于好运气,得益于偶然的时机。"在人的一生中,最重要的是努力把自己所要做的每一件事情当做一回事,但不要把自己太当一回事。"萨默斯接着又往下说道,"我有什么觉得遗憾的吗?任何一个人处在像我现在所处的这个位置,都需要做出许多的决定。如果你所做的决定里有80%是正确的,那么你就已经做得很好了。就如用掷骰子来赌博,假如你可以有两个选择:一个是你赌一到四点,另一个是你赌五和六点,那么你肯定会赌一到四点。但即便是如此,你在三次之中肯定会输一次。

"就个人而言,"萨默斯最后说,"我对自己的生活中能有现在的这一切觉得十分满意。"

下一个接着发问的是个女生,她站起来问:"作为一位三个孩子的父亲,您将哪一些父爱转移到您现在所从事的这项工作上?"

萨默斯看起来更加困惑了。他似乎从未想过作为一个父亲与他现在所从事的工作这两者之间会有什么样的关系。他回答说,他是一个父亲,有三个孩子,两个13岁的女儿和一个10岁的儿子。"我希望他们快乐地成长,"他说,"但是作为大学校长……与关注你们的身体成长相比,更多地关注你们在学术上和专业领域上的发展才是我的任务。"接着萨默斯说,他多么希望哈佛是一个能够让学生充满激情地成长的地方。"我希望我们这所大学是一个开放和宽容的典范……在这里,理念的力量(the power of ideas)胜过权力的观念(the ideas of power)。"

在此之前,萨默斯也讲过这样的话。然而,这一次这句话的应用似乎过渡得并不好。部分原因可能是,这句话听起来似乎脱离了语境。另一个原因则是,教室里的许多人似乎都不认为萨默斯担任校长这几年里是"理念的力量"获胜而不是"权力的观念"获胜。

接着轮到帕默问问题了,他有时会利用他的这个特权。他以引用《纽约时报杂志》的特写开头,在该篇特写中作者詹姆斯·特劳布问萨默斯为什么有那么多的人不喜欢他,萨默斯的回答是领导能力并不是在比拼受欢迎的程度。帕默还没说到这句话,萨默斯就打断了他并开玩笑道:"我非常熟悉这篇文章的内容。"说着他开始上下摆弄手里的麦克风,就好像在摆弄一根警棍。帕默继续说道,领导能力有多种多样——一种是甘地式的领导才华,也就是领导者极具号召力,人们以他为榜样追随他;另一种领导能力就如社会理论家马克斯·韦伯所描述的那样,强权者诉诸铁腕,凭借自己手中的权力,强迫其下属去做一些事情。萨默斯能不能举一些具体的例子来说明他自己行使的是甘地式的领导才能呢?

此时的萨默斯看起来有点被惹火了,帕默问这个问题的言下之意就是说,他的领导方式是基于强制性的领导而非凭借自己的号召力。

"我在哈佛不曾有过如此的经历。"他说。

"啊,对我来说,这样的经历将是我在哈佛的最后一次。"帕默说道,人群中顿时响起了支持的掌声。

"或许我让我自己来经受这个质问就是你所询问的甘地式的经历。"萨默斯反击道。"我不能确定我会按照你所预设好的条件来回答你的问题。"他继续说。接下来,他讲起了帮助墨西哥战胜金融危机的这件事,这占了这节课大约十分钟的时间。学生们似乎都很感兴趣,但他们都不明白这个故事和帕默所提的问题有何相关。

当萨默斯讲完,一个名叫埃伦·奎格利的大学一年级学生站起来向他发问。奎格利认识萨默斯,反过来萨默斯也认识她。在秋季学期,她曾和另外 15 个大学一年级的学生选修了萨默斯所讲授的全球化研讨班课程,这是萨默斯担任校长以来教授的第一门课。她在课堂上充分体现出她是一个无畏的发问者,在许多话题上她都对萨默斯发起挑战,比如说,血汗工厂、社会主义国家的经济、自由贸易的好处等,这一切使她赢得了"反萨默斯"的绰号。

这是奎格利的骄傲,因为尽管萨默斯尽力想让学生们放松一点,但学生们对向他发问并不是始终觉得自如。首先,萨默斯自己也未必总是轻松自如。而且,这个研究小组每星期一的晚上是在马萨诸塞厅的会议室见面的,刚好就在萨默斯校长办公室的楼上。这委实也让学生们有些胆怯。另外,让学生觉得难以放松的还有一个原因就是,萨默斯有时让学生观看他在公共事件中的录像。当一个学生对萨默斯对一星期所阅读的材料的诠释提出异议时,萨默斯回答道:"作为一名哈佛的学生,你敢于批评哈佛的校长,这是这件事的好的一面,不过你的观点是错的。"

奎格利站起来从帕默手中拿过麦克风时,萨默斯微微一笑,料定她会提出一个棘手的问题。上完在马萨诸塞大厅的研讨班的最后一次课之后,萨默斯曾对奎格利说过:"谢谢你来上这门课程——是你维持了我们的人性。"然而,尽管萨默斯了解奎格利,但他看起来还是对她所提问题的尖锐程度感到吃惊。

"萨默斯校长,在您担任校长期间,您已经将您对学术和教学的看法表达得相当清楚。"她说道,"坦白地讲,这门课程似乎并不是您所喜欢的那种。它强调同情心甚于强调金钱,重视社会利益甚于重视硬数据。在过去的这两年里,是什么使您改变了主意,同意来到这门课的课堂上,而在此之前您却是不接受这一邀请的?此外我还有一个要问的相关问题是：这门课程明年将不开设了，我确信今天在座的其他612位同学都和我一样对此感到失望。哈佛难道真的不需要开设一些这样的课程吗？"

萨默斯随即看起来像是被一个他从未报名参加过的电视真实秀所设计的圈套困住了。他仍旧摆弄着麦克风，在讲台上来回踱了好一阵子，似乎是在寻找一个出口，然后他转回到听众的跟前说道："处于我这个位置的人不得不用两种不同的方式来看这个世界——一种是个人的看法，另一种则是哪些类型的行为对学校是有用的。"

"说实话，"萨默斯承认道，"我认为有些演讲者在这门课的课堂上所表达的不少看法是愚蠢的，是毫无事实根据的。像这样的一门课程该不该被淘汰这个问题与我的个人观点毫不相干。布赖恩在许多问题上的观点是我所不赞成的，但这并不是我以前没有来这里的原因。"

他说，他以前之所以没有来是因为，他当时收到了许多邀请，每天的时间排都排不过来。接着他便开始讨论哈佛是否应成为一个"政治机构"——这是他的一个术语。

"我坚信，如果我们变成一个政治活动团体的话，那么哈佛将犯下一个严重的错误。"他说。以过去反犹主义和大规模的反麦卡锡主义为证，萨默斯又补充道："坦白地说，哈佛作为政治机构的历史是万万不值得我们去引以为荣的。我们独立于社会而存在，恰恰是因为我们没成为一个政治机构。哈佛无须对伊拉克战争的利弊有任何的看法，也无须对选举权或人权表达任何看法。某些人极力主张我们应该在巨额捐款的支持下成立一个重要的社会活动组织……这将在很大程度上损害到我们学校的声誉。"

奎格利坐下来，觉得十分的沮丧。她根本就没有谈到什么哈佛变成政治团体或是社会活动组织的话题。萨默斯的回答首先树起一个易被反驳的假想论点然后再轻而易举地推翻它，然而奎格利从来都不可能赞同这一论点。她希望萨默斯能真正谈到哈佛至少需要一门课程来认真考虑如何培养它的学生。

接着萨默斯回答了一个与2001年的马萨诸塞厅的静坐示威相关的问题。"那是不是正当的呢？"一个名叫迈克尔·海因茨的学生想要知道"非暴力不合作究竟是否正当"。

"我认为，人们在看待这个世界的历史时，不可能会认为非暴力不合作是不正当的。"萨默斯说道，"……但是如果你读《甘地传》或看过

《甘地传》的电影,或者你读过《马丁·路德·金》……这些传记和电影都会告诉你,因非暴力不合作而受到惩处是非暴力不合作这一概念中不可或缺的一部分。……所以在我们哈佛社区中,有些人所主张的这种非暴力不合作是高尚的因而不应该受处罚的观点,在我看来是个误导。"

萨默斯又回答了一个关于哈佛学院接受馈赠的好处的问题后,下课时间就到了。学生们给了萨默斯一阵热烈的掌声,帕默陪同他走回马萨诸塞厅。之后,帕默要求学生们把他们对萨默斯做客这门课程的反应贴在这门课程的网页上。帕默鼓励他们对萨默斯校长的领导风格进行评价。萨默斯校长曾在许多场合说过哈佛将培养下一代的领导者,他在华盛顿所认识的所有领导者的领导才能也大多是在学校里培养和塑造出来的,特别是在大学时期。在领导能力方面,拉里·萨默斯传授给了他们哪些经验和智慧呢?

一些学生对萨默斯校长做出肯定的反应。他们承认,在课堂上人们对他的质问过于咄咄逼人。他们认为,他非常有效地控制了局势,回答问题也很直接,他们十分敬佩他能忍受下来。他们的一些评论——在这里之所以没有具名是因为他们无意公开发表——很能反映他们对他的敬佩:

——"尽管拉里·萨默斯可能不是我所喜欢的人,不过他能相当冷静地应对那些敏感的问题,我不得不承认我喜欢他今天的一些回答……"

——"我想,萨默斯对我们讲话时的信心来自他对自己所信仰的东西的自信。我想他的的确确具有比人们平常对他的评价还要高的社会责任感。他是不是一个心胸狭窄的人呢?或许是吧!然而,他似乎又可以一再容忍师生们反驳他……"

——"萨默斯有关领导能力的最具有价值的经验和智慧是,有时你必须否定其他任何人都认为是对的观点,以便能做出正确的选择。在民主政治中,'人民'有时会做出错误的决定。要成为一名优秀的领导人,其中的一个要素是要知道什么时候不要理会你所代表的人民想要什么……"

其他学生则非常不赞成萨默斯的回答,特别是关于哈佛的政治活动、非暴力不合作的性质、校长和学生之间的和睦,例如:

——"我绝不否认'因非暴力不合作而受到惩处是任何一种类型的非暴力不合作运动的不可或缺的一部分'的说法。[然而]我的心好像要以一个很可怕的方式来阐释他的这些评论。他好像就在说:'我的工作就是拘留马丁·路德·金,就是要惩罚甘地,我接受这个角色……我随时等待着做好惩罚他们的准备。'他的这些评论使我害怕行使任何的权利。我不想牺牲自己的是非感来换取个人的权势以及伴随着权势而来的荣誉。我想,我会把所有的这些累人的东西留给萨默斯校长的……"

——"问题不是哈佛大学是否应该成为政治机构。大学本身就是一个政治机构。之所以说哈佛大学在做各种政治上的选择是因为哈佛大学在做各种经济上的选择。哈佛大学雇用人员,解雇人员,花钱,省钱,而这种经济上的决策本身就是一项与分配和价值观相关的政治上的决策……"

——"拉里·萨默斯自以为自己十分重视学生,其实他对学生们所关心的问题一无所知。他到现在还拒绝对哈佛大学所面临的心理健康危机采取行动;他把哈佛大学推向一个具有更多竞争和更多压力的环境。尽管学生们可能仍然以很高的水平在运转着,但他们却不快乐,没有享受到生活的乐趣。当你把一个人自身的价值降低到等同于他们所生产的产品的价值时,你怎能是个令人尊敬的领导人呢?"

学生中对萨默斯的真诚持怀疑态度的人数可能最多。他们觉得他在躲避问题,他所回答的是那些没有被问及的问题,总体上听起来更像是政客而不是哈佛大学的校长。

——"在我看来,他似乎已预先准备好了问题的答案,而且他想方设法躲避回答所有那些难以回答的问题。我觉得他的回答很虚伪,而且一直在闪烁其词,逃避事实真相……"

——"萨默斯的回答,或是有意识地含糊其辞,或是泛泛而谈,刻意绕开一些问题。他会使用像是'当你在看待这个世界的历史时……'或'我认为并非每个人都会否认……'之类的措词,甚至在被问到一些很明确的事情时也是如此。说实话,有些问题确实使他处于为难的境地。但是,看他顾左右而言他地回答问题仍然让人沮丧。不过,这种技巧正是领导人的一种最重要的技巧……"

——"拉里·萨默斯今天展现给我们的是其转移话题并且有选择性地回答问题的能力,这种能力是一种根据一个人自己的实力来反击别人的极好方式。……正是实力和权力促使人们认为他们已经得出他们自己的结论,而实际的情形却是,以这种方式篡改真正的问题只是为了让人们认为,得出这样的结论是一种必然的结果。"

最后的断言:

——"我从萨默斯的权力运用上真正感受到的是:最重要的是沿着一条你自己感兴趣的道路走下去,自己要知道自己所擅长的是什么——对于萨默斯而言,政治和经济学是他的强项——并且要注意将你最突出的才能调整到最佳状态,以便能获得具有影响力的职位。"

没错,拉里·萨默斯确实在帮忙塑造下一代的领导人,不过可能不是以他自己所期待的方式。当然,有些学生对他敬佩得五体投地,他们崇拜他的声望,敬佩他的才能,敬重他的智慧。他们就是那些仍然请求萨默斯在钞票上签名的那批学生,他们希望哈佛能由一个具有显赫地位,横跨于权力、政治、教育和金钱领域之上的人来领导。

但是很多与萨默斯有过更进一步交往经历的学生得出不同的"教训":谈话是一种竞争;而能够赢取这场竞争的方式就是掩饰,就是在动用各种力量吹嘘自己的观点的同时扼制对方即使是合理的相反观点,就是要选取最能发挥自己实力的对抗方式来控制对方。此外还有:生活本身就充满了各种各样的争斗,每一场争斗你都必须赢。

对于布赖恩·帕默的许多学生来说,这既不是他们所要选择的生活,也不是他们所要选择的生活方式。

尽管萨默斯在其担任哈佛大学校长的第一年里就采用了各种各样的方法试图改变哈佛,然而截至 2004 年春,人们仍然无法感受到改革的结果,也找不出什么显而易见的成就对萨默斯的这段校长任职做出评价。布洛德研究所和干细胞研究所还只是停留在纸面上,而奥斯顿校区的规划进展缓慢,有悖于人们对一个规模巨大的工程的期许。没有人比萨默斯本人更清楚地意识到这一不足,而他也对这一变化的步伐失去了耐性,于是他不停地给手下的人施加压力。然而在2004年春,由于课程审订工作进入了哈佛社区,事态也就有了改变。课程审订之所以重要有两方面的原因:一是它将影响到整个哈佛学院的本科生,而且它是衡量萨默斯领导风格是否卓有成效的真正标准。正如他和他的支持者们经常暗示的那样,也许他就是一头闯进瓷器店里的蛮牛,但如果这是改革哈佛之所需,如果这种领导风格能卓有成效,能有真正的改进,那么做一头蛮牛不仅仅值得原谅,而且也有必要。因此,课程的审订势在必行。

在某种程度上,哈佛学院的课程只是一件再简单不过的事情。它无非就是规定了哈佛学院的学生要想从哈佛毕业就必须做些什么:他们必须修多少门课程,要完成哪些必修课,是不是必须学习一门外语或者是否必须通过基础写作课程。但是对于这些认为哈佛对它的学生有着巨大影响的人来说,即对于实际上每个曾经在哈佛工作和学习过的人来说,课程有着非常重大的意义。它反映了哈佛大学的价值观、优先考虑的问题以及使命。哈佛告诉它的学生,学校要他们领导这个世界,而课程就是将他们造就成领导人的正式蓝图。课程在某种意义上就是学生成长的母体。这就是人们之所以如此关心课程的内容以及培养目标的原因所在。科尔内尔·韦斯特先后在《黑客帝国》第二部和第三部中扮演角色绝非出于偶然,对于一个希望将学生从被动地吸收知识和对学术失去兴趣的麻木、昏沉状态中解救出来的人来说,这样的角色极具深意。

在刚刚过去的20世纪里,哈佛曾几次进行课程改革,通过课程改革,哈佛的学生为走向围墙之外的社会做好了充分的准备。然而,在哈佛的历史上事情并非总是如此。在哈佛建校的头两个世纪里,哈佛制定了一系列非常刻板的课程。这些课程基本上都要求学生熟记诸如希腊文、拉丁文和宗教类书籍,并把它们背诵给教授听,直到查尔斯·威廉·埃利奥特担任哈佛校长(1869—1909在任),这一切才有了改变。埃利奥特废除了必修课程并制定了一系列与欧洲的大学相似的选修课课程。埃利奥特的继任者艾博特·劳伦斯·洛厄尔则重走老路。艾博特·劳伦斯·洛厄尔认为,在埃利奥特的课程体系下学生拥有太多的自由了。因此,洛厄尔实行了一套主修制的课程体系。这一课程体系后来在哈佛实行了近一个世纪之久,尽管在细节上略有变动,但其原则却始终如一:哈佛学生仍然要学习各个领域的知识,但他们必须主修某一专门领域的课程,这样他们才不至于成为学术方面的业余爱好者,其大学四年不至于只学习了一些粗浅的课程。

贯穿整个20世纪,哈佛的通识教育(它要求所有的学生必须接受一些共同的课程学习)与专业教育之间的紧张关系一直都没有得到改善。在"二战"期间,詹姆斯·布赖恩特·科南特又将哈佛的课程推回到通识化教育的方向上来。他重新进行课程评价的决定在很大程度上是时代的产物。当时的美国正与法西斯处于战争状态,那时的哈佛思考的是如何培养最杰出的军人和公民。1943年,科南特成立了一个由14位教授组成的委员会,由哈佛文理学院的院长保罗·巴克挂帅,研究教育在保卫和促进民主的进程中所扮演的角色。"我们的宗旨,"科南特宣布,"是培养大量的未来公民。由于他们是美国人,而且是自由的人,因此他们必须学会公民的责任与善行。"[12]科南特认为,哈佛的学生应该有选择课程的权利。与此同时,科南特也想教给他们一些能将他们团结在一起的东西,他们不仅仅要作为哈佛教育的成果,也要作为美国人而被团结在一起。这意味着,有些课程是每个哈佛学生都必修的,哈佛的每个学生都要修那些传授古典作品和西方民主思想之理想的课程。"战后,我们有一种感觉,那就是我们强烈地意识到大学与社会是个休戚与共的共同体,大学不能自己高兴怎么走就怎么走。"[13]塞缪尔·比尔教授在当时曾说过这么一句话。

制定一个统一标准的哈佛课程是科南特迫在眉睫的一件事情,因为他正在推动哈佛大学向全美的学生开放,向先前从未被哈佛接纳的少数族裔以及社会各阶层的学生开放。哈佛该如何接纳来自不同社会阶层的学生并给他们提供共同而统一的知识纽带呢?当从马萨诸塞州预科学校毕业的上等白人阶层家庭的孩子,从东欧移民来的犹太家庭的孩子,从战场上回来的退役军人,以及来自堪萨斯州农场的男孩和(为数不多的)从北部城市来的黑人学生挤在同一所大学里时,对美国人来说,这意味着什么呢?美国人更需要的是共性,而不仅仅是彼此之间有多大的差别。

1945年,由巴克挂帅的委员会公布了一份名为"自由社会中的通识教育"的报告,这份报告由于它封面的颜色是红色的,所以常被人们称做"红皮书","哈佛的学生们……知识面上的差别很大。"[14]这本被称做"红皮书"的报告中写道。在埃利奥特和洛厄尔的时代,这个问题并没有太大的关系,但现在这个问题却成为一个致命的缺陷,"哈佛不同专业领域的本科生之间的交谈应该高于闲聊的层次"。然而,有些大学,如哥伦比亚大学和芝加哥大学,它们采纳通识教育的课程体系,要求所有的本科生都必须选修某些特定的课程,哈佛大学不会走这条路。"红皮书"建议,哈佛的学生在修习选修课程之前必须先修完三个领域——自然科学、社会科学和人文学科的课程。至于修这三个领域中的哪几门课程,则没有具体的规定。相应地,文理学院开设了十几门课程供本科生选择。这个解决方案的美中不足之处就是,基本上没有实现,甚至可以说是根本就没有实现这套课程设计的初衷:为哈佛的学生打下共同的学术基础。

然而,在过去的几十年中,通识教育课程却越来越恶化了。就像一座需要维修的房子,由于地基下陷而导致些微的倾斜,接着就开始倒塌。给非自然科学专业的学生上自然科学的课程一直都是个问题。科学家们从来都不喜欢给那些对他们所学的科目不感兴趣以及那些对他们所学课程缺乏基础的学生上课。给那些立志成为科学家的学生上课要有价值得多。此外,有些科学家,就像哈佛现在的情形一样,根本都不想上课,他们首先是把课堂看做寻找实验研究助手的渠道。

总之,正如人们所预见的那样,许多教授——无论是自然科学里的教授还是人文学科里的教授——都不想教通识教育课程。在战后,专业化在学术界蔚然成风,哈佛的教授想教的是反映他们具体兴趣的课程,甚至,有可能是他们手上正在撰写的著作。结果,他们所教的课程变得越来越专业化。与此同时,通识教育课程数量的不断增加日益淡化了学生们的共同知识体验。较小的系科已意识到通过开设符合通识教育计划的课程可以吸引更多的学生,从而能提高自身的重要性,进而能获得更多的预算金额。在这股潮流的顶峰时期,也就是崇尚自由的20世纪的60年代,课程的开设达到了几乎没有任何限制的程度。因此,到20世纪70年代初,哈佛的学生可以修到那些几乎没有太多学术含量的课程,诸如:"汽车的结构"、"运动部门的管理"和"自携式水下呼吸器潜水",等等。哈佛甚至开设了一门有关橄榄球运动的课程——"橄榄球运动的变位灵活进攻"——供学生选修,这门课程碰巧由担任球队的四分卫的运动员任教。"红皮书"时代正举步维艰地走向终点这一迹象已经日益明显。这里借用曾任芝加哥大学校长的罗伯特·梅纳德·哈钦斯的话(尽管他是在另一个时代说这句话的,但背景却差不多)来表达似乎颇为恰当:"大学所授予的学位似乎证明了学生已经度过了一个平静无事的时期,只要在这期间没有违犯任何地方、州以及联邦的法律,而且他还可能——哪怕只是暂时地——记住了老师告诉他的东西。"[15]如果说这句话有哪一点说得不实,那就是,在20世纪70年代初期,即使违法也同样可以得到学校授予的学位。

1971年,德里克·博克继纳森·普西之后担任了哈佛的校长,这标志着哈佛开始了一个康复与重建的时代。1974年,他新任命的文理学院院长亨利·罗索夫斯基下定决心发起又一次课程评估——按照那个时代的潮流,这次课程评估被称做课程"改革"。罗索夫斯基在开始这次课程修订之前并没有去征求博克的允许。要知道,在当时,"各自为政"的体制十分牢固,文理学院院长无须得到校长的允许就可以对本科生的课程体系进行审订。

罗索夫斯基雄心勃勃的课程改革分为几个部分。当然,它首先是致力于修补松散的课程体系。但罗索夫斯基也要重振经历了"越战"的矛盾与分歧岁月的师资队伍。也就是说,让大家暂且搁置各自的政见,重新把自己奉献给大学的首要使命,也就是教与学。他给文理学院全体教师的第一封信就是号召全体教师去拥抱教学改革,从而"重新获得那种为了共同的事业而拼搏的精神"。

罗索夫斯基希望全体教师不仅仅与哈佛大学重新联结,而且还要与本科生重新联结。在第二次世界大战之后的几十年是许多大学取得长足发展的时期,巨额的资金从联邦政府流入大学,在哈佛(以及在许多其他的大学),教授们失去了判断力,忘记了教育本科生才是他们工作职责的中心点。实际上,很可能,这至少一直是他们的首要关注点。

罗索夫斯基改革的目标不仅仅针对教授们。他还希望通过课程改革,通过制定一套新的、振奋人心的课程来缓解学生和校方之间的敌对情绪。他也想要压制60年代盛行的那种学术上的即兴创作的风气。"我们目前的课程太像一份中国菜的菜单了,"罗索夫斯基说道,"这是一份非常棒的菜单。不过在我看来,一份中国菜的菜单落在一个新手的手里,势必烹饪出一顿不太可口的中国式菜肴。我愿意提供几个侍应生。"[16]这句话是典型的罗索夫斯基式批评,但这句话颇具建设性,表达得圆熟而有风度。

要是罗索夫斯基的改革真的将实现这么一些值得颂扬而又艰巨的目标的话,那么履行这个计划的过程将十分关键。因此,罗索夫斯基特地让尽可能多的教授参与进来（不过参加的学生不多；在当时，参与学校各项事务的学生的确过多了）。罗索夫斯基知道，在一个动辄争吵的年代，他不能实施那种自上而下的改革，况且这也不是他的风格。正如菲利斯·凯勒在她后来有关课程改革史的著作中所写的那样：罗索夫斯基"认为他的角色是召集尽可能多的同事参与到课程改革中来。……他认为，只有教师们自己形成的方案才是唯一可行的解决方案"[17]。这就像用手电筒的灯光与开一盏天花板吊灯来给一个房间照明的差别。

除了教师们的广泛参与之外，罗索夫斯基还争取了学术界的重量级人物的支持。实际的理论工作多由政治学家詹姆斯·Q.威尔逊和历史学家伯纳德·贝林完成，他们俩都是各自学术领域中的巨人。罗索夫斯基认为，要想让教师们接受这次的课程改革，就必须非常尊敬他们的学术之父。经过四年的努力工作和耐心的磋商，1978年秋季，罗索夫斯基发布了一份报告，主张一个新的"核心课程"，这与哈佛以前所实施的任何学习课程都有很大的不同。

说到核心课程，也许首先要说的就是它摒弃了通识教育的基本原理。它不提倡所有的学生都要获得共同的知识基础。罗索夫斯基认为，经过过去几十年的知识爆炸，明确地规定哪些知识是大家公认的一个受教育的公民所必备的知识已经完全不可能了。宣称古希腊和拉丁的经典作品比穆斯林世界的经典之作更重要，或是宣称英国历史在客观上比中国研究更重要，这样的时代已经一去不复返了。而在学生应该知道的所有的自然科学学科中，怎么能说生物学就一定比，比如说化学或是物理学，更为重要呢？哪怕是试着去讨论这些问题都会引起数年激烈而又莫衷一是的讨论。仅仅是发起这一场讨论就可能会不可避免地毁掉这场改革。

核心课程这个解决问题的方案所提倡的是，学生不是单纯地学习某些具体的知识或是某一个哲学经典，而是"求知的方法"。学生必须接受一系列的学科训练，目的就是为了达到了解各个不同领域的学者们是如何思考、评价和分析他们自己的资料的。历史学家是如何开展研究工作的？科学家、文学批评家和经济学家等又是怎样进行研究活动的？"概括地说，"罗索夫斯基的这份报告指出，"核心课程的目标是要培养学生批判地选择求知的主要方法，使学生知道在某些重要的领域里存在着哪些知识，这些知识是怎样创造出来的，要怎样地应用，以及这些知识对他们个人而言又有什么意义。"为了达到这个目标,核心课程把一系列的学科分成十个"核心"领域,诸如历史研究、文学与艺术、道德推理——这主要是德里克·博克的研究工作——量化推理,以及自然科学。学生们必须主要从这些核心领域中选修一定门数的课程。

对核心课程的反应不尽相同。自由派认为它有政治企图,是强加在自由自在、奔放的学生身上的制度和控管,甚至有人评论说:"这是一场学生群众与文理学院管理层精英之间的阶级斗争。"[18]保守派则猛烈抨击这一课程,原因是,这一课程没有优先考虑西方思想和西方文明。科学家们一方面认为核心课程对他们的领域重视不够,另一方面却对给那些老是陶醉于幻想简·奥斯汀的作品或是北美殖民地的人民对印花税法案的反应的本科生上自然科学课不太感兴趣。

最后,这一核心课程还必须经过文理学院全院教师的投票表决通过。全院教师也确实表决通过了这一课程,通过的原因有多方面。首先要归功于罗索夫斯基孜孜不倦的追求,老师们觉得他们参与到这一课程制定的过程中,所以这个成果也有他们自己的一份。其次便是他们对罗索夫斯基本人的忠诚,罗索夫斯基为了完成这一次的课程改革而拒绝了耶鲁大学的校长职位,因此他们不希望他的改革半途而废、无果而终。但这也许并不是他们支持这一个新课程的最好理由,而是因为,在一所大学里,就跟在立法机构一样,人际关系影响到政策的决定。再次,老师们觉得核心课程是一个试验,这个试验是一次严肃而又考虑周全的试验,因此值得一试。

在哈佛大学之外,这一核心课程当即带来了相当大的冲击。在一个各所大学均已把重点向研究和研究生培养转移的时代,这一课程再一次把注意力投向本科生教育。《纽约每日新闻》认为,这一课程改革"与那些幼稚浅薄、反复无常的奇思怪想形成了鲜明的对比;然而在60年代,正是这样一些各行其是、具有叛逆色彩的怪念头充斥于全美的大学校园里"。只有少数学校具备复制这一核心课程的资源,因为核心课程的设置在起步阶段就需要新增多达60门的课程。不过这些学校在赋予它们自己的课程以新的活力的过程中确实开设了许多新课程。

如果说核心课程有什么弊端的话,那就是维持这个课程需要较高的费用。它要求院长不断地密切监控,全体教师全身心地投入。然而

1991年在罗索夫斯基从院长的位置上退下来后,这两件事也就都做不到了。学生们悲叹核心课程被搞得一塌糊涂了,课程的开设太随意了,而学生们的选择却受到很多的限制。许多教授不喜欢教授核心课程,因为这样的课程既有本专业的学生,他们对这个科目十分熟悉,也有一无所知的生手,他们之所以修这门课程只是因为他们不得不修。学生基础知识以及学习积极性的参差不齐使得上核心课程常常受到不必要的质疑。

到2001年,当萨默斯成为哈佛大学的校长时,人们普遍觉得核心课程需要修改。然而这一课程是不是只需稍加调整,还是必须进行全方位的"审订"(这次的课程修改工作被称做"审订"),还是件尚有争议的事情。就在几年前,也就是20世纪90年代中期,教师委员会对核心课程进行了研究,最后得出结论说,除了少数领域有问题外,这一课程基本完好。故当萨默斯宣布把课程审订列为优先考虑的事项时,就有人怀疑他是不是隐瞒了什么东西。以往的课程审订往往是在重大的社会变革时期之后进行的,例如:第二次世界大战和20世纪60年代。而这一次的审订工作则是在一位新任校长的就职之后着手进行的,他显然十分在乎他的前人所遗留下来的东西。(萨默斯或许会争辩说,20世纪90年代的全球化已经确确实实地带来了巨大的社会变化。)其他对萨默斯持有怀疑态度的人则怀疑他发起这一场课程修订只不过是为又一次大规模的资金募集活动打前哨而已。哈佛在1999年才刚刚结束这么一场大规模的资金募集活动,如果想让那些捐赠巨款的人士再给钱的话,那就需要有新的理由来说动他们,而新的课程要花不少的钱恰恰就是一个很好的理由。而这次的资金募集活动所募得的捐款也就能为奥斯顿新校区的建设提供资金。

这项课程审订工作计划只有在新任命的文理学院院长比尔·科比就任之后才能够开始,因此在2002年的10月科比发出了一封致文理学院全体教师的信,发起了一场关于课程审订的讨论。"在21世纪的最初25年时间里,受教育对人们来说意味着什么呢?"身为院长的比尔·科比问道,"作为一位哈佛的毕业生,应该对一个学科或是一个领域深入了解些什么呢?自由教育的永恒目标是什么呢?在一所现代研究型大学的背景里,我们该如何提供这些呢?"

这次课程审订委员会的副主席是迪克·格罗斯,他只是在数月之前才取代哈里·刘易斯成为哈佛学院院长的。2003年春,格罗斯任命了四个委员会,这四个委员会的工作任务就是调查哈佛教育的各个不同的方面:专业设置、教学工作、通识教育以及全面的学术经历。每个委员会由大约 12 位教授、职员和学生组成。也许了解他们工作情况的最佳途径是去了解曾参与这项工作的一位名叫约瑟夫·K.格林的学生的经历,他是哈佛 2005 届的毕业生。

乔·格林*是从加利福尼亚州的洛杉矶来到哈佛的。他的父亲是洛杉矶加利福尼亚大学的数学教授,而格林本人则向来都是一个认真勤学的年轻人。他在圣塔莫尼卡中学就读时曾参加过戏剧演出,同时还担任了全美科学杯竞赛圣塔莫尼卡中学队的队长、校游泳队的队长,也是圣塔莫尼卡中学教育管理委员会的学生代表。他非常重视学习,因此在他还是一位高中三年级的学生时,就曾接受过美国有线电视新闻网的一部名为"压力之下的孩子"的纪录片的专访,该片反映的是青年学子在申请进大学时所要承受的压力。

实际上,格林看起来不太像是个循规蹈矩的年轻人。他留着一头卷曲的黑头发,说起话来一口拉长调子的南加州口音,听起来懒洋洋的,不由得让人想起奥斯卡影帝西恩·潘在《开放的美国学府》里所饰演的那位名叫杰夫·斯皮科利的人物**,看起来有点昏昏沉沉的样子。他给人的印象就像是一位陷入沉思而心不在焉的教授。但与此同时,他总是十分重视自己的学业,在这部美国有线电视新闻网的纪录片中,他谈到了为想要进一所心仪的大学而承受的巨大压力。"理想的入学申请者,他们说,必须是橄榄球队的队长、门萨顶极智商俱乐部的会员,周末还会利用自家的车库为逃避家庭暴力的妇女提供临时的庇护所;此外,就如你们所知道的,还有像一群孤儿他正在照顾之类的事情。而且,也正如你们知道的,他还必须获得过诺贝尔奖,而眼下他的身影正活跃在悉尼奥运会的赛场上。"[19]

格林所申请的都是一些录取条件十分严苛的大学:哈佛大学、普林斯顿大学、哥伦比亚大学、芝加哥大学、乔治敦大学、斯坦福大学以

---

* "乔"是对"约瑟夫"的昵称。——译者注
** 《开放的美国学府》是美国 80 年代经典的青春片。其中西恩·潘饰演的杰夫·斯皮科利更是电影史上最经典的人物之一。当时斯皮科利在美国无人不晓,西恩·潘也因此一举成名。——译者注

及位于圣路易斯的华盛顿大学。尽管他在课外活动方面的表现十分出色,但他还是对自己能否被录取不敢掉以轻心。在满分为1600分的学术能力测试中,他取得了1450分的成绩。之后,他又急忙用功学习,并再次参加了大学入学考试。第二回他获得了1580分的高分。

格林苦恼的是,所做的这一切只是为了进大学而已,这就像是在用自己的今天作抵押换取自己的将来——他没有女朋友,也没有和朋友们或是与自己的父母在一起消磨过时间。这一切都是因为他没有时间,但他也不太确信自己能否有更多的选择。"当我在,比如说在下苦功的时候,[我会想,]这难道真的就值得我这么用功吗?难道我上哪所大学真的很重要吗?"格林困惑道,"我的意思是,'我是谁,我有能力干什么'难道不是更重要吗?于是我想,嗨,这个世界真不该是这个样子!"[20]

格林所做的牺牲和刻苦的学习得到了回报:他所申请的每一所学校都录取了他。而他似乎很难决定自己该上哪所大学,这就跟他原先所考虑的怎样才进得了这些学校一样难。"所有的高校入学申请指南都说哈佛除了本科生教育外是所非常好的大学,"格林回忆道,"普林斯顿更为注重本科生教育,耶鲁的学生则比较快乐。我实在是太难做出选择了。"最后,格林选择了哈佛,因为他对政治学感兴趣,并觉得哈佛大学的肯尼迪政府管理学院将为他提供很多机会。尽管如此,他还是不太敢肯定他是不是应该选择普林斯顿大学,这是他的第二选择。"我有一丁点普林斯顿情节,"格林承认,"我希望可以证明我自己选择哈佛是个正确而明智的选择。"

格林在哈佛读大学一年级的那一年,正是拉里·萨默斯担任哈佛校长的第一年。当他听到这位新任的校长说哈佛的本科生教育需要下点工夫时,他的信心为之一振。他和萨默斯的办公室联系,看这位校长是否需要一个实习生来帮忙做这件即将来临的课程审订工作,但他得到的答复却是否定的,这项课程审订要到明年才真正开始。尽管如此,格林还是难以停止对哈佛的教育目的的思考。2002年秋季,格林参加了拉里·萨默斯为学生领袖们举办的一个餐会。令格林非常高兴的是,萨默斯问学生们觉得哈佛需要解决什么问题。格林说,大家不是一直在问一些诸如"我们为什么在这里,我们应该学些什么"的大问题吗?萨默斯回复说,你要的这个回答是没有用处的,因为你说的这些问题没有一件是具体的、可以解决的东西。

格林读大学二年级的下半学年,也即 2003 年的 2 月,他注册学习了一门课程代号为"经济学 1010A"的课程——微观经济学,这是一门典型的概论性课程。然而和其他同修这门课程的学生一样,格林发现教授的讲课内容杂乱无章、不着边际,而且讲的常常是些没有用的东西。这门课他越上越扫兴,因此便给比尔·科比发了一份非常长的电子邮件,讲了这个教授的事。这个教授最终请了四个星期的假不上课,"重写"了教案。这件事让《哈佛深红》得到了个灵感,开设了一个标题为"全球最好的大学,全球最差的教师"的专栏。[21] 这也使得格林和哈佛文理学院的管理层有了联系,因此这年春季,迪克·格罗斯邀请格林去教师俱乐部共进午餐,并问他想不想进课程审订委员会。格林当然愿意,他选择了教学委员会,因为他认为这一领域最需要改革。

这四个委员会在 2003 年的秋季开始工作,每两个星期开一次会。刚开始,格林满怀希望。他要问一些与哈佛的教育目的、采取了什么样的教学手段相关的大问题。为什么不问学生他们希望学校提供什么样的课程?为什么专业仍旧存在?格林已听过拉里·萨默斯谈到这次课程审订是多么重要,多么具有深远意义,因此他认为问这些根本性的问题才是有意义的。格林一直在思考一位教授问他的一句话:"要是你能够进这里却不能得到毕业文凭,或是你不能进这里却得到了一张毕业文凭,你会怎么做?"格林显然无法回答这个问题,他为此感到困惑。

不过委员会里的两个教师成员,历史学家莉斯·科恩和生物学家理查德·洛西克,很快就让他全然明白了,他们没有时间可以用在这种开放式的对话上。"我得到的回应是,'如果我们问一些大问题,我们将不会得到具体的建议'。"格林说道。他们没有时间来进行宏观层面的辩论。萨默斯没有耐心:比尔·科比必须在 2004 年 5 月份之前,也就是赶在毕业典礼之前,发布课程审订报告。他的课程审订必须在一年内完成,而当年罗索夫斯基用了四年的时间。格林甚至不能和自己的朋友谈自己的教学委员会在考虑什么。课程审订委员会中的学生委员被告知不得在工作之外的场合对任何人提及与这项审订工作相关的东西。"这是一个,"格林终于明白,"令人匪夷所思的控制异议的方法。"

四个委员会拟出了一个临时性的报告,交由文理学院的全体教师在 2 月 16 日的会议上作简短的讨论。由于缺乏具体的建议,这份临时性的报告重申了几个反复提及的目标：国际化,自然科学素质,师生之间更密切的联系,本科生与各研究生院之间增加接触。没有人太在意这份报告。一部分原因在于这份报告缺乏实质性内容,另一部分原因在于,教师们总体上并不太重视课程的修订。不像当年的罗索夫斯基,科比并没有使出浑身解数来和全院的教师们沟通。即使他使出浑身解数和老师们进行沟通,老师们是否会回应也还是个问题。教师们并不认为科比是真正的课程审订主管人,而且总的说来,他们不相信萨默斯会当真希望在全校范围内对这份新课程的提案进行全校性的讨论。

到现在,人们普遍觉得,萨默斯之所以设立这几个委员会,无非就是想预先堵住人们的嘴巴,不让人们批评他早已做出的决策。既然他们的建议只要与萨默斯的意见相左就会被忽视,那他们又何必把时间花在课程审订上呢？当然,这所大学里最有才智的人、真正享有盛名的人也就没有什么道理把精力投入到这次课程审订的过程之中。他们这些人在四分之一个世纪之前曾深深地投入到那一次课程改革之中,因为那一次课程改革的成功也有他们的一份。"有几位当年参与20世纪70年代的那次课程改革的教师告诉我,他们迄今仍记得当年对教育问题进行讨论时整个气氛是多么的令人激动,"《哈佛深红》专栏作者 J. 黑尔·拉塞尔在 3 月底时写道,"这次自始至终没有人知道发生了什么事,更谈不上激动了。"[22]

有迹象表明,甚至比尔·科比和迪克·格罗斯都没有潜心于这一次的课程审订工作。这两个人常常外出,一是到其他的大学做有关课程审订的报告,二是去募集资金。从 2003 年 9 月到 2004 年 3 月,科比主办了 18 次哈佛校友集会活动,目的在于给校友们灌输一种参与意识并向他们恳求资金上的支持。不过在校园里,人们说科比出奇地空闲,除了参与一些讨论之外,他并不积极参与这场课程审订。"比尔的感觉是,这很明显是拉里的报告,牵涉进去有什么意义呢？"有一个了解他们两个人的知情者说。一个非常了解课程审订工作的教授指出了罗索夫斯基与科比之间的一个重要区别。众所周知,这位教授说,罗索夫斯基为了完成课程改革而拒绝了耶鲁大学校长一职。而科比,这位知情者说,则想成为某个大学的校长,因此他不愿冒险对自己的老板挑起一场他无论如何都不可能赢的抗争。

科比所指定的工头迪克·格罗斯出于和科比相同的目的也频繁

地到处跑。不过,即使没在外面跑的时候,格罗斯也把课程审订托付给下属们,而下属们则缺乏激励教师们的影响力。这些下属中最重要的是杰弗里·沃尔科维茨,经济系讲师、本科教育副教务长。他多年研究课程管理,受到大家的尊敬和喜欢。他被认为是一个出色而且聪明的人,十分认真地对待课程改革的问题。然而与此同时,他不是终身教授,更不是哈佛文理学院的院长。一个在团体之中等级辈分如此之低的人却是这次课程审订工作中最主要的参与者,密切关注这次课程审订的教师们为此感到奇怪,他们认为,这对这次课程审订的前景来说不是好兆头。有人怀疑沃尔科维茨其实是萨默斯的枪手。"杰弗里几乎可以说是拉里亲手挑选来写这份报告的。"一个来自哈佛大学堂的知情者说道。

开春不久,萨默斯邀请了课程审订委员会中所有的八位本科生前往爱姆伍德校长府邸一起用餐。当他们围坐在餐厅的桌子前讨论课程审订工作时,乔·格林对讨论的内容愈发觉得扫兴——谈的都是十分琐碎的细枝末节,根本没有触及最基本的要点。"我们问的都不是些大问题。"他对校长抱怨道。格林认为,哈佛的课程需要的不仅仅是做一些小修小补的工作,而是大刀阔斧的改革,否则难以向那些伟大的思想家挑战,更不用说造就出一批伟大的思想家了。"恐怕哈佛再也培养不出另一个像威廉·詹姆斯这样伟大的思想家了。"格林说道。

听到格林说哈佛无法产生另一个重要的哲学家,萨默斯显得十分不悦——这不啻于一曲挽歌,哀悼这次课程审订工作缺乏雄心壮志。"难道你觉得迈克尔·桑德尔算不上吗?"萨默斯问道(桑德尔是这次课程审订委员会里的通识教育委员会的一名成员)。格林对萨默斯的这个回答很不以为然。迈克尔·桑德尔是个很有天赋的演讲者,也是一个才思敏捷、很有鼓动性的思想者,但从来都没人将他和威廉·詹姆斯相提并论过,谁要是将这两人相提并论,那只能表明他对哲学史很无知或是拒绝承认现实。"我认为拉里的确很关心本科生教育,"格林后来回忆说,"他确实关心哈佛学院。不过尽管如此,他却不愿迎接人们对他的课程审订工作发出的挑战。"

到3月初,课程审订委员会的工作已经完成,四个团队都把各自只有少数人知道的建议交给了沃尔科维茨。曾经对此抱有不切实际的想法的格林终于醒悟了。他意识到,在给定的这么一点时间里委员会根本不可能进行广泛的学术探究,而且他还认为,如此紧凑的时间安排只不过是"确保管理层通过此项议程的花招"而已。他觉得十分沮丧,他甚至去拜见亨利·罗索夫斯基,向他请教,但罗索夫斯基一方面十分愉快地向格林详细讲述了核心课程的历史,另一方面却不愿扯进目前的这次课程审订工作——在准备对旧的核心课程进行斧劈刀削的时候,没有人希望旧课程的设计师虎视眈眈地盯着他们。"我认为委员会没有弄清事情的真相,他们甚至连试都没试过,"格林说,"在短短的一年之内是不可能弄清的。作为一种脑力工作,这么做委实叫人难以信服。"格林有一次被要求与一位因给母校捐款而闻名的哈佛校友会谈。会谈之后,格林甚至开始怀疑校方让学生参与课程审订工作的根本原因。"管理层需要我们参与这项工作,这样他们就可以说学生参与了课程审订。"格林说道。那位校友对他的这句话很感兴趣。

4月中旬,为了及时完成将于4月26日星期一这一天发布的课程报告的撰写,杰弗里·沃尔克维茨把自己关在位于哈佛大学堂地下层的办公室里。他感到压力很大。根据来自哈佛大学堂的知情者宣称,《纽约时报》教育版记者萨拉·赖默已告诉科比的办公室,只要她尽早拿到这份课程审订报告,那么该报将在头版刊登有关课程审订的报道。但是更大的压力却来自身边,这个人就是萨默斯。

从上任伊始,萨默斯就一直毫不讳言自己希望课程审订该做什么。他在2003年毕业典礼上的致辞就是专门讲这一主题的。而且在课程审订过程中,萨默斯甚至是事必躬亲。最初,他还只是通过替身过问而已。显然,正是在萨默斯的敦促下,沃尔克维茨才聘用了一个名叫英格利丝·阿米尔的女子作为自己的工作人员。阿米尔是在2002年获得哈佛教育学院的博士的,不过如果只是凭此条件,她是不够资格获得这份工作的。她得到这份工作另有一个重要的原因,那就是,她与萨默斯的女友、英语系教授艾丽莎·纽是密友。早在纽担任英语系的本科生课程主任时,阿米尔就是纽的"本科生管理协调员",也就是说,她实际上是纽不可或缺的左膀右臂。她们俩私交甚厚,而且透过纽的关系,阿米尔得以见到萨默斯并与萨默斯有了交往。萨默斯也挺喜欢她的,他让她在杰弗里·沃尔克维茨手下工作,并通过她来转达自己对课程审订的看法。"拉里会打电话给她。"一个十分了解他们之间工作关系的知情者说。而另一个知情者则更加详细地解释道,"在整个课程审订期间,拉里透过英格利丝·阿米尔不断地对杰弗里·沃尔克维茨发号施令",而完全绕开科比和格罗斯。阿米尔的存在激怒了哈佛大学堂里的其他工作人员,他们认为她是萨默斯的替身。据又一知情者称,她可是个"不好惹的主"。"她在场时,好些同事都不怎么敢畅所欲言,免得有人在校长那里打他们的小报告。"(阿米尔对此不予置评。)

阿米尔在哈佛大学堂的存在也反映了艾丽莎·纽的权势和影响力的节节攀升。尽管阿米尔有时看起来心不在焉、漫不经心的,甚至显得稍微有点愚蠢,但纽却不同,她在一些问题上,诸如本科生的辅导与教学,某些本科生系的优点(或是欠缺)都颇有见地。由于萨默斯本人对于人文学科方面的问题不是特别熟悉,有时甚至是根本不感兴趣,这就让纽可以乘虚而入。于是,这位举止温和、有过离婚经历的女人兼诗歌的热爱者,就成了决定哈佛人文学科研究方向的幕后关键人物。她在自己的前任助手的协助下指引着课程审订的进程就是个例证。

随着沃尔克维茨的报告起草工作临近最后的冲刺阶段,萨默斯的干涉也越来越直接。根据好几个知情者的说法,他开始直接打电话给沃尔克维茨,告诉他,在最后的报告中必须加入些什么东西而不顾审订委员会有没有提出这些建议。"最后,"有个哈佛大学堂里的知情者爆料说,"拉里干脆直接口述让杰弗里写下来:'这些就是哈佛的变化,这些变化正源源不断地进入哈佛。'"另一位十分了解课程审订过程的知情者说,沃尔克维茨已经沦为"替罪羊"了。一旦这份报告遭到炮轰,那么至少在内部他得承担责任。其他几位知情者则说,沃尔克维茨因为这一经历而"在精神上受到伤害"并"在心理上十分压抑"。而且他再也没有重新振作起来的机会了。2004年的9月初,比尔·科比草草地解除了沃尔克维茨的这些直接对院长负责的职责。沃尔克维茨没有终身教职,因此他的免职几乎是结束了其数十年来在哈佛的服务。科比没有对此做任何的解释。哈佛大学堂里的知情者们说,沃尔克维茨开始对自己所处的这种有口难辩的处境十分恼火,因此他时常表露出一种不甘任由摆布的情绪,这一点激怒了科比。无论如何,公认的课程审订报告的作者从现在起与这份报告再也没有任何干系了。

课程审订报告的起草工作的尾声也同样令人不满。4月22日星期四的晚上,审订委员会的成员们收到了一封电子邮件,告诉他们一个密码,准许他们通过互联网阅读这份报告的草案。他们要等到星期日才能读到这份报告并提出意见;他们的意见估计也起不了多大的作用,因为已经没有时间做较大的修改了;这份报告将于星期一向新闻界发布。"我们理应在这份报告发布的几个星期之前就看到这份报告的初稿的。"乔·格林说道。他认为,沃尔克维茨不希望得到来自课程审订委员会的委员们的反馈,不过似乎同样可能的是,沃尔克维茨把所有的时间全用光了。

萨默斯十分关心这份报告的情况,他强调科比的参与。4月25日星期天,根据两个十分了解这件事情的知情者的说法,科比"亲手从沃尔克维茨的手里接过这份报告"。随即是连夜熬夜修改校订,目的在于尽快地完成这份报告并把它交给《纽约时报》教育版的记者萨拉·赖默。然而还是太迟了,赖默的这则报道刊在了A19版而不是载于头版——这份哈佛课程审订报告的重要性还很难断定,因此它的见报已经给人留下了深刻的印象。但萨默斯校长却甚为不快。流言开始在哈佛大学堂里四处传播,萨默斯对自己任命的院长科比十分不满,而且十分忧虑这份报告会遭到媒体的抨击,因为他对科比已经失去了信心。

不过有些人认为,比尔·科比已经做了萨默斯要他做的一切。仅仅在一年的时间内就写好了一份可以对外发布的报告,这应该算是大功一件了。但是,现在一些同事却开始怀疑科比的院长之位是不是保得住。除非是在极端的情况下,否则更换一个就任时间不长的文理学院院长将是不可想象的。但是,萨默斯早就表现出无视传统的行事惯例。他只看重结果。

最后出炉的报告长达67页,被称做"哈佛学院课程审订报告",这份报告在大体上转录了拉里·萨默斯自2001年秋季一直所宣讲的一切。所提议的新课程将以分类必修课的形式取代核心课程。学生按要求仍然要在几个学科大类中选修课程。不过,学生们应该学习"思维的方式"这个理念已经成为了过去。新课程将尽力保证学生学习一些具体的知识,尽管它并没有讲清楚是哪些方面的具体知识。例如,就没有提到必修的西方文化课程,而这一课程通常是美国大学通识教育课程中的重中之重。相反地,分类必修课的中心是一套新设立的课程系列,拟称做"哈佛学院课程"。尽管去国外留学没有被列入必修的项目,但却被列入强烈推荐之列,并且学生的成绩报告单中会显示他们是否经历过一次"有意义的"国际阅历。（何谓"有意义的"并没有做明确的规定，但很显然，这一条款意在排除这样的经历，诸如花了一个晚上的时间和一个学美术的巴黎学生在塞纳河畔散步，或者在泰国发现一个伊甸园般的海滩。）就如科比在媒体报道中所道："如果你要来哈佛学院求学，持有一本护照是相当有好处的。"另外，这份报告的内容中还提出了一些其他的建议：减少专业必修课的课程；强制性的新生研讨班；开设一个时间安排在一月份的为期四周的短学期——在这个学期里，学生将修一些强化课程（Intensive Course），撰写研究论文，或者出国留学。学生必须学习更多有关科学和国际事务方面的知识，而且自然科学的课程可能应该更具有"跨学科性"，虽然这到底意味着什么也并未详加说明。这份报告里最没有意义的建议或许当属学生的宿舍分配制度。哈佛的本科生宿舍分配原先是在新生一年级结束的时候才安排，现在却改为在新生刚入学的时候就安排了，对此持批评意见者愤怒地将其称为"耶鲁模式"的宿舍管理体制。

这差不多就是这份报告的全部内容了。（这份报告里充斥着许多废话。）

在全美新闻界里，这篇报告刚出炉便获得了一些好评，《时代周刊》声称它"可能对全国的大学产生影响"[23]。《波士顿环球时报》发表了一篇名为"重新思考哈佛"的社论，向读者保证这一课程修订"预示着向前迈出大胆的一步"[24]。

然而事实却表明，持这一观点的也就仅此两家而已。《高等教育编年史》杂志是一份受到高度重视的杂志，它撰文指出："上一次哈佛审订了它的本科生课程……其审订结果对全美范围内的大学产生了影响。"[25]而这一次，根据美国大学联合会（Association of American Colleges and Universities）主席卡罗尔·吉尔里·席奈德所言，这份报告中的许多建议只是真实地反映了其他许多大学早已在用的东西。《哈佛深红》补充道，"全美范围内的大学行政管理人员们都表示说，他们并不期待哈佛的这一场正在进行中的课程审订能够像上一次的核心课程那样带给人们一些革命性的或是具有影响力的东西"[26]。以提倡到国外游学为例，这对哈佛来说是新的举措，但是对全美范围内的其他许多大学来说，已经不是什么新鲜事了。耶鲁模式的住宿制度的提议，旨在增强新生和宿舍之间的紧密关系，这一模式无疑来自于耶鲁大学。而设立一月份短学期的设想似乎是来自于麻省理工学院，它的校历上就有"一月份短学期制"。正是因为这个原因,《哈佛深红》的专栏作者 J. 黑尔·拉塞尔这位对这次课程修订过程一直持批评态度者称这份报告是一份"长达 60 页的、乏味而又夹生的建议书","是一份实在叫人难以称奇的报告,因为它的出笼主要是在萨默斯校长急功近利的政绩观驱动下,花了一年时间闭门造车制造出来的,这位哈佛的校长……似乎是下定决心要将哈佛变成自己的母校麻省理工学院"[27]。

对于哈佛来说,这份报告中或许只有一项算得上是个独特的东西,这就是所谓的"哈佛学院课程"。这个非同寻常的名词之后跟着一段不寻常的说明性文字。"哈佛学院课程"将是"基础性的……将打破传统的学科界限,并将规定一个受到良好教育的公民的基础"。但很显然,哈佛学院课程所要教的一些东西听起来极其类似核心课程所要培养的思维方式。"哈佛学院相关领域的教师将超越学科界限走到一起……用共同的语言进行相互间的对话,并与学生对话,规定学生对这些学科领域所应了解的最重要的概念和方法。"如果读者不清楚这究竟是什么意思,这份报告试图描述得更为具体一些:"一门世界文学课应该考虑到不同地方和不同时期的文化表象,应考虑到跨越传统的国界线以及不同的文化层次之间的文化流动。"然而这种描述依旧让人一头雾水。

这种模糊也许是世界性的,报告中有两行文字暗示了哈佛学院课程的真正原因。它们将是"王牌课程,列于课程目录中的前部。它们应该整理编写出独具特色的教材,在哈佛学院内,甚至有可能在哈佛学院外使用"。[28]这句话听起来似乎也够平淡无奇的,然而,就如《哈佛深红》后来所报道的,这几行乍看之下平淡无奇的文字细读起来其实有着一层更深的含义。关键是"在哈佛学院内,甚至有可能在哈佛学院外使用"这几个字眼。在某种意义上,拉里·萨默斯是想把这些课程推销给全世界的学生,是想使用哈佛的品牌来给学生们教授"基础知识"而不论他们是否是哈佛学院的学生。正如迈克尔·桑德尔曾一度指出的那样,哈佛学院课程的设立既是出于利益的动机,也是为了追求学术霸权,是为了更进一步在国际教育中烙上哈佛的烙印,为了促进一个"思想的帝国"的成长。

最常听到的对这次课程的批评是说它缺乏任何指导理念,也没有一个整体的设想。就像福特汽车的总裁花了好几年的时间,立志要推出一款全新的野马汽车,然而,当蒙在这款轿车上的神秘面纱被撩开时人们只看到一些在喇叭和汽笛上所做的革新,而且即便是这些东西也都是从竞争对手的车型上盗来的。教师们对这份报告一点都不感兴趣。它就像一勺不冷不热的土豆泥一样搁在他们的办公桌上,在教师会议上以及在已发表的评论中,许多人的态度都是嗤之以鼻。一位深孚众望的教授评论道:"坦率地说,人们认为这份报告是一则笑话。"

拉里·萨默斯经常谈到希望能制定一个让学生为 21 世纪的世界做好准备的课程。而在他那说得天花乱坠的言语的后面却充满着一种对哈佛变化步伐的极度不耐烦,充满着一种燃烧的欲望——希望能给这所历经沧桑的古老学府带来看得见摸得着的成就,而且要越快越好。在 2004 年哈佛学院课程审订的过程中,这种不耐烦的情绪似乎伴随着他的每一天。就某个方面而言,这一课程审订是对拉里·萨默斯的领导风格的测量。它使人联想到,成为一头闯进瓷器店的蛮牛也许是个赢得哈佛之外的评论家们的奉承性的评论的极佳方法,但绝不是制定一套更好的课程的最有效的方法。

理论上,哈佛的教师必须赞同这套新课程,而且他们将在 2004—2005 学年期间,甚至是在这之后更长的时间内对这份课程审订报告所提出的各项建议进行讨论。(其实,在这一学年里,课程审订的四个委员会基本上重做了上一学年所做的工作。)他们将很可能批准通过一些不太卓越却没有害处或是有点价值的提议,其他的提议因为他们的确不喜欢,就会加以否决。但是他们的赞同或反对,已经不像过去那么重要了。报告中的部分内容可以分开来,一部分一部分地逐次经由比尔·科比的批准通过。比尔·科比拒绝具体说明这份审订报告中哪些部分将由哈佛学院的全体教师来进行投票表决。

乔·格林不会在哈佛参与大部分的辩论了。他在 2004 年秋季这个学期请假去为总统候选人约翰·克里工作。但是格林和哈佛大学本科生学生会的主席马特·马汉并没有放弃发动学生为哈佛教育的未来而战。他们是一个叫做"本科生要求改造我们自己的课程"的团体的主要组织者,这个组织以发动学生更多地参与这次课程审订为宗旨。"不管课程有多好,"格林说,"如果学生们没有投入进去,它也一定会失败。"当然,没有全体教师们参与的课程审订一样会失败。

萨默斯经常谈到这次课程审订是一代人才能遇上一次的机遇。他说得没错。一次成功的课程审订可以使一所大学的学术生命恢复生机,可以使全体教师们再次受到激励,可以使学生们为之激动,从而使哈佛人在学术目标上达成共识。如果按照这些标准来衡量,那么拉里·萨默斯的课程审订就是一个失败。

结语:校长宝座上的萨默斯

  俯视着又一群为参加毕业典礼而聚集在一起的3万人,拉里·萨默斯的手指有节奏地在自己所坐的这把有着几个世纪历史的校长之座的扶手上轻叩着。即将毕业的本科四年级学生凯特·L.拉科奇正在进行她的毕业生英语演讲,这是一篇关于追求生活激情之重要性的演说。但萨默斯看起来并没有在认真地听——他早已知道演说中没什么值得他关注的。他心满意足地高坐在主席台的最高位置上,俯视着人群,等着轮到自己对着麦克风发话的时间。当大家鼓掌时,他抬起一只手,让它有气无力地落在另一只手上。
  2004年6月10日,星期四,天刚破晓就已下起了雨,而且风一个劲地刮着,这已经是连续第三年在毕业典礼时下雨了,但仪式还是按计划进行着。任哈佛校长将近两年后,萨默斯撤换了哈佛的典礼官里克·亨特,接替他的是一位名叫杰姬·奥尼尔的女性,她先前在马萨诸塞厅工作。杰姬·奥尼尔协助萨默斯确保学生的演说不会有叫人反感的内容。在2004年星期三的毕业纪念日上,这一届毕业生的总干事沙卡·巴哈杜宣布,"坐在我们中间的将是(未来的)美国总统候选人","现在是和世界上其他人一起分享我们的光芒的时候了"。这两句话完全是哈佛大学毕业典礼上的例行的祝愿词。星期四早晨,头戴学位帽身穿学位袍的毕业生队伍,按照传统的顺序,也就是各自所属学院成立的年份先后,列队进入哈佛园。按照更时髦的惯例,神学院的学生用光环装饰他们的学位帽;而肯尼迪政府管理学院的学生则带着地球仪;当颁发商学院的毕业证书时,商学院的毕业生们奋力地将众多的美钞抛向空中。

当天下午稍后一些时,联合国秘书长科菲·安南发表了一场热情洋溢的关于对外关系单边化之危险的演说。在安南的演讲之前,萨默斯首先发表了讲话,他谈论了高等教育中经济上的不平等,这是他近几个月不断重复的一个话题。春季时,萨默斯宣布了一项政策,哈佛将免除那些家庭年收入不足 4 万美元的学生的学费。以前,这种家庭情况的学生每年只需缴纳 1000 美元的学费,因此这一政策上的改变实际上并没有使哈佛损失很多钱,但这个象征性的强有力的举措还是引起了一浪接一浪的宣传,因此萨默斯校长在今天这个日子里谈到这项政策上的变化便是一件自然而然的事情了。

就在他身穿黑色的长袍、披着一条鲜红色的饰带坐在这校长的宝座上时,萨默斯也许正在回想两年前发生的那场争论。当时,那位即将毕业的本科生扎耶德·亚辛所做的演讲是"美国的圣战",那场演讲标志着萨默斯任哈佛校长的第一年,同时也是最为动荡的一年的结束。自那时起,萨默斯校长又走过了一段漫长的道路。而今,哈佛已经牢牢地掌控在他的手中了。除了偶尔还有一些到现在还掀不起多大风浪的持不同政见者,教师们都沉默了下来。正如萨默斯向一位问及他的领导风格的英国记者所解释的那样,"有时害怕可以产生理性的效果"。哈佛的行政管理部门与学生之间的距离达到了一个前所未有的水平,学生正在学习忍受这一点。监事会是一个软弱的团体,而董事会则比当初选择萨默斯担任新校长时更坚定地站在萨默斯的一边。财务主管 D. 罗纳德·丹尼尔就要退休了,他在这个位置上已经待了 15 年。萨默斯和董事会的其他成员已经选好了一位新的财务主管,他就是詹姆斯·罗森伯格,资本研究和管理公司的总裁——该公司是一家总部设在洛杉矶的资金管理公司,管理着高达 4500 亿美元的共同基金(mutual funds)。人们还不清楚罗森伯格究竟是怎么样的一个强势人物。但是正当他成为哈佛董事会的董事时,他的公司却因涉嫌违反了利益冲突条例而受到了证券交易委员会的调查。

随着萨默斯对哈佛掌控的进一步加强,哈佛校园里原先那种公开的争议已经消失了。科尔内尔·韦斯特的肖像可能还一直都挂在非洲和非裔美国人研究系的墙上,但韦斯特本人早已离开很久了。诗人汤姆·波林绝不会试图再次安排时间来做他那不受欢迎的演讲。伊拉克战争的第一阶段持续的时间还不够长,尚不足以在哈佛园内激起太多的反战示威游行;针对所罗门修正案的抗议活动随着暑假的到来也夭折了。甚至就连谢赫·扎耶德捐给神学院的捐赠所引发的激烈争论也已渐渐地平息了下来。大约在这次毕业典礼的六个星期之后，阿联酋政府悄悄收回了自己这笔金额达250万美元的捐赠，说是与哈佛之间的讨论拖延太长时间了。哈佛校方是在于波士顿举行的民主党全国代表大会开幕的前一天发布这一消息的，这正好将有关这一事件的报道掩埋在大量与这次民主党全国代表大会有关的新闻之下。

消失的不仅仅是大多数的抗议活动，而且还有大多数的抗议者。2001年春天占据马萨诸塞厅的那些学生大多走了，剩下的最后这一批也快拿到他们的毕业证书并离开剑桥了。科尔内尔·韦斯特早已去了普林斯顿大学。哈里·刘易斯在麻省理工学院休学术假。蒂莫西·麦卡锡在北卡罗来纳州写他那部有关教堂纵火案的书。雷切尔·菲什已前往曼哈顿负责一个名为"大卫计划"的团体，该团体以促进中东地区的和平为目的。布赖恩·帕默前往瑞典的一所大学执教。

与此同时，萨默斯以前的一个批评者斯基普·盖茨在秋季时就回来了，至今已一年多。2004年春，盖茨来找萨默斯，向萨默斯要更多的钱，并告诉萨默斯，他已收到了另一所大学给他的邀请。（盖茨现在否认了这事。）但萨默斯拒绝了他的要求。"拉里没有提高筹码，"有个对他们俩这次见面的情况十分了解的知情者说道，"萨默斯对斯基普可能离开哈佛采取了顺其自然的态度，这是他手里握着的一张最强的牌。拉里感到十分的自信。"萨默斯推断，要是盖茨现在就离开的话，盖茨本人的声誉所受到的影响比他的声誉所受到的影响要坏。萨默斯已经做了很多事情来讨好黑人社群，而且由于在此之前盖茨已多次在公开场合对萨默斯大加赞颂，这在无意之中粉饰了萨默斯校长。萨默斯知道自己可以将盖茨的离开编造为自然法则。有时，斯基普·盖茨只得继续往前走。

不可避免地，有传言说——不过这次的传言非常平静——盖茨这次回来不会待太长时间。"他进去和萨默斯交涉，萨默斯说自己不会给他一个子儿。斯基普的大意是说：'我为你说了那么多好话，替你擦屁股，你现在开始要糊弄我了。'"据一个了解他们两个人的教授说，"斯基普自言自语道：'这个人不遵守游戏规则。如果你想成为一个权力的游戏者，就必须遵守游戏规则。'"

盖茨一直都认为，大量的权力并不能归一个人独占，而是应由大家一起分享；如果你有了权力，那你就要和人们分享它。如果有这么个地方,其校长似乎觉得其他人所拥有的权力是从他手里夺走的,那么斯基普·盖茨就不愿意待在这个地方了。在哈佛又待了一年多之后,斯基普·盖茨看起来极有可能去其他地方——也许是普林斯顿,要不然就是哥伦比亚。几个月后,哈佛的一对从事非裔美国人研究的学者夫妻劳伦斯·博博和马西莉娜·摩根宣布他们即将在2004—2005学年结束时离开哈佛前往斯坦福大学,担任斯坦福大学的终身教授。萨默斯拒绝给摩根提供终身教职,而斯坦佛大学则毫不犹豫给了她终身教职。

三年的任职时间还不足以对一位大学校长进行评价,但就在这么短的时间内,萨默斯无疑已经改变了哈佛的生活。他大力发展自然科学,而且强有力地将课程审订带进生活中,并把更多的资金引入那些最需要资金的研究生院。这些项目的结果尚难以预测,不过萨默斯可以因启动这些项目而得到好评。而且在他的推动下,收入不同的阶层接受高等教育这个非常紧迫的话题得到了进一步的重视,并成为一个全国性的讨论话题。此外毫无疑问地,从反犹主义到哈佛与军方的关系等问题,他一再地使哈佛校长成为一个获得全美关注的人物。在所有这一切的下面有一个最重要的变化:哈佛大学的权力的高度集中,更具体地说,校长的权力,是以牺牲监事会、院长、全体教师、学生的权力为代价而换取的。

不过还有一件未竟的事业。出于人之常情,我们记住某些领导者往往是因为他们取得了最有形的成就,比如,他们发现了什么,他们赢得了哪些战争,他们创造了什么艺术作品。而就萨默斯来说,他留给后来者最有形的成就无疑就是查尔斯河对岸奥斯顿新校区的设计和建设。几个月前,萨默斯已开始零零星星地发布了一些有关这一规划中的校区的信息,它的大致轮廓正在成形。他聘请了著名建筑师弗兰克·盖里来负责这项设计工作。盖里在此之前刚刚完成了麻省理工学院的雷与玛丽亚·斯塔塔夫妇中心,麻省理工的这一耗资三到四亿美元的建筑主要是为计算机科学与工程学而设计的。萨默斯校长要把哈佛的许多自然科学学科迁往奥斯顿校区,建造一个综合性的多学科校区,用萨默斯的话来说,这里将拥有"地位举足轻重的大规模科学实验室群"[1]。他还要把位于波士顿市中心的公共卫生学院和位于哈佛园里的教育学院迁来这里——由于所处的地理位置的限制,这两个学院的发展受到了制约。他还要把四到八幢本科生宿舍楼安排在奥斯顿校区,这实际上将哈佛学院的本科生宿舍一分为二。与奥斯顿规划委员会有着密切关系的人认为,虽然萨默斯还没有表露或者说过,但他希望把本科生的人数从现有的约 6400 人这个水平扩大到 10000 人左右。在哈佛现有的招生数之外的这些学生数将来自海外。"萨默斯希望人们不再把哈佛看做是一所位于剑桥镇,或者是一所位于波士顿的大学,也不是一所位于马萨诸塞州的大学,他甚至希望人们不再把哈佛看成是一所位于美国的大学,而是把哈佛看做一个中心,看成是一所无所不在的学校,尽管哈佛实际上并非无所不在。"2004—2005学年度本科生学生会主席马特·马汉说道。

如果这个说法属实,那么这个计划将触发一场大战——如此庞大的发展不仅会让整个哈佛以及哈佛的全体教师背上巨大的经济压力,而且也会改变哈佛学生的生活方式,使得一个具有凝聚力的社区甚至可能比现在更加疏远。至少,学生们担忧,萨默斯花言巧语的那些关于增加师生间接触的言论变得更不可信。如果本科生现在都很难见到教授,一旦再多出 3600 个学生,那么结果又会是怎样的呢?退一步说,如果哈佛在萨默斯的领导下成为一所更大的大学,成为一个如此之大、如此之国际化的场所,那么它就真正成了一个全球化的机构,而拉里·萨默斯将管理着这第一所世界大学的事务。每一位了解萨默斯的人都很清楚这是一个令他上心的建议。

不可避免地,奥斯顿计划既有支持者,但也不乏贬低它的人。(尽管人们普遍觉得,教育学院长期以来没有得到重视,因此,任何对它的关心都是件好事。)但大多数将受这些变化影响的人们却没有强烈的反应,这仅仅是因为他们缺乏足够的信息。萨默斯校长永远都不会忘掉备忘录那件事;他知道,将想法公开只会给潜在的敌人提供火力攻击点。到了他的计划公开的时候,由于经过长时间的蓄势待发,其势头已非任何人所能阻挡,届时任何人都将只有附和的份了。

在此期间,奥斯顿计划在不断地增加萨默斯的权力,这是因为这个项目正源源不断地为他的办公室增添财富。2004 年 1 月中旬,哈佛董事会批准了一项为期 25 年的所谓"奥斯顿基础建设基金",它规定,所有给哈佛的捐款都要抽取 0.5% 分配给奥斯顿计划。如果捐赠金额保持在 230 亿美元的水平上,那么每年也就有了一亿多美元。尼尔·陆登庭是这一基金的第一个倡议者(这一证据足以证明他并非是个胆小如鼠的人)。由于时任文理学院院长的杰里米·诺尔斯的激烈反对——这一提成方案对文理学院造成的伤害最大——因此董事会核准这一提成方案仅实施五年。要是比尔·科比反对将这项基金的征收时限延长为25年,他的反对是不会受到重视的。或许他的反对根本就起不了任何作用;萨默斯需要这笔钱。在理论上,这笔积累起来将达数亿美元的钱将由以学术副校长斯蒂文·海曼为首的一个委员会来监管。事实上,由于海曼直接在萨默斯领导下工作(两个人之间的实际距离只有几步之遥),因此这笔钱将由萨默斯校长来支配。

而且,在接下来的几年里,还会有更多的金钱源源不断地注入哈佛,注入哈佛大学的校长办公室。甚至就在这次毕业典礼的当天下午,哈佛董事会的前校务委员罗伯特·斯通宣布了这一年资金募集的累计总额——法学院:一亿九千六百万美元!商学院:四亿五千万美元!哈佛的其他资金募集者们正在致力于一项新的资金募集活动,这无疑将是教育史上最大规模的资金募集活动。尼尔·陆登庭的目标是21亿美元,而最后募集到了25亿美元。现在,人们都在悄悄地议论说,这次将会是一个空前的数字:100亿美元。在尼尔·陆登庭的资金募集活动中,12.5%的进账自动地转入校级行政管理部门。人们确信拉里·萨默斯的行政管理部门将得到同样多的或者更大的分成比例。

在盛况空前、光彩诱人的毕业典礼的下面,在最最下面的地方,一股股忧郁的情绪正在哈佛的每个角落蔓延着。那些对萨默斯校长持批评态度者其实完全可以说,造成这一切的罪魁祸首主要就是萨默斯所带来的那些无形的变革。他以那些更适合于政界和商界的价值观和优先考虑的事项腐蚀了大学。哈佛的这一位校长不喜欢言论的自由和充满蓬勃生机的辩论,也不喜欢真理——他所关心的只有个人形象、公共关系以及舆论导向的控制。在一个充满着永无休止的竞争与冲突的世界里,哈佛的那些最值得珍贵的东西,也就是哈佛所追求的某种更高、更永恒的东西在迅速地消失。就像一种灭绝的物种,一旦消失,那种珍贵的品质也就可能永远消失。那些教授们要么必须生活在一个由拉里·萨默斯所创造的世界里,要么就得去别的地方。然而,要是哈佛大学都不能让这一座象牙塔保住"象牙塔"这一习语所要表达的最佳、最乐观的含义,那么又有哪所大学做得到呢?

很可能,这些批评萨默斯的人迟早会起来为他们所信仰的哈佛而抗争。也许只要他有一个失足,就会为他们提供一个机会。不过也存在着另一个可能性,那就是,抗争的时机、机会之窗已经过去了,他们的事业已经失败了。

尽管如此,当萨默斯坐在自己的校长之位时,从他的角度来看,他的世界看起来都是那么美满。或许他的心里唯一的一个问题就是,他还要在剑桥待多长时间。在2004年的总统竞选活动中,越来越多的哈佛人想知道他是不是会离开哈佛。约翰·克里之前参加过萨默斯的就任典礼。众所周知,萨默斯在为这位马萨诸塞州的参议员提供经济政策方面的建议。如果克里赢得了这场总统大选,那么萨默斯会不会重返华盛顿再次担任财政部部长并干满四年呢?有些哈佛人满怀希冀地问起这个问题来。"票投克里,摆脱拉里!"这一口号在哈佛校园里盛传着。但其他的人则满怀忧虑地思考着这种可能性,毕竟哈佛大学如此之多的规划是以这位校长为中心的。

即使乔治·W.布什2004年的11月再度当选美国总统,联邦储备委员会主席艾伦·格林斯潘预计也将于2006年退休。由于萨默斯一直都不肯在诸如《所罗门修正案》等问题上向共和党人挑战,因此无论是在民主党成员看来还是在共和党成员看来,他都是一个合意的继任人选。而且联邦储备委员会主席一职的确对萨默斯很有吸引力。毕竟联邦储备委员会主席可能是这个世界上唯一一个最有权力、但同时又最无须承担公共舆论责任的经济政策制定者。乔治·W.布什完全有可能要拉里·萨默斯来接替艾伦·格林斯潘的位置。

但所有的可能性,即下一步所要征服的领域,均已摆在了萨默斯的面前了。那个曾经被哈佛大学拒绝过的人已通过努力到达了如此之远的地方。只有到这个时候,萨默斯才可以深吸一口气,从此稍微放松一些。他准备留传给后来者的部分东西已经具体可感。毫无疑问,无论拉里·萨默斯决定什么时候辞去哈佛校长的职位,他都将留下一所更大、更富、更强、更有影响力的哈佛。唯一令人生疑的是,他留下的这个哈佛是否比之前更美好呢?

谢　　忱

上一次出书,我竟然不可理喻地忘了向我叔叔迈克尔·布瑞德利致谢,他是那种每当你处于困境时就会希望他能在你身边的律师、叔叔。这次,我要向那些由于我的疏忽而忘了对之表达谢意的人预先表示歉意。在本书的出版过程中我得到了许多人的帮助,我十分感激他们的帮助,但在此我却很难做到一一地向他们表示谢意。

在我进行初步的调研时,丹·所罗门和明迪·伯曼为我提供了住宿。这期间经历过数次的暴风雪,还经历过房屋改造、孩子的临产,等等,但他们从未抱怨过住在阁楼里的笔者。

在另一场合,埃文·科尔诺格和洛朗·麦科莱斯特为我提供了宝贵的意见,甚至还牺牲了一整个周末没有待在自己的电脑屏幕跟前了。安德鲁·奥金克洛斯、彼得·克里切尔和汤森·戴维斯不仅都是好律师,而且还是睿智的密探,他们的建议都是很值得采纳的。

萨莎·史密斯帮我核对了这本书的实情。我的错误很难逃过她那双锐利的眼睛。当然,如果本书还有其他什么失误,那一定得由我自己来承担责任。此外,蒂娜·皮克和格雷戈里·皮尔斯不知疲倦地奉献了大量的时间和专业知识协助我调研。

《哈佛深红》是一份比许多专业的报纸还要优秀的学生报纸,该报的编辑和记者工作勤勉,依赖他们的帮助,我了解了哈佛的文化和本书所报道的具体事件。

在本书撰写的最后阶段,拉金·沃伦给了我很多有益的修改意见,而且她还帮我明快地表达了我想说的话,她惊人的智慧也让我受益匪浅。

我还要感谢苏珊·温伯格、大卫·赫希、尼克·特劳特魏因和迈尔斯·道尔米莱·杜瓦勒以及哈珀科林斯出版社所有其他成员,在他们的帮助下本书得以问世。在许多意料之外的关键时刻以及自始至终,他们都是从容不迫的。从一开始,苏珊和大卫就认为一本关于一所大学以及其校长的权力、影响力和重要性的书很有价值,而这是一个作者所希望得到的最大支持。

这是我在威廉·莫里斯经纪公司的帮助下创作的第二本书,我很荣幸我自己在危难中能遇到这么一群具有奉献精神和精明强干的人。非常感谢特蕾西·费舍尔、安迪·麦克尼科尔、莉比·奥尼尔和莎拉·帕洛德。

我的经纪人琼尼·埃文斯在出版界是一个传奇人物,每一个有幸和她工作过的人都知道我为什么这样说。她有耐心,善解人意,为人宽容大度,乐观豁达,必要时又不乏吃苦耐劳的精神,而且在我需要她帮助的时候总会出现在我身边。琼尼是一个真正为作家说话的人。从我产生写一本关于我曾经就读过的这所大学的书的念头起,她就开始帮助我。在整个写作过程中,我问过她很多问题,她从来就没有让我失望过。

我的家人一致支持我写第一本书,现在又随机应变地支持我写这第二本书。他们一直都让我感动不已。

跟一个作家生活在一起未必总是舒适的。事实上,安逸的时候是很少的。虽然如此,克里斯蒂娜·罗拉托一直都是我灵感和力量的源泉,她给我支持、建议,给我建设性的批评,也给了我爱情。我爱你,克里斯!

最后,我想对所有那些牺牲他们的时间、冒着职业的风险、帮助我弄懂一所伟大的大学该如何运作的哈佛人表达谢意。遗憾的是,我无法说出他们中绝大多数人的名字。我的调研助理在搜集文献、回答一些奇怪的问题、查找一些鲜为人知的数据,以及帮我了解哈佛学院的文化等方面给了我巨大的帮助。谁要是在她毕业后雇用了她无疑将是明智之举。对所有那些经常要忍受我无休止的电话、深夜里的电子邮件和恼人的问题的人,我怎么也难以充分表达我的感激之情。哈佛社区里比比皆是聪明、富有思想和爱心的公民。许多次当我汇报这本书的时候,我觉得自己参加了一场哈佛的研讨班,这是任何人十分幸运方能享受到的一种经历。我尤其要感谢那些总是愿意跟我分享他们对哈佛生活的思考和洞察的学生。他们全都完全无愧于人们对他们的赞誉，他们甚至比人们所赞誉的还要卓越、睿智。

理查德·布瑞德利
2004 年 12 月于纽约

资料来源注释

《哈佛规则》一书主要是部新闻作品。正因如此,它是在对哈佛社区的成员数百次的采访基础上写成的,这些成员包括哈佛的学生、教职员工、行政管理人员及校友。但凡是通过采访得到的信息,我都尽可能清楚地说明其来源,然而在许多情况下,这些提供信息者不希望我说出他们的姓名。因此在本节中,我将对那些有具体事实依据的信息以及引自其他资料来源而尚未注明出处的文字一并做出说明。

劳伦斯·萨默斯校长谢绝为本书接受采访。因此文章中引用他的话而未道明出处的也在此一并说明其来源。

序:皇帝的新装

[1] "Installation: A Summers Day," *Harvard Magazine* (November-December 2001), 57.

[2] *Harvard Crimson*, October 15, 2001.

[3] Much of my knowledge of Harvard's architecture comes from Douglas Shand-Tucci's excellent *Harvard University: An Architectural Tour* (New York: Princeton Architectural Press, 2001).

[4] 哈佛的杰出校友灿若繁星,有意进一步了解自 1636 至 1985 年间在哈佛大学毕业的杰出校友可参阅:*Glimpses of the Harvard Past* (Cambridge, Massachusetts, and London: Harvard University Press, 1986),作者是 Bernard Bailyn、Donald Fleming、Oscar Handlin 和 Stephan Themstrom。

[5] *Harvard Magazine* (November-December 2001), 57.

[6] *Boston Globe*, January 27, 2000.

[7] Nathan Marsh Pusey, "Out of War, Peace Gains Stability, *Harvard Alumni*

Bulletin（June 9，1969），22.

第一章：备受注目与争议——拉里·萨默斯的职业生涯

［1］ Enrique Hank Lopez，*The Harvard Mystique：The Power Syndrome That Affects Our Lives from Sesame Street to the White House*（New York：！ MacMillan，1979），2.

［2］ *Boston Globe*，January 30，2001.

［3］ *Harvard Crimson*，May 4，2001.

［4］ *New York Times*，August 24，2003.

［5］ *Harvard Crimson*，May 4，2001.

［6］ *USA Today*，January 18，1999.

［7］ 本句引自诺贝尔奖网站上所张贴的有关保罗·萨缪尔森的传记作品，见 http：//nobelprize.org/nobel/。

［8］ 引自 the Bank of Sweden Prize in Economic Sciences presentation speech，1970，也见诺贝尔奖网站。

［9］ Morton Keller and Phyllis Keller，*Making Harvard Modern：The Rise of America's University*（Oxford：Oxford University Press，2001），81—82.

［10］ 同上。

［11］ Couper Samuelson，"No Relation No. 8，" *Slate*，July 6，2000.

［12］ Lawrence Summers，"Address at Morning Prayers，" September 17，2002.

［13］ "Interview with a Public Servant：Larry Summers speaks with Gene Sperling，" *Washington Life*，Summer 2001.

［14］ John S. Rosenberg，"A Worldly Professor，" *Harvard Magazine*，May-June 2001，30.

［15］ *New York Times*，August 24，2003.

［16］ Daniel M. G. Raff and Lawrence Henry Summers，"Did Henry Ford Pay Efficiency Wages?" National Bureau of Economic Research，"NBER Working Paper Series，" December 1986.

［17］ Rob Norton，"Economic Intelligence：The Third World Gets the Message，" *Fortune*，April 6，1992，30.

［18］ "Toxic Memo，" *Harvard Magazine*，May-June 2001，36.

［19］ John Cassidy，"The Triumphalist，" *The New Yorker*，July 6，1998，58.

［20］ Lawrence H. Summers，"International Financial Crises：Causes，Preventions，and Cures，" Richard T. Ely Lecture of the American Economic Association，May 2000.

［21］ 萨默斯是在一个名为"全球化的机遇与挑战"的新生研讨班上做此评论的。

他在2003年秋季学期担任了这门课程的教学工作。

[22] "Larry Summers, Global Guru," *The Economist*, October 18, 1997, 32.

[23] Robert Rubin, *In an Uncertain World: Tough Choices from Wall Street to Washington* (New York: Random House, 2003), 62.

[24] 同上 13—14 页。萨默斯也在公开场合多次讲过这件事。

[25] 同上,第 15 页。

[26] 萨默斯于 2004 年 3 月 17 日在布赖恩·帕默教授的课程"个人的选择与全球性的变革"课堂上所做的报告。

[27] Rosenberg, "A Worldly Professor," 31.

[28] Rubin, *In an Uncertain World*, 31.

[29] "Larry Summers, Global Guru," *The Economist*, 32.

[30] Strobe Talbott, *The Russia Hand: A Memoir of Presidential Diplomacy* (New York: Random House, 2003), 48.

[31] "The World According to Larry," *Foreign Policy*, July 1, 2002, 30.

[32] Robert Rubin, *In an Uncertain World*, 204.

[33] Cassidy, "The Triumphalist," 55.

[34] 同上,56 页。

[35] Rosenberg, "A Worldly President," 31.

[36] Mara Liasson on "Special Report with Brit Hume," Fox News Network, May 12, 1999.

[37] 与劳伦斯·萨默斯的访谈,"Commanding Heights," the Public Broadcasting Service, April 24, 2001. 见网页 http://www.pbs.org/wgbh/commandingheights/shared/minitextlo/int_lawrencesummers.html。(萨默斯也在其他场合讲述过这个故事。)

[38] "The World According to Larry," *Foreign Policy*, 30.

[39] Robert Rubin, *In an Uncertain World*, 298.

[40] Strobe Talbott, *The Russia Hand*, 84.

[41] "The World According to Larry," Foreign Policy, 30.(萨默斯在许多场合用到了这句话。)

[42] *Wall Street Journal*, April 3, 1998.

[43] *Los Angeles Times*, May 24, 1998.

[44] "The World According to Larry," *Foreign Policy*, 30.

[45] *Columbia Daily Spectator*, October 11, 2001.

[46] "Clinton's Intellectual Power Broker," *The International Economy*, March April 1999, 8.

[47] Joshua Cooper Ramo, "The Three Marketeers," *Time*, February 15,

1999，34.

[48] Robert Rubin, *In an Uncertain World*，202—205.

[49] John Cassidy,"The Triumphalist,"54.

[50] 萨默斯于2004年3月17日在"个人的选择与全球化的变革"这门课的课堂上说了这句话。

第二章　尼尔·陆登庭时代的漫长十年

[1] *Boston Globe*，May 23，2000.

[2] *Harvard Crimson*，June 6，1996.

[3] Lynnell Hancock,"Exhausted,"*Newsweek*，March 6，1995，56.

[4] David Plotz,"Larry Summers: How the Great Brain Learned to Grin and Bear It,"*Slate*，June 29，2001.

[5] David Greenberg,"Small Men on Campus,"*The New Republic*，June 1，1988，24.

[6] *New York Times*，June 24，2001.

[7] *Harvard Crimson*，May 22，2000.

第三章　新校长的遴选

那些对哈佛历史感兴趣的人可以参阅莫顿·凯勒和菲利斯·凯勒夫妇所著的《使哈佛现代化》一书,该书内容十分广泛,包罗万象;而理查德·诺顿·史密斯的《哈佛世纪》不仅信息量大,而且通俗易懂;约翰·T.贝瑟尔、理查德·M.亨特和罗伯特·申顿合著的《彻头彻尾的哈佛》则是一本涉及哈佛历史与文化之具体信息的极佳资料来源。

若想进一步了解哈佛校长遴选的信息,最佳的资料来源莫过于哈佛校园报《哈佛深红》。该报对这一不公开的遴选过程做了非常出色的报道。

[1] *Harvard Crimson*，June 5，2003.

[2] *Harvard Crimson*，November 9，2000.

[3] *New York Times*，August 24，2003.

[4] United Press International，December 19，2000.

[5] *Harvard Crimson*，October 16，2000.

[6] *Michigan Daily*，September 10，1998.

[7] *New York Times*，March 29，1999.

[8] *New York Times*，August 24，2003.

[9] *New York Times*，August 24，2003.

[10] *Boston Globe*，March 18，2001.
[11] 本句引自电影《占领》，该片系哈佛大学在校学生自拍的一部影片，是一部反映哈佛学生在马萨诸塞厅静坐示威的记录片，导演为哈佛在校学生马普尔·拉扎和帕乔·贝莱斯。
[12] Morton Keller and Phyllis Keller，"Making Harvard Modern，"138.
[13] Maple Raza and Pacho Velez，"Occupation."
[14] 同上。

第四章 校长与教授的对抗

[1] *New York Times*，April 1，1990.
[2] *New York Times*，January 20，2004.
[3] *New York Times*，July 20，1992.
[4] Richard Norton Smith，*The Harvard Century*：*The Making of a University to a Nation*（New York：Simon & Schuster，1986），117.
[5] Cornel West，*Keeping Faith*：*Philosophy and Race in American Life*（New York：Routledge，1994），289.
[6] Leon Wieseltier，"All and Nothing at All，" *The New Republic*，March 6，1995，31.
[7] Lawrence Summers，"Freshman Orientation Address," September 2，2001. Located at http：//www. president. harvard. edu/speeches/2001/freshman. html.
[8] Lawrence Summers，"Morning Prayers Address," September 21，2001. Located at http：//www. president. hmvard. edu/speeches/2001/morningprayers. html.
[9] *Harvard Crimson*，June 2，2003.
[10] Harvey C. Mansfield，"Educational 'Therapy,'" *Harvard Crimson*，February 27，2001.
[11] Harry R. Lewis，"The Racial Theory of Grade Inflation," *Harvard Crimson*，April 23，2001.
[12] Lawrence Summers，"President's Installation Address," October 12，2001. Found at http：//www. president. harvard. edu/news/inauguration/summers. html.
[13] 我对科尔内尔·韦斯特和劳伦斯·萨默斯之间的这两次见面所做的描写，分别取材于：对韦斯特的采访记录；对那些从韦斯特那里及时知悉这两次会面详情的人士所进行的采访；韦斯特在自己的日记和公开声明中所做的备注；相关的新闻报道。2004年，韦斯特在其所著的《民主问题》(*Democracy*

Matters)一书中披露了他与萨默斯之间的这两次冲突。

[14] Henry Rosovsky, *The University: An Owner's Manual*（New York：Norton，1990). 我引用了该书中的许多章节,不过我觉得罗索夫斯基的这本书的第十章("Tenure：The Meaning of Tenure")特别有用。

[15] Smith, *The Harvard Century*, 79.

[16] Derek Bok, "Reflections on Academic Freedom：An Open Letter to the Harvard Community," Supplement to the *Harvard University Gazette*, April 11, 1980, 2.

[17] "A Wunderkind Goes Home," *Newsweek*, March 26, 2001, 94.

[18] Sam Tanenhaus, "The Ivy League's Angry Star," *Vanity Fair*, June 2002, 220.

[19] John Kenneth Galbraith, *Name-Dropping：From F. D. R. On*（Boston and New York：Houghton Mifflin, 1999), 18.

第五章　查尔斯河畔的华盛顿

[1] Lawrence H. Summers, "Remarks at the President's Associates Dinner," November 16, 2001. Found at http：//www. president. harvard. edu/speeches/2001/presidentassoc. html.

[2] Lawrence H. Summers, "Remarks to the Harvard College Fund Assembly," October 25, 2003. Found at http：//www. president. harvard. edu/speeches/2003/college_fund. html.

[3] Lawrence H. Summers, "Some Thoughts on Undergraduate Education," Commencement Address, June 5, 2003.

[4] *Harvard Crimson*, March 10, 2003.

[5] Lawrence H. Summers, "Remarks at Tobin School," January 9, 2002. Found at http：//www. president. harvard. edu/speeches/2002/afterschool. html.

[6] "John Harvard's Journal," *Harvard Magazine*, January-February 2002, 65.

[7] Smith, *The Harvard Century*, 205.

[8] Kai Bird, *The Color of Truth：McGeorge Bundy and William Bundy：Brothers in Arms*（New York：Simon & Schuster, 1998), 119.

[9] Smith, *The Harvard Century*, 208.

[10] 同上,第 210 页。

[11] 同上,第 244 页。

[12] Lawrence H. Summers, "Remarks at Harvard School of Public Health," October 26, 2001. Found at http：//www. president. harvard. edu/speeches/2001/sph. html.

[13] 对萨默斯的采访,"Commanding Heights,"the Public Broadcasting Service,April 24,2001。

[14] 萨默斯于2004年3月17日在布赖恩·帕默的课程"个人选择与全球化变迁"的课堂上的讲话。

[15] Lawrence H. Summers,"Remarks at Public Service Awards Dinner,"October 26,2001. Found at http://www.president.harvard.edu/speeches/2001/ksg.html.

[16] http://www.goarmy.com/flindex.jsp. 该视频可在线点击播放。

[17] *Washington Post*,July 1,2001.

[18] Vasugi V. Ganeshananthan,"Image Is in the Eye,"*The Harvard Crimson*,May 17,2002.

[19] "Larry Summers Is Fat,"*The Demon*,March 2003,2.

[20] J. Madeleine Nash,"The Geek Syndrome?"*Time*,May 6,2002,50.

[21] Barbara L. Kirby,"What Is Asperger Syndrome?"from O. A. S. I. S.,Online Asperger Syndrome Information and Support,at http://www.udel.edu/bkirby/asperger/aswhatisit.html.

[22] 萨默斯是在2004年4月23日哈佛大学教育学院所主办的论坛上做此番评论的。

[23] Zayed Yasin,"Of Faith and Citizenship:My American Jihad,"reprinted in *Harvard Magazine*,July-August 2002,65.

[24] *Today*,NBC News Transcripts,June 5,2002.

[25] Lawrence H. Summers,"ROTC Commissioning Ceremony,"June 5,2002. Found at http://www.president.harvard.edu/speeches/2002/rotc.html.

第六章　拉里·萨默斯与他的天字第一号讲坛

[1] From "Harvard President Lawrence Summers Speaks at Health Care:East and West," from *HMI World—A Bimonthly Newsletter Published by Harvard Medical International*,June 27,2001. Found at http://www.hms.harvard.edu/hmi/wnew/summers_ transcript.html.

[2] 科比是在2003年11月15日于英国伦敦的一次哈佛校友午餐会上讲这句话的,不仅如此,科比还多次在接见哈佛校友时讲过类似的话。

[3] *Harvard Crimson*,November 18,2002.

[4] Ibid.,September 9,2002.

[5] 同上。

[6] *Harvard University Gazette*,August 22,2002.

[7] 请愿书的全文可见:http://harvardmitdivest.org/petition.html。

[8] 这份请愿书原来放在 harvardmitjustice.org 的网站上,但现在已不见了。

[9] Andrea Shen,"Elisa New Weaves Literary Strands into One Web," *Harvard University Gazette*, September 23, 1999.

[10] Morton Keller and Phyllis Keller, *Making Harvard Modern*, 49.

[11] 同上,第 51 页。

[12] Lawrence H. Summers, "Address at Morning Prayers," September 17, 2002. Found at http://www.president.harvard.edu/speeches/2002/morningprayers.html.

[13] Lawrence Summers, "ROTC Commissioning Ceremony," June 5, 2002. Found at http://www.president.harvard.edu/speeches/2002/rotc.html.

[14] Alan M. Dershowitz, "A Challenge to House Master Hanson," *Harvard Crimson*, September 23, 2002.

[15] 同上。

[16] Rita Hamad, Shadi Hamid, and Yousef Munnayer, "Free Speech or Intimidation," *Harvard Crimson*, November 4, 2002.

[17] "Morning Edinon," National Public Radio, October 22, 2002.

[18] Tom Paulin, "Killed in Crossfire," *The Observer*, February 18, 2001.

[19] *Al-Ahram*, April 4—10, 2002.

[20] *Daily Mail*, April 19, 2002.

[21] Martin Peretz, "The Poet and the Murderer," The New Republic, April 29, 2002, 38.

[22] Jeffrey Toobin, "Speechless," *The New Yorker*, January 27, 2003, 32. 我得益于图宾(Toobin)的这篇内容翔实的好文章,正是参照了这篇文章我才能对汤姆·波林受邀前往哈佛做讲座这件事前前后后的纷纷扰扰加以详述。

[23] 同上,第 32 页。

[24] 同上,第 33 页。

[25] 劳伦斯·比尔的这则声明原张贴于哈佛大学英语系的网站上,但已经找不到了。

[26] Alan M. Dershowitz, Charles Fried, and Laurence H. Tribe, "Withdrawing Paulin's Invitation Unnecessary," *The Harvard Crimson*, November 15, 2002.

[27] From "Harvard English Department's Invitation of Tom Paulin to Give Poetry Reading-Supplementary Information," November 21, 2002. Found at http://www.fas.harvard.edu/~english/events/announcements.html.

[28] Lawrence H. Summers, "Statement Regarding Invitation to Tom Paulin," November 20, 2002. Found at http://www.president.harvard.edu/spee-

ches/2002/poet.htmL

[29] Tom Paulin,"On Being Dealt the Anti-Semitic Card," *The Guardian*, January 8, 2003.

[30] Monica Collins,"Ask Dog Lady," *Cambridge Chronicle*, March 1, 2003.

第七章 哈里·刘易斯的突遭撤职

[1] *Boston Globe*, February 4, 2001.
[2] *The Harvard Crimson*, March 31, 2003.
[3] *Harvard Crimson*, January 12, 2004.
[4] William C. Kirby, "Remarks at the Opening Exercises for Freshmen," September 7, 2003. Found at http://www.fas.harvard.edu/home/administration/kirby/opening_exercises_2003.html.
[5] Richard C. Levin, *The Work of the University* (New Haven: Yale University Press, 2003), 57.
[6] *Washington Post*, June 24, 2004.
[7] Anthony S. A. Freinberg, "Debunking Camp Harvard," *The Harvard Crimson*, March 21, 2003.
[8] 同上。
[9] Lawrence H. Summers, "Remarks at Spring Members' Meeting of the Zell/Lurie Real Estate Center," April 22, 2004. Found at http://www.president.harvard.edu/speeches/2004/wharton.html.
[10] *Harvard Crimson*, December 3, 2002.
[11] 杰里米·诺尔斯在一张纪念哈里·刘易斯任哈佛学院院长的DVD片"Wild About Harry-Recollections from Colleagues and Friends"中回顾了这一点。
[12] *Harvard Crimson*, September 30, 2002.
[13] 同上。
[14] Lawrence H. Summers, "Baccalaureate Address," June 4, 2002. Found at http://www.president.harvard.edu/speeches/2002/baccalaureate.html.
[15] Lawrence H. Summers, "Remarks at Opening Exercises," September 8, 2002. Found at http://www.president.harvard.edu/speeches/2002/welcome.html.
[16] William J. Kirby, "Self-Cultivation, Self-Criticism, and Self-Renewal," September 27, 2002. Found at http://www.fas.harvard.edu/home/administration/kirby/speech_092702.html.
[17] *Harvard Crimson*, March 18, 2003.
[18] *Harvard Crimson*, June 10, 2004.

第八章 战争

本章对蒂莫西·麦卡锡着墨较多,因此我要说明一下,在着手写这一本书之前我就认识麦卡锡了。1989年至1992年间,我是哈佛的一名研究生,在此期间我还担任了历史与文学系的助教。正是以此身份,1991—1992学年期间,也就是麦卡锡念大三时,我给他上过辅导课。在接下来的11年间我们并没有联系。让我惊奇的是,在我着手写这本书时,麦卡锡已经成为一名学者,并在哈佛任教。

[1] Lawrence H. Summers and Laurence H. Tribe, "Race Is Never Neutral," *New York Times*, March 29, 2003.

[2] Lawrence Summers during a question-and-answer session at the Harvard Club of New York, March 20, 2004.

[3] *New York Times*, May 30, 2004.

[4] Lawrence H. Summers, "Some Thoughts on Undergraduate Education," June 5, 2003. Found at http://www.president.harvard.edu/speeches/2003/commencement03.html.

[5] *Harvard Crimson*, May 21, 2003.

第九章 这里的校园静悄悄

[1] *New York Times*, September 7, 2003.

[2] *Boston Globe*, August 23, 2003.

[3] Lawrence H. Summers, "Address at Morning Prayers," September 15, 2003. Found at http://www.president.harvard.edu/speeches/2003/prayer.html.

[4] Lawrence H. Summers, "Remarks at Black Alumni Weekend," October 4, 2003. Found at http://www.president.harvard.edu/speeches/2003/blackalum.html.

[5] "Editor's Commentary," *Mother Jones*, July-August 1996, http://www.motherjones.com/commentary/ednote/1996/07/klein.html.

[6] 2004年11月底,美国的一家联邦上诉法庭就FAIR("学校与研究所论坛"联盟)诉五角大楼案做出了裁决,判决五角大楼不得因为大学限制军方在校园招募人员而中断美国联邦政府对该校的资助。哈佛法学院院长埃琳娜·卡根随即恢复实施了禁止军方在哈佛法学院招募人员的禁令;但拉里·萨默斯没有就此事发表评论。预计布什政府将就此裁决提出申诉。

[7] *Harvard Crimson*, November 19, 2003.

[8] David H. Gellis and Kate L. Rakoczy, "The Iron Curtain Lowers Over University Hall," *Harvard Crimson*, February 5, 2004.

[9] The South Korean Health and Welfare Minister posted the comment on his homepage, at http://english.mohw.go.kr/html/01greetings/sub01.htm.

[10] *Harvard Crimson*, January 11, 2003.

[11] Camille Dodero, "Class Notes," *The Boston Phoenix*, March 13—20, found at http://www.bostonphoenix.com/boston/news_features/this_just_in/documents/02753363.htm.

[12] James Bryant Conant, *General Education in a Free Society* (Cambridge: Harvard University Press, 1945), xiv.

[13] Peter Engel, "Harvard's Soft Core," *The Washington Monthly*, January 1980, 43.

[14] 同上, 第191页。

[15] "Kenneth S. Lynn," Son of 'Gen Ed,' *Commentary*, September 1978, 61.

[16] *Harvard Crimson*, June 9, 2004.

[17] Phyllis Keller, *Getting at the Core* (Cambridge: Harvard University Press, 1992), 135.

[13] 同上, 第139页。

[19] "Kids Under Pressure," CNN, April 20, 2002.

[20] 同上。

[21] Arianne R. Cohen, "World's Greatest University, World's Worst Teachers," *Harvard Crimson*, November 4, 2002.

[22] J. Hale Russell, "The Curricular Misnomer," *Harvard Crimson*, March 25, 2004.

[23] *New York Times*, April 27, 2004.

[24] *Boston Globe*, April 28, 2004.

[25] Thomas Bartlett, "What's Wrong with Harvard," *The Chronicle of Higher Education*, May 7, 2004, 14.

[26] *Harvard Crimson*, April 16, 2004.

[27] J. Hale Russell, "Nobody Likes a Bad Review," *Harvard Crimson*, April 29, 2004.

[28] J. Hale Russell, "A Hard Sell," *Harvard Crimson*, May 17, 2004.

结语：校长宝座上的萨默斯

[1] Lawrence H. Summers, "President's Letter to the Harvard Community on AUston Planning," October 21, 2003. Found at http://www.president.harvard.edu/speeches/2003/lhs_allston.html.

主要引用文献

Bailyn, Bernard, and Fleming, Donald, and Handlin, Oscar, and Thernstrom, Stephan. *Glimpses of the Harvard Past*. Cambridge, Massachusetts, and London: Harvard University Press, 1986.
Bethell, John T., and Hunt, Richard M., and Shenton, Robert. *Harvard A to Z*. Cambridge, Massachusetts, and London: Harvard University Press, 2004.
Bethell, John T. *Harvard Observed: An Illustrated History of the University in the Twentieth Century*. Cambridge, Massachusetts, and London: Harvard University Press, 1998.
Bird, Kai. *The Color of Truth: McGeorge Bundy and William Bundy: Brothers in Arms*. New York, Simon and Schuster, 1998.
Blustein, Paul. *The Chastening: Inside the Crisis That Rocked the Global Financial System and Humbled the IMF*. New York: Public Affairs, 2001.
Bok, Derek. *Universities and the Future of America*. Durham, North Carolina, and London: Duke University Press, 1990.
Bok, Derek. *Universities in the Marketplace: The Commercialization of Higher Education*. Princeton and Oxford: Princeton University Press, 2003.
Bowen, William G., and Shulman, James L. *The Game of Life: College Sports and Educational Values*. Princeton and Oxford: Princeton University Press, 2001.
Brown, Dan. *The Da Vinci Code*. New York: Doubleday, 2003.
Buckley, William F, Jr. *God & Man at Yale: The Superstitions of "Academic Freedom."* Washington: Regnery Publishing, 1986.
Conant, James Bryant. *General Education in a Free Society: The Report of the Harvard Committee*. Cambridge: Harvard University Press, 1945.
Chase, Alston. *Harvard and the Unabomber: The Education of an American Terrorist*. New York and London: W.W. Norton and Company, 2003.
Clotfelter, Charles T. *Buying the Best: Cost Escalation in Higher Education*. Princeton: Princeton University Press, 1996.

Galbraith, John Kenneth. *Name-Dropping: From F.D.R. On.* Boston and New York: Houghton Mifflin, 1999.

Gates, Henry Louis, Jr. *Colored People.* New York: Vintage Books, 1995.

Gates, Henry Louis, Jr., and West, Cornel. *The Future of the Race.* New York: Vintage, 1997.

Giamatti, A. Bartlett. *A Free and Ordered Space: The Real World of the University.* New York and London: W.W. Norton and Company, 1990.

Greenlee, Sam. *The Spook Who Sat by the Door.* Detroit: Wayne State University Press, 1990.

Halberstam, David. *The Best and the Brightest.* New York: Ballantine Books, 1992.

Hershberg, James G. *James B. Conant: Harvard to Hiroshima and the Making of the Nuclear Age.* Stanford, California: Stanford University Press, 1993.

Hesburgh, Theodore M., and Reedy, Jerry. *God, Country, Notre Dame.* New York: Doubleday, 1990.

Hope, Judith Richards. *Pinstripes and Pearls: The Women of the Harvard Law Class of '64 Who Forged an Old Girl Network and Paved the Way for Future Generations.* New York: Scribner, 2003.

Kahn, E. J., Jr. *Harvard: Through Change and Through Storm.* New York: W.W. Norton and Company, 1969.

Keller, Morton, and Keller, Phyllis. *Making Harvard Modern: The Rise of America's University.* Oxford: Oxford University Press, 2001.

Keller, Phyllis. *Getting at the Core.* Cambridge: Harvard University Press, 1982.

Kennedy, Donald. *Academic Duty.* Cambridge, Massachusetts, and London: Harvard University Press, 1999.

Kerr, Clark. *The Gold and the Blue: A Personal Memoir of the University of California, 1949–1967.* Berkeley and Los Angeles, California: The University of California Press, 2003.

Kirp, David L. *Shakespeare, Einstein, and the Bottom Line: The Marketing of Higher Education.* Cambridge, Massachusetts, and London: Harvard University Press, 2003.

Knowlton, Winthrop, and Zeckhauser, Richard, eds. *American Society: Public and Private Responsibilities.* Cambridge, Massachusetts: Ballinger Publishing Company, 1986.

Kors, Alan Charles, and Silverglate, Harvey A. *The Shadow University: The Betrayal of Liberty on America's Campuses.* New York: HarperPerennial, 1998.

Krugman, Paul. *Peddling Prosperity: Economic Sense and Nonsense in the Age of Diminished Expectations*. New York and London: W.W. Norton and Company, 1994.

Levin, Richard C. *The Work of the University*. New Haven and London: Yale University Press, 2003.

Lopez, Enrique Hank. *The Harvard Mystique: The Power Syndrome That Affects Our Lives from Sesame Street to the White House*. New York: MacMillan Publishing, 1979.

McCarthy, Timothy Patrick, and McMillian, John. *The Radical Reader: A Documentary History of the American Radical Tradition*. New York and London: The New Press, 2003.

Morison, Samuel Eliot. *The Founding of Harvard College*. Cambridge, Massachusetts, and London: Harvard University Press, 1995.

Morison, Samuel Eliot. *Three Centuries of Harvard, 1636–1936*. Cambridge, Massachusetts: The Belknap Press of Harvard University Press, 1964.

Nelson, Cary (ed.). *Will Teach for Food: Academic Labor in Crisis*. Minneapolis and London: University of Minnesota Press, 1997.

Pearl, Matthew. *The Dante Club*. New York: Random House, 2004.

Pelikan, Jaroslav. *The Idea of the University: A Reexamination*. New Haven and London: Yale University Press, 1992.

Rosenblatt, Roger. *Coming Apart: A Memoir of the Harvard Wars of 1969*. Boston: Little, Brown and Company, 1997.

Rosovsky, Henry. *The University: An Owner's Manual*. New York and London: W.W. Norton and Company, 1990.

Rudenstine, Neil. *Pointing Our Thoughts: Reflections on Harvard and Higher Education, 1991–2001*. Cambridge, Massachusetts: Harvard University Press, 2001.

Rubin, Robert, and Weisberg, Jacob. *In an Uncertain World: Tough Choices from Wall Street to Washington*. New York: Random House, 2003.

Rudolph, Frederick. *The American College and University: A History*. Athens, Georgia, and London: The University of Georgia Press, 1990.

Shand-Tucci, Douglass. *Harvard University: An Architectural Tour*. New York: Princeton Architectural Press, 2001.

Smith, Richard Norton. *The Harvard Century: The Making of a University to a Nation*. New York: Simon and Schuster, 1986.

Stiglitz, Joseph E. *Globalization and Its Discontents*. New York and London: W.W. Norton and Company, 2003.

Stiglitz, Joseph E. *The Roaring Nineties: A New History of the World's Most Prosperous Decade*. New York and London: W.W. Norton and Company, 2003.

Sollors, Werner, and Titcomb, Caldwell, and Underwood, Thomas A. *Blacks at Harvard: A Documentary History of African-American Experience at Harvard and Radcliffe*. New York and London: New York University Press, 1993.

Talbott, Strobe. *The Russia Hand: A Memoir of Presidential Diplomacy*. New York: Random House Trade Paperback, 2003.

Thernstrom, Melanie. *Halfway Heaven: Diary of a Harvard Murder*. New York: Plume, 1997.

Train, John. *The New Money Masters*. New York: HarperBusiness, 1989.

Trumpbour, John, ed. *How Harvard Rules: Reason in the Service of Empire*. Boston: South End Press, 1989.

West, Cornel. *Keeping Faith: Philosophy and Race in America*. New York: Routledge, 1994.

West, Cornel. *Race Matters*. New York: Vintage, 2001.

West, Cornel. *Democracy Matters: Winning the Fight Against Imperialism*. New York: The Penguin Press, 2004.

Woodward, Bob. *Maestro: Greenspan's Fed and the American Boom*. New York: Simon & Schuster, 2000.

索 引

Abel, David, 大卫·艾贝尔
academic freedom issue, 学术自由问题
activism. See dissent, Summers and; student protest 激进主义, 见"异议"; "萨默斯"; "学生抗议活动"项
Adams, Sharon Lynn, 莎伦·林恩·亚当斯
Administration 行政管理部门
 fundraising and, 行政管理部门与募款(资金募集)活动
 growth of, 行政管理部门的扩大
 Summers and, 萨默斯与行政管理部门
admissions policy, Harvard's, 哈佛的入学政策
affirmative action 反歧视行动
 Lee Bollinger and, 李·博林格与反歧视行动
 Hanna Gray and, 汉纳·霍尔本·格雷与反歧视行动
 Harvard and, 哈佛与反歧视行动
 Charles Ogletree and, 查尔斯·奥格拉特里与反歧视行动
 Neil Rudenstein and, 尼尔·陆登庭与反歧视行动
 Summers and, 萨默斯与反歧视行动
African Americans. See also African and African American Studies (Afro-American Studies) 非裔美国人。也见"非洲与非裔美国人研究(非裔美国人研究)"项
 alumni, 哈佛的非裔美国人校友
 grade inflation and, 哈佛的分数膨胀与非裔美国人学生
 Harvard and, 哈佛与非裔美国人
African and African American Studies (Afro-American Studies), 非洲与非裔美国人研究
 creation of, 非洲与非裔美国人研究的创立
 expansion of, 非洲与非裔美国人研究的扩大
 Skip Gates and, 斯基普·盖茨与非洲与非裔美国人研究
 (see also Gates, Henry Louis, Jr. "Skip")(也见"小亨利·路易

斯·盖茨，即'斯基普'"项）
grade inflation issue，分数膨胀问题
meeting of Summers and faculty of，萨默斯与非裔美国人研究系教师的见面
presidential powers and，校长的权力与非裔美国人研究
Neil Rudenstein and，尼尔·陆登庭与非裔美国人研究
Summers and departure of Cornel West from，萨默斯与科尔内尔·韦斯特的离开非裔美国人研究系
tenure and academic freedom issue，终身教职与学术自由问题
Cornel West and，科尔内尔·韦斯特与非洲与非裔美国人研究（see also West，Cornel）（也见"科尔内尔·韦斯特"项）

Allison, Graham 格雷厄姆·阿利森，
Allston campus project，奥斯顿校区规划
Alumni 校友
　　African American，非裔美国人校友
　　Board of Overseers and，监事会与校友
　　commencement and，毕业典礼与校友
　　domination of，哈佛校友所占据的领域
　　fundraising and，募款活动与校友
　　presidential power and，校长的权力与校友的关系
　　presidential search and，哈佛校长的遴选与校友
　　Summers and，萨默斯与哈佛校友的关系

Ambition 雄心壮志
　　William Kirby's，威廉·科比的雄心壮志
　　Summers's，萨默斯的雄心壮志
Ameer, Inge-Lise，英格利丝·阿米尔
Annan, Kofi，科菲·安南
anti-gay discrimination，反同性恋歧视。See also homosexuality 也见"同性恋项"项
anti-Semitism. See also Jewish ethnicity 反犹主义
　　Skip Gates and，斯基普·盖茨与反犹主义
　　Israel divestment issue，从以色列撤出投资问题
　　Harry Lewis and，哈里·罗伊·刘易斯与反犹主义
　　Tom Paulin issue，汤姆·波林问题
　　Paul Samuelson and，保罗·萨缪尔森与反犹主义
　　Cornel West and，科尔内尔·韦斯特与反犹主义
　　Sheik Zayed donation and，谢赫·扎耶德的捐赠与反犹主义
anti-sweatshop protest，反血汗工厂运动
Appiah, K. Anthony，克瓦米·安东尼·阿皮亚
Appleton Chapel，阿普尔顿礼拜堂
Appointments 职位的任命
　　deans 院长职位的任命
　　presidential power and，校长的权力与职位的任命
　　provost，学术副校长的任命
architecture, Harvard's，哈佛的建筑

arrogance, Summers's, 萨默斯的傲慢
Arrow, Harry, 哈里·阿罗
Arrow, Kenneth, 肯尼斯·阿罗（肯·阿罗）
Asian financial panics, 亚洲金融危机
Asperger Syndrome, Summers and, 萨默斯与阿斯伯格综合症
Athletics 体育运动
 Harry Lewis and, 哈里·罗伊·刘易斯与体育运动
 Summers and, 萨默斯与体育运动

Badaracco, Joseph, Jr., 小约瑟夫·巴达拉科
bad manners, Summers's, 萨默斯不得体的社交礼仪
Bahadu, Shaka, 沙卡·巴哈杜
Bailyn, Bernard, 伯纳德·贝林
Barshefsky, Charlene, 沙琳·巴尔舍夫斯基
Bass, Catherine, 凯瑟琳·巴斯
Bentsen, Lloyd, 劳埃德·本特森
Bin Laden Group, 本·拉登组织
biomedicine, 生物医学
bisexuality, 双性恋。See also homosexuality 也见"同性恋"项
Black Students Association, 黑人学生联合会
 See also African Americans 也见"非裔美国人"项
Bloom, Barry, 巴里·布卢姆
blue-collar workers, 蓝领工人
Blum, John Morton, 约翰·莫顿·布卢姆
Board of Overseers, 监事会
Bobo, Lawrence, 劳伦斯·博博

Bok, Derek, 德里克·博克
Bok, Sissela 西塞拉·博克
Bollinger, Lee, 李·博林格
Boston Globe,《波士顿环球报》
Bottoms, Sharon, 莎伦·博顿斯
breakdown, Rudenstein's, 陆登庭的病倒
Brewster, Kingman, 金曼·布鲁斯特
Broad Institute, 布洛德研究所
Brookings Institution, 布鲁金斯学会
Buck, Paul, 保罗·巴克
budgets, Harvard, 哈佛的预算
Buell, Lawrence, 劳伦斯·比尔（拉里·比尔）
Bulfinch, Charles, 查尔斯·布尔芬奇
Bundy, McGeorge, 麦克乔治·邦迪
bureaucratization of Harvard, 哈佛的官僚化
Bush, George H. W., 乔治·H. W. 布什
Bush, George W., 乔治·沃克·布什

Camp Harvard comment, 哈佛度假营地的评论
cancer, Summers's, 萨默斯的癌症
central administration. 集权管理（集中管理）See administration 也见"行政管理"项
charter, Harvard's, 哈佛特许状
Chauncey, Charles, 查尔斯·昌西
Cheyney, Lynne, 琳内·切尼
Chopra, Rohit, 罗希特·乔普拉
Churchill, Winston, 温斯顿·邱吉尔
civil disobedience, 非暴力不合作运动
Clark, Robert, 罗伯特·克拉克

Class Day，毕业纪念日
class issue，Summers and，萨默斯与经济阶层问题
class loyalty，fundraising and，对所属年级的忠诚与募款
Clinton，Bill，比尔·克林顿
Clinton，Chelsea，切尔西·克林顿
Cloud，John，约翰·克劳德
clubs，final，终极俱乐部
Cohen，Liz，莉斯·科恩
Collins，Monica，莫尼卡·柯林斯
commencements，Harvard，哈佛毕业典礼
Committee for Undergraduate Education（CUE）guide，哈佛大学本科生教育委员会（CUE）手册
community，Harvard and，哈佛社区
competition，Harvard and，哈佛与竞争
Conant，James Bryant，詹姆斯·布赖恩特·科南特
concentrations，curriculum，主修制，课程
conservatives，保守派
Core Curriculum，核心课程
Corporation. See Harvard Corporation 法人社团，见"哈佛董事会"项
corruption，贪污腐败
Cottingham，John，约翰·科庭哈姆
Council of Economic Advisers，经济顾问委员会
Cox，Harvey，哈维·考克斯
criminal activity，各种犯罪行为
Crimson. See Harvard Crimson《深红》报。见"《哈佛深红》"项
culture，Harvard's，哈佛的文化
curricular review 课程审订

FAS dean and，文理学院院长与课程审订
presidential power and，校长的权力与课程审订
Summers and，萨默斯与课程审订

Daniel，D. Ronald，D. 罗纳德·丹尼尔
date rape，约会强暴
deans 院长
appointment of，院长的任命
fundraising and，院长与募款
presidential power and，校长的权力与院长
debate，Summers and，萨默斯与辩论赛
Dershowitz，Alan，艾伦·德肖维茨
dissent，Summers and，萨默斯与异议
See also student protest 也见"学生的抗议活动"项
affirmative action issue，反歧视问题
by Rachel Fish，雷切尔·菲什的异议
by Timothy McCarthy，蒂莫西·麦卡锡的异议
Summers's second year and，萨默斯任哈佛大学校长的第二年与师生们的各种异议
dissertation，Summers's，萨默斯的论文
divestment issues 种种撤资问题
Derek Bok and South Africa，德里克·博克与从南非撤资问题
Summers and Israel，萨默斯与从以色列撤资问题
Divorce 离婚

375

Summers's，萨默斯的离婚
　　Cornel West's，科尔内尔·韦斯特的离婚

each-tub on its own bottom（ETOB）各自为政
　　decentralization，分权管理的体制
eating，Summers's，萨默斯的吃相
economics，Summers and，萨默斯与经济学
elective courses，选修课程
Elfenbein, Madeleine S.，马德琳·S.埃尔芬拜因
Eliot, Charles W.，查尔斯·威廉·埃利奥特
elite 精英
　　Harvard and，哈佛与精英
　　Harvard Corporation and，哈佛董事会与精英
　　Summers and，萨默斯与精英
　　Treasury Department and，财政部与精英
Elmwood president's mansion，爱姆伍德校长官邸
endowment, Harvard's，哈佛的捐赠款。See also fundraising 也见"募款（资金募集）"项
Epps, Archibald Calvin，阿奇博尔德·加尔文·埃普斯（阿尔奇·埃普斯；阿奇博尔德·埃普斯）
Epps, Bradley，布瑞德利·S.·埃普斯
estate tax issue，不动产税问题
ethnic diversity, Harvard's，哈佛的种族多元化。See also affirmative action；African Americans；Jewish ethnicity 也见"反歧视行动"；"非裔美国人"；"犹太族裔"等项。
ETOB（each-tub on its own bottom）各自为政
　　decentralization，分权管理体制
Everett, Edward，爱德华·埃弗里特
Faculty 哈佛全体教师
　　activism of，哈佛教师的激进主义
　　administration vs.，哈佛教师 vs 行政管理层
　　diversity of，教师的多元化
　　fear of Summers by，对萨默斯的畏惧
　　hiring of, by Summers，萨默斯所聘用的教师
　　information control by Summers and，教师与萨默斯的信息控制
　　meeting of Summers and Afro-American Studies，萨默斯与非裔美国人研究系的教师见面
　　military recruitment issue and，与军方的人员招募问题
　　money and，金钱与教师
　　office hours，教师的办公时间
　　presidential power and，校长的权力与教师
　　student contact with，学生与教师的接触
　　Summers as professor，任教授时的萨默斯
Faculty of Arts and Sciences，哈佛文理学院
family, Summers's，萨默斯的家庭
Feldstein, Martin，马丁·费尔德斯坦
Ferguson, Niall，尼尔·弗格森
fetal stem cell research，胎儿干细胞研究

films, Harvard in,电影中的哈佛
final clubs,终极俱乐部
Fineberg, Harvey,哈维·法恩伯格
Finley, John Houston,约翰·休斯敦·芬利伦
Fish, Rachel Lea,雷切尔·利·菲什
football incident,橄榄球事件
foreign students,外国留学生
Forum for Academic and Institutional Rights (FAIR),"学校与研究所的权利论坛"(FAIR)
founding, Harvard's,哈佛的创建
Frank, Barney,巴尼·弗兰克
free speech issue,言论自由问题
French, Daniel Chester,丹尼尔·切斯特·弗伦奇
Fried, Charles,查尔斯·弗里德
 fundraising. See also endowment 募款(募集资金)。也见"捐赠款"项
 Allston Infrastructure Fund,奥斯顿基础建设基金
 curricular review and,课程审订与募款
 FAS dean and,文理学院院长与募款
 Skip Gates and,斯基普·盖茨与募款
 globalization and,全球化与募款
 presidential power and,校长的权力与募款
 Nathan Pusey and,纳森·普西与募款
 Neil Rudenstine and,尼尔·陆登庭与募款
 Sheik Zayed donation,谢赫·扎耶德的捐赠
 Summers and,萨默斯与募款

Garaudy, Roger,罗格·加罗迪
Gates, Henry Louis, Jr. "Skip"小亨利·路易斯·盖茨,即"斯基普"
 Afro-American Studies and,非裔美国人研究与亨利·路易斯·盖茨
 decision of, to stay,亨利·路易斯·盖茨决定留在哈佛
 hiring of,对亨利·路易斯·盖茨的延揽
 meetings of Summers with,萨默斯与亨利·路易斯·盖茨的见面
 possible departure of,亨利·路易斯·盖茨可能离开哈佛
 reputation of,亨利·路易斯·盖茨的声望
 on Summers,亨利·路易斯·盖茨斯基普·盖茨对萨默斯评论
 on Cornel West,亨利·路易斯·盖茨对科尔内尔·韦斯特的评价
gay students. See homosexuality 同性恋学生。见"同性恋"项
Gehry, Frank,弗兰克·盖里
Gellis, David H.,大卫·H.盖利斯
general education,通识教育
General Impossibility Theorem,不可能性定理
Gergen, David,大卫·格根
Getlin, Michael,迈克格·热特兰
Globalization 全球化
 African and African American Studies and,非洲以及非裔美国人研究与全球化
 fundraising and,全球化与募款

Korean prostitutes comment，对韩国妓女问题的评价
　　Harry Lewis and，哈里·罗伊·刘易斯与全球化
　　living wage campaign and，全球化与维生薪资运动
　　presidential search and，全球化与新校长的遴选工作
　　protest literature class and，全球化与抗议文学课
　　Summers and，萨默斯与全球化
Goad，Amanda，阿曼达·戈德
Goldberg，Rita，丽塔·戈德堡
Goldin，Daniel，丹尼尔·戈尔丁
Gomes，Peter，彼得·戈梅斯
Goodheart，Marc，马克·古德哈特
Gore，Al，阿尔·戈尔（艾伯特·戈尔）
grade inflation issue，分数膨胀问题
graduate student teachers，研究生任助教
Graff，Garrett McCord，加勒特·麦科特·格拉夫
graft，贪污
Graham，Jorie，约里·格雷厄姆
Graham，William，威廉·格雷厄姆
grants，research，资助，研究
Grassley，Charles，查尔斯·格拉斯利
Gray，Hanna Holborn，汉纳·霍尔本·格雷
Green，Joseph K.，约瑟夫·K.格林
Green，Malcolm，马尔科姆·格林
Greenblatt，Stephen，斯蒂芬·葛林伯雷
Greenspan，Alan，艾伦·格林斯潘
Gross，Benedict，贝内迪克特·格罗斯（迪克·格罗斯）
Guinier，Lani，拉尼·吉尼尔
Gutmann，Amy，艾米·古特曼

Hanson，Paul，保罗·汉森
Harper，Conrad K.，康拉德·K.哈珀
Harry Elkins Widener Memorial Library，哈里·埃尔金·怀德纳纪念图书馆
Hart，Oliver，奥利弗·哈特
Harvard，John，约翰·哈佛 See also statue，John Harvard 也见"约翰·哈佛的雕像"项
Harvard Business Review，《哈佛商业评论》
Harvard Citizen，《哈佛公民》杂志
Harvard College. See also Harvard University 哈佛学院。也见"哈佛大学"项
　　curricular review，课程审订
　　departure of Harry Lewis，哈里·罗伊·刘易斯的去职
　　Harvard College Fund Annual Report，《哈佛学院基金年度报告》
　　presidential power and，校长的权力与哈佛学院
　　presidential search and，新校长的遴选与哈佛学院
　　teaching at，在哈佛学院任教
Harvard Corporation，哈佛董事会
Harvard Crimson，哈佛校园报《哈佛深红》
Harvard Divinity School，哈佛神学院
Harvard Graduate School of Education，

哈佛教育学院

Harvard Islamic Society，伊斯兰教办会

Harvard Law School，哈佛法学院

Harvard Magazine，《哈佛杂志》

Harvard Medical School，哈佛医学院

"Harvard State" party，"州立哈佛"社团

Harvard University 哈佛大学

 Allston campus project，哈佛大学奥斯顿校区规划

 alumni（see alumni）哈佛大学校友（见"校友"项）

 architecture of，哈佛大学的建筑

 culture of，哈佛大学的文化

 ethnic diversity of，哈佛大学的种族多元化（see also affirmative action；African Americans；Jewish ethnicity）（也见"反歧视行动"；"非裔美国人"："犹太族群"等项

 ETOB decentralization of，哈佛大学各自为政的分权管理体制

 faculty（see faculty）哈佛大学的教师（见"师资"项）

 founding of，哈佛大学的资金募集活动

 influence of 1960s on，20世纪60年代对哈佛大学的影响

 living wage campaign for employees of，哈佛大学的维生薪资运动

 military recruitment at，军方在哈佛校园里的人员招募活动

 post-World War II changes at，第二次世界大战后哈佛校园里的变化

 presidents（see presidential search，Harvard's；presidents，Harvard）哈佛大学历任校长（见"哈佛新校长的遴选"；"哈佛历任校长"等项）

 students（see students）哈佛大学的学生（见"学生"项）

 Summers as graduate student and professor at，哈佛大学研究生和哈佛大学教授时期的萨默斯（see also Summers，Lawrence Henry）（也见"亨利·劳伦斯·萨默斯"项）

 undergraduate education（see Harvard College）哈佛大学的本科教育（见"哈佛学院"项）

 as world university，作为一所全球性（世界性）大学的哈佛大学

Harvard University Gazette，《哈佛大学报》

Harvard Yard，哈佛园

Healy，Patrick，帕特里克·希利

Hehir，J. Bryan，J·布赖恩·赫尔

Heinz，Michael，迈克尔·海因茨

Hesburgh，Theodore，西奥多·海斯堡

Higginbotham，Evelyn Brooks，伊夫林·布鲁克斯·希金博瑟姆

Higginbotham，Leon，利昂·希金博特姆

hip-hop music，说唱音乐

Ho，Trang Phuong，庄芳瑚

Hodgkin's disease，Summers and，萨默斯与何杰金氏病

Holy Land Foundation for Relief and Development，圣城赈济与发展基金会

Holyoke，Edward，爱德华·霍利约克

homosexuality，同性恋
Hope，Judith Richards，朱迪思·理查兹·霍普
Houfek，Nancy，南希·豪费克
Houghton，James Richardson，詹姆斯·理查森·霍顿
human genome，人类基因组
humanities，Summers and，萨默斯与人文学科
Hunt，Richard，理查德·亨特（里克·亨特）
Hutchins，Glenn，格伦·哈钦斯
Hutchins，Robert，罗伯特·哈钦斯
Hyman，Steven，斯蒂文·海曼

identity politics，身份政治
Ignatieff，Michael，迈克尔·伊格纳季耶夫
Ignatius，David，大卫·伊格内修斯
image，Summers's，萨默斯的形象
information control，Summers's，萨默斯对信息的控制
  See also media coverage 也见"媒体报导"项
Ingraham，Laura，劳拉·英格拉哈姆
inheritance tax issue，遗产税问题
installation 就任
  of Neil Rudenstine，尼尔·陆登庭的就任
  of Larry Summers，拉里·萨默斯的就任
International Monetary Fund，国际货币基金组织
Islamic students，信奉伊斯兰教的学生
Islamic Studies，伊斯兰研究
Israel divestment issue，从以色列撤资的问题。See also anti-Semitism "也见"反犹主义"项

January term，一月份的短学期
Jewish ethnicity. See also anti-Semitism 犹太族裔。也见"反犹主义"项
  Harvard Corporation and，哈佛董事会中的犹太裔董事
  students and，哈佛的犹太裔学生
  Summers's，萨默斯的犹太血统
jihad term，专门名词"圣战"
Jordan，Vernon，弗农·乔丹

Kadison，Richard，理查德·卡迪森
Kagan，Elena，埃琳娜·卡根
Katz，Larry，拉里·卡茨
Keller，Phyllis and Morton，菲利斯·凯勒；莫顿·凯勒
Kemp，Jack，杰克·肯普
Kennedy，John E，约翰·菲茨杰拉德·肯尼迪
Kennedy，Sharon，沙伦·肯尼迪
Kerr，Clark，克拉克·克尔
Kerry，John，约翰·克里
Kirby，William，威廉·科比（比尔·科比）
Kirkland，John Thornton，约翰·索顿·柯克兰
Knowles，Jeremy，杰里米·诺尔斯
Korean prostitutes comment，关于韩国妓女的论述
Lagemann，Ellen Condliffe，埃伦·康得利夫·拉格曼
lateness，Summers's，萨默斯的迟到
law school. See Harvard Law School

法学院。见"哈佛法学院"项
leadership 领导人（领导阶层；领导角色；领导能力；领导风格）
　　Derek Bok's，德里克·博克的领导角色
　　Harvard and，哈佛与领导人
　　presidential power and，校长的权力与领导角色
　　Neil Rudenstine's，尼尔·陆登庭的领导角色
　　students and，学生与领导人
leadership style, Summers's，萨默斯的领导风格
　　centralization of power and，权利的集中
　　curricular review and，萨默斯的领导风格与课程审订
　　early speeches and，萨默斯的领导风格与其上任伊始的言论
　　evolution of，萨默斯领导风格的变化
　　globalization and，全球化与萨默斯的领导风格
　　influence of 1960s on Harvard and，1960年代对哈佛的影响与萨默斯的领导风格。
　　information control，对信息的掌控
　　popularity and，萨默斯的领导风格及其受欢迎的程度
　　students on，学生评论萨默斯的领导风格
　　Summers on，萨默斯谈自己的领导风格
　　trappings of power, romantic relationships, manners, and，权利的虚饰、爱情关系、社交礼仪与萨默斯的领导风格
　　Zayed Yasin speech and，扎耶德·亚辛的演讲与萨默斯的领导风格
Lenzner, Terry，特里·伦兹纳
Levin, Richard，理查德·莱文
Levine, Marne，马尔纳·莱维纳
Lewis, Harry Roy，哈里·罗伊·刘易斯
Liasson, Mara，玛拉·利尔森
liberals，自由派
living wage campaign，维生薪资运动
Losick, Richard，理查德·洛西克
Lowell, Abbott Lawrence，艾博特·劳伦斯·洛厄尔

McCarthy, Joseph，约瑟夫·麦卡锡
McCarthy, Timothy，蒂莫西·麦卡锡（蒂姆·麦卡锡）
McConnell, John，约翰·麦康奈尔
McCormack, Noah，诺亚·麦考马克
Mack, Connie，康妮·麦克
MacKinnon, Emma，埃玛·麦金农
McMillian, John，约翰·麦克米兰
McNamara, Robert，罗伯特·麦克纳马拉
McNeil, Lucie，露西·麦克尼尔
McWhorter, John，约翰·麦克沃特
Mahan, Matt，马特·马汉
Mahathir bin Mohamad，马哈蒂尔·宾·穆罕穆德
Making Harvard Modern，《使哈佛现代化》
Malcomson, Scott L.，斯科特·L·马尔孔森（译者注：原文文本中并无

此名）
manners, Summers's, 萨默斯的社交礼仪问题
Mansfield, Harvey, 哈维·曼斯菲尔德
Marshall, George, 乔治·马歇尔
Massachusetts Hall, 马萨诸塞厅
Massachusetts Institute of Technology (MIT), 麻省理工学院
Matory, J. Lorand, 洛兰·马托雷
media coverage 新闻媒体报导
  control of, by Summers, 萨默斯对新闻媒体报导的控制
  of curricular review, 关于课程审订的报导
  FAS dean and, 文理学院院长与新闻媒体的报导
  grade inflation issue, 有关分数膨胀问题的媒体报导
  Harvard and Summers in, 新闻媒体上的有关哈佛和萨默斯的报导
  of Neil Rudenstein, 有关尼尔·陆登庭的新闻报导
  presidential power and, 校长的权力与新闻报导
  of Summers at Treasury Department, 媒体对萨默斯在财政部任职期间所作的报导
  of Summers's dispute with Cornel West, 媒体对萨默斯与科尔内尔·韦斯特之间的争执所作的报导
Memorial Church, 纪念教堂
Menand, Louis, 路易斯·梅南
Mendetsohn, Everett, 埃弗雷特·门德尔松
men's clubs, Harvard, 哈佛的男性学生俱乐部
mental health issues, 各种心理健康问题
Mexican financial crisis, 墨西哥金融危机
Meyssan, Thierry, 蒂埃里·梅桑
military recruitment issue, 军方人员招募问题
Mitchell, Robert, 罗伯特·米切尔
money, Harvard and, 哈佛与金钱。See also endowment; fundraising 也见"捐赠款"; "募款（资金募集）"等项
Moore, John, 约翰·穆尔
morality, economics and, 经济学与道德之间的关系
moral relativism, 道德相对主义
Morgan, Marcyliena, 马西莉娜·摩根
Morison, Samuel Eliot, 塞缪尔·艾略特·莫里森
Morning Prayers talks, 晨祷演说
Morris, Dick, 迪克·莫里斯
Morris Gray Lecture, 莫里斯·格雷讲座
Morrison, Toni, 托妮·莫里森
movies, Harvard in, 电影中的哈佛
murder-suicide event, 自杀事件
Muslim students, 穆斯林学生

naked student ritual, 哈佛学生每一年的裸体奔跑仪式
National Science Foundation, 国家自然科学基金
New, Lisa (Elisa), 艾丽莎·纽（丽莎·纽）
New Republic, The, 《新共和党人》杂

志

New York Times,《纽约时报》

1960s influence on Harvard,20世纪60年代对哈佛的影响

Nobel Prizes,诺贝尔奖

O'Brien, Patricia,帕特丽夏·奥布赖恩

office hours,办公时间

Ogletree, Charles,查尔斯·奥格拉特里

Oldenburg, Richard,理查德·奥尔登堡

O'Mary, Michael,迈克尔·奥马里

O'Neill, Jackie,杰姬·奥尼尔

Overseers. See Board of Overseers 监事会成员,也见"监事会"项

Page, Shawn,肖恩·佩奇

Palmer, Brian,布赖恩·帕默

Paretzky, Johanna,约翰娜·帕雷茨基

patriotism, Summers's,萨默斯的爱国主义

Paulin, Thomas Neilson,托马斯·尼尔森·波林(汤姆·波林)

peace rally,和平集会

Pearson, Carl,卡尔·皮尔森

Peretz, Martin,马丁·佩雷茨(马蒂·佩雷茨)

Perry, Victoria. See Summers, Victoria Perry 维多利亚·佩里 见"维多利亚·佩里·萨默斯"项

personal sacrifices, Summers's,萨默斯的个人牺牲

Pinker, Steven,史蒂文·平克

Plunkett, David Jonathan,大卫·乔纳森·普伦基特

Politics 政治

 Harvard and,哈佛与政治

 identity,身份政治

 Summers and,萨默斯与政治(see also leadership style, Summers's)也见"萨默斯的领导风格"项

 Summers on Harvard and,萨默斯论哈佛与政治之间的关系

 tenure, academic freedom, and,终身教职,学术自由与政治之间的关系

 Cornel West and,科尔内尔·韦斯特与政治

policy memo scandal,政策备忘录丑闻

popular culture, Harvard in,主流文化中的哈佛

popularity, Summers's,萨默斯的声望

Posner, Richard,理查德·波斯纳

Powell, Colin,科林·鲍威尔

Powell, Colleen Richards,科琳·理查兹·鲍威尔

Powell, Lewis F.,刘易斯·鲍威尔(小刘易斯·F·鲍威尔)

power, Summers's,萨默斯的权力。See also leadership style, Summers's 也见"萨默斯的领导风格"项

presidential search, Harvard's,哈佛大学新校长的遴选

 Board of Overseers, Harvard Corporation, and,监事会,哈佛董事会与哈佛新校长的遴选

 interview and selection of Summers,与萨默斯的面谈与挑选

 interview of Lee Bollinger and secrecy issue,对李·博林格的面谈

与保密问题
search committee and selection of candidates,新校长遴选委员会和候选人的挑选
student protest and,学生们的抗议活动与哈佛新校长的遴选
presidents,Harvard. See Bok,Derek;presidential search,Harvard's;Pusey,Nathan Marsh;Rudenstine,Neil;Summers,Lawrence Henry 哈佛的近几任校长。见"德里克·博克""哈佛的校长遴选""纳森·马什·普西";"尼尔·陆登庭";"劳伦斯·亨利·萨默斯"等项
curricular review and,哈佛校长与课程审订
installation of,哈佛校长就任
powers of,哈佛校长的权力
success of,哈佛校长的成功
presidents,university,大学的校长们
presidents,United States,美国总统
President's Chair,校长座椅
press. See media coverage 新闻。见"媒体报导"项
Primal Scream ritual,例行仪式"远古的尖叫声"
Princeton University,普林斯顿大学
Pritchett,Lant,兰特·普里切特
professors. See faculty 教授。见"哈佛全体教师"项
Progressive Student Labor Movement,激进团体"进步学生劳工运动"
protest literature class,抗议文学课 See also dissent,Summers and;student protest 也见"萨默斯与异议""学生的抗议活动"等项

provost appointment,学术副校长的任命
publications,Harvard,哈佛的出版物
Pusey,Nathan Marsh,纳森·马什·普西

questioners,Summers and,萨默斯与提问者
Quigley,Ellen,埃伦·奎格利

race,种族 See also affirmative action;African Americans;anti-Semitism;Jewish ethnicity 也见"反歧视行动";"非裔美国人";"反犹主义";"犹太族裔"等项
Radcliff College,拉德克里夫学院
Raff,Daniel M. G.,丹尼尔·M. G. 拉夫
Rakoczy,Kate L.,凯特·L·拉科奇
rape,性强暴事件
Rawls,John,约翰·罗尔斯
Red Book,哈佛通识教育红皮书
Reich,Robert,罗伯特·赖克
Reischauer,Robert,罗伯特·赖肖尔
relationships,romantic. 爱情关系 See romantic relationships,Summers's 见"萨默斯的爱情关系"项
Republicans,共和党人
research grants,研究工作的资助款
Rice,Condoleezza,康多莉扎·赖斯
Richardson,H. H.,H. H. 理查森
Rimer,Sara,萨拉·赖默
rituals,Harvard,哈佛常做的事情(例行仪式)(常见的事)
Robinson,Mary,玛丽·鲁宾逊
romantic relationships,Summers's 萨

默斯的爱情关系
　　Laura Ingraham，劳拉·英格拉哈姆
　　Lisa New，艾丽莎·纽（丽莎·纽）
　　Victoria Perry Summers，维多利亚·佩里·萨默斯
Roosevelt, Franklin，富兰克林·罗斯福
Rosovsky, Henry，亨利·罗索夫斯基
ROTC issue，预备军官训练团问题
Roth, William，威廉·罗思
Rothenberg, James，詹姆斯·罗森伯格
Rowe, Peter，彼得·罗
Rubin, Robert，罗伯特·鲁宾（鲍勃·鲁宾）
Rudenstein, Neil，尼尔·陆登庭
　　Allston and，奥斯顿校区与尼尔·陆登庭
　　breakdown of，尼尔·陆登庭的病倒
　　disappointment with，对尼尔·陆登庭的失望
　　early career of，尼尔·陆登庭的早期生涯
　　fundraising of，尼尔·陆登庭的资金募集工作
　　Skip Gates and，斯基普·盖茨与尼尔·陆登庭的关系
　　leadership style of，尼尔·陆登庭的领导风格
　　resignation of，尼尔·陆登庭的辞职
　　student protest and，学生的抗议活动与尼尔·陆登庭

Summers vs.，萨默斯 vs. 尼尔·陆登庭
　　Cornel West and，科尔内尔·韦斯特与尼尔陆登庭
Russell, J. Hale，J. 黑尔·拉塞尔

Sacks, Peter，彼得·萨克斯
Safdie, Moshe，摩西·萨夫迪
Samuelson, Couper，库珀·萨缪尔森
Samuelson, Frank，弗兰克·塞缪尔森
Samuelson, Paul，保罗·萨缪尔森
Sandel, Michael，迈克尔·桑德尔
Scadden, David，大卫·斯卡登
scandal, World Bank memo，世界银行备忘录丑闻
Schneider, Carol Geary，卡罗尔·吉尔里·席奈德
scholarship, Summers's，萨默斯的学识
School of Public Health and School of Education，哈佛的公共卫生学院和教育学院
Sciences 自然科学
　　curricular review and，课程审订与自然科学
　　general education vs.，通识教育 vs. 自然科学
　　presidential search and，新校长的遴选与自然科学
　　Summers and，萨默斯与自然科学
search. See presidential search，Harvard's 遴选。见"哈佛新校长的遴选"项
secrecy 缺乏透明度；信息封锁
　　Harry Lewis departure and，哈

里·罗伊·刘易斯的撤职与缺乏透明度

Harvard Corporation and,哈佛董事会与缺乏透明度

presidential search committee and,新校长的遴选工作的缺乏透明度

Summers's,萨默斯的消息封锁

Senior English Address,毕业生英语演讲

September 11 terrorist attacks,"9·11"恐怖袭击事件

Sever Hall,塞弗尔大厅

sex,性生活

sexual assault,性强暴行为

sexual harassment comment,对性骚扰的评论

Sharpton,A1,阿尔·夏普敦

Shinagel,Michael,迈克尔·辛那吉

sleeping,Summers's,萨默斯在公共场合打瞌睡

Smith,Marian,玛丽安·史密斯

Society of Fellows,哈佛大学研究员协会

Solomon Amendment,Harvard and,哈佛与《所罗门修正案》

specialization,curriculum,专业化,课程

speeches. See also Morning Prayers talks 演讲。也见"晨祷演讲"项

cancellation of Tom Paulin's,取消汤姆·波林的讲座安排

style of Summers vs. Rudenstine,萨默斯的演讲风格 vs. 陆登庭的演讲风格

Zayed Yasin,扎耶德·亚辛

Spencer,Clayton,克莱顿·斯宾塞

Sperry,Willard,威拉德·斯佩里

Stanford University,斯坦福大学

statue,John Harvard,约翰·哈佛的雕像

Stauffer,John,约翰·斯托弗

Steele,Shelby,谢尔比·斯蒂尔

Steinberg,Jacques,雅克·斯泰因贝格

Stem Cell Institute,干细胞研究所

Stiglitz,Joseph,约瑟夫·斯蒂格利茨

Stone,Alan,艾伦·斯通

Stone,Robert G.,Jr.,罗伯特·G.斯通,小罗伯特·G.斯通

student protest,学生的抗议活动。See also dissent,Summers and 也见"异议";"萨默斯与学生的抗议活动"等项

Derek Bok and,德里克·博克与学生的抗议活动

living wage campaign,哈佛维生薪资运动

peace rally,和平集会

Nathan Pusey and,纳森·普西与学生的抗议活动

Summers and,xvi—xvii,萨默斯与学生的抗议活动

students. See also student protest 哈佛学生,也见"学生的抗议活动"项

African American,非裔美国人

curricular review and,哈佛学生与课程审订

foreign,哈佛的外国留学生

grade inflation issue,分数膨胀问题

Harvard culture and,哈佛学生与哈佛文化

Jewish，犹太裔学生

Muslim，穆斯林学生

Summers and questions by，萨默斯与学生们的问题

Cornel West's departure and，科尔内尔·韦斯特与学生

study abroad，出国学习（去国外留学）

style. See leadership; leadership style, Summers's; manners, Summers's 风格。见"领导人"；"萨默斯的领导风格"；"萨默斯的社交礼仪问题"等项

Subrahmanian, Krishnan，克里希南·苏布拉马尼扬

suicide, Marian Smith's，玛丽安·史密斯的自杀事件

Summers, Lawrence Henry. 劳伦斯·亨利·萨默斯 See also Harvard University 也见"哈佛大学"项

cancer of，劳伦斯·亨利·萨默斯的癌症

at commencement in 2004，劳伦斯·亨利·萨默斯在2004年的哈佛大学毕业典礼上

conflict with Cornel West (see African and African American Studies (Afro-American Studies); West, Cornel) 劳伦斯·亨利·萨默斯的癌症与科尔内尔·韦斯特的冲突（见"非洲与非裔美国人研究（非裔美国人研究）"；"科尔内尔·韦斯特"等项

dissent and (see dissent, Summers and) 异议与劳伦斯·亨利·萨默斯（见"萨默斯与异议"项）

family of，劳伦斯·亨利·萨默斯的家人

Harvard's presidential search for (see presidential search, Harvard's) 哈佛甄选劳伦斯·亨利·萨默斯为新一任校长（见"哈佛的新校长遴选工作"项）

as Harvard student and professor，哈佛大学学生时代和哈佛大学教授时的劳伦斯·亨利·萨默斯

installation of, as Harvard president，萨默斯就任哈佛校长

Jewish ethnicity of，劳伦斯·亨利·萨默斯的犹太血统

leadership style of (see leadership style, Summers's) 劳伦斯·亨利·萨默斯的领导风格（见"萨默斯的领导风格"项）

at MIT，萨默斯在麻省理工学院

Neil Rudenstine vs.，萨默斯的领导风格 vs. 尼尔·陆登庭的领导风格 xii，126，199，282—83（see also Rudenstine, Nell）（也见"尼尔·陆登庭"项）

media coverage and (see media coverage) 劳伦斯·亨利·萨默斯的媒体报导（见"媒体报导"项）

romantic relationships (see romantic relationships, Summers's) 爱情关系（见"萨默斯的爱情关系"项）

student protest and，劳伦斯·亨利·萨默斯与学生抗议活动

at Treasury Department，劳伦斯·亨利·萨默斯在财政部

at World Bank，劳伦斯·亨利·萨默斯在世界银行

Summers, Robert and Anita, 罗勃特·萨默斯；安尼塔·萨默斯
Summers, Ruth, Pamela, and Harry, 露丝·萨默斯、帕梅拉·萨默斯、哈里·萨默斯
Summers, Victoria Perry, 维多利亚·佩里·萨默斯
sweatshop issue, 血汗工厂问题

table manners, Summers's, 萨默斯的餐桌礼仪
Tadesse, Sinedu, 西内杜·塔德西
Talbott, Strobe, 斯特罗布·塔尔博特
Tanenhaus, Sam, 萨姆·塔能豪斯
tax cuts issue, 减税问题
teaching fellows, 助教
temper, Summers's, 萨默斯的脾气
tennis, Summers and, 萨默斯与网球
tenure 终身教职
 academic freedom issue and, 学术自由与终身教职
 Skip Gates and, 斯基普·盖茨与终身教职
 presidential power and, 校长的权力与终身教职
 Summers and Harvard, 萨默斯与哈佛
 Summers and law school, 萨默斯与法学院
 women and, 终身教职与女性
Tercentenary Theatre, 三百周年纪念剧院
terrorism, 恐怖主义
Thailand financial panic, 泰国金融恐慌

Thomas, Richard, 理查德·托马斯
tradition, Summers and, 萨默斯与传统
Transition journal,《变迁》杂志
Traub, James, 詹姆斯·特劳布
Treasury Department, Summers at, 萨默斯在财政部
Tribe, Laurence, 罗伦斯·特赖布
tuition, 学费问题

Undergraduate Council, 本科生学生会
undergraduate education. See Harvard College 本科生教育。见"哈佛学院"项
Undergraduate English Oration, 本科生英语演说
United Arab Emirates, 阿拉伯联合酋长国（阿联酋）
United States presidents, 美国总统
University Hall, 哈佛大学堂
university marshall, 哈佛大学的典礼官
University of Michigan, 密歇根大学
University Professor position, 大学教授的地位

Vendler, Helen, 海伦·文德勒

Washington Consensus, 华盛顿共识
Washington style. See leadership style, Summers's 华盛顿的风气。见"萨默斯的领导风格"
wealth, 财产。See also endowment; fundraising; money 也见"哈佛的捐赠款"；"募款（资金募集）"
weight, Summers's, 萨默斯的体重
Welch, Jack, 杰克·韦尔奇
West, Cornel 科尔内尔·韦斯特

Afro-American Studies and reputation of，非裔美国人研究与科尔内尔·韦斯特的声望
at Archie Epps's funeral，科尔内尔·韦斯特在阿尔奇·埃普斯的葬礼上
departure of，科尔内尔·韦斯特离开哈佛大学
hiring of，哈佛对科尔内尔·韦斯特的延揽
Timothy McCarthy and，蒂莫西·麦卡锡与科尔内尔·韦斯特
Summers, globalization, and，萨默斯、全球化与科尔内尔·韦斯特
tenure, academic freedom, and，终身教职、学术自由与韦斯特
Wetlaufer, Suzanne，苏珊·魏特洛弗
Widener Memorial Library，怀德纳纪念图书馆
Wieseltier, Leon，利昂·威泽尔蒂亚
Will, George，乔治·威尔
William and Flora Hewlett Foundation，威廉弗洛拉休利特基金会
Willie, Charles，查尔斯·威利
Wilson, James Q.，詹姆斯·Q·威尔逊
Wilson, William Julius，威廉·朱利叶斯·威尔逊
Winokur, Herbert "Pug,"赫伯特·温诺库尔
Wisse, Ruth，鲁思·威斯
Wolcowitz, Jeffrey，杰弗里·沃尔科维茨
Wolfensohn, James，詹姆斯·沃尔芬森
women. 女性 See also romantic relationships, Summers's 也见"萨默斯的爱情关系"项
final clubs and，终极俱乐部与女性
Harvard and，哈佛大学与女性
Harvard Corporation and，哈佛董事会与女性
presidential search and，校长的遴选与女性
Radcliff College and，拉德克里夫学院与女性
Summers's staff and，萨默斯手下的女性职员
workers, Harvard，哈佛的工人
World Bank，世界银行
world university, Harvard as，哈佛：一所全球性（世界性）大学
Wrinn, Joe，乔·瑞恩

Yale-style housing system，耶鲁模式的住宿制度
Yale University, xxi，耶鲁大学
Yasin, Zayed，扎耶德·亚辛
Yauch, Adam，亚当·约赫

Zayed, Sheik，谢赫·扎耶德
Zedillo, Ernesto，埃内斯托·赛迪略
Ziemes, George，乔治·齐姆斯

译后记

从2001年10月就任哈佛大学校长到2005—2006学年结束时辞职,在历尽波折的5年后,哈佛大学第27任校长劳伦斯·亨利·萨默斯成为哈佛370年校史上第一个因为被通过"不信任案"而离任的校长,也成为哈佛近150年来任期最短的校长。

萨默斯出生于一个声名显赫的知识分子世家。他的父母都是经济学家;他的伯父保罗·萨缪尔森和他的舅舅肯尼斯·阿罗更是经济学界的泰斗,先后获得过诺贝尔经济学奖。

萨默斯1954年10月出生于纽黑文。大学时代就读于麻省理工学院,获得理科学士学位,随即又前往哈佛大学经济系攻读博士。博士论文还没写完,就于1979年成为麻省理工学院经济系的助理教授。1981年,他又前往华盛顿,担任马丁·费尔德斯坦的助手。此时的马丁·费尔德斯坦正是里根总统的经济顾问委员会主席,这是萨默斯在自己的职业生涯中首次从事学术之外的工作。1982年,萨默斯拿到了哈佛的博士,他的学位论文还获得了哈佛的威尔斯奖,该奖项授予当年度最优秀的经济学论文获得者。次年,年仅28岁的萨默斯成了哈佛历史上最年轻的终身教授之一。

1987年,萨默斯获得了国家自然科学基金委员会颁发的沃特曼奖。该奖项由美国国会颁发,通常奖给美国国内杰出的青年科学家或工程师,而萨默斯是获此殊荣的第一位社会科学家。1993年,萨默斯又获得了被戏称为"小诺贝尔经济学奖"的约翰·贝茨·克拉克奖章。

然而,萨默斯并不安于书斋生活。1991年,36岁的萨默斯从哈佛告假,前往华盛顿担任世界银行的发展经济学主席和首席经济学家。

1993年,38岁的萨默斯成为哈佛大学有史以来最年轻的辞掉终身教职的教授之一,这次他所要担任的是克林顿政府的财政部副部长。6年后他又荣升为财政部的部长。

2001年,46岁的萨默斯重返哈佛,成为哈佛大学第27任校长。由于萨默斯在学术界与政界有着辉煌的业绩,因此当他于2001年7月被哈佛大学董事会选为第27任校长时,哈佛内外对他普遍看好。

哈佛是世界第一名校,人才济济,声名赫赫,财大气粗。但也正因如此,哈佛故步自封,校内既得利益盘根错节;分数膨胀、课程过时、学生来源越来越集中于富裕家庭等美国高等教育的通病都在哈佛有所体现。"二战"结束后,美国的大学校长从立场鲜明地表达对社会和教育看法的社会意见领袖,变成几头不得罪、掩盖个人意见、埋头募捐的筹款人。所以,治理哈佛这样的学术重镇,既需要崇高的学术权威,又需要高超的政治技巧,更需要敢想敢干、敢于突破传统规则的勇气。能满足这些要求的,在当时看来,除了萨默斯几乎再也找不出第二个人。

然而,踌躇满志的萨默斯上任伊始就风波不断。2001年10月萨默斯宣誓就职,12月底哈佛的校级教授科尔内尔·韦斯特就辞去教职,前往普林斯顿大学。韦斯特是全美最负盛名的非裔美国人研究学者,是哈佛大学前任校长尼尔·陆登庭费了一番工夫从普林斯顿大学挖来的黑人明星教授,其声望早已超出了学术圈。他在哈佛上课,从来是学生爆满,据说打分也颇为宽松。在萨默斯看来,韦斯特也许集中代表着哈佛的许多问题。比如,哈佛分数膨胀严重,哈佛的教授常常是社会明星,一旦拿到终身教职,就常常周游世界,参加各种活动,忽视本校教学。为此,萨默斯特别约见了韦斯特,指责其"不务正业",要求他带头治理分数膨胀的问题,同时多从事一些严肃的学术活动。脾气火暴的韦斯特勃然大怒,不久之后就宣布他将离开哈佛。后来,不仅韦斯特去了普林斯顿,其他好几位从事非洲和非裔美国人研究的教授也相继离开了哈佛。这使原在这一研究领域处于领先地位的哈佛受到沉重打击。同时,萨默斯和非洲及非裔美国人研究系的学者之间的冲突一发而不可收。

他闹出的第二个大风波则是在2005年1月的一次会议上说,大学或研究机构里面,女科学家"好像"相对较少,大学者更不多见,这是否是因为女性天生就不适合这些"硬"学科呢?他并没有说事情一定就是这样,而只是试图提出一个科学问题。但这个问题一提出就引起轩然大波,招致各方的强烈抨击和抗议,甚至引发了让他辞职的呼声。2005年3月15日,哈佛大学文理学院的教授们对校长萨默斯进行了不信任投票,萨默斯因而成为哈佛370年校史上第一个被通过"不信任案"的校长。其实,文科教授们早就在抱怨萨默斯对文科存在偏见——据说,萨默斯曾对一位文科系的前主任说什么众所周知经济学家比社会学家更聪明,所以两者的酬劳也应有高下之分。

在这个节骨眼上,理查德·布瑞德利出版了《哈佛规则》,更是为这件事火上浇油。

布瑞德利的这本纪实性的文学作品,在美国文化界引起了热烈的讨论。译者认为,美国《出版人周刊》对它的评论比较公允、到位,兹翻译如下:

> 这本引人入胜的著作试图从历史的角度对哈佛大学第27任校长拉里·萨默斯进行定位。在与自查尔斯·埃利奥特以来的历任校长的对照中,本书探讨了萨默斯的权谋之术、领导风格以及就任哈佛校长之前的职业生涯。
>
> 布瑞德利是美国畅销书《美国之子:小约翰·肯尼迪传》的作者。他以得体谨慎的笔触描写了萨默斯自担任校长以来的一起起密室阴谋和权力争斗,并总是从正反两面来看待和阐释这些问题。由于萨默斯在哈佛的权力争斗涉及科尔内尔·韦斯特、斯基普·盖茨、罗伯特·鲁宾和艾伦·德肖维茨等名人,因此本书还极其细腻地对这些名人做了扣人心弦的描述。
>
> 本书通过描述萨默斯获得终身教职之后的诸多极富争议的事件来探讨更宏阔的思想主题。一方面,他极富洞察力地透视了美国大学校长如何从一位不受政治权力和大学董事会权力束缚的道德和学术的领袖,转变为严重依赖于董事会和政府施舍的高等教育机构的管理者。另一方面,作者还在一个更大的语境中,即在与普林斯顿、斯坦福和耶鲁等美国其他名校乃至整个美国社会的参照之中,评价了哈佛的发展与成长,探讨了哈佛在发展目标、教学以及价值观等方面的不断变化。通过聚焦包括工会组织、民权、反歧视行动以及军方人员招募在内的众多问题,布瑞德利既借发生于哈佛大学校园内的事件来阐释社会的趋势,也用社

会的趋势来阐释发生于校园里的这些事件。

　　自然而然,这部适时而出的作品不仅对哈佛的广大校友具有莫大的吸引力,而且对所有那些关注高等教育与美国社会之间关系变迁的人士具有很大的吸引力。

翻译这部书使我经受了一场严厉的生理和心理的考验。当我译完最后一个字的时候,一年半的光阴已经过去了。时间只是一方面,为译这部书,我所耗费的精力就更难以言说了,甚至我的视力都急剧下降了,以至于在驾照年检时视力测试难以过关。

好在这部书终于译完,在此付梓之际,我要感谢北京大学出版社为我提供了一个为广大读者服务的机会。

在长吁一口气之余,我带着复杂的心情,关注着读者们的反映。毕竟自己的水平有限,译文中难免会有不"信"、不"达"和不"雅"之处,希望广大读者和有关专家、同仁能对拙译中不尽如人意之处提出宝贵的意见。

梁志坚

北京大学出版社教育出版中心

部分重点图书

一、北大高等教育文库·大学之道丛书

大学的理念
德国古典大学观及其对中国的影响（第三版）
哈佛通识教育红皮书
什么是博雅教育
美国文理学院的兴衰——凯尼恩学院纪实
营利性大学的崛起
学术部落及其领地
美国现代大学的崛起
大学的逻辑（第三版）
教育的终结
　　　　——大学何以放弃了对人生意义的追求
知识社会中的大学
美国大学时代的学术自由
美国高等教育通史
印度理工学院的精英们
后现代大学来临
21世纪的大学
理性捍卫大学
大学之用（第五版）
高等教育市场化的底线
世界一流大学的管理之道
　　　　——大学管理决策与高等教育研究
大学与市场的悖论
美国如何培养研究生
公司文化中的大学：大学如何应对市场化压力
哈佛，谁说了算
大学理念重审
美国大学之魂（第二版）
高等教育何以为"高"

二、21世纪高校教师职业发展读本

教授是怎样炼成的
给大学新教员的建议（第二版）
学术界的生存智慧（第二版）
如何成为卓越的大学教师（第二版）
给研究生导师的建议

三、学术规范与研究方法丛书

如何成为优秀的研究生（影印版）
给研究生的学术建议
社会科学研究的基本规则（第四版）
如何查找文献（第二版）

如何写好科研项目申请书
高等教育研究：进展与方法
教育研究方法（第六版）
如何进行跨学科研究
社会科学研究方法100问
如何利用互联网做研究
如何成为学术论文写作高手
　　　　——针对华人作者的18周技能强化训练
参加国际学术会议必须要做的那些事
　　　　——给华人作者的特别忠告
做好社会研究的10个关键
法律实证研究方法（第二版）
传播学定性研究方法（第二版）
生命科学论文写作指南
学位论文写作与学术规范（第二版）
如何为学术刊物撰稿（第三版）（影印版）
结构方程模型及其应用

四、大学学科地图丛书

管理学学科地图
战略管理学科地图
旅游管理学学科地图
行为金融学学科地图
国际政治学学科地图
中国哲学史学科地图
文学理论学科地图
德育原理学科地图
外国教育史学科地图
教育技术学学科地图
特殊教育学学科地图

五、北大开放教育文丛

西方的四种文化
人文主义教育经典文选
教育究竟是什么？——100位思想家论教育
教育：让人成为人
　　　　——西方大思想家论人文和科学教育
透视澳大利亚教育
道尔顿教育计划（修订本）

六、跟着名家读经典丛书

中国现当代小说名作欣赏
中国现当代诗歌名作欣赏

中国现当代散文戏剧名作欣赏
先秦文学名作欣赏
两汉文学名作欣赏
魏晋南北朝文学名作欣赏
隋唐五代文学名作欣赏
宋元文学名作欣赏
明清文学名作欣赏
外国小说名作欣赏
外国散文戏剧名作欣赏
外国诗歌名作欣赏

七、科学元典丛书

天体运行论
关于托勒密和哥白尼两大世界体系的对话
心血运动论
薛定谔讲演录
自然哲学之数学原理
牛顿光学
惠更斯光论（附《惠更斯评传》）
怀疑的化学家
化学哲学新体系
控制论
海陆的起源
物种起源（增订版）
热的解析理论
化学基础论
笛卡儿几何
狭义与广义相对论浅说
人类在自然界的位置（全译本）
基因论
进化论与伦理学（全译本）（附《天演论》）
从存在到演化
地质学原理
人类的由来及性选择
希尔伯特几何基础
人类和动物的表情
条件反射：动物高级神经活动
电磁通论
居里夫人文选
计算机与人脑
人有人的用处——控制论与社会
李比希文选
世界的和谐
遗传学经典文选
德布罗意文选
行为主义
人类与动物心理学讲义
心理学原理
大脑两半球机能讲义

相对论的意义
关于两门新科学的对谈
玻尔讲演录
动物和植物在家养下的变异
攀援植物的运动和习性
食虫植物
宇宙发展史概论
兰科植物的受精
星云世界
费米讲演录
宇宙体系
对称
植物的运动本领
博弈论与经济行为（60周年纪念版）
生命是什么（附《我的世界观》）
同种植物的不同花型
生命的奇迹
阿基米德经典著作
性心理学
宇宙之谜
圆锥曲线论
化学键的本质
九章算术（白话译讲）

八、其他好书

苏格拉底之道：向史上最伟大的导师学习
大学章程（精装本五卷七册）
教学的魅力：北大名师谈教学（第一辑）
国立西南联合大学校史（修订版）
我读天下无字书（增订版）
科学的旅程（珍藏版）
科学与中国（套装）
如何成为卓越的大学生
世界上最美最美的图书馆
中国社会科学离科学有多远
道德机器：如何让机器人明辨是非
彩绘唐诗画谱
彩绘宋词画谱
如何临摹历代名家山水画
芥子园画谱临摹技法
南画十六家技法详解
明清文人山水画小品临习步骤详解
西方博物学文化
物理学之美（彩图珍藏版）
杜威教育思想在中国
怎样做一名优秀的大学生
湖边琐语——王义遒教育随笔（续集）
蔡元培年谱新编（插图版）